GB/T 50430—2007

《工程建设施工企业质量管理规范》
施工企业质量管理体系内审员培训教程

中国建筑业协会工程建设质量管理分会　主编

中国建筑工业出版社

图书在版编目（CIP）数据

GB/T 50430—2007《工程建设施工企业质量管理规范》施工企业质量管理体系内审员培训教程/中国建筑业协会工程建设质量管理分会主编. —北京：中国建筑工业出版社，2011.1

ISBN 978-7-112-12819-8

Ⅰ.①G… Ⅱ.①中… Ⅲ.①建筑企业-质量管理-规范-中国-技术培训-教材 Ⅳ.①F426.9-65

中国版本图书馆 CIP 数据核字（2010）第 262417 号

本书是实施《工程建设施工企业质量管理规范》GB/T 50430—2007 的指导性工具书，主要内容包括概述；《工程建设施工企业质量管理规范》GB/T 50430—2007 条文的理解、实施与审核要点；《工程建设施工企业质量管理规范》GB/T 50430—2007 与《质量管理体系　要求》GB/T 19001—2008 的双向对照；施工企业质量管理体系内部审核；习题及参考答案；附录。

本书主要用于施工企业内审员的培训和考核，对施工企业各级质量管理人员、项目经理部的宣贯、培训也可参考使用。施工企业也可用于员工的质量教育。

* * *

责任编辑：常　燕　付　娇

GB/T 50430—2007
《工程建设施工企业质量管理规范》
施工企业质量管理体系内审员培训教程

中国建筑业协会工程建设质量管理分会　主编
*
中国建筑工业出版社出版、发行（北京西郊百万庄）
各地新华书店、建筑书店经销
霸州市顺浩图文科技发展有限公司制版
北京京丰印刷厂印刷
*
开本：787×1092 毫米　1/16　印张：21¼　字数：517 千字
2011 年 2 月第一版　　2011 年 2 月第一次印刷
定价：**42.00** 元
ISBN 978-7-112-12819-8
　　　（20082）

版权所有　翻印必究
如有印装质量问题，可寄本社退换
（邮政编码 100037）

本书编委会

编委会：卫　明　吴　涛　郭爱华　景　万　田　浩
　　　　李　菲　李秋丹　李　君　高冬兰　武果亮
　　　　李　硕
主　编：李　君　田　浩
编写组：李　君　田　浩　武果亮　李　硕　高冬兰
　　　　李　菲　李秋丹

关于在建筑施工领域质量管理体系认证中应用
《工程建设施工企业质量管理规范》的公告

2010 第 21 号

　　为进一步提高建筑施工企业质量管理水平，为社会提供优质建筑，满足建筑施工领域质量管理工作专业性强的需求，国家认证认可监督管理委员会与住房和城乡建设部决定在建筑施工领域质量管理体系认证中应用《工程建设施工企业质量管理规范》GB/T 50430—2007（以下简称《规范》）。现将有关事项公告如下，请各相关单位遵照执行：

　　一、自 2010 年 8 月 1 日起，在建筑施工领域质量管理体系认证中，应依照《质量管理体系　要求》GB/T 19001—2008 和《规范》执行。

　　二、从事建筑工程活动的施工企业应贯彻《规范》的所有要求，鼓励采用符合条件的第三方认证，其认证的内容应同时包括《质量管理体系　要求》和《规范》的要求，鼓励相关部门采信其结果。

　　三、各认证机构由 2010 年 11 月 1 日起，在中国境内对建筑施工企业实施质量管理体系认证时，应当依据《质量管理体系要求》和《规范》开展认证审核活动。

　　四、中国合格评定国家认可中心应结合《规范》的要求，重新修订对于建筑施工专业范围的认可要求，从 2010 年 9 月 1 日起对具有建筑施工专业范围的认证机构进行重新评定确认，符合条件的继续给予相应的认可资格。

　　五、经过重新核定具备建筑施工专业范围认可的认证机构对按照《质量管理体系要求》标准已获得质量管理体系认证的企业，在到期换证时，应增加《规范》要求审核后完成认证证书转换工作；逾期未完成转换的认证证书均属无效，认证机构应对无效证书做出相应处理。

　　六、依据《质量管理体系要求》和《规范》标准实施的认证活动，认证证书标注的认证依据标准应为：GB/T 19001—2008/ISO 9001：2008 和 GB/T 50430—2007。

　　特此公告。

中国国家认证认可监督管理委员会
中华人民共和国住房和城乡建设部
二〇一〇年六月十日

前　言

2010年6月，国家认证认可监督管理委员会与住房和城乡建设部联合发布2010年第21号公告（以下简称公告），要求从事建筑工程活动的施工企业应贯彻《工程建设施工企业质量管理规范》GB/T 50430—2007（以下简称《规范》）的所有要求，规定在建筑施工领域质量管理体系认证中，应依照《质量管理体系要求》GB/T 19001—2008和《规范》执行，同时鼓励采用符合条件的第三方认证，其认证的内容应同时包括《质量管理体系　要求》和《规范》的要求。

2007年颁布的《工程建设施工企业质量管理规范》GB/T 50430—2007是以现行国际质量管理标准为原则，针对我国工程建设行业特点，对施工企业提出的质量管理要求，是《质量管理体系　要求》GB/T 19001—2008标准行业化、专业化、企业化的体现。其颁布实施的目的是促进施工企业质量管理的科学化、规范化和法制化，确保施工企业质量管理基础要求的一致性，有效纠正企业质量管理体系出现的"两张皮"弊病。"公告"的发布实施，是工程建设施工企业质量管理进一步深化的开始，也是工程建设行业有效贯彻实施《规范》的有力体现。"公告"明确规定了今后施工企业要应用《规范》的所有要求去建立并运行企业质量管理体系，同时按照《质量管理体系　要求》GB/T 19001—2008规定的原则、方法去进行评价、审核和改进。因此，应用和结合《规范》开展质量管理体系审核就成为施工企业进行质量管理体系认证的强制性要求。

贯彻落实"公告"要求，需要对施工企业进行全面、持久、有效地开展学《规范》、懂《规范》、用《规范》的宣贯、培训、考核和评价，特别对施工企业内部质量管理体系审核员（以下简称内审员）以及相关人员的培训和考核尤为重要和急迫。因此，要尽快对施工企业内审员和相关人员进行《规范》的知识更新和技能应用方面的培训和考核，以确保施工企业应用《规范》的质量管理体系内审质量，确保满足质量管理体系的适宜性、充分性和有效性，进而保证与第三方审核认证的一致性。

为尽快落实"公告"要求，现阶段，在住房和城乡建设部标准定额司、工程质量安全监管司的指导下，《规范》主编单位中国建筑业协会将承担施工企业人员对《规范》知识更新培训任务，现已制定了"《工程建设施工企业质量管理规范》培训工作实施方案"，并委托中国建筑业协会工程建设质量管理分会组织业内专家编写《〈工程建设施工企业质量管理规范〉施工企业内部质量管理体系审核员培训教程》。本教程内容以《〈工程建设施工企业质量管理规范〉实施指南》

为蓝本，从管理文化的高度上进一步总结了《规范》与 ISO 9000 的关系；归纳了《规范》本土化、行业化的显著特色和应用特性；分三个层次阐明了对《规范》条文的"理解要点"、"实施要点"和"审核要点"；简述了《规范》与《质量管理体系要求》GB/T 19001—2008 在条款和内容上的双向对照；说明了施工企业应用《规范》开展质量管理体系内审的一般流程、内审的具体策划、内审的实施和对内审结果的跟踪验证等相关的过程方法和操作要点、图表和注意事项；汇集了一些围绕《规范》知识的习题及其参考答案。为指导内审员的评审，本教程还汇编了施工企业可能存在的与《规范》要求不符合的 160 个场景案例，进行了简略分析，指出了其不符合《规范》要求的具体条款和产生的原因，并给出纠正建议。教程还附录了与施工企业质量管理紧密相关的部分法律法规的名称和文号，以便于读者查阅并提请施工企业在贯彻《规范》时，确保质量活动符合相关法律法规的要求。

本教程是实施《工程建设施工企业质量管理规范》的指导性工具书，主要用于施工企业内审员的培训和考核，对施工企业各级质量管理人员、项目经理部的宣贯、培训也可参考使用。施工企业也可用于员工的质量教育。

本教程的编写工作得到中国建筑股份有限公司、中铁四局、河北建设集团等单位的大力支持和参与，在此谨向他们表示感谢。

因对《规范》及施工企业内部质量管理体系审核的认识和理解不尽全面，且时间仓促，故遗漏错误之处在所难免，敬请各界人士批评、指正，以便改进。

本书编写组

目 录

前言

第一章 概述 ·· 1
  1.1 《工程建设施工企业质量管理规范》产生的背景和作用 ··················· 1
  1.2 《工程建设施工企业质量管理规范》与 ISO 9000 标准的完全一致性 ··· 2
  1.3 《工程建设施工企业质量管理规范》本土化和行业化的显著特色 ········ 3
  1.4 《工程建设施工企业质量管理规范》的组织实施 ····························· 5

第二章 《工程建设施工企业质量管理规范》条文的理解、实施与审核要点 ··· 8

第三章 《工程建设施工企业质量管理规范》GB/T 50430—2007 与
       《质量管理体系 要求》GB/T 19001—2008 的双向对照 ············· 138
  3.1 条款双向对照 ··· 138
  3.2 条文对照 ··· 146

第四章 施工企业内部质量管理体系审核 ··· 157
  4.1 审核准备与策划阶段及其主要活动 ·· 157
  4.2 审核实施阶段及其主要活动 ··· 183
  4.3 审核报告阶段及其主要活动 ··· 195
  4.4 纠正措施及其跟踪验证的主要活动 ·· 205

第五章 习题及参考答案 ··· 208

附录 1 建筑工程施工质量验收统一标准 GB 50300—2001 ····················· 285
附录 2 建设工程质量管理条例 ··· 318
附录 3 施工企业质量管理相关的部分法律法规 ····································· 331

第一章 概 述

1.1 《工程建设施工企业质量管理规范》产生的背景和作用

ISO 9000 标准是被世界各国各行业所公认的质量管理专业标准,20 世纪 90 年代初,为适应市场经济的需要,我国建筑业施工企业开始贯彻执行 ISO 9000 标准。

但由于施工企业质量管理工作和工程建设产品生产的特殊性,我国仍然缺乏一个系统的、完整的、既适合施工企业质量管理需要又适应市场经济的工程质量管理专业标准。因此,建设部提出制定一个适应质量管理形势发展,全面指导施工企业实施系统化质量管理的规范。这个规范既要便于施工企业操作,能够切实地解决和消除施工企业质量管理工作中存在的问题或弊端,同时也能作为对施工企业进行监督管理的依据。根据"全国建筑市场与工程质量安全管理工作会议"上提出的"要强化施工企业的工程质量安全保证体系的建立和正常运行"指示精神,2003 年 7 月正式开始编制,并在 2007 年 10 月发布了《工程建设施工企业质量管理规范》GB/T 50430—2007(以下简称《规范》),从 2008 年 3 月开始实施。它是我国工程建设施工企业质量管理的第一个国家标准。

《规范》是以 ISO 9000 标准作为理论依据和基本准则,实际覆盖了《质量管理体系 要求》GB/T 19001—2008 的所有要求,是 ISO 9001 标准的本地化和行业化,并与现行的质量法律、法规要求紧密结合的产物,是我国多年来工程建设质量管理经验的总结,具有中国特色、专业特色,体现了我国建筑施工企业的特点。《规范》为施工企业质量管理体系的建立、运行、评价和改进提出了要求和模式,成为施工企业质量管理的基础要求。同时,也成为政府、顾客各有关方对施工企业质量管理和工程产品质量进行监督、检查和评价的依据。

《规范》的推广和应用,将促进施工企业质量管理的科学化、规范化和法制化,将有效地提高施工企业质量保证能力,为促进我国施工企业质量管理水平的普遍提高、对规范建筑市场、减少质量事故的发生起到重要的作用。

2010 年 6 月,国家认证认可监督管理委员会与住房和城乡建设部联合发布 2010 年第 21 号公告,要求在建筑施工领域质量管理体系认证中应用《工程建设施工企业质量管理规范》GB/T 50430—2007。

"公告"的发布实施,对施工企业质量管理体系的建立及其认证审核又提出了更新、更切实的要求,这是把 ISO 9001:2008 标准和中国工程建设施工企质量管理相结合的一个创举,是施工企业质量管理工作的一个创新。今后施工企业要应用《规范》的所有要求,建立施工企业质量管理体系,并按照《质量管理体系 要求》GB/T 19001—2008 规定的原则和方法去开展对质量管理体系的内审、管理评审和持续改进,确保质量管理体系的适宜性、充分性和有效性,并保持与第三方认证机构对施工企业质量管理体系认证审核的同步性、一致性、符合性,避免在"实施"和"认证"过程中出现"两张皮"现象,这一举措必将得到施工企业的欢迎和社会的认同。

1.2 《工程建设施工企业质量管理规范》与 ISO 9000 标准的完全一致性

《规范》是按照质量管理的基本规律以 ISO 9000 标准为基础制定的管理标准,两者在质量价值观、理论基础、管理理念、目的、评价要求等方面是完全一致的。

1.2.1 《规范》与 ISO 9000 标准的质量价值观是完全一致的。

ISO 9000 标准是以体系质量保证过程质量,以过程质量保证产品质量的协调管理的全面质量管理价值观。

《规范》同样如此,不是从狭义的"质量"角度出发、仅局限于工程建设产品质量的控制,而是从与工程质量有关的所有质量行为的角度,即从"大质量"(全面质量)的概念出发,甚至兼容其他相关管理体系的集成需求,全面覆盖施工企业所有质量管理活动。

1.2.2 《规范》与 ISO 9000 标准的理论基础是完全一致的。

ISO 9000 标准的理论基础是全过程质量缺陷的预防,采用体系方式实施质量管理是系统工程科学的成功实践。

《规范》的理论基础与其是完全一致的。《规范》围绕质量缺陷的预防,构建了施工企业完整的质量管理体系,力求通过体系的运行,确保工程质量管理目标的实现。

1.2.3 《规范》与 ISO 9000 标准的管理理念是完全一致的。

ISO 9000 标准的管理理念是贯穿人性化的管理方法、运用 PDCA 管理模式实施质量管理,包括:全员参与、过程控制,强调团队的构建和运作,提倡人性化的质量管理,重视员工的情感和交流,强调人员的主动性质量管理,建立和形成和谐、适宜的内部管理氛围。

《规范》全面体现了 ISO 9000 标准人性化的质量管理理念,在组织机构和职责、人力资源管理等方面提出了施工企业人性化质量管理的要求,并且借鉴了卓越绩效模式的管理要求,在质量管理改进要求中体现了多层次质量改进的需求。

1.2.4 《规范》的目的与 ISO 9000 标准的目的是完全一致的。

ISO 9000 标准的目的是为了满足稳定提供符合规定要求的产品并不断增强顾客满意的施工企业质量管理需求。

《规范》同样如此,稳定提供发包方满意的工程产品是衡量施工企业质量管理整体能力的重要标志,是确定施工企业质量管理体系成熟度的基础条件。无论是总承包施工企业还是专业承包施工企业都可以通过执行本《规范》达到同样的目的。

1.2.5 《规范》与 ISO 9000 标准的评价要求是完全一致的。

ISO 9000 标准评价管理体系的核心要求是管理体系的适宜性、充分性和有效性,即标准关注的是影响管理过程和产品关键特性的三个体系特征。这是施工企业质量管理工作最为关键的测量、分析和评价的标准,不仅考虑了施工企业管理体系在复杂市场条件下的运行可行性,而且充分兼顾了质量管理 ISO 9000 标准的这种核心要求,科学揭示了管理的内在实质。

《规范》围绕 ISO 9000 标准评价管理体系的这个核心要求,结合行业特点,规定了施工企业质量管理体系的基本衡量标准:通过分类、分层的描述施工企业质量管理的不同管理方法,体现体系的适宜性要求;通过体系接口环节的风险预控,体现体系管理的充分性要求;通过围绕发包方需求的全过程质量管理和过程监控,体现体系管理的有效性要求。

1.3 《工程建设施工企业质量管理规范》本土化和行业化的显著特色

ISO 9000 标准是西方发达国家施工企业质量管理经验的科学总结,是现代质量管理实践的重要成果,已经成为被世界各国各行业公认的质量管理专业标准。但是由于该标准是在西方制造业质量管理经验基础上提炼而成的,因此具有明显的制造业的管理特征和形式,对于我国工程建设行业,特别是施工企业的质量管理存在明显的天然差距或隔阂,在实践中出现了比较明显的管理风险和"两张皮"的现象。因此,必须把 ISO 9000,特别是 ISO 9001 标准按照科学的方法转换为我国施工企业质量管理的所有要求。本土化和行业化既是《规范》的显著特色,又是其能够得到施工企业和市场认可的价值所在。

1.3.1 管理文化的本土化和行业化

管理的精髓是文化,质量标准是贯穿质量管理过程的管理文化,这种文化不仅体现了工程质量管理的客观规律,而且展现了不同文明之间的共同文化价值观。一方面,ISO 9000 标准正是现代质量管理文化价值观的集中代表,只有全面、充分的理解、构建和把握这些价值观才能让国际共同的质量规律的结晶为我所用。另一方面，我国传统文化和施工企业文化的和谐精神、团队意识与 ISO 9000 标准的文化是相符的，两者相互融合，彼此补充。《规范》充分考虑和兼顾了上述规律的特点，重点围绕我国工程施工行业相关的法律法规要求，特别强调施工企业在质量管理制度方面集成工作的重要性，其理念集中在《规范》总则、术语、各主要章节的开头部分得到了充分体现。

1.3.2 标准结构的本土化和行业化

《规范》依据 PDCA 模式，按照施工企业实施质量管理的管理流程，系统描述了施工企业质量管理的基本要求，采用施工企业熟悉的思维和思路，熟悉的施工流程和语言文字，熟悉的质量管理内容和方法，全面落实了 ISO 9000 标准在中国施工企业质量管理的应用要求。

1.3.3 管理内容和兼容需求的本土化和行业化

ISO 9000 标准是开放性的管理规范，它不仅强调施工企业管理体系自身的适宜性、充分性和有效性，还提倡可以兼容其他管理体系和方法，体现了施工企业管理体系集成实施的客观需求。一方面，《规范》在管理内容方面着力进行了行业化，包括：施工准备，施工设计，施工分包，施工机具等专门的质量内容都是施工企业质量管理的重要特点，特别是根据施工企业质量规律的内在联系，细化和强化了投标及合同管理、不稳定和能力不足的施工过程及突发事件管理等部分内容，为工程质量管理人员实施有效管理奠定了基础条件；另一方面，《规范》在项目质量管理的策划、实施、事故应急、过程改进等方面作出了可以在职业健康安全、环境、成本等管理体系方面进行相互兼容的管理内容，为施工企业管理体系的一体化运行和持续改进提供了合理的平台。

1.3.4 管理要素接口（界面）的本土化和行业化

由于要素之间的关联性，ISO 9000 标准突出强调质量管理体系的接口管理，明确质量管理者责任，界定相关方的质量责任。《规范》结合中国传统文化的特点，专门就施工企业质量管理体系要素接口进行了专门管理规定，在目标策划、岗位责任、制度建设、项目投标与合同管理、质量策划、施工过程控制及测量、改进等方面全面关注过程要素之间的接口风险，同时又留有一定的协调余地，力求工程质量管理的稳定性。

1.3.5 控制重点环节的本土化和行业化

由于施工企业的特点以及我国当前相关法律法规的规定，项目设计管理的内容在实施环节存在一定的争议，考虑到国际同行业的现实惯例和国内项目总承包管理的发展趋势，施工企业的设计管理是应该考虑的重点。《规范》把 ISO 9001 标准的基本要求与上述两个因素结合起来，明确施工设计（施工图设计，图纸深化设计，图纸优化设计等）可以进行选择，不进行施工设计的施工企业使用本规范可以不执行本规范的相关条款。这种标准的处理具有一定的超前性。

1.3.6 实施方法的本土化和行业化

ISO 9001标准是以欧美国家制造业为集成产生的，虽经多次修订，可以适用于各种行业，但是由于在具体贯彻执行时，未能解决结合行业特点进行改造的问题，施工企业缺少可操作性的实质性的指导方法。而《规范》力求尽快改变这种情况，构建一个能够有效满足工程建设的专业性需求，完善工程施工企业质量的行为规范。具体体现在大量采用和吸取了本行业和其他行业行之有效的质量管理方法，并进行了适度提炼。如在施工准备、技术交底、施工过程的确认和管理、总分包管理、质量突发事件或缺陷的应急管理等方面，通过各种管理手段和方法的开放式应用，包括人体功效、心理管理、统计技术和信息技术手段等，提升施工行业质量管理方法的适宜性。

1.3.7 管理创新途径的本土化和行业化

ISO 9001标准的核心理念之一是持续改进。持续改进的内在动力来自于创新进取。施工企业的质量管理创新能力正是核心竞争力的本质体现。《规范》为了通俗的衔接持续改进与质量管理创新，在术语中明确定义了质量管理创新，即在原有质量管理基础上，为提高质量管理效率、降低质量管理成本而实施的质量管理制度、活动、方法的革新。通过创新意识、建立创新文化、培育创新团队等提升施工企业的持续改进的能力。《规范》为施工企业适应新的市场形势，培育施工企业竞争能力奠定了科学的预留空间。可以包括：低成本条件下的质量管理创新，低碳经济条件下的质量管理方法创新，融资建造的质量管理，设计、施工一体化总承包的质量管理，可持续发展的质量管理战略创新等，这些可直接提升施工企业质量管理的竞争力。

《规范》是对施工企业质量管理的基本要求，并不是施工企业质量管理的最高水平。因此在执行本规范的同时，鼓励施工企业根据自身发展的需要进行管理创新，如实施卓越绩效模式等。

近三年的实践已充分显现了《规范》在应用中的8个特性，那就是：应用范围的行业性；呼应ISO 9001质量管理体系标准的一致性；涵盖工程建设质量管理活动内容的全面性；以施工企业为对象、以过程为基础的针对性；引导施工企业质量管理行为的规范性；便于建立、运行、评价和改进施工企业质量管理体系的可操作性；促进施工企业质量管理市场化、国际化的支持性；推进施工企业质量管理创新，追求卓越绩效的激励性。

1.4 《工程建设施工企业质量管理规范》的组织实施

1.4.1 《规范》的实施流程

《规范》是ISO 9000标准的具体应用，因此实施的方法与ISO 9000标准的实施是完全一致的。具体流程如图1-1所示。

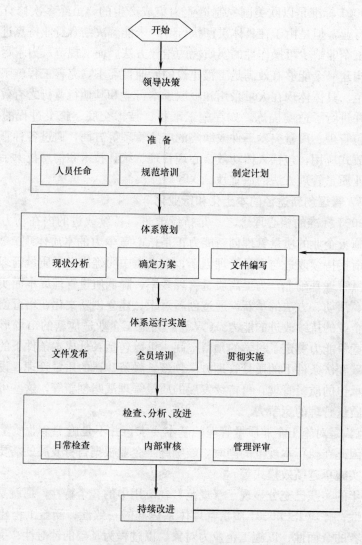

图1-1 《规范》实施流程图

1.4.2 《规范》的组织实施

《规范》规定了施工企业质量管理体系的构建和运行要求，需要有效地系统实施。

1. 构建适宜配套的质量管理机制

施工企业应该建立与《规范》配套的质量管理机制，从工程建设施工企业的质量管理入手进行分析，重点研究施工企业质量管理存在的重要问题和解决的方法，包括：质量责任制、多种承包类型的质量组织结构、质量控制运行方式、质量激励机制、质量诚信、质量文化和与质量有关的相关集成管理等。构建这样的机制，必将有效地促进工程项目质量管理团队的整体层次，带动质量管理水平的提高。

2. 树立科学合理的质量管理理念

行动之前理念必须先行。一个优秀的施工企业应该具备高品质的理念，自觉领会《规范》的理念内涵，结合质量管理的外部和内部环境灵活运用《规范》，及时提升《规范》应用的有效性，这是充分发挥《规范》应有作用的重要条件。

3. 推行领导引导、全员参与的《规范》培训方式

应该建立以《规范》的基础要求为基点、领导推动的培训机制，一方面在领导带动的基础上确保全员参与培训的全过程；另一方面采用灵活多样、兼容并蓄的培训方法，努力使《规范》的要求切实落实到每个员工、每个岗位。

4. 提升项目管理持续改进的竞争力

应该把握工程建设项目质量管理的发展现状，从产品的结构组成、科技发展、节能减排、功能提升等方面去分析施工企业质量管理的水平，改进管理方式，从而实现预定的质量目标，增强施工企业的项目质量管理能力。

5. 营造先进、适宜的质量文化

应能够发现工程项目现存的共同的质量问题、相关特殊的个性问题和项目诚信度不高的原因，关键应该建设人性化的质量文化，为提升工程建设项目质量信誉构建系统的质量管理机制提供客观的平台，形成道德、文明、品质高尚的质量价值观。

6. 建立可持续发展的质量推进模式

应客观预测行业质量管理的发展趋势，明确自己质量管理的优劣条件，研究施工企业质量管理与可持续发展的改进方向，从人性化的可持续发展理念贯穿质量策划、质量控制和质量改进全过程，形成强有力的质量推进模式，使得施工企业得以健康持续地发展。

施工企业质量管理体系必须与时俱进，持续改进，及时在这个不断变化的时代提升自己的质量管理体系，以确保质量管理体系的适宜性、充分性和有效性，这应该成为施工企业实施《规范》的核心理念。

第二章 《工程建设施工企业质量管理规范》条文的理解、实施与审核要点

《规范》条文的理解、实施以及审核要点是施工企业内部质量管理体系审核员（以下简称内审员）应掌握的基础知识，必须认真学习和掌握。下面按照《规范》条文的理解要点、实施要点和审核要点三个层次逐条进行阐述。

【规范条文】

1 总则

1.0.1 为加强工程建设施工企业（以下简称"施工企业"）的质量管理工作，规范施工企业质量管理行为，促进施工企业提高质量管理水平，制定本规范。

理解要点

1. 本规范对质量管理活动作出明确的规定，确定了其适用范围和目的。这里的施工企业是指总承包和专业承包企业。

2. 本规范适用于工程建设施工企业的质量管理工作，目的是为证实工程建设施工企业有能力稳定地提供满足发包方的要求和法律法规要求的工程施工服务，并通过质量管理体系的有效运行，在达到满足要求的基础上，主动地持续改进体系的过程，以保证符合发包方以及适用的法律法规的要求，达到增进发包方满意的目的。

3. 通过本规范的实施，可以加强工程建设施工企业的质量管理工作，规范施工企业质量管理行为，促进施工企业提高质量管理水平。

实施要点

1. 所有工程建设施工企业实施质量管理体系认证均应执行本规范。《规范》适用于房屋建筑工程施工总承包企业、公路工程施工总承包企业、铁路工程施工总承包企业、港口与航道工程施工总承包企业、水利水电工程施工总承包企业、电力工程施工总承包企业、矿山工程施工总承包企业、冶炼工程施工总承包企业、化工石油工程施工总承包企业、市政公用工程施工总承包企业、通信工程施工总承包企业、机电安装工程施工总承包企业；也适用于工程建设专业施工企业。

2. 实施本规范就是实施 GB/T 19001 idt ISO9001 标准，本规范是 GB/T 19001 idt ISO 9001 标准在工程建设施工企业的具体应用，是依据现行的与工程建设施工企业质量管理有关的国家标准和规范，将 GB/T 19001 idt ISO 9001 标准中的要求，结合我国建筑行业的特点和工程建设施工企业的管理特点，转化成

为工程建设施工企业可执行的管理要求。

3. 本规范全面提出了工程建设施工企业的各项质量管理要求。但对于不适用的条款，可以不选用，如不进行施工设计的施工企业在使用本规范时可不执行规范10.3条款施工设计的有关要求，没有工程分包和劳务分包的施工企业，也可以不执行第9章的内容。但是本规范提倡有条件的施工企业应采用施工设计条款。

在执行本规范的同时，施工企业应建立质量管理创新机制，提高施工企业质量管理创新的能力，形成新的动力源，为工程建设施工企业的持续、稳定、健康发展提供有力保障。因此，在执行本规范的同时，施工企业应将质量管理创新作为质量管理的重要内容之一。

4. 施工企业应按照PDCA的模式持续改进施工质量管理，管理体系模式如图1.0.1所示：

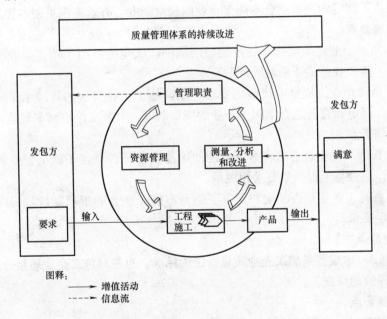

图1.0.1 质量管理体系模式图

审核要点

1. 查施工企业对该规范的应用是否正确合理，应用覆盖的范围是否明确。

2. 查工程建设施工企业贯彻实施该规范的目的是否明确，贯彻该规范是为规范施工企业质量管理行为，促进施工企业提高质量管理水平，稳定地提供满足发包方的要求和法律法规要求的工程施工服务，并通过质量管理体系的有效运用，在达到满足要求的基础上，主动地持续改进体系的过程以及保证符合发包方与适用的法律法规要求，达到增进发包方满意的目的。

3. 查是否明确适用的条款，不进行施工设计的施工企业在使用本规范时可不执行规范10.3条款施工设计的有关要求，对于不涉及工程或劳务分包的企业对规范条款9可不选用或部分选用。

4. 查是否按照PDCA的模式持续改进施工质量管理。

【规范条文】

1.0.2 本规范适用于施工企业的质量管理活动。

理解要点

1. 本规范适用于工程建设施工企业的质量管理活动，其针对对象是质量管理活动。

2. 施工企业还应根据本规范的要求，结合施工企业自身的管理水平、工程产品特点，制定和完善适合本施工企业的规章制度，有效实施贯彻本规范。

实施要点

1. 施工企业必须明确本规范的使用范围，该规范适用于施工企业的质量管理活动，落实规范关于质量管理的要求。

2. 施工企业应根据本规范的要求，结合施工企业自身的管理水平、工程产品特点，制定和完善适合本施工企业的规章制度，有效实施贯彻本规范。

审核要点

1. 查施工企业是否明确本规范的使用范围，是否涵盖了施工企业的质量管理活动，是否与工程质量要求相混淆。

2. 查施工企业是否制定和完善了适合本施工企业的规章制度，其内容能否满足规定要求。

【规范条文】

1.0.3 本规范是施工企业质量管理的标准，也是对施工企业质量管理监督、检查和评价的依据。

理解要点

1. 该规范是工程建设施工企业的质量管理基本要求和通用标准，而非工程质量标准，不同施工企业的质量管理的内容、水平各有不同，施工企业实施质量管理时，可以以本规范为基础，根据社会经济发展和施工企业发展需要，增加其他管理要求，并纳入施工企业质量管理体系中，建立施工企业自律管理机制。

2. 各级建设行政主管部门、发包方，可以将本规范作为监督、检查和评价施工企业质量管理水平以及合格评定的依据。

实施要点

1. 工程建设施工企业应把该规范作为质量管理基本要求和通用标准，同时应依据施工企业自身的质量管理的内容、水平的不同增加其他管理要求，并纳入施工企业质量管理体系中，建立施工企业自律管理机制。

2. 工程建设施工企业应按照该规范建立管理体系，作为各级建设行政主管部门、发包方、施工企业内部自我监督、检查和评价本施工企业质量管理水平以及合格评定的依据。

审核要点

1. 查工程建设施工企业是否把该规范作为质量管理基本要求和通用标准，同时是否依据施工企业自身的质量管理的内容、水平的不同增加其他管理要求，并纳入施工企业质量管理体系中，建立施工企业自律管理机制。

2. 查工程建设施工企业是否按照该规范建立管理体系，并作为各级建设行政主管部门、发包方、施工企业内部自我监督、检查和评价本施工企业质量管理水平以及合格评定的依据。

【规范条文】

1.0.4 施工企业的质量管理活动，除执行本规范外，还应执行国家现行有关标准规范的规定。

理解要点

本规范是施工企业质量管理的基本要求，施工企业质量管理和行为还必须同时符合国家和地方相关的法律、法规、标准规范的要求。本书附录了与施工企业质量管理相关的部分法律法规。

实施要点

1. 施工企业在将本规范作为质量管理的基本规范的同时，应结合国家和地方相关的法律、法规、标准规范的要求。

2. 施工企业应按照质量管理的需要，收集并贯彻实施相关的法律法规、标准规范等。

审核要点

1. 查施工企业在将本规范作为质量管理的基本规范的同时是否同时符合国家和地方相关的法律、法规、标准规范的要求。

2. 查施工企业是否按照需求，收集贯彻实施相关的法律法规、标准规范等。

【规范条文】

2 术语

术语是标准规范基本理念的体现。本《规范》根据施工企业质量管理的特点提出了5个质量管理的基本术语，重点反映了施工企业质量管理的主要特征。

2.0.1 质量管理活动 quality management action

为完成质量管理要求而实施的行动。

理解要点

1. 质量管理活动是为满足相关的质量要求而采取的各项行动。质量管理活动的目的是满足质量要求。施工企业的质量管理活动应围绕活动的定义、活动的开展、活动的检查、活动的改进为主线展开。

2. 为了实施的需要，质量管理活动应通过合理的形式进行分解。

施工企业质量管理的主要活动可以分解为质量方针和目标的建立；组织机构和职责的设置；人力资源管理；施工机具管理；投标及合同管理；建筑材料、构配件和工程设备采购管理；分包管理；工程项目施工质量管理；施工质量检查与验收；工程项目竣工交付使用后的服务；质量管理自查与评价；质量信息管理和质量管理改进等子活动。每个子活动还可以进一步分解为更细一级的活动。

质量管理活动的分解结果应该能保证活动过程的可控性以及活动结果的可检查性。分解后的质量活动在具体实施过程中可以根据情况进行整合，使活动的过程和结果能更为有效地满足相关的质量要求。

实施要点

应正确理解和引用该术语，结合施工企业实际情况掌握其含义，并与其质量文化建设相融合。

审核要点

查是否理解质量管理活动的含义，以便有效实施管理体系。

【规范条文】

2.0.2 质量管理制度 quality management statute

按照某些质量管理要求建立的、适用于一定范围的质量管理活动要求。质量管理制度应规定质量管理活动的步骤、方法、职责。质量管理制度一般应形成文件。需要时，质量管理制度可由更加详细的文件要求加以支持。

理解要点

1. 施工企业质量管理的各项制度应根据质量管理的需要建立。

2. 施工企业质量管理制度的制定必须符合我国相关法律法规的规定。在建立过程中，应充分考虑施工企业的自身情况和外部的环境条件。

3. 质量管理制度是施工企业管理制度的一个组成部分，应该与施工企业的其他管理制度结合制定。同时，出于工程项目管理的需要，施工企业的质量管理制度还应与发包方的质量管理要求相协调。

质量管理制度一般应形成文件，并传达到所有的相关部门和岗位。为了使质量管理制度得以贯彻实施，应通过文件的形式规定制度的目的及要求、实施的步骤和程序、实施的主要内容以及相关的措施等。质量管理制度所形成的文件按照管理的层次可以分为控制性、指导性和实施性的文件。质量管理制度包括：法规、上级及政府要求，合同规定，施工质量管理体系要求等。

质量管理制度是我国固有的特色，主要体现了以人为核心，引导人去做正确的事，而制度是人做错和做对了如何奖惩或针对人的行为的约束，主要针对结果而言，该制度既强调过程，更重视结果，在现阶段我国强调制度作用具有重要的现实意义。

4. 质量管理制度包括 ISO 9001 标准涉及的质量手册、程序文件、作业指导书、质量纪录、法律法规、上级要求、合同、政府规定等相关文件。施工组织设计、施工方案等可以作为质量管理制度的支持性文件。

实施要点

1. 为满足质量管理活动的要求应建立适当的管理制度，管理制度的形式和名称均可灵活，可以分为质量手册、程序文件、作业指导书、管理制度，也可以为其他称谓，一般应形成文件。

2. 质量管理制度应规定质量管理活动的步骤、方法、职责，尽量文件化。

审核要点

1. 查质量管理制度和其他文件的理解是否统一，能否有效结合。

2. 查质量管理制度内容是否规定质量管理活动的步骤、方法、职责，是否合理，是否尽量形成文件。

3. 查质量管理制度的组成内容与定义内涵是否一致。

【规范条文】

2.0.3 质量信息 quality information

反映施工质量和质量活动过程的记录。

理解要点

1. 质量信息的概念可以分为狭义和广义两种。狭义的质量信息是指反映施工质量和质量活动过程的记录，记录是施工企业质量信息的重要内容之一；广义的质量信息是指实施质量管理活动和反映施工质量所使用的各种声音、图像、文字、数字和符号等。

2. 质量管理的信息可以分为组织类、管理类、技术类和法规类等信息。

3. 质量信息应通过收集、整理、加工、存储、传递等过程的管理使其在合适的时间、以合适的方式传递给合适的人。

实施要点

应根据施工企业自身的特点和需要，明确质量信息的内容，确保质量信息内容的真实性、完整性，传递的及时性和开发利用的有效性。

审核要点

1. 查质量信息的定义是否正确理解。

2. 查能否有效应用定义进行信息分类。

【规范条文】

2.0.4 质量管理创新 quality management innovation

在原有质量管理基础上,为提高质量管理效率、降低质量管理成本而实施的质量管理制度、活动、方法的革新。

理解要点

施工企业的质量管理创新是指在质量管理中通过对制度、活动或方法的革新为施工企业、发包方、社会创造新的价值的活动。施工企业的质量管理创新既包括原始创新,也包括集成创新和引进消化吸收后的再创新。创新既是改进措施的有机组成部分,也是施工企业发展开拓的重要手段。质量管理创新能力是施工企业的核心竞争力之一。施工企业应通过建立良好的激励机制引导各管理层次和部门开展质量创新活动,通过强化创新意识、营造创新环境、发展创新文化、培育创新团队、加大创新投入、激发创新活力、增强创新动力等措施,全面推进施工企业的质量管理创新工作。

实施要点

深刻理解质量管理创新的含义并正确应用,关注质量管理创新与质量管理改进的结合情况,质量管理创新既包括原始创新,也包括集成创新和引进消化吸收后的再创新,是质量管理中通过对制度、活动或方法的革新为施工企业、发包方、社会创造新的价值的活动。

审核要点

1. 查是否理解质量管理创新的含义并正确应用。
2. 查质量管理创新与质量管理改进的结合情况。

【规范条文】

2.0.5　施工质量检查 quality inspection

施工企业对施工质量进行的检查、评定活动。

理解要点

施工质量检查包括工程的检验批、分项、分部验收、隐蔽工程验收、质量预控的检查、施工过程的检查、施工人员自检、互检、交接检、项目部对班组的质量检查、施工企业对部门、项目部的质量检查等活动。

实施要点

1. 施工企业开展质量检查的各项活动必须以相关法律法规和发包方要求为依据。
2. 施工质量检查不仅包括对施工过程和结果的检查评定,而且包括对施工检查标准的分析和制定。
3. 施工质量检查的目的是及时发现质量活动中存在的隐患和问题,并为实施质量改进提供依据。
4. 施工质量检查所形成的各项记录是开展施工质量管理活动的依据,也是施工企业进行质量管理策划的依据,同时还是施工企业进行质量管理改进和创新的依据。

5. 在工程建设领域，施工企业对施工质量进行的检查和评定活动并不是孤立存在的，施工企业的质量检查和评定活动必须和发包方、监理单位、政府相关主管部门等的质量检查和评定活动相一致。

6. 施工企业的施工质量检查活动应从检查的依据、内容、人员、时机、方法和记录等方面进行策划和实施。

审核要点

1. 查是否理解施工质量检查的含义并正确引用。
2. 查是否针对施工企业特点，对施工质量检查进行分类细化。

【规范条文】
3 质量管理基本要求
3.1 一般规定

3.1.1 施工企业应结合自身特点和质量管理需要，建立质量管理体系并形成文件。

理解要点

1. 工程建设施工企业应按本规范的要求结合自身特点建立实施和保持质量管理体系并持续改进其有效性，并形成文件。

2. 该规范针对 ISO 9001 标准要求对工程建设施工企业质量管理体系所需的过程进行识别并进行有效的管理，工程建设施工企业要按照规范要求结合自身特点和质量管理需要，建立质量管理体系，如工程设计和工程与劳务分包不适时用可以不选择，但应进行相应的说明。

3. 施工企业应在规范要求的基础上还应对过程的顺序、相互作用、过程之间的接口进一步理顺，一个过程的输出将直接成为下一个过程的输入，达到过程的有效管理。

4. 规范要求是过程方法的体现。分为策划、实施、检查、处置，形成 PDCA 循环。

实施要点

1. 施工企业应按照规范要求建立确保符合发包方要求和法律法规要求的质量管理体系。

2. 施工企业应结合自身特点和质量管理的要求建立质量管理体系，并体现最高管理者的体系设想思路及决策思想。

3. 施工企业应建立文件化的质量管理体系。

4. 应全面识别质量管理体系的过程、过程的顺序和相互作用。

5. 施工企业质量管理体系要求的条款选用应进行分类分层的分析和考虑。对质量管理体系的活动进行选择时，施工设计环节需要格外注意，设计的定义分为两个层次：产品的设计是指发包方要求转化为施工图纸或对施工图纸的再设计——也就是对施工图的进一步深化；活动的设计指对施工活动的设计，包括施工活动策划、确定施工流程、编制施工作业指导书、制定技术措施、配备施工资源、规定验收准则等。本书指的施工设计是前者。

6. 具有工程产品设计功能的工程建设总承包施工企业的设计活动应包含上述两个方面，即使产品设计作分包采购，也必须保留工程设计条款，负总包对分包的控制责任。而对于一般的工程建设总承包施工企业和专业承包施工企业，应识别是否具有产品的设计责任，特别是专业承包项目，如压力容器、钢结构、建筑装饰、防水工程施工等，如确无产品设计责任，则可不选择此条款。由于某些专业的产品设计没有建筑设计复杂，因此施工企业可依据实际情况对工程设计的子条款进行选择性使用。但相关策划应执行10.2条款的要求。

工程建设施工企业应针对自身的情况明确工程承包过程中的外包过程，如工程分包、设计分包（总承包施工企业中的设计分包）、劳务分包、试验分包等过程，并确保对其实施控制。

7. 工程施工企业质量管理体系文件包括：形成文件的质量方针和质量目标、质量手册、程序文件；相关的作业指导书和其他管理文件；实际运行所涉及的过程；建筑产品的实物质量，发包方及有关主管部门对建筑产品的质量评价的满意程度；对外包过程的控制记录以及相应的运作记录（包括标准中规定的记录）等。

审核要点

1. 查施工企业是否按照规范要求建立了确保符合发包方要求和法律法规要求的质量管理体系。

2. 查施工企业是否结合自身特点和质量管理的要求建立质量管理体系。

3. 查施工企业是否建立了文件化的质量管理体系。

4. 查质量管理体系的活动识别是否全面、活动的顺序和相互作用是否清晰，条款的选择及适用范围是否适宜。

5. 查施工企业质量管理体系要求的选择是否进行分类分层的分析和考虑。

6. 查施工企业是否建立了形成文件的质量管理体系。

【规范条文】

3.1.2 施工企业应对质量管理体系中的各项活动进行策划。

理解要点

该条款重点强调施工企业应对质量管理体系各项活动进行事前策划。策划是指为达到一定目标，在调查、分析有关信息的基础上，遵循一定的程序，对未来某项工作进行全面的构思和安排，制订和选择合理可行的执行方案，并根据目标要求和环境变化对方案进行修改、调整的活动。

实施要点

1. 施工企业应对质量管理体系各项活动进行策划,策划应是为达到一定目标,在调查、分析有关信息的基础上,遵循一定的程序,对未来某项工作进行全面的构思和安排,制定和选择合理可行的执行方案,并根据目标要求和环境变化对方案进行修改、调整的活动。

质量管理活动应体现策划—实施—检查—处置的持续改进的原则。对质量活动的策划,是保证质量活动能在受控状态下进行的基础。各项质量活动策划应在质量活动开展前进行,以明确质量活动的目的、步骤和方法。

2. 对质量管理体系进行整体策划,包括方针目标、管理体系活动、文件化程度等整个管理体系进行策划。

3. 各项质量活动的展开应按照策划的要求进行。

实施质量策划时,要明确质量活动的目的、范围、质量活动的过程和方法。施工企业可根据需要,将质量策划形成适合于操作的文件。

审核要点

1. 查施工企业质量管理体系的整体策划,是否形成建立实施质量管理体系的整体框架。

2. 策划是否涵盖了质量管理体系中的各项活动。

【规范条文】

3.1.3 施工企业应检查、分析、改进质量管理活动的过程和结果。

理解要点

对质量管理活动的过程和结果应采取适宜客观的方式进行检查、监督、分析和改进,以确定质量管理活动的有效性,明确改进的必要性和方向。

实施要点

1. 施工企业应根据质量管理体系运行规律和质量活动策划的结果,对质量管理活动的过程和结果进行检查、分析和评价并采取措施改进质量管理体系。

2. 对质量活动的过程或结果进行检查,使质量活动的结果达到策划的目标。检查评价应保证其客观性。体系检查评价人员应关注结果,兼顾过程。体系实施人员应关注过程,兼顾结果。

3. 对检查结果进行分析的目的是明确质量活动的有效性,以便通过改进活动的实施使质量管理水平得以不断提高。

审核要点

1. 查施工企业是否确定检查、分析、改进质量管理活动的过程和结果。

2. 查质量活动的监督检查与评价,质量信息的收集、传递、分析与利用,质量管理改进与创新,是否有机结合,便于持续改进。

【规范条文】

3.2 质量方针和质量目标

3.2.1 施工企业应制定质量方针。质量方针应与施工企业的经营管理方针相适应,体现施工企业的质量管理宗旨和方向,包括:

1 遵守国家法律法规,满足合同约定的质量要求;

2 在工程施工过程中及交工后,认真服务于发包方和社会,增强其满意程度,树立施工企业在市场中的良好形象;

3 追求质量管理改进,提高质量管理水平。

理解要点

1. 要求施工企业制定并经最高管理者批准发布企业的质量方针并形成文件。

2. 质量方针应与施工企业经营管理总方针相适应,是由施工企业的最高管理者制定的施工企业总的质量宗旨和方向。质量方针必须与经营管理总方针保持一致。

3. 质量方针应满足下列要求:

1) 与施工企业的宗旨相适应,不能抽象空洞。

2) 质量方针应体现满足发包方要求和法律法规要求以及保持改进质量管理体系的承诺。

3) 提供制定和评审质量目标的框架。

4. 最高管理者应确保在企业内的各层次上将质量方针传达,使全体员工理解,并贯彻实施于各自的工作中。

实施要点

1. 施工企业应制定企业的质量方针,质量方针应形成文件并经最高管理者批准发布。

2. 质量方针应结合施工企业经营管理总方针制定,并与施工企业的经营发展战略紧密结合。

审核要点

1. 查质量方针是否形成文件,内容是否满足标准要求,是否体现了 8 项质量管理原则的基本要求。

2. 查质量方针是否体现施工企业质量宗旨和方向,是否与经营管理总方针保持一致,是否为施工企业建立质量目标提供框架,是否体现了两个承诺和一个框架的要求。

3. 查质量方针是否在各职能部门及层次得到沟通和理解,如何使施工企业员工对质量方针充分理解,深入人心,将质量方针的要求与本职工作相结合。

4. 查质量方针是否由最高管理者批准。

【规范条文】

3.2.2 施工企业的最高管理者应对质量方针进行定期评审并作必要的修订。

理解要点

1. 最高管理者应定期对质量方针作出评审，必要时进行修订，质量方针的评审可与管理评审相结合。

2. 对质量方针的评审和修订是施工企业质量管理不断改进的重要手段之一。施工企业应根据内外部条件的变化，保持质量方针的适宜性。评价质量方针的贯彻落实是评价员工质量意识和理念是否符合施工企业要求的重要方法，也是衡量质量方针是否符合内、外部环境要求的手段。对贯彻实施质量方针的效果进行评价需收集以下信息：

1) 质量目标的实现情况；
2) 各项质量管理制度的执行情况；
3) 发包方对工程质量和质量管理水平的评价；
4) 各项质量管理要求与外部环境的适应性。

实施要点

1. 施工企业应规定质量方针评审的周期，必要时进行修订。

2. 施工企业应根据内外部条件的变化，保持质量方针的适宜性。

3. 对质量方针的修订可能会涉及质量目标、组织机构、职责权限、管理的范围、管理制度等方面的调整，应予以重视并确保与各项工作协调一致。

审核要点

1. 查质量方针是否进行了对其持续适宜性的定期评审。

2. 查质量方针的评审和修改状态是否符合文件控制的要求。

3. 查是否跟踪质量方针的实施，在质量管理不断改进的过程中或质量管理体系发生变更时，最高管理者是否对质量方针能继续适应体系的要求作出评价，使其持续地适应施工企业内外部环境变化。

【规范条文】

3.2.3 施工企业应根据质量方针制定质量目标，明确质量管理和工程质量应达到的水平。

理解要点

1. 施工企业应根据公司的质量方针制定公司的质量目标，同时应确保在公司的各职能层次上建立各自的质量目标，并形成文件。

2. 质量目标应反映施工企业对质量管理和工程质量的要求。

实施要点

1. 施工企业应在各相关职能和层次上建立并分解质量目标，质量目标应形成文件。

2. 质量目标应考虑质量管理和工程质量两个方面的内容。

3. 质量目标应符合方针的框架要求，各层次的目标间应逻辑相关，协调一致。

4. 质量目标是可测量的，尽量量化，便于操作考核，对目标的完成情况进行监视和测量。

5. 施工企业的质量目标通常有自愿争取国家地方的优质工程等某些称号，如工程一次验收合格率，分部分项一次验收合格率；科技创新、新技术新材料应用，发包方满意等内容，针对工程项目，应从总目标→单位工程→分部→分项进行，直到具体工序。

审核要点

1. 查质量目标是否和质量方针的要求相一致；质量目标是否有可评审性和可度量性（包括工程质量目标与质量管理体系保持一致等），并持续改进。

2. 查质量目标是否能体现满足发包方和法律法规要求、工程质量的目标及质量管理体系运行和工程质量改进的目标。

3. 查质量目标是否按照职能和层次进行了分解，总目标、部门层次和项目层次的质量目标是否协调一致。

4. 查最高管理者制定质量目标的依据和意图、文件化的质量目标、施工企业相应层次的质量目标及相关技术文件的目标展开情况，尤其是项目层次的质量目标的设定和完成情况，对质量目标的度量和调整过程中的相应记录（如项目层次对质量、成本等目标度量和调整过程中形成的会议记录或其他形式的记录）。

【规范条文】

3.2.4 施工企业应建立并实施质量目标管理制度。

理解要点

1. 质量目标管理制度的建立和实施是实现质量目标的重要保证。

2. 施工企业各管理层次应按照质量目标管理制度的要求监督、检查质量目标的分解、落实情况，并对其实现情况进行考核。

3. 目标管理制度应该体现目标的分解和实现目标的途径、方法。

实施要点

1. 施工企业应建立质量目标管理制度，应包括质量目标建立、分解、考核、改进等内容。

2. 实施质量管理目标考核时可以采取针对各管理层次由下至上的方法，质量管理目标的考核应符合既定的质量管理目标中各项指标的内涵，质量目标考核结果既应成为质量管理水平评价和质量管理改进的依据，又应成为重新确定和修订质量管理目标的依据。

3. 质量目标管理应贯穿于施工企业的各个管理层，以监督管理质量目标的落实和分解，并对目标的资源提供和实现情况进行考核，同时将考核结果按照规定的要求传递，保证施工企业总体质量目标的考核评价信息的准确性。

审核要点

1. 查是否制定了质量目标管理的制度，是否包括质量目标的分解、考核和改进的内容。是否与施工组织设计、施工方案和技术交底等结合实施

2. 查是否对质量目标的完成情况进行了评审，各项指标是否能够度量，度量的方法是否明确。

3. 查质量目标考核的结果及分析结果，是否用于质量改进。

4. 查资源提供是否能够满足质量目标的实施要求。

【规范条文】

3.3 质量管理体系的策划与建立

3.3.1 最高管理者应对质量管理体系进行策划。策划的内容应包括：

1 质量管理活动、相互关系及活动顺序；

2 质量管理组织机构；

3 质量管理制度；

4 质量管理所需的资源。

理解要点

1. 施工企业最高管理者是质量管理体系的策划责任人，应对质量管理体系进行策划。

2. 对质量管理体系进行策划应包括：

1）明确所有质量管理活动、相互关系及活动顺序，各项工作之间存在的接口关系，应确定各项管理工作的合理顺序。

2）施工企业应策划质量管理组织机构，确定质量管理活动的职责权限和相互关系。

3）应在原有管理基础上，在确定的管理范围内建立和完善管理所需要的、适用的管理制度，使所有工作都有章可循。

4）资源管理也是质量管理内容的重要组成部分。应根据管理的范围、深度及方法和人员、技术、资金、设备、信息等方面的情况合理地确定资源的需求。

实施要点

1. 施工企业最高管理者是质量管理体系的建立、实施与改进的第一负责人，应结合本施工企业的实际确定管理的方针和方法。最高管理者也可委托管理层中的其他人，负责质量管理体系的建立、实施和改进活动，并通过适当的方式明确其责任和权利。

2. 最高管理者应在明确质量管理体系范围的基础上进行策划。质量管理体系的范围是根据与工程质量相关的各项工作的覆盖面来确定的，应根据质量管理工作范围确定质量管理的职能范围、策划组织机构及相互关系，并合理地进行职责划分，确定各职能机构的管理范围及管理的深度与方法。

3. 应明确所有各项工作之间存在的接口关系，以便确定各项管理工作的合理顺序。必须合理地确定工作流程，使其高效地达到期望的工作效果。应防止出现管理的死角，并避免出现交叉、重复的管理步骤。

4. 施工企业应在过程及相互关系确定的基础上为确保质量管理体系的实现，应明确相应的组织机构及职责权限和相互关系。

5. 最高管理者应对所有质量管理活动进行检查与监督，明确检查、监督的职责、依据和方法，将检查、监督的结果进行分析，并根据分析结果明确改进的目标，采取适当的改进措施，提高质量管理活动的效率。

6. 施工企业的管理制度应具有可操作性，并符合施工企业自身的需要，应考虑原有管理基础的完善程度、管理工作的复杂程度、人员的素质等方面的因素。质量管理制度的结构、层次、格式以及篇幅等都可根据需要确定。编制质量管理制度要考虑施工企业的职能分工，并注意制度之间的接口关系，以防止产生矛盾和扯皮现象。

7. 各项管理制度内容应侧重于对各项工作的操作性规定，当某些质量活动可以用相关法规、标准、规范来表述时，制度中可以直接引用。

8. 管理制度适当的文件化是必需的，这与制度使用者掌握制度的熟练程度有关。文件化质量管理制度可以采用任何媒体形式。

9. 有效实施是制度制定的目的，最高管理者应在原有管理基础上采取有效措施推行质量管理制度，使员工明确推行质量管理制度的意义和目的，必要时，可以辅以适当的奖惩机制。

10. 应根据管理的范围、深度及方法，合理地确定人员、技术、资金、设备、信息等资源的需求。

审核要点

1. 查最高管理者是否对质量管理体系进行策划，对所需的过程进行识别并有效地管理。

2. 查是否识别本公司质量管理体系覆盖的全部过程，其中包括、管理过程、组织架构、管理制度、资源提供。

3. 查对质量管理体系进行策划是否包括：

1) 施工企业所有质量管理活动、相互关系及活动顺序，各项工作之间存在的接口关系，以及各项管理工作的合理顺序；

2) 质量管理组织机构，职责权限和相互关系；

3) 在确定的管理范围内建立管理所需要的、适用的管理制度。

4) 人员、技术、资金、设备、信息等方面的资源管理是否纳入质量管理内容，是否确定了质量管理所需的资源？方法是否合理？

【规范条文】

3.3.2 施工企业应根据质量管理体系的范围确定质量管理内容。施工企业质量管理内容一般包括：

1 质量方针和目标管理；

2 组织机构和职责；

3 人力资源管理；

4 施工机具管理；

5 投标及合同管理；

6 建筑材料、构配件和设备管理；

7 分包管理；

8 工程项目施工质量管理；

9 施工质量检查与验收；

10 工程项目竣工交付使用后的服务；

11 质量管理自查与评价；

12 质量信息管理和质量管理改进。

理解要点

1. 质量管理体系范围包括施工企业从事的施工专业范围（如房屋建筑工程施工、市政公用工程等）、规范条款的选用范围，如是否包括工程（施工）设计等。范围直接决定了质量管理的宽度和深度。

2. 施工企业质量管理是在质量管理体系范围内，针对与工程质量形成有关的各项工作的管理，明确管理内容是确定实施质量管理的前提。本条款明确了施工企业质量管理的12项基本内容。

实施要点

施工企业应实施以下质量管理工作：

1. 确定和落实质量管理方针，制定质量目标。

2. 确定组织机构，明确管理职责。

3. 实施人力资源管理，确保人力资源和人员能力满足质量管理和企业战略目标的要求。

4. 对施工机具进行管理，保障工程施工顺利进行。

5. 对工程招标投标及合同签订过程管理，确保切实履行工程承包合同；

6. 对工程施工所需的材料、设备实施管理，保证项目施工资源的充分满足；

7. 对工程分包、劳务分包、设备租赁、技术服务等实施管理；

8. 对工程项目施工全过程质量进行管理，确保质量目标实现；

9. 按照国家和地方的有关规定在施工全过程中对质量进行检查和验收；

10. 按照合同及保修要求对工程项目竣工交付使用后提供保修服务；

11. 收集、传递、分析和利用工程质量、质量管理信息，评价工程质量和质

量管理水平并确定改进方向;

12. 对质量管理和工程质量实施改进,从而不断提高质量管理效率。

施工企业应明确上述各项管理工作的工作内容、顺序以及与其他工作之间的相互关系,结合施工企业自身的实际情况,明确具体的管理手段和措施,并制订有效的管理制度,在管理制度中合理、高效地确定其工作流程。应根据确定的质量管理内容明确质量管理的范围,质量管理范围涉及工程产品范围及相应的职能范围,质量管理范围的确定应与所承揽的工程项目类别相适应。

审核要点

1. 查施工企业是否根据质量管理体系的范围确定质量管理内容,范围与内容是否匹配。

2. 查施工企业质量管理内容是否包括了规范列明的12项要求。

3. 查施工企业是否明确上述各项管理工作的工作内容、顺序以及与其他工作之间的相互关系,是否结合施工企业自身的实际情况,是否明确具体的管理手段和措施,并制定有效的管理制度,在管理制度中合理、高效地确定其工作流程。

【规范条文】

3.3.3 施工企业应建立文件化的质量管理体系。质量管理体系文件应包括:
1 质量方针和质量目标;
2 质量管理体系的说明;
3 质量管理制度;
4 质量管理制度的支持性文件;
5 质量管理的各项记录。

理解要点

1. 施工企业编制和完善质量管理体系文件是建立和改进管理体系的重要任务之一,是一项动态性的高增值的活动。质量管理体系的建立、健全要从编制、完善体系文件开始。质量管理体系的运行、审核与改进,都是依据文件的规定进行的,实施的结果也要形成文件,这是证明产品质量符合规定要求及质量管理体系有效运行的证据。

2. 质量管理体系文件是质量管理制度的充分体现,应包括:质量方针和质量目标、质量管理体系说明、程序文件、各项质量管理的相关规定和要求、质量管理制度(程序文件等)的支持性文件、质量管理的各项记录。

实施要点

1. 质量手册(质量管理体系说明)在质量管理制度及其文件中具有重要的作用,是施工企业内最高的质量法规和准则。质量手册是对施工企业的质量管理体系作系统、具体而又是纲领性的阐述,规定质量管理体系的基本结构,应能反映出施工企业质量管理体系的总貌,因而是施工企业实施和保持质量管理体系应长期遵循的、具有法规、政策效力的指导性文件，是质量管理制度的重要文件之一。在施工企业内部，它是指导质量管理活动的行动准则；在施工企业外部，它是施工企业质量保证能力的文字阐述，是发包方或第三方（质量监督或质量认证机构）对施工企业质量管理体系乃至其所承建工程（产品）的质量是否能达到规定要求的评价依据。

2. 质量管理制度的内容可以包括：质量管理体系的范围，各项质量管理程序（或引用），各项质量管理活动之间相互关系、相互影响的说明。质量手册可以是质量管理制度的一种体现方式，可采取适宜的形式和结构，单独形成文件，也可与其他文件合并。

3. 当施工企业规模较小且管理层次较少时，质量管理制度可以和质量手册、质量管理程序、制度整合编写。

质量管理制度是我国多年实践经验的总结，所规定活动的方法应是恰当和有效的，只要连续地按质量管理制度执行，可以有效控制人为的随意性，提高人的主观能动性，连续地保持各项质量活动的有效性，恰当而连续地控制各项质量活动；质量管理制度中的质量管理程序明确规定了每个活动过程的输入、转换、输出，以及活动之间的接口关系，而且事先对失控时的纠正方法和预防措施作了安排，减少了发生质量问题的风险，确保整个体系运行具有最佳的秩序和最佳的效果，使质量管理体系具有预防控制和及时纠偏的能力；质量管理程序上承质量手册，下接作业文件，它通过对质量管理体系要求的策划，将质量手册规定的原则进行具体展开，成为质量手册的支持性文件。在质量管理体系文件中，质量管理程序起到主体作用，部分质量管理程序及相关制度，在合同环境下，还可作为质量管理体系适用性证实之用。

质量管理制度是否需要进一步编制支持性文件由施工企业根据需要自主确定。

审核要点

1. 查施工企业是否建立文件化的质量管理体系。

2. 查文件化的质量管理体系文件是否包括了《规范》要求的5项内容。查5项内容之间的衔接、接口及相互作用。

3. 查质量管理制度是否明确了质量管理体系所包括的产品范围及与工程质量有关的所有过程范围，其中是否对活动的选择作出合理说明，是否包括和引用了程序文件，是否根据工程建设（建筑）施工企业的生产特点清楚地描述了施工企业质量管理各过程的顺序和相互之间的接口关系。

4. 查质量管理制度内容是否符合标准要求，其选用规范条款细节是否合理。

5. 查质量管理制度中各个管理要求描述是否满足建筑产品的生产特点。是否反映了工程建设（建筑）施工企业的生产过程，与之相匹配的工艺、作业指导书与记录等是否协调一致。

6. 查相关质量管理制度、质量手册、程序内容及评审、审批、发放记录。

【规范条文】
3.4 质量管理体系的实施和改进
3.4.1 施工企业应确定并配备质量管理体系运行所需的人员、技术、资金、设备等资源。

理解要点

施工企业的管理者应确定资源要求并提供必需的、充分且适宜的基本资源。这些资源包括但不仅限于：

1) 人力资源和专业技能；
2) 施工技术；
3) 施工管理、材料、人工等需要的资金；
4) 施工设备、检验、试验和检查设备。

实施要点

1. 资源是质量管理体系有效运行实施的基础条件。为了实施质量方针并达到质量目标，管理者应确定资源要求并提供必需的、充分且适宜的基本资源。这些资源包括但不限于：

1) 人力资源和专业技能；
2) 施工技术；
3) 施工管理、材料、人工等需要的资金；
4) 施工设备、检验、试验和检查设备。
5) 通风、运输、办公手段等。

2. 施工企业管理者应尽量在满足以下原则的基础上，配置质量管理体系所必需的资源，在强化技术资源、保障资金提供等方面作出管理保障。

1) 根据设计、施工（生产）、质量检验、试验等方面的实际需要，配备必需的设备、仪表和各种必要的手段。
2) 不断提高人员的素质因素，积极创造学习条件，不断提高技术水平，特别应注意其职业道德和质量责任心的教育。
3) 不断引进新技术、新材料、新工艺，积极推进技术进步和技术改造。

审核要点

1. 查是否确定质量管理体系运行所需的人员、技术、资金、设备等资源，识别是否充分。

2. 查是否配备质量管理体系运行所需的人员、技术、资金、设备等资源，配备是否足额、及时。

3. 查是否依据体系持续改进要求提供所需的人员、技术、资金、设备等资源。

【规范条文】

3.4.2 施工企业应建立内部质量管理监督检查和考核机制，确保质量管理制度有效执行。

理解要点

1. 施工企业质量管理体系的建立是为了能稳定地提供满足发包方和法规要求的产品，最终达到发包方，甚至是有关方满意，施工企业的质量管理体系是否达到了这一目的，需要进行评价。发包方和第三方认证机构都可以对施工企业的质量管理体系有效性进行评价，但最重要的是企业必须建立自己的评价考核机制，对所策划的体系、过程及其实施的符合性和有效性进行评价，对质量管理活动进行监督检查，就是对质量管理体系进行评价考核的有效途径。

2. 明确规定各管理层次对各项质量管理活动监督检查的职责、依据和方法是正确评价质量管理活动的基础。监督检查的方法应密切结合施工企业的实际工作需要灵活加以规定。

实施要点

1. 施工企业应建立自己的评价考核机制，对所策划的体系、过程及其实施的符合性和有效性进行评价考核，对质量管理活动进行监督检查，就是对质量管理体系进行评价的有效途径。质量管理体系的建立是为了能稳定地提供满足发包方和法规要求的施工服务，最终达到发包方满意，施工企业的质量管理体系是否达到了这一目的，需要进行评价。

2. 明确规定各管理层次对各项质量管理活动监督检查的职责、依据和方法是正确评价质量管理活动的基础。监督检查的方法应密切结合施工企业的实际工作需要灵活加以规定。

审核要点

1. 查施工企业是否建立内部质量管理监督检查和考核机制，相关内容是否符合要求。

2. 查施工企业内部质量管理监督检查和考核机制能否确保质量管理制度有效执行。

【规范条文】

3.4.3 施工企业应评审和改进质量管理体系的适宜性和有效性。

理解要点

1. 质量管理体系的适宜性是指质量管理体系能持续满足内外部环境变化需要的能力。由于施工企业所处的客观环境不断变化，包括法律法规、所处市场、新技术的出现、质量方针及发包方的要求和期望的变化，客观上要求组织的质量管理体系也要不断地变化，以达到持续地与客观环境变化的情况及发包方要求的变化情况相适应。

质量管理体系持续的有效性是指通过完成质量管理体系所需要的过程（或活动）而达到质量方针和质量目标的程度。这就需要把发包方反馈、过程绩效、产品的符合性等作为评审的输入与规定的质量方针、质量目标进行对比以判定质量管理体系的有效性。

2. 适宜性是施工企业实施质量管理的基本要求，没有适宜性的质量管理不可能实施质量管理；有效性是施工企业质量管理的目的，没有有效性，质量管理不可能达到目标。两者相辅相成，彼此支持。

3. 施工企业的各层次和部门应通过经常性的评审质量管理体系的适宜性和有效性，持续改进和保证质量管理目标的顺利实现。

实施要点

1. 施工企业应针对所处的客观环境的变化，包括法律法规、所处市场、新技术的出现、质量方针及发包方的要求和期望的变化导致的质量管理体系的不断地变化及时调整原有的为实现质量方针和目标而构成的一组关联的或相互作用的质量管理体系过程。包括施工方案，质量计划，工作程序等的适宜性和有效性是企业日常工作的保证重点。

另外，由于质量方针、质量目标的变化，必然导致为质量方针和质量目标而策划的质量管理体系的变更，为确保质量管理体系与质量方针和质量目标的持续适宜性，可能需要对质量管理体系过程重新予以识别和确认。

需要把工程建设有关方反馈、过程绩效、产品的符合性等作为评审的输入与规定的质量方针、质量目标进行对比以判定质量管理体系的有效性。

2. 施工企业可以确定适合于本施工企业的评审方式，通常可以采用个人评审，专题讨论或集体讨论的灵活方法。

采用有效、实用、简便、科学、能达到评审目的和要求的其他方式。例如印发征求意见提纲或专题采访等。

值得指出的是：这里的评审强调了适宜性与有效性，但同时也包涵了充分性的内在要求，与 ISO 9000 标准的要求是完全一致的。

审核要点

1. 查施工企业各层次是否及时对质量管理体系的适宜性和有效性进行评审，在质量管理体系内部或外部环境发生变化时，是否增加评价的次数。

2. 查评价的目的是否是确保质量管理体系的运行适宜性和结果的有效性。

3. 查是否通过评审，对体系的运行实施情况进行总结，提出改进建议，对体系进行改进，如对方针目标的修订，组织结构职能的变化，修订文件、资源供需等方面。

4. 查是否保存评价和改进质量管理体系的记录。

【规范条文】
3.5 文件管理
3.5.1 施工企业应建立并实施文件管理制度，明确文件管理的范围、职责、流程和方法。

理解要点

文件的媒体可以是纸张、计算机磁盘、光盘、电子媒体或它们的组合。管理制度、规范、图样、报告或标准等均是文件。文件是实施并保持体系的基础，适宜的文件会促使质量管理体系的有效运行。

实施要点

1. 施工企业应制定文件管理制度（程序），对质量管理体系文件进行管理，包括：规定产品要求（包括发包方的法律法规和相关标准的要求）和质量管理体系及作为各项活动依据的所有文件、规定记载所完成的活动及结果的记录表等。

2. 制定的文件管理制度（程序）应明确文件管理的范围、职责、流程和方法。

文件管理的范围包括质量管理体系有关的任何文件，通常包括：质量方针、质量目标、企业质量管理制度要求（含质量手册、程序、作业指导书、法律法规、上级要求、政府规定、国家规范）及公司的质量计划、施工组织设计、技术、管理文件以及记录等。

3. 文件的媒体可以是纸张、计算机磁盘、光盘、电子媒体或它们的组合。管理制度、规范、图样、报告或标准等均是文件。文件是实施并保持体系的基础，适宜的文件会促使质量管理体系的有效运行。

审核要点

1. 查是否制定文件管理制度（程序），明确文件管理的范围、职责、流程和方法。

2. 查文件的媒体类型是否符合相关的使用要求。

【规范条文】

3.5.2 施工企业的文件管理应符合下列规定：

1　文件在发布之前经过批准；
2　根据管理的需要对文件的适用性进行评审，必要时进行修改并重新批准发布；
3　明确并及时获得质量管理活动所需的法律、法规和标准规范；
4　及时获取所需文件的适用版本；
5　文件的内容应清晰明确；
6　确保各岗位员工明确其活动所依据的文件；
7　及时将作废文件撤出使用场所或加以标识。

理解要点

文件管理是指对文件的编制、审批、发放、使用、更改、作废、回收等的管理工作，但首先要明确所控制的文件的范围，施工企业应控制的文件很多，如质量手册、程序文件及作业指导书，国家的法律、法规、标准、规范、图纸、图集等，合同文件及施工组织设计、施工方案也是应控制的文件。施工企业在管理这些文件时，应建立文件控制体系，确定各类文件的控制过程，建立和保持文件控制的管理制度。建立文件控制体系时，也应注意要根据上述文件的种类和来源，确定不同的管理方式：

1. 对于来自企业内部生成的文件，管理制度中要考虑：标识、编制、审查、批准、发放、使用、更改和废止，以及评审和其后更新和再批准诸阶段。其中，更改阶段包括了更改和文件修订状态的标识、编制、审查和批准，及其后发放和使用，审批时也应注意对发放范围的确定。

2. 对于来自外部的文件，如标准、规范、法律、法规、发包方图纸等程序中要考虑、收集、识别采用、标识、审查、批准、发放、使用、更改（包括更换和补充）和其后更新和再批准诸阶段。要建立一个渠道，确保能适时收集到适用文件的最新版本或修改信息。上述的审批，不是对文件内容的审批，而是对本组织识别、采用该文件的适用性的审批。

3. 为便于检索和识别有效版本，对有些文件采用建立和保持文件总目录的方法进行控制是合适的。总目录要表明文件的修订状态和分发、持有的场所。对于越来越多的电子文件，应制订相应的管理办法。电子文件的管理与纸质文件具有相同的管理环节，但需采用有效的管理方式。

实施要点

施工企业关于文件的管理及文件管理制度（程序）内容应包括：

1. 企业编制的各种文件在发布前应由授权人批准，确保文件的适宜性、充分性和有效性。

2. 文件在其对应的环境条件发生变化时，如机构调整、市场变化、企业的规模扩大等，应对文件进行评审。

3. 要建立一个渠道，明确责任部门或人员，识别其适用性及发放范围，并标识其有效的版本及修订状态，如图集规范的更新、新标准的发布等，确保能适时收集到适用文件的最新版本或修改信息。并对识别、采用这些文件的适宜性进行审批。

4. 应保证各层次员工均在使用处得到适用文件并为有效版本，同时应该知道其活动依据的文件要求。应有方法能识别文件的现行修订状态（如文件控制清单一览表、标识符号等）。

5. 文件应清晰明确，易于识别，如受控标识文件编号等。

6. 各类作废文件应能及时撤出或标识，防止误用。对文件的处置应符合国家、地方行业的规定，如已作废的施工文件的处置。

审核要点

1. 查各类文件的管理职责是否明确到主管部门和岗位，文件主管部门是否明确了质量管理体系中所应控制的文件的范围，包括：管理文件、技术文件、合同文件、法律法规标准规范等。

2. 查施工企业共有多少种类文件，是否有清单，是否有效予以控制。清单内容是否把所有的有关文件都列入，包括各种媒体形式的，是否有遗漏。

3. 查法律法规文件及相应行业部门下发的管理文件的有效性，包括依据相关法律法规编制的文件的有效性。

4. 查有关员工是否知道活动所依据的文件要求。关注质检员，工长及特殊工种人员是否掌握相关文件的规定要求。

5. 查技术类文件，特别是各类施工工艺规范、验收标准、施工工程建设施工企业设计、方案、质量计划、各类技术交底、图纸等。是否有效控制。

6. 查对技术文件、质量手册、程序文件等文件在发布前是否评审，是否由授权人审批。

7. 查对记录表格是否进行控制，特别是传统的施工技术资料表格是否有效控制。

8. 查文件的修订和修订后的发放工作是否落实到需要的相关岗位，包括新项目经理部、部门、单位是否有失效的受控文件；随文件更改后的文件清单是否更改，清单更改工作是否落实到岗位。

9. 查识别文件现行和更改修订状态的识别方法是什么，是否满足要求。使用处的有效文件和无效文件的撤出是否得到了控制，修改是否得到原审批部门的审批、签署是否完善，是否有作废文件的非预期使用情况，对保留的作废文件是否进行了适当的标识。

10. 查外来文件（如上级及政府发布的各类文件）的标识及控制情况。

11. 查对重要文件（如施工组织设计）评审是否按规定进行。

【规范条文】

3.5.3 施工企业应建立并实施记录管理制度，明确记录的管理职责，规定记录填写、标识、收集、保管、检索、保存期限和处置等要求。对存档记录的管理应符合档案管理的有关规定。

理解要点

1. 记录是指阐明所取得的结果或提供所完成活动的证据的文件。记录也是特殊形式的文件。

2. 应建立和保持记录控制的管理制度（程序），在管理制度（程序）中明确规定各层次、部门和岗位在记录管理方面的职责和权限，明确各岗位的质量活动应形成的记录及其内容、形式、时机和传递方式，记录的形成和传递均应作为各岗位的职责内容之一，以达到建立和保持所需的记录的完整、清晰、容易识别和可检索的目的，并确保需要时可以得到。

  3.记录控制的管理制度（程序）应规定记录填写、标识、收集、保管、检索、保存期限和处置等要求。

实施要点

  1.施工企业应制定并实施质量记录管理的管理制度（程序），制度（程序）应明确记录的管理职责，规定记录填写、标识、收集、保管、检索、保存期限和处置等要求，记录是实施质量保证，向组织内外部提供信任用的证据，用以证实产品和质量管理体系符合规定的要求。记录还是确保追溯产品质量和测量设备溯源的依据，并可用作验证，以及分析不合格原因、采取预防措施的依据。记录也是特殊形式的文件，各施工企业在日常管理活动中都会形成大量的不同媒体形式的记录，如电子媒体、纸质媒体等，各类媒体的记录也有多种类型，包括工程质量的有关记录（如验证资料）、一般的工作日记、文件批示以及各项工作所产生的音像资料等，对于这些不同类型的记录，应充分考虑其所起的作用不同而规定不同的管理办法。

  2.质量记录管理应包括记录从收集到处置的全过程，形成一个完整的工作体系。

  3.施工企业应对行业、地方建设行政主管部门要求的竣工验收资料和质量管理体系运行记录应明确规定管理的环节和相应的职责，职责应明确，并落实到位。

  4.施工企业应对分包方的质量记录进行控制和保存。

  5.项目部工程竣工后工程档案的传递与归档应符合有关工程档案管理规定。

  6.质量记录的内容应填写确切、客观、完整、清晰。

  7.质量记录的保管应便于识别和检索，是否规定了保管期限。

  8.记录的保管环境应能够防止质量记录的损坏、变质和丢失。

  9.明确质量记录的存档期限要求及销毁情况。

  10.保证重要质量记录的真实性。

  11.施工管理活动与记录等应协调一致。

  12.如有储存于计算机系统数据库内的记录，也应予以有效控制。

审核要点

  1.查是否制定并实施了质量记录的管理制度（程序）。

  2.查是否对行业、地方建设行政主管部门要求的规定的竣工验收资料和质量管理体系运行记录明确规定了管理的环节和相应的职责，职责是否明确，职责落实是否到位。

3. 查各类分包方的质量记录是否进行控制和保存。

4. 查项目部工程竣工后工程档案的传递与归档是否符合有关工程档案管理规定。

5. 查质量记录的内容是否填写与工程进度同步、内容是否符合要求。

6. 查质量记录的保管是否便于识别和检索，是否规定了保管期限。

7. 查记录的保管环境是否符合要求，对档案的实物保管情况进行检查。

8. 查质量记录的存档期限要求及销毁情况是否与相关规定一致。

9. 考察重要质量记录的真实性，对有关人员填写记录的真实性和及时性进行检查。

10. 观察相应活动与记录等是否协调一致。

11. 查是否有储存于计算机系统数据库内及网络的记录，是否予以有效控制。

【规范条文】

4 组织机构和职责

4.1 一般规定

4.1.1 施工企业应明确质量管理体系的组织机构，配备相应质量管理人员，规定相应的职责和权限并形成文件。

理解要点

1. 施工企业应确定管理层次及质量管理组织机构，配备质量管理人员并规定相应的职责是保障各项质量管理活动高效、有序运行的关键。

2. 施工企业内部的各层次、各部门、各重要岗位的职责关系应清楚，权限明确，协调有序，有利于施工企业过程活动的顺利实施。

3. 各部门的职责和权限沟通在体系运行中以及质量管理检查与评价中发现问题时应及时调整和沟通。

实施要点

1. 施工企业应合理设计公司管理层次及质量管理组织机构，配备质量管理人员并规定相应的职责，保障各项质量管理活动高效、有序运行的关键。

质量管理组织机构的建立、人员的配备以及相关职责的确定应该与施工企业的管理组织体系相一致。施工企业组织机构的设置，要坚持集权与分权统一、专业分工与协作的统一、管理层次与管理跨度的统一、管理职责和权力的统一、运行效率与运行成本的统一等原则。另外，组织机构的设置还需要具有一定的弹性。

组织机构的结构形式有直线式、职能式、矩阵式、复合式等，施工企业的最高管理者应确定适合施工企业自身特点的组织形式，合理划分管理层次和职能部门，确保各项管理活动高效、有序地运行。施工企业可以综合考虑自身的特点、施工企业的规模、工作的开展方式等因素采用合理的组织结构形式。施工企业的质量管理组织结构形式应力求扁平化,以便提高运作效率。同时,质量管理人员的配备应纳入到施工企业的人力资源规划中进行统筹安排。

大型的建筑施工企业应进行质量管理的组织策划。质量管理组织策划包括质量管理组织结构形式的选择、工作任务分工和管理职能分工的确定以及工作流程的设计与优化。这三项内容应该统筹考虑,目的是能够贯彻施工企业的质量方针和目标、分清质量管理的权力和责任、明确质量管理工作的主要环节及流程。

2. 施工企业应将明确的质量管理体系的组织机构及规定相应的职责和权限形成文件,经批准后发布实施。

审核要点

1. 查是否明确施工企业的质量管理组织机构,是否与企业总体的组织机构相衔接。项目管理模式的确定是否与工程管理合同、项目风险预防相衔接。

2. 查组织机构是否体现各层次各部门、岗位在施工企业的业务活动过程中职能(含职责和权限)和相互关系,确保协调有序,并有利于施工企业过程活动的顺利实施。

3. 查各部门、各重要或关键岗位职责是否落实,包括质检、材料等部门和内审员、质检员、计量员、试验员、材料员等岗位,职责和权限和相互关系是否及时沟通,沟通的渠道是否有效畅通。

4. 查各部门、岗位的职责分配及关系是否合理,各岗位之间职责是否有漏洞或重叠,相应的权限是否与工作需求相一致。

5. 查施工企业质量管理体系的组织机构相应的职责和权限是否形成文件,是否经批准后发布实施。

【规范条文】

4.2 组织机构

4.2.1 施工企业应根据质量管理的需要,明确管理层次,设置相应的部门和岗位。

理解要点

1. 管理层次就是在职权等级链上所设置的管理职位的级数,管理跨度是管理人员直接指挥、监督其下属的人数,最底层操作人员一定的情况下,管理跨度越大,管理层次越少。反之,管理跨度越小,管理层次越多。

2. 施工企业的质量管理机构的设置应考虑质量管理的需要,按照质量管理要求和施工企业的特点,明确管理层次,设置相应的部门和岗位。

实施要点

1. 施工企业内部的各层次、各部门、各重要岗位的职责关系应清楚,权限明确,协调有序,有利于施工企业过程活动的顺利实施。施工企业质量管理组织机构的设置应与质量管理体系的策划相一致。

施工企业在确定组织机构时,所设置的管理层次、管理部门和岗位均应与质量管理的需要相适应，可按照策划、实施、检查、分析改进进行分块设计，也可以按照业务实施顺序设计，如经营预算、施工管理、质量检验、辅助过程、综合管理、领导层等，也可以二者结合。

2. 组织机构与部门和岗位的设置应能够适应质量管理的需要，应考虑如下几点：

1) 确保施工企业质量管理目标的实现；
2) 充分考虑管理的复杂程度和重要性，有利于工作的顺利开展；
3) 既讲求效率，同时又注重相互制约，保证管理要求有效实施；
4) 分工明确，接口清楚，具有良好的协调和配合；
5) 注重系统协调，工作量的均衡性和工作内容轻重的平衡性；
6) 注重管理成本和效率以及效果的协调统一。

3. 施工企业质量管理相关部门的划分方法是否结合施工企业的特点，针对施工企业的业务特点、总体发展规划、工作程序、业务要求、区域范围等方面的情况加以确定。施工企业的质量管理组织机构的设置还要考虑集权与分权的统一问题。在部门和岗位的设置过程中，尤其不能将质量管理的权力完全集中于某一部门或岗位，一定要通过合理的授权和分权，发挥多部门或者多岗位在质量管理中的作用，在授权的同时明确相应的职责，最有效地实现施工企业的质量管理任务。

4. 各部门的职责和权限沟通在体系运行中以及质量管理检查与评价中发现问题时应及时调整和沟通。

审核要点

1. 查施工企业是否根据质量管理的需要，明确管理层次，设置相应的部门和岗位。

2. 查组织机构与部门和岗位的设置是否考虑：
1) 确保施工企业质量管理目标的实现；
2) 充分考虑管理的复杂程度和重要性，有利于工作的顺利开展；
3) 既讲求效率，同时又注重相互制约，保证管理要求有效实施；
4) 分工明确，接口清楚，具有良好的协调和配合；
5) 注重系统协调，工作量的均衡性和工作内容轻重的平衡性；
6) 注重管理成本和效率以及效果的协调统一。

3. 查施工企业质量管理相关部门的划分方法是否结合施工企业的特点，针对施工企业的业务特点、总体发展规划、工作程序、业务要求、区域范围等方面的情况加以确定。

4. 查施工企业质量管理组织机构的设置是否与质量管理体系的策划相一致。

【规范条文】

4.2.2 施工企业应在各管理层次中明确质量管理的组织协调部门或岗位，并规定其职责和权限。

理解要点

1. 质量管理的组织协调部门或岗位是指根据需要在各管理层次上设置的负责质量管理组织和协调工作的部门或岗位；协调的关键环节是工作之间的界面和接口。

2. 施工企业可以根据需要设置专门的部门或岗位，也可以将质量管理组织协调工作作为某个部门的工作职能之一，在岗位职责中要明确其在质量管理组织协调工作中的职责和权限。

实施要点

1. 施工企业应根据需要在各管理层次上设置负责质量管理组织和协调工作的部门或岗位。应关注工作界面或接口工作的协调效果及改进需求。

2. 施工企业可以根据需要设置专门的部门或岗位负责，也可以将质量管理组织协调工作作为某个部门的工作职能之一。同时，质量管理组织协调岗位的设置也可以采用专职或兼职的形式。

3. 无论是专职还是兼职岗位，在岗位职责中一定要写明其在质量管理组织协调工作中的职责和权限，并且做到权责一致。

审核要点

1. 查施工企业是否在各管理层次中明确质量管理的组织协调部门或岗位，工作协调与实施的方法、方式及职责是否适宜、有效。

2. 查质量管理的组织协调工作的部门或岗位其职责和权限是否已经有效规定。

【规范条文】

4.3 职责和权限

4.3.1 施工企业最高管理者在质量管理方面的职责和权限应包括：

1 组织制定质量方针和目标；
2 建立质量管理的组织机构；
3 培养和提高员工的质量意识；
4 建立施工企业质量管理体系并确保其有效实施；
5 确定和配备质量管理所需的资源；
6 评价并改进质量管理体系。

理解要点

1. 最高管理者是在最高层指挥和控制企业的一个人或一组人，最高管理者在施工企业的质量管理中起着十分重要的作用。

2. 最高管理者在质量管理方面的六项职责和权限：

1) 组织制定质量方针和目标；
2) 建立质量管理的组织机构；
3) 培养和提高员工的质量意识；

4) 建立施工企业质量管理体系并确保其有效实施；
5) 确定和配备质量管理所需的资源；
6) 评价并改进质量管理体系。

3. 上述六项职责是最高管理者在质量管理方面的最基本的职责，还可以包括履行社会责任、技术创新等。

4. 本规范没有专门设立"管理者代表"的职责，但是强调了施工企业最高管理者应该确定相关主管领导负责质量管理体系的建立、实施、保持和改进的工作。

实施要点

1. 最高管理者在施工企业的质量管理中起着十分重要的作用。对最高管理者职责和权限的规定应以贯彻质量方针、实现质量目标、不断增强相关方和社会满意度为目的。

2. 最高管理者在质量管理方面六项职责和权限的落实重点：

1) 组织制定质量方针和目标

该项是从战略规划的层面作出的规定，质量方针是施工企业的总的质量宗旨和方向，施工企业质量方针的确定一定要与施工企业的发展战略相结合。而质量目标应是可测量的，并与质量方针保持一致。施工企业的最高管理者在组织制定质量方针和质量目标中行使的职责是不一样的。对于质量方针而言，最高管理者应行使的职责是制定质量方针。对于质量目标而言，最高管理者应行使的职责是确保在施工企业的相关职能和层次上设置质量目标。质量目标应是可测量的，尤其在作业层次上应尽可能作出定量的规定。

2) 建立质量管理的组织机构

明确公司管理层次及质量管理组织机构，配备质量管理人员并规定相应的职责是各项质量管理活动高效、有序运行的保障，是实现质量方针目标的前提和基础。

3) 培养和提高员工的质量意识

统一认识、一致行动，培养和提高员工的质量意识是实现质量方针和目标的重要内容。

4) 建立施工企业质量管理体系并确保其有效实施

建立质量管理体系，以实现质量方针和目标，管理体系的建立应始终围绕实现质量方针和目标的目的。

5) 确定和配备质量管理所需的资源

确定和配备质量管理所需的人员、社会、设备设施、工作环境条件、材料、机具、信息等所需的资源。

6) 评价并改进质量管理体系

评价并改进质量管理体系是最高管理者的重要工作之一，定期或不定期监测质量管理体系并评价质量管理体系，及时进行决策，确保质量方针和目标的实现。

3. 上述六项职责是最高管理者在质量管理方面的最基本的职责，还可以包括履行社会责任、技术创新等。其中 ISO 9001 中的管理者代表的职责在本规范中是全部由最高管理者中的主管领导承担的。

审核要点

1. 查是否明确最高管理者的职责。
2. 查最高管理者的职责是否包含上述六项内容。
3. 查最高管理者是否履行其职责，其绩效是否符合要求。

【规范条文】

4.3.2 施工企业应规定各级专职质量管理部门和岗位的职责和权限，形成文件并传递到各管理层次。

理解要点

施工企业应规定各级专职质量管理部门和岗位的职责和权限，并且应与各相关部门和人员进行有效的沟通，明确上下级关系、做好职责、权限的接口和衔接。

实施要点

1. 施工企业应对设置的各级专职质量管理部门和岗位的职责和权限加以规定，并且均应形成文件。
2. 各级专职质量管理部门和岗位的职责和权限应清楚明确，当不同的部门或岗位涉及同一项质量管理活动时，应明确主要负责该项质量管理活动的部门或岗位，其他部门或岗位则负有支持和协助的责任。这一点在采用矩阵式组织结构的施工企业必须加以注意。
3. 施工企业在规定各级专职质量管理部门和岗位的职责和权限时应与各相关部门和人员进行有效的沟通，明确上下级关系、做好职责、权限的接口和衔接，通过充分的沟通和调查研究使职责和权限的设置更趋合理，从而确保质量管理工作的有效开展。

审核要点

1. 查施工企业是否对各级专职质量管理部门和岗位的职责和权限加以规定。
2. 查各岗位职责是否清晰明确，是否有交叉重叠，是否有遗漏。
3. 查各岗位接口关系是否明确，权限是否适宜。

【规范条文】

4.3.3 施工企业应规定其他相关职能部门和岗位的质量管理职责和权限，形成文件并传递到各管理层次。

理解要点

1. 施工企业的各职能部门和岗位的职责和权限应清楚明确，当不同的部门或岗位涉及同一项质量管理活动时，应在明确主要负责该项质量管理活动的部门或岗位的基础上，明确其他部门或岗位则负有支持和协助的责任。

2. 施工企业在规定其他相关职能部门和岗位的职责和权限时应与各相关部门和人员进行有效地沟通。

实施要点

1. 施工企业设置其他相关职能部门和岗位的职责和权限并且均应形成文件。

施工企业其他相关职能部门和岗位的质量管理职责和权限的设置应与施工企业各级专职质量管理部门和岗位职责和权限的设置相协调，两者间应权责分明、互为补充，并且覆盖到所有的质量管理活动。

2. 施工企业相关部门的职责和权限应清楚明确，当不同的部门或岗位涉及同一项质量管理活动时，应明确主要负责该项质量管理活动的部门或岗位，其他部门或岗位则负有支持和协助的责任。这一点在采用矩阵式组织结构的施工企业必须加以注意。

施工企业在规定其他相关职能部门和岗位的质量管理职责和权限时也应与各相关部门和人员进行有效地沟通，必要时应召开专题会议，应经过充分地讨论，投入必要的时间，反复推敲，一定要做到职责和权限的设置不出现盲区，不出现交叉，不出现含糊不清的规定。

3. 施工企业在规定其他相关职能部门和岗位的职责和权限时应与各相关部门和人员进行有效的沟通，明确上下级关系，做好职责、权限的接口和衔接，通过充分的沟通和调查研究使职责和权限的设置更趋合理，从而确保质量管理工作的有效开展。

审核要点

1. 查施工企业是否对其他相关职能部门和岗位的职责和权限加以规定。

2. 查各岗位职责是否专职质量管理部门和岗位的职责和权限相衔接、匹配，其内容是否清晰明确，是否有交叉重叠，是否有遗漏。

3. 查各部门及岗位职责是否可以满足质量管理的要求，其授权是否可以适宜相关工作要求。

【规范条文】

4.3.4 施工企业应以文件的形式公布组织机构的变化和职责的调整，并对相关的文件进行更改。

理解要点

施工企业质量管理的组织机构和职责可以根据内外部条件的变化和质量管理需求的改变进行适当调整。

实施要点

1. 当施工企业质量管理的组织机构和职责根据内外部条件的变化和质量管理需求出现的变化或职责发生调整时，有关制度也必须做出相应调整。调整的结果应及时以文件的形式公布或通知到相关的部门和岗位。

2. 施工企业质量管理组织机构的变化和职责的调整应该在施工企业组织机构变化和调整的相关要求中加以明确规定。

审核要点

1. 查施工企业质量管理的组织机构和职责是否根据内外部条件的变化和质量管理需求的改变及时进行适当调整。

2. 查当施工企业组织机构出现变化或职责发生调整时，调整的结果是否及时以文件的形式公布或通知到相关的部门和岗位，有关制度是否也做出相应调整。

【规范条文】

5 人力资源管理

5.1 一般规定

5.1.1 施工企业应建立并实施人力资源管理制度。施工企业的人力资源管理应满足质量管理需要。

理解要点

1. 施工企业应建立健全人力资源管理制度（程序），确保施工企业的人力资源管理满足质量管理需要。

2. 施工企业所建立的人力资源管理制度应以施工企业的发展战略和质量管理体系策划为依据，满足建立实施管理体系的需要。

3. 人力资源管理制度或程序应能充分调动员工在质量管理工作中的潜能，为充分发挥员工的质量管理能力和质量创新能力营造良好的环境。

实施要点

1. 施工企业应建立人力资源管理制度或程序，施工企业所建立的人力资源管理制度应以施工企业的发展战略和质量管理体系策划为依据，满足建立实施管理体系的需要。

2. 人力资源管理制度或程序应能以人为本，发挥人的主观能动性，全面提升人力资源管理水平。

3. 施工企业的人力资源管理与其他行业的人力资源管理有着很大的不同：施工企业的员工流动性较大，工程建设的一次性特征决定了人力资源的配置要不断地动态变化，这就给施工企业的人力资源管理带来较大的困难。因此，施工企业应有意识地为员工提供比较好的职业规划和发展路径，并通过各种激励机制的设计和实施，使施工企业能拥有一批稳定的优秀人才和队伍。

4. 施工企业建立的人力资源管理制度通常包括如下内容：

1) 人力资源规划；

2) 员工招聘及录用；

3) 员工培训;
4) 薪酬体系;
5) 绩效考核;
6) 员工职业生涯管理规划等。

审核要点

1. 查施工企业应建立人力资源管理制度或程序,是否能确保施工企业的人力资源管理满足质量管理需要。

2. 查施工企业所建立的人力资源管理制度是否以施工企业的发展战略和经营管理方针为依据,能否满足建立实施管理体系的需要。

3. 查是否能充分构建一个适宜人的能力发挥的内部环境。

4. 查人力资源管理是否考虑了施工企业的人力资源管理与其他行业的人力资源管理有着很大的不同:施工企业的员工流动性较大,工程建设的一次性特征决定了人力资源的配置要不断地动态变化。

【规范条文】
5.1.2 施工企业应根据质量管理长远目标制定人力资源发展规划。

理解要点

1. 施工企业最高管理者应根据施工企业战略发展质量管理长远目标的需要制定人力资源的发展规划,并将质量管理的人力资源发展规划纳入到施工企业人力资源的发展规划中。

2. 施工企业人力资源的发展规划不仅应为与质量管理相关的人力资源管理提供依据,而且要为质量管理人员提供良好的职业发展路径。

实施要点

1. 施工企业最高管理者应根据施工企业质量管理长远目标及发展的需要制定人力资源的发展规划,并将质量管理的人力资源发展规划纳入到施工企业人力资源的发展规划中。特别是复合型的项目经理、技术负责人等需要与质量管理长远目标、人力资源的发展规划紧密结合实施。

2. 施工企业人力资源的发展规划不仅应为与质量管理相关的人力资源管理提供依据,而且要为质量管理人员提供良好的职业发展路径。为实现可持续发展,施工企业应将质量管理的长远目标作为核心,正确处理短期目标与长期目标之间的关系。施工企业质量管理的长远目标要与施工企业的质量方针保持一致,人力资源的发展规划要符合质量管理的长远目标的要求。

审核要点

1. 查施工企业是否制定了符合企业发展要求的人力资源的发展规划。

2. 查施工企业的人力资源发展规划是否符合企业战略目标。

【规范条文】

5.2 人力资源配置

5.2.1 施工企业应以文件的形式确定与质量管理岗位相适应的任职条件，包括：

1 专业技能；
2 所接受的培训及所取得的岗位资格；
3 能力；
4 工作经历。

理解要点

1. 施工企业应从专业技能、所接受的培训及所取得的岗位资格、能力、工作经历四个方面确定与质量管理岗位相适应的任职条件。其中能力包括了人的学习力与创新力等。

2. 本条所规定的质量管理岗位的任职条件既是施工企业招聘的依据，也是内部资源调整、分配以及相关人员考核的依据。

实施要点

1. 施工企业可以采用岗位说明、职位说明书等方式明确质量管理相关岗位的任职条件，作为施工企业招聘、任命质量管理人员的依据。

2. 施工企业质量管理相关岗位任职条件的规定应具体明确。本条所提到的"专业技能"、"所接受的培训及所取得的岗位资格"以及"工作经历"都是比较容易做出明确规定的任职条件。而关于"能力"的任职条件，应根据岗位的特点进一步细化为领导能力、管理策划能力、组织能力、协调沟通能力、控制能力、资源优化与配置能力、学习能力等。

审核要点

1. 查施工企业是否以文件的形式确定与质量管理岗位相适应的任职条件。

2. 查任职条件是否包括：专业技能、所接受的培训及所取得的岗位资格、能力、工作经历等内容。

3. 查任职条件是否与法规和与质量管理要求相适应。

【规范条文】

5.2.2 施工企业应按照岗位任职条件配置相应的人员。项目经理、施工质量检查人员、特种作业人员等应按照国家法律法规的要求持证上岗。

理解要点

1. 施工企业应按岗位分析和岗位设计时所确定的各岗位的任职条件，采用内外部招聘、岗位轮换、职位调整、培训等措施配置人力资源，以满足质量管理对人力资源配置的需要。

2. 施工企业的项目经理以及质量检查员、试验管理等人员的配置必须达到有关规定的要求，如项目经理按规定要求注册的必须经注册后方能执业。特种作业人员应按照相关法律法规和管理制度的要求进行配置并持证上岗，施工企业按国家法律、法规的要求需持证上岗的岗位主要包括：

1) 项目经理须持一级、二级建造师注册证书；

2) 施工质量检查人员、安全检查人员等须持证上岗；

3) 特种作业人员上岗前必须进行专门的安全技术和操作技能的培训教育，培训后经考核合格方可取得操作证，并准许独立作业。取得操作证的特种作业人员，必须定期进行复审。

实施要点

1. 施工企业应按照岗位任职条件招聘、调岗、培训等措施配置人力资源，包括操作人员和管理人员的配置均须如此。

2. 施工企业的项目经理以及质量检查员、试验管理等人员的配置必须达到有关规定的要求，规定要求注册的人员必须经注册后方能执业。特种作业人员应按照相关法律法规和管理制度的要求进行配置并持证上岗。

审核要点

1. 查施工企业是否按照岗位任职条件招聘、调岗、培训等措施配置人力资源，其结果是否使人力资源满足质量管理的需要。

2. 查施工企业的项目经理以及质量检查、技术、计量、试验管理等人员的配置是否达到有关规定的要求，持证上岗。特种作业人员应按照相关法律法规和管理制度的要求进行配置并持证上岗，并确保证书的有效性。

【规范条文】

5.2.3 施工企业应建立员工绩效考核制度，规定考核的内容、标准、方式、频度，并将考核结果作为人力资源管理评价和改进的依据。

理解要点

1. 施工企业应建立员工绩效考核制度，宜根据实际情况确定绩效考核的时间、频度、方法和标准，并按规定的要求进行考核。绩效考核的标准应与质量管理目标的有关要求相协调。对员工绩效考核的依据可包括质量管理制度、各岗位的工作标准以及工作目标等。考核的内容包括工作能力、工作效果、既定目标的实现程度等。

2. 人力资源考核的结果应作为施工企业质量管理信息的一部分，为施工企业质量管理的改进提供依据。

实施要点

1. 施工企业应建立员工绩效考核制度，宜根据实际情况确定绩效考核的时间、频度、方法和标准，并按规定的要求进行考核。绩效考核的标准应与质量管理目标的有关要求相协调。对员工绩效考核的依据可包括质量管理制度、各岗位的工作标准以及工作目标等。考核的内容包括工作能力、工作效果、既定目标的实现程度等。

2. 绩效考核制度是施工企业人力资源制度中一项重要制度，绩效考核制度一般包括以下内容：

1）考核的原则；

2）考核组分工及职责；

3）考核内容，包括工作业绩、工作能力和工作态度三个维度；

4）考核标准，应按上述三个维度分别确定每一岗位的考核指标及权重，绩效考核的标准应与施工企业质量管理目标的有关要求相协调；

5）考核方式，应根据不同岗位，采用适用的考核工具；

6）考核频度，绩效考核按考核周期可分为月度、季度、年度考核。

施工企业绩效考核的决策机构及投诉处理最终裁决机构可以是施工企业绩效考核领导小组。绩效考核的结果作为施工企业人力资源管理评价和改进的依据，可用于薪酬调整、职务升降、岗位调配、员工培训等工作。

审核要点

1. 查施工企业是否建立员工绩效考核制度。包括员工学习能力，工作能力、创新能力等的考核要求。

2. 查施工企业是否对考核的内容、标准、方式、频度作出规定，考核效果是否有效。

3. 查施工企业是否将考核结果作为人力资源管理评价和改进的依据。

【规范条文】

5.3 培训

5.3.1 施工企业应识别培训需求，根据需要制定员工培训计划，对培训对象、内容、方式及时间作出安排。

理解要点

1. 培训需求的识别是培训工作的第一步。识别培训需求时应考虑施工企业发展的要求、市场环境的变化、法律法规和相关管理制度的要求、施工企业人力资源状况、员工职业生涯发展的要求等。

2. 施工企业根据识别的培训需求制定培训计划，培训计划应明确培训范围、培训层次、培训方式、培训内容、时间进度以及教师和教材等。

实施要点

1. 培训需求的识别是培训工作的第一步，施工企业可以从外部环境、施工企业自身情况、岗位情况、员工个人情况等方面识别培训需求。培训需求分析可采用问卷调查、绩效分析、面谈、观察、员工建议、主管考核等方法进行。施工企业制定的培训计划一般应包括以下内容：

（1）培训目标；

（2）培训对象；

（3）培训时间、地点、所需的教学设施、设备；

(4) 培训课程设置、师资安排、教材、培训费用等；
(5) 培训方式：面授/网络、脱产/在职、委托/内训、研讨会、实习指导等；
(6) 对培训效果考核；
(7) 培训记录的保存。

2. 在培训计划的执行过程中，由于内外环境变化，不可避免要对培训计划进行调整，施工企业培训计划的调整要符合施工企业相关制度的要求。

3. 施工企业应将增强员工的质量意识、提高员工专业技术知识和职业技能作为培训的目标。应与企业文化、团队建设结合实施。

4. 培训需求的识别与培训计划的制定应符合人力资源管理制度的相关规定。培训可以根据质量管理的要求采取定期或不定期的方式进行。施工企业的质量管理培训计划应与其他的培训计划统筹制定。对员工的培训可以根据情况采取委托培养、短期培训、研讨会、网络教育、实习指导等形式进行，传统的师傅带徒弟也是施工行业的重要培训方式之一。

另外，为了避免员工在被动学习情况下影响学习效率，施工企业应在制定培训计划时充分考虑员工的职业发展路径，并通过与员工的沟通来确定培训计划，以此来激发员工学习的潜能和兴趣，增强学习的主动性，从而取得更好的学习效果。

审核要点

1. 查施工企业是否识别培训需求，是否考虑施工企业的发展和职工的需求。
2. 查是否根据需要制定员工培训计划，对培训对象、内容、方式及时间作出安排。
3. 查企业文化建设是否与质量文化、质量意识培训结合实施。

【规范条文】
5.3.2 施工企业对员工的培训应包括：
1 质量管理方针、目标、质量意识；
2 相关法律、法规和标准规范；
3 施工企业质量管理制度；
4 专业技能和继续教育。

理解要点

施工企业应通过培训使员工明确岗位的职责和在质量管理体系中的作用和意义。结合质量管理要求，施工企业所开展的培训大概可分为以下类别：

(1) 意识及行为准则方面的培训，包括：质量意识，质量方针、目标，法律、法规；
(2) 岗位培训，包括员工上岗、转岗及岗位轮换培训，培训内容涉及标准规范、管理制度、持证上岗所必需的管理知识及专业技能等；
(3) 继续教育，是使员工知识和技能得到不断更新、补充、拓宽和提高，完善其知识结构,提高管理能力和专业技能重要手段。

实施要点

1. 施工企业应通过培训使员工明确岗位的职责和在质量管理体系中的作用和意义。

2. 培训内容包括:质量管理方针、目标、质量意识、新规范、新工艺、新技术、新材料、新设备、有关法律法规的规定、施工企业的质量管理制度,专业技能和继续教育等。

3. 培训应与其从事的工作和岗位的作用相结合,有针对性地进行培训,施工企业应特别注意对新员工、特种作业人员等的培训工作。对于新员工的上岗培训,应按照相关制度的要求规定新员工培训的方式和内容。对于特种作业人员的培训应符合相关管理制度的要求,并进行专项管理。

培训可以视情况分类进行。培训的种类包括管理类培训、技术类培训、上岗培训、岗位技能提升培训、升职或者转岗培训等。施工企业应针对培训对象的不同制定不同的培训内容。对于处于管理层的质量管理人员,培训中应注重对质量管理知识的培训;对于处于操作层的质量控制人员,培训中应注重对质量控制要点的培训。另外培训内容的制定不能仅局限于员工本人所从事的工作,应该有计划地组织一些交叉培训,使员工对有关的其他人员的工作有所了解,以便更好地实施本职工作。

审核要点

1. 查施工企业是否对员工进行培训。

2. 查培训内容是否包括:质量管理方针、目标、质量意识、新规范、新工艺、新技术、新材料、新设备、有关法律法规的规定、施工企业的质量管理制度,专业技能和继续教育等。

3. 查培训是否与其从事的工作和岗位的作用相结合,是否有针对性和适宜性且有助于质量管理体系的实施和改进。

【规范条文】

5.3.3 施工企业应对培训效果进行评价,并保存相应的记录。评价结果应用于提高培训的有效性。

理解要点

1. 施工企业对培训效果进行评价可以在培训过程和培训结束时及时进行,也可以在培训工作中进行考核,也可以结合进行。

2. 施工企业可以通过笔试、面试、实际操作等方式以及随后的业绩评价等方法检查培训效果是否达到了培训计划所确定的培训目标。

3. 培训的结果应形成相应的记录,记载教育、培训、技能、经历和必要的鉴定情况等内容,并作为质量管理信息的一部分,为质量管理改进提供依据。

第二章 《工程建设施工企业质量管理规范》条文的理解、实施与审核要点

实施要点

1. 施工企业对员工进行质量管理培训的主要目标有三点：第一是增强员工的质量意识，使员工能认识到自己所从事的工作对质量管理的重要性；第二是使员工明确质量管理的基本思路，掌握保证本职工作质量的知识和技能，同时熟悉与本职工作相关联的其他工作的质量管理的方法和手段；第三是掌握如何为贯彻施工企业的质量方针和目标以及实施质量管理改进作出贡献。师资培训与使用是培训工作的重要环节。

2. 施工企业可以通过笔试、面试、实际操作等方式以及随后的业绩评价等方法检查培训效果是否达到了培训计划所确定的培训目标。

3. 培训的结果应形成相应的记录，记载教育、培训、技能、经历和必要的鉴定情况等内容，并作为质量管理信息的一部分，为质量管理改进提供依据。

审核要点

1. 查施工企业是否对培训效果进行评价。

2. 查是否保存培训相应的评价记录，记录的内容是否符合规定要求。

3. 查评价结果是否应用于提高培训的有效性，提高有效性的绩效水平是否符合规定要求。

【规范条文】

6 施工机具管理

6.1 一般规定

6.1.1 施工企业应建立施工机具管理制度，对施工机具的配备、验收、安装调试、使用维护等作出规定，明确各管理层次及有关岗位在施工机具管理中的职责。

理解要点

1. 施工机具是指施工企业在生产过程中为满足施工需要而使用的各类机械、设备、工具等，其来源包括施工企业自有、外部租赁和分包方提供等。

2. 施工企业应建立施工机具的管理制度，对施工机具的需求计划、配备、验收、安装调试、使用维护等作出规定，明确各管理层次及有关岗位在施工机具管理中的职责。

3. 在施工机具制度的建立过程中，针对施工机具管理各环节，施工企业应结合组织机构设置及管理职能划分，明确施工企业管理层、职能部门、项目经理部及关键岗位的职责和权力。

实施要点

1. 施工企业应建立施工机具管理制度，对施工机具的需求计划、配备、验收、安装调试、使用维护等作出规定，明确各管理层次及有关岗位在施工机具管

理中的职责。

2. 施工企业应分析由于性能差异和磨损程度等技术状态导致的设备风险，策划对施工现场的设备提供、租赁和分包施工机具的管理要求，完善施工企业施工机具管理制度；

3. 施工企业应明确主管领导在施工机具管理中的具体责任，规定各管理层及项目经理部在施工机具管理中的管理职责及方法，明确相应的责任、权利和义务，保证施工机具管理工作符合施工现场的需要。施工机具管理职责，可包括计划、采购、安装、使用、维护和验收等内容。无论是自有，还是租用的，都应统一管理，确保设备完好。

审核要点

1. 查施工企业是否建立施工机具管理制度。

2. 查施工机具管理制度是否对施工机具的配备、验收、安装调试、使用维护等作出规定，无论是自有的，还是租赁的，都应予以有效管理。

3. 查是否明确各管理层次及有关岗位在施工机具管理中的职责，特别是公司与项目部、公司与设备分包单位在采购、维护保养等方面的职责及分工。

【规范条文】

6.2 施工机具配备

6.2.1 施工企业应根据施工需要配备施工机具，配备计划应按规定经审批后实施。

理解要点

1. 施工机具是施工企业应根据项目施工的策划（如施工组织设计）和现场实际情况合理地配备施工机具，以满足工程施工的需要。

2. 根据施工机具配置的需求和施工企业的实际情况，制定施工机具配备计划，计划可以分为施工企业管理部门和项目经理部两个层次进行。自有、购置和租赁施工机具的配备与施工企业、项目经理部不同层次的配备计划之间要有机地进行衔接。

3. 施工机具配备计划应进行审批，在中小施工机具配备计划可以与分包管理结合进行。

实施要点

1. 施工企业应根据项目施工的策划及施工进度的要求，从机具选型、主要性能参数、使用操作要求等方面合理地配置施工机具。

2. 根据施工机具配置的需求和施工企业的实际情况，制定施工机具配备计划，计划可以分为施工企业管理部门和项目经理部两个层次进行。自有、购置和租赁施工机具的配备与施工企业、项目经理部不同层次的配备计划之间要有机地进行衔接。施工机具配备计划应根据施工企业的特点，专门制定或在项目管理策划的其他文件中作出规定。

施工机具配备计划的内容一般包括：

（1）施工机具名称、规格、型号；

（2）数量；

（3）进场和退场时间；

（4）来源（自有、采购、租赁、分包方提供）。

3. 施工机具配备计划应进行审批，审批权限应符合管理制度的要求。施工机具配备计划应按照规定进行批准，重大配备计划由施工企业主管领导或其授权人员批准，一般配备计划由项目经理或其授权人员批准，并及时传递到有关部门实施。

施工机具配备计划是有效实施施工机具管理的基础。没有科学合理的配备计划，将会造成工程项目施工机具的性能、数量、进场和退场时间、施工机具作业和维护人员等环节的管理缺陷，甚至出现因为没有配备计划而中断正常的施工过程的情况。

审核要点

1. 查施工企业是否根据项目施工的策划合理地配备施工机具。

2. 查施工企业是否根据施工机具配置的需求和施工企业的实际情况制定施工机具配备计划。计划是否合理，是否符合施工企业的特点和工程施工的需求。

3. 查施工机具配备计划是否进行审批，审批权限是否符合管理制度的要求。

【规范条文】

6.2.2 施工企业应明确施工机具供应方的评价方法，在采购或租赁前对其进行评价，并收集相应的证明资料和保存评价记录。评价的内容包括：

1　经营资格和信誉；

2　产品和服务的质量；

3　供货能力；

4　风险因素。

理解要点

1. 施工机具的来源可分为自有设备、新购设备、租赁设备、分包方提供设备四种。除自有设备外，施工企业应对施工机具供应方进行评价，设备的供应方可为施工机具生产施工企业、经销单位、租赁单位、分包方单位等，通过对施工机具供应方的管理保证设备及服务质量，预防事故和事件的发生。

2. 施工企业可根据施工机具的技术风险、使用维修特点、施工企业财务能力及调用和使用成本等情况，从技术和经济两个方面选择采购或租赁。对需采购、租赁的施工机具，应对其供应方在采购前进行评价并保存评价记录。

3. 这里的风险包括：供应方（含租赁方）自身的风险，由于施工企业与供应方的不互利关系（如人为的压低供方价格）而导致的风险等。

实施要点

1. 施工企业应明确施工机具供应方的评价方法，在采购或租赁前对其进行评价，并收集相应的证明资料和保存评价记录。根据施工机具供应方的不同，应有不同的重点，如施工机具生产施工企业、经销单位、租赁单位、分包方单位等，其考核评价内容也不同。通过对施工机具供应方的管理保证设备及服务质量，预防事故和事件的发生。

2. 施工机具供应方的信誉和能力往往决定了施工机具的技术特性和质量水平。施工机具供应方的评价、选择是保证施工机具供应方质量的基础，特别是在市场上购买或租赁施工机具。

施工企业可根据施工机具的类别和对施工质量的影响程度以及采购量等因素，分别确定各类施工机具供应方的评价和选择标准。

评价施工机具供应方一般应考虑：

（1）供应方的经营资格和信誉。主要是其在行业中的诚信度和影响力。

（2）供应方所提供产品和服务的质量。包括施工机具的性能、效率和持续能力，提供的维护和使用服务水平等。

（3）供货能力。一般包括：生产能力、运输能力、储存能力、交货期的准确性等。供货能力通常体现在为施工企业提供产品和服务的绩效上。

（4）风险因素。包括机械设备质量缺陷、供货迟到和服务不到位供需双方的利益关系等不确定的因素。

（5）对于特别重要、连续供应或其他方面的原因，可以考虑从供应方的质量管理体系、人员素质、技术水平、供应方的工艺技术特点和研发创新能力等方面进行选择和评价。

（6）必要时，可对施工机具供应方进行再评价。再评价的内容是重点分析施工机具供应方提供的产品和服务的变化情况、可靠程度等。

施工企业在评价过程中发现施工机具供应方出现质量和服务问题时应了解产生的原因，并进行评价。

审核要点

1. 查施工企业是否明确施工机具供应方的评价方法，是否在采购或租赁前对其进行评价，并收集相应的证明资料和保存评价记录。

2. 查对施工机具供应方评价和选择的标准以及评价的记录，是否考虑了：

（1）供应方的经营资格和信誉与项目管理需求的关系。

（2）供应方所提供产品和服务的质量对于工程的影响。

（3）供货能力与工程进度的匹配关系。

（4）风险因素与工程质量风险预防的关系。

（5）必要时，可对施工机具供应方进行再评价。

3. 查采购结果是否在评价合格的机具供方中选择确定，且采购结果与供方评价的结果是否动态结合。

【规范条文】

6.2.3 施工企业应依法与施工机具供应方订立合同，明确对施工机具质量及服务的要求。

理解要点

1. 按施工机具供应来源不同，施工企业依据配备计划确定的要求与评价好的施工机具供应方依法订立的合同，包括施工机具采购合同和租赁合同。

2. 此处"施工企业应依法与施工机具供应方订立合同"并非指所有的施工机具供应均签订合同，而是在法规有要求、施工企业认为需要或施工机具供应方有要求等情况下签订合同，合同应尽量为书面合同，同时合同的内容要符合法规要求。

3. 合同内容可包括：施工机具质量、服务要求、租赁或购买价格、进场和退出时间、事故的应急责任（事故发生后，供应方应紧急提供的服务）、维护保养等。

实施要点

1. 为了保证施工过程的要求，经过对施工机具供应方的合格评价、再评价并选择以后，施工企业要按照法律要求和工程建设行业规定订立合约，规定相应的合同条款。

2. 施工机具采购合同条款在内容上应包括：

（1）标的，主要包括施工机具的名称、品种、型号、规格、等级、技术标准或质量要求等；

（2）数量、价格及结算方式；

（3）交货期限及交付方式；

（4）验收、现场服务及保修；

（5）违约责任；

（6）其他。

施工机具租赁合同在内容上应包括租赁物的名称、数量、用途、租赁期限、租金及其支付和方式、租赁物维修等条款。

3. 为了确保满足施工过程的需要，施工机具采购或租赁合同应符合经审批的配备计划，合同签订应由合同双方法人及其授权人进行签订。合同审核和批准应考虑施工现场的管理能力，供销双方的责任、义务、服务范围和标准的合理性，约定的相关约束条款符合规定要求的程度等。

4. 主管部门负责合同文本的保存及合同执行情况的跟踪。

审核要点

1. 查施工企业是否依法与施工机具供应方订立合同。

2. 查合同内容是否明确对施工机具质量及服务的要求，合同条款是否考虑了风险预防要求。

3. 查合同是否与配备计划和供方评价结果一致。

4. 查施工机具采购或租赁合同是否经审批，是否保存合同文本并对合同执行情况进行跟踪。

【规范条文】

6.2.4 施工企业应对施工机具进行验收，并保存验收记录。根据规定施工机具需确定安装或拆卸方案时，该方案应经批准后实施，安装后的施工机具经验收合格后方可使用。

理解要点

1. 施工机具验收是指施工机具进场后，项目部等使用部门按照规定程序对其各项指标进行检查，确认其是否符合验收标准的要求的一项重要管理活动。

2. 有关管理人员须按照施工机具的采购合同和使用要求实施进场验收，内容可包括：数量、技术参数、安全防护装置、使用手册、维修说明、备用件、其他特殊要求。

3. 现场特殊施工机具如：起重设备、脚手架、外用电梯等应该按照有关规定实施专门验收。对施工企业使用承租的机械设备和施工机具及配件的，应由施工总承包单位、分包单位、出租单位和安装单位共同进行验收。

实施要点

1. 施工机具的进场验收是十分重要的管理环节。不仅关系到使用过程的能力水平，而且关系到施工机具的安全风险。施工企业应根据施工机具配备计划、采购或租赁合同、工程施工进度等对施工机具进行验收。

2. 施工企业有关管理人员须按照施工机具的采购合同和使用要求实施进场验收，应明确参加验收的人员的职责和验收方法。对于购置的施工机具，验收人员应根据合同及"装箱清单"或"设备附件明细表"等目录进行清点，包括设备、备件、工具、说明书、合格证等文件；重要施工机具的随机文件应作为施工机具档案按照相关制度的规定归档管理。

项目经理部应保存验收记录以便需要时进行追踪。自有、购置或租赁的施工机具均应根据合同、设备清单、使用手册和附件明细表等进行清点、验收。

施工企业要明确参加验收人员的职责和验收方法，项目经理部应落实相应的人员职责和验收方法。

3. 有些特殊施工机具应该按照有关规定实施专门验收。需编制安装或拆卸方案的施工机具，包括盾构机、塔吊、外用电梯、脚手架和物料提升机等，其安装（或拆除）方案的内容由安装（或拆除）的方法、验收和安全保护措施等组成。该方案应按照规定要求经批准后实施。需要按照方案通过专门试验的施工机具，经过国家有关授权单位或监理验收合格后方可使用。

审核要点

1. 查施工企业是否对施工机具进行进场验收，进场机具是否符合采购要求，是否保存相关记录。

2. 查特殊施工机具是否该按照有关规定实施专门验收。需编制安装或拆卸方案的施工机具，该方案是否按照规定要求经批准后实施。需要按照方案通过专门试验的施工机具是否经过国家有关授权单位或监理验收合格后方可使用。

3. 查施工机具安装后如果不合格，重新安装后是否经验收合格后才准许使用。

【规范条文】

6.3 施工机具使用

6.3.1 施工企业对施工机具的使用、技术和安全管理、维修保养等应符合相关规定的要求。

理解要点

1. 施工企业应建立施工机具使用的管理制度，对施工机具的使用、技术和安全管理、维修保养等作出规定。

2. 施工机具使用的管理制度应包含施工机具使用各个环节的控制要求。

3. 重要施工机具的使用应由施工企业或项目部制定专项技术方案，并有效实施。

实施要点

1. 施工企业应建立施工机具使用的管理制度，对重要设备（包括特种设备）应按规定建立档案、注册登记，保存相应的运行及维护保养记录。

2. 重要施工机具的使用应由施工企业或项目部制定专项技术方案，把施工活动和设备特点结合起来，核定设备运行的技术参数，规定合适的作业方法，确保施工机具的安全运行。

3. 重要设备的技术状态和安全防护设施应该及时检查，评价相关设备的可靠性。比如：塔式起重机、施工升降机和物料提升机的主要结构、安全保护装置、安装与拆除，以及安全使用等过程都关系到设备的可靠性。应特别注意在使用前进行设备的安全可靠性检查。

4. 项目施工机具的计划和使用应符合施工过程控制的要求。要根据施工作业的特点，在开机前检查设备的完好情况，在使用中按照施工方案的运行规定操作，按照操作说明实施人员交接，在使用后及时进行维护和保养。

5. 有效确保项目施工机具的维修工作。要在施工准备阶段就制定施工机具的维修计划，内容包括：设立简易的维修现场，配备维修设备、维修配件和人员,确定维修的专业方法。维修方法有:定期维修(大修、中修和小修)、状态维修、抢修等。项目的维修工作应该立足风险预防,实施以计划规定的定期维修和以机件状态决定的状态维修,使机械事故得到避免。

审核要点

1. 查施工企业是否建立施工机具使用的管理制度,是否对施工机具的使用、技术和安全管理、维修保养等作出规定,规定是否符合法规要求,是否满足施工的需要。

2. 查对特种设备是否按规定建立档案、登记注册并定期检验,对其他大中型设备机具是否建立档案、保存运行维护记录。

3. 查是否按照设备要求及安全操作规程使用设备,设备及机具的安全状态是否可以接受。

4. 查是否按计划对设备进行必要的维护保养。

【规范条文】

7 投标及合同管理

7.1 一般规定

7.1.1 施工企业应建立并实施工程项目投标及工程承包合同管理制度。

理解要点

施工企业承接项目之前的市场信息收集、投标、合同谈判与签订、承接项目后的合同履约及监控管理构成了一个完整的投标及合同管理体系,施工企业应建立一套有效的管理制度用于规范施工企业的投标和合同管理。

实施要点

投标及合同管理是施工企业质量管理工作的重要环节,也是项目质量管理的重要内容。施工企业承接项目之前的投标、承接项目过程中的合同谈判、承接项目后的合同履行管理构成了一个完整的投标及合同管理体系,施工企业应建立一套有效的管理制度用于规范施工企业的投标和合同管理。

审核要点

查施工企业是否建立并实施工程项目投标及工程承包合同管理制度,制度是否合理,是否与经营方针、质量方针相适宜,是否从承接项目之前的市场信息收集、投标、合同谈判与签订,到承接项目后的合同履约及监控管理构成了一个完整的投标及合同管理体系。

【规范条文】

7.1.2 施工企业应依法进行工程项目投标及签约活动,并对合同履行情况进行监控。

理解要点

施工企业应依法进行工程项目投标及签约活动,并对合同履行情况进行监控。国家现行与投标及履约有关的法律、法规如:《中华人民共和国建筑法》、

《中华人民共和国合同法》、《中华人民共和国招标投标法》、《工程项目招标范围和规模标准规定》、《工程建设项目施工招标投标办法》、《中华人民共和国标准施工招标资格预审文件》、《工程建设项目施工招标投标办法》、《建筑业施工企业资质管理规定》等。对合同履行情况应该重点关注与质量管理有关的内容。

实施要点

1. 守法是施工企业应尽的义务，施工企业应依法进行投标及签约。

2. 施工企业应对合同履约情况进行监控。

为了保障自身利益，施工企业应在投标或签约前对工程项目立项、招标等行为的合法性进行验证。同时也要保证自身依法进行工程项目的投标和签约活动，并对合同的履行进行监控。对合同履行情况的监控包括对合同实施情况进行跟踪、收集合同履行中的各项信息，为及时发现合同履行中的问题和制定改进措施提供依据。施工企业需要通过依法进行有效的投标和合同管理确保工程符合业主所提出的工期和质量等方面的要求。

3. 施工企业应严格按照《中华人民共和国建筑法》、《中华人民共和国合同法》、《中华人民共和国招标投标法》、《工程项目招标范围和规模标准规定》、《工程建设项目施工招标投标办法》、《中华人民共和国标准施工招标资格预审文件》、《建筑业施工企业资质管理规定》、《最高人民法院关于审理建设工程施工合同纠纷案件适用法律问题的解释》等法规中对招标投标活动的相应规定执行，严禁超越资质投标、串标、通过行贿的手段谋取中标、以他人名义投标或以其他方式弄虚作假，骗取中标等行为。

审核要点

1. 查施工企业是否依法进行工程项目投标及签约活动。

2. 查施工企业是否对合同履行情况进行监控，合同履行是否存在可能的变更风险。

3. 查当出现违反合同或合同不能完成时是否进行了原因分析，并采取改进措施。

【规范条文】

7.2 投标及签约

7.2.1 施工企业应在投标及签约前，明确工程项目的要求。包括：

1 发包方明示的要求；

2 发包方未明示、但应满足的要求；

3 与工程施工、验收和保修等有关的法律、法规和标准规范的要求；

4 其他要求。

理解要点

1. 施工企业在投标及签约前，应确保充分了解发包方及有关各方对工程项目施工和服务质量的要求，以便确认公司有能力实现这些要求。

2. 发包方及有关各方对工程项目施工和服务质量的要求通常包括：

（1）发包方包括明示的要求，是指发包方在招标文件及合同中明确提出的要求。

（2）发包方未明示，但应满足要求。

（3）与工程施工、验收和保修等有关的法律、法规和标准规范的要求，主要有建筑法等法律法规、工程有关的施工验收规范标准等。

（4）本条中提到的"其他要求"包括：施工企业对项目部的要求；为使发包方满意而对其做出的承诺；对质量的创优要求等。

实施要点

施工企业在投标及签约前，可结合招标文件评审、现场踏勘、招标答疑、合同评审等各种形式明确工程项目的要求，并确定有能力满足这些要求。施工企业投标阶段编制的技术标及商务标均是在明确上述各要求的基础上，结合自身实际所制定的对应策略及实施方案。

审核要点

1. 查施工企业在投标及签约前，是否充分了解发包方及有关各方对工程项目施工和服务质量的要求，以便确认公司有能力实现这些要求。

2. 查施工企业是否从识别发包方及有关各方对工程项目施工和服务质量的要求；

3. 查施工企业识别相关要求时是否对市场及项目可能的风险对质量管理的影响进行了分析与考虑。

【规范条文】

7.2.2 施工企业应通过评审在确认具备满足工程项目要求的能力后，依法进行投标及签约，并保存评审、投标和签约的相关记录。

理解要点

1. 评审是指为确定主题事项达到规定目标的适宜性、充分性和有效性所进行的活动。

2. 施工企业应在投标及签约前，对识别的发包方及有关各方对工程项目施工和服务质量的要求进行评审，确认具备满足发包方及有关各方对工程项目施工和服务质量的要求后，然后针对相应的要求，按照规定的程序进行投标及签约，并保存评审、投标和签约的相关记录。

实施要点

1. 施工企业应在投标及签约前，对识别的发包方及有关各方对工程项目施工和服务质量的要求进行评审，评审可以通过会议讨论、审核、会签、流转审批等方式进行。

2. 通过评审并确认具备满足发包方及有关各方对工程项目施工和服务质量

的要求后，然后针对相应的要求，按照规定的程序合法进行投标及签约。

3. 保存评审、投标和签约的相关记录。

审核要点

1. 查施工企业在投标及签约时，是否对识别的明确工程项目的要求进行分析确认，然后针对相应的要求，按照规定的程序及法规要求进行投标及签约。

2. 查是否保存评审、投标和签约的相关记录。

【规范条文】

7.3 合同管理

7.3.1 施工企业应使相关部门及人员掌握合同的要求，并保存相关记录。

理解要点

1. 为确保合同有效履约，在项目实施前，对投标及合同签订阶段合同文件中各项要求向有关合同执行、监督等有关部门和人员传达，使其正确理解并掌握合同的要求。

2. 应保存相关的合同记录。

实施要点

1. 为确保合同有效履约，在项目实施前，对投标及合同签订阶段合同文件中各项要求向有关合同执行、监督等有关部门和人员传达，使其正确理解并掌握合同的要求，前期负责投标和合同签订的部门须对项目经理部及其他相关人员就合同文件中关于质量、进度、安全、环境保护、工程款支付、结算等要求进行一次全面、系统、正式交底，并保存相关记录。

2. 在合同履行前，施工企业应根据需要可以采用合同文本发放、会议、书面交底等多种方式使相关部门和人员掌握合同的要求，熟悉合同履行中的注意事项。在使相关部门和人员掌握合同要求的过程中，应该进行有效的沟通，及时取得各部门和人员的反馈意见，并根据需要召开相关的专题会议，形成会议纪要，作为合同履行的内部依据。

3. 施工企业应向各管理层次进行合同交底。在交底过程中，应通过组织相关人员学习合同条款，熟悉合同中的主要内容、规定和要求，了解相关的管理程序，明确合同规定的工作范围和相关责任、违约后的法律后果等。使施工企业相关人员对合同内容的理解相一致，将工作内容和责任落实到负责具体工作的部门和个人。

审核要点

1. 查施工企业是否明确合同交底的职责和规定，是否向有关人员逐级进行交底，确保合同的要求得到一致理解并有效执行。

2. 查在合同实施的不同阶段进行交底的反馈情况，查是否保存合同要求传达或交底的记录。

【规范条文】

7.3.2 施工企业对施工过程中发生的变更,应以书面形式签认,并作为合同的组成部分。施工企业对合同变更信息的接收、确认和处理的职责、流程、方法应符合相关规定,与合同变更有关的文件应及时进行调整并实施。

理解要点

1. 施工过程中产生的变更从变更来源可分为设计单位提出的变更、发包方提出的变更以及施工企业提出的、经发包方认可的变更。

2. 变更范围包括设计变更和工程质量标准等其他实质性内容的变更,其中设计变更包括:

1)更改工程有关部分的标高、基线、位置和尺寸。

2)增减合同中约定的工程量。

3)改变有关工程的施工时间和顺序。

4)其他有关工程变更需要的附加工作。

3. 工程变更的程序通常包括两部分,一部分是指工程变更的产生,即工程变更提出批准及发出的一系列工作,另一部分是指施工企业对变更的接收、确认和处理工作。

4. 工程变更作为合同的组成部分,施工企业应按7.3.2条要求进行评审和确认,并及时对与合同变更有关的文件进行调整与实施。

实施要点

1. 合同的变更管理是合同履行管理中的一项重要内容。施工过程中产生的变更主要包括:设计方提出的变更、发包方提出的变更以及施工企业提出的经认可的变更。这三类变更的执行都应符合相应的程序。施工企业对于这三类变更应该进行分类管理,并注意变更过程中可能发生的索赔事件,在维护自身利益的同时,不损害业主的利益。

2. 施工单位对发包方提出的变更、设计方提出的变更以及施工企业自身提出的变更这三类变更,应执行不同的变更程序。无论何方提出的变更,施工单位都要在收到总监发出的变更指令文件后才能执行变更。

在履约过程中,施工企业应随时收集与工程项目有关的要求变更的信息。这些信息包括法律、法规、标准、规范中所规定内容的变化、施工承包合同的变化以及本施工企业要求的变化,并在规定范围内加以传递,必要时应修改相应的项目质量管理文件。这些信息应作为质量管理信息的一部分用于质量管理。

审核要点

1. 查施工企业对施工过程中发生的变更,是否以书面形式签认,并作为合同的组成部分。

2. 查施工企业对合同变更信息的接收、确认和处理的职责、流程、方法是否符合相关规定。

3. 查与合同变更有关的文件是否及时进行调整并实施。包括可能导致施工组织设计的变更等是否及时实施。

注：审核时应注意合理界定合同变更与设计变更的范围，确保项目质量管理的有效性。

【规范条文】

7.3.3 施工企业应及时对合同履约情况进行分析和记录，并用于质量改进。

理解要点

1. 合同履行是指合同各方当事人按照合同的规定，全面履行各自的义务，实现各自的权利，使合同目标得以实现的过程。

2. 施工企业及时对合同履约情况进行分析和记录是实施质量改进的重要基础。

实施要点

1. 合同履约情况的信息可能来源于不同的部门，施工企业应设置专门的部门或岗位负责合同履行信息的收集、整理、存储和传递工作，确保各层次的管理部门能够及时掌握合同履行情况并采取相应的措施。合同履行的各种信息应作为施工企业知识管理的一部分，用于施工企业的质量改进。

2. 在合同履约情况的分析中需要做好以下工作：

1) 合同履行情况的跟踪

施工企业首先要对合同的履行情况进行跟踪记录。跟踪的内容包括合同文件变化、工程进展等形成的各项实施证据及文件和记录等。合同跟踪的方式有现场巡视、会谈、专题会议、组织检查等。

合同跟踪的内容主要包括本施工企业所承包的工程范围及其质量、进度和成本的执行情况，如工程范围是否按要求执行，是否有遗漏；建筑材料、构件、制品和设备等的质量以及施工安装质量是否符合要求；工程进度是否能符合规定的工期要求；工程的成本是否有增减等。

另外，在合同跟踪中应该对特殊条款的履约（如知识产权保护）等情况进行重点跟踪。

2) 合同履行偏差的原因、责任及趋势分析

在发现合同履行出现偏差之后，首先要对产生偏差的原因进行分析。分析时应采用定性和定量相结合的方法进行。分析的内容包括偏差产生的原因、责任人、对工程最终的实施结果有何影响、施工企业将会承担何种后果等。偏差的原因可能有很多种，在偏差原因分析中，要区分内在和外在的原因。内在的原因是由于自身管理的问题造成了合同履行出现偏差；而外在原因则是由于外界因素的影响造成了合同履行出现了问题，这些因素包括自然环境、市场环境、法律制度

环境的变化等。同时，发包方的因素引起的合同偏差也属于外界因素引起的合同偏差。

对工程最终实施结果的影响分析包括是否会造成总工期的延误、质量不能达到预定的目标、总成本的超支等。施工企业将要承担的后果包括罚款、被索赔等直接损失和信誉下降、影响施工企业发展战略等间接损失。另外，还要注意一点，当合同偏差是由于发包方的原因引起时，如发包方未及时提供施工现场、图纸、技术资料；对施工中施工单位提出的问题未给予及时的回复、确认和及时发出指令；未及时足额支付工程款等，也应进行深入的合同偏差分析，为合同索赔提供依据。

3）保存分析和处理的记录，实施合同偏差处理与改进

合同履行情况的分析与处理结果都应形成记录，这些记录首先可以作为本项目执行后续工程的依据；其次可以作为处理本工程合同索赔的依据，另外，还可以作为施工企业对于今后投标其他工程和进行项目管理的依据。

审核要点

1. 查施工企业是否及时对合同履约情况进行分析和记录。
2. 查对合同分析结果，特别是合同执行的偏差，是否分析原因并采取措施。
3. 查对合同执行过程的信息是否进行分析并用于施工活动的质量管理改进。

【规范条文】

7.3.4 在合同履行的各阶段，应与发包方或其代表进行有效沟通。

理解要点

沟通是保证合同正常履行的有效手段。施工企业在招投标及合同签订阶段、施工准备、现场施工、竣工验收及交付阶段、保修阶段，应与发包方进行及时有效的沟通，了解发包方或其代表对施工企业合同履行的意见和建议，为改进施工和服务质量提供依据。

实施要点

1. 施工企业应明确沟通的责任部门、处理方式及记录保存要求。在招投标及合同签订阶段、施工准备、现场施工、竣工验收及交付阶段、保修阶段，应与发包方进行及时有效的沟通，了解发包方或其代表对施工企业合同履行的意见和建议，为改进施工和服务质量提供依据。

2. 沟通的形式可以采用书面或者口头方式进行，也可通过例会或根据情况召开专门的会议进行沟通，通常在每周的监理例会进行沟通。

审核要点

1. 查施工企业是否对合同的履行过程与发包方及时有效的沟通，包括主动的和被动的沟通活动。

2. 查对发包方或其代表对施工企业合同履行的意见和建议是否分析落实。

【规范条文】

8 建筑材料、构配件和设备管理

8.1 一般规定

8.1.1 施工企业应根据施工需要建立并实施建筑材料、构配件和设备管理制度。

理解要点

1. 本条款的"建筑材料、构配件和设备"为构成工程实体的各类建筑原材料、经预先加工制作的各类构配件成品或半成品、建筑物功能要求所需设备等，这些"建筑材料、构配件和设备"最终构成工程实体的全部或部分，如用于建筑物的钢筋、水泥，而用于临时设施的则非本条款所指的"建筑材料、构配件和设备"。

2. 建筑材料、构配件和设备是形成工程项目的重要组成部分，占工程总造价的60%～70%，建筑材料、构配件和设备质量管理的重要性是十分明显的。施工企业应建立一套有效的管理制度，用于规范施工企业的材料、构配件和设备的管理活动。制度内容一般应覆盖建筑材料、构配件和设备从采购计划制定、供应方选择评价、合同签订、验收及不合格品控制到使用等全过程。

实施要点

1. 施工企业应根据施工需要建立并实施建筑材料、构配件和设备管理制度。制度内容一般应覆盖建筑材料、构配件和设备从采购计划制定、供应方选择评价、合同签订、验收、储存及不合格品控制到使用等全过程。

2. 建筑材料、构配件和设备管理制度还应明确各管理层次管理活动的内容、方法及相应的职责和权限。

审核要点

1. 查施工企业是否根据施工需要建立并实施建筑材料、构配件和设备管理制度。

2. 查建筑材料、构配件和设备管理制度是否覆盖建筑材料、构配件和设备从采购计划制定、供应方选择评价、合同签订、验收、储存及不合格品控制到使用等全过程。

3. 查建筑材料、构配件和设备管理制度是否明确各管理层次管理活动的内容、方法及相应的职责和权限。

【规范条文】

8.2 建筑材料、构配件和设备的采购

8.2.1 施工企业应根据施工需要确定和配备项目所需的建筑材料、构配件和设备，并应按照管理制度的规定审批各类采购计划。计划未经批准不得用于采购。采购计划中应明确所采购产品的种类、规格、型号、数量、交付期、质量要求以及采购验证的具体安排。

理解要点

1. 施工企业应根据施工需要确定和配备项目所需的建筑材料、构配件和设备,即编制建筑材料、构配件和设备的需求及采购计划。

2. 采购计划应明确所采购产品的种类、规格、型号、数量、交付期、质量要求以及采购验证的具体安排等。采购计划可以是十分灵活的应用方式,包括书面计划或口头计划等。

3. 采购计划应按照管理制度的规定进行审批,计划未经批准不得用于采购。

实施要点

1. 工程项目所需的建筑材料、构配件和设备采购应作为项目质量管理策划内容的组成部分。可以在施工组织设计、质量计划和施工方案等文件中体现建筑材料、构配件和设备的采购管理要求。建筑材料、构配件和设备的采购方式应该按照分层次、分种类的方式进行,重点把握影响工程核心质量的关键采购过程。各类建筑材料、构配件和设备采购计划审批的权限和流程应在制度中明确规定。

2. 施工企业可根据需要分别编制建筑材料、构配件和设备(需求)申请计划、采购计划和供应计划等,应确定所需计划的类别,明确各类计划中应包含的内容。计划编制人员应明确各类计划编制的依据和要求,并确定各类计划编制和提供的时间要求。

3. 申请计划应明确:需要的建筑材料、构配件和设备种类名称、类别、规格、等级、计量单位、数量、技术质量要求、交付期、涉及的图纸编号或样本(品)的编号、采购验证等。

4. 各种(需求)申请计划、采购计划和供应计划等在实施前必须得到授权人的批准,计划未经批准不得用于采购。

审核要点

1. 查施工企业是否对工程项目所需的建筑材料、构配件和设备予以确定,编制了有关申请计划、采购计划或供应计划。

2. 查采购计划中是否明确所采购产品的种类、规格、型号、数量、交付期、质量要求以及采购验证的具体安排。

3. 查是否按照管理制度的要求审批计划,确保其正确合理,是否有未经批准就实施采购的情况。可以重点抽查应急采购计划的批准与实施情况。

【规范条文】

8.2.2 施工企业应对供应方进行评价,合理选择建筑材料、构配件和设备的供应方。对供应方的评价内容应包括:

1　经营资格和信誉;

2　建筑材料、构配件和设备的质量;

3 供货能力；
4 建筑材料、构配件和设备的价格；
5 售后服务。

理解要点

1.施工企业应对供应方进行评价，合理选择建筑材料、构配件和设备供应方。

2.对供应方的评价内容通常包括：
（1）经营资格和信誉；
（2）建筑材料、构配件和设备质量；
（3）供货能力；
（4）建筑材料、构配件和设备的价格；
（5）售后服务。

上述评价方法中不仅考虑了质量方面的内在因素，而且提出了性价比的评价需求，体现了质量效益型管理的重要思想。

实施要点

1.施工企业应对供应方进行评价，合理选择建筑材料、构配件和设备供应方。施工企业可根据所采购的建筑材料、构配件和设备的重要程度、金额等分别制订评价标准和规定评价的职责。应分别针对供货厂家、经销商制订不同的评价标准。

2.供应方的选择评价与采购的建筑材料、构配件和设备的种类、规格、数量、质量要求有关，特别是与这些物资使用的工程部位有关。重点是评价影响工程核心质量的材料供应方，如水泥、钢筋、钢构件、焊条等材料、构配件以及电梯、空调、生产设备等的供应方。其他一般物资的供应方则应根据对质量的影响程度采用灵活的方式进行评价。

3.对供应方的评价内容通常包括：
（1）经营资格和信誉。包括国家工商部门批准的经营许可和建设部门核准的施工企业资质、经营业绩和影响力。
（2）建筑材料、构配件和设备质量。包括供应方采购的建筑材料、构配件和设备的质量。必要时应考虑安全健康和环保的要求。
（3）供货能力。包括数量和交付能力。
（4）建筑材料、构配件和设备的价格。包括相应的性价比。
（5）售后服务。包括服务的及时性和满意程度。
（6）人员素质。包括人员的专业文化程度、工作经验和培训情况。
（7）质量管理体系。包括过程能力的情况。

4.施工企业选择和确定建筑材料、构配件和设备供应方依据采购的产品的重要性来选择和确定,如影响工程核心质量的水泥、钢材、钢结构、焊条等建筑材料、构配件,以及电梯、空调、生产设备等的供应方,可采用以下方式中的一种,选择和确定可以灵活些,包括直接采购:

(1) 招标采购:施工企业组织编制招标文件。招标文件包括:投标邀请书、投标方须知、技术标准及要求、合同文本等。招标文件经项目经理、采购负责人会审后,报送具有相应权限的采购决策人批准。实施公开投标、开标,并与供应方作技术及价格谈判。

(2) 邀请采购:采购主办人员组织编制并向拟定供应方发出投标邀请函。其内容主要包括:项目概况、报价范围、报价要求、报价时间、技术质量要求、合同文本等。采购主办人会同有关人员,与供应商进行价格及合同谈判。

(3) 直接采购:直接采购应在合格供应方范围内进行,在保证质量的基础上关注价格和服务的水平。采购人员按批准的供应方和价格,向供应方发出采购订单。

在订单中须明确物资名称、规格型号、数量、付款方式、到货时间、保证金等。

(4) 报批样本/样品:对于需要进行样本/样品报批的建筑材料、构配件和设备,采购人员在与项目部相关人员沟通后,选送供应方产品样本/样品报项目监理、设计、业主等相关方。项目部主管部门办理有关手续,并向采购人员及时通报报批结果,以确定是否采购。

5. 采购授权人对确定的供应方批准后,施工企业可以以口头或书面的方式通知供应方,并组织签订采购合同及办理具体采购事宜。

审核要点

1. 查施工企业是否对供应方进行评价,合理选择建筑材料、构配件和设备供应方。

2. 查供应方的选择评价是否与采购的建筑材料、构配件和设备的种类、规格、数量、质量要求有关,特别是与这些物资使用的工程部位相适应。

3. 查对供应方的评价内容是否包括了实施要点中的 7 个方面的评价内容,是否考虑了相关风险的可接受程度。

4. 查施工企业选择和确定建筑材料、构配件和设备供应方是否依据采购的产品的重要性来选择和确定。

5. 查供应方确定后施工企业是否以口头或书面的方式通知供应方,并调整相关事宜。

【规范条文】

8.2.3 施工企业应在必要时对供应方进行再评价。

理解要点

施工企业应在必要时(持续评价、采购要求变化、供方有重大变化以及达不到采购要求等情况下）对供应方进行再评价。

实施要点

1. 施工企业在面临以下情况时要适时对供应方进行再评价：
（1）由于供应方的原因导致质量问题时；
（2）需长期使用某一供应方的重要产品和服务时；
（3）需要使用过去放弃的供应方时。

2. 供应方再评价的内容可延续初次评价的变化部分和供应产品及服务的质量情况进行，供应方再评价的关键是应考虑继续或重新使用该供应方可能带来的风险。

3. 施工企业对供应方的评价、选择和重新评价的要求、方法应符合管理制度的规定，特别是应考虑国家有关环境保护、技术进步和质量升级的法规要求，并保存相应的符合法律法规要求的评价记录。

4. 供应方再评价的结果应及时进行确认或验证，以确保供应方再评价的质量水平。

审核要点

1. 查施工企业是否在需要时对供应方进行再评价。
2. 查供应方再评价的内容是否明确。
3. 查项目使用的供应方是否在企业的合格供方名单元之内的供方，且供方的产品或服务是否符合规定要求。
4. 查供方再评价的结果与供方表现的因果关系，相关记录是否齐全。

【规范条文】

8.2.4 对供应方的评价、选择和再评价的标准、方法和职责应符合管理制度的规定，并保存相应的记录。

理解要点

1. 评价、选择和再评价是保证采购质量的重要手段。对供应方的评价、选择和再评价的实施过程中所依据的评价标准、评价方法和职责应与管理制度相一致。

2. 保存再评价的记录。

实施要点

1. 供应方提供的产品和服务可能是变化的和不稳定的，因此施工企业需要及时地对供应方进行评价、选择和再评价，施工企业对供应方的评价、选择和再评价的标准、方法和职责做出规定。

2. 施工企业可通过以下措施确保对供应方的评价、选择和再评价的标准、方法和职责应符合管理制度的规定：
（1）建立健全对供应方的评价、选择和再评价实施过程的监督检查制度，明确监督检查的职责、方法和内容，建立监督检查记录；

（2）建立供应方评价、再评价、选择的内部分级管理体系，评价、选择结果审批实行双岗联签制；

（3）科学合理的设计工作流程，规范对供应方的评价（再评价）、选择活动，提高可控度；

（4）借助信息化手段，加强对项目现场评价、选择过程的监控力度，提高供应方评价选择的透明度。

3. 确保保存再评价的相关证据。

审核要点

1. 查对供应方的评价、选择和再评价的标准、方法和职责应符合管理制度的规定。

2. 查对供应方的评价、选择和再评价的实施是否适宜，是否保存相关的记录。

【规范条文】

8.2.5 施工企业应根据采购计划订立采购合同。

【理解要点】

1. 施工企业应对采购合同的拟定、审核、批准、签订及履约管理明确职责和程序，根据采购计划的要求确定合同内容，严格遵照执行。

2. 此处要求施工企业订立采购合同，并非是所有的采购均需订立合同，应根据法规及施工企业的规定及实际情况确定是否签订合同。

实施要点

1. 采购合同是实施采购计划的重要工作，特别是主要材料由于质量要求高、数量大和交付期紧必须通过采购合同避免风险。施工企业和项目经理部应根据采购计划订立采购合同。合同应包括名称、规格型号、品种、数量、计量单位、包装、付款方式、到货时间、明确的技术质量指标和保证金等内容。一般材料、设备的采购不一定采用合同的方式实施。

2. 合同在签订前应进行审核，发现问题时，授权人应及时实施改进措施。

3. 如果因为采购合同的原因需要修改采购计划时，要经过授权人批准。采购合同必须符合国家的有关法律法规和施工企业的相关规定。

审核要点

1. 查施工企业（包括项目经理部）是否应根据采购计划订立采购合同。合同是否包括名称、规格型号、品种、数量、计量单位、包装、付款方式、到货时间、明确的技术质量指标和保证金等内容。

2. 查合同在签订是否进行了评估，是否考虑了合同风险。

3. 查采购合同的内容变更时，是否需要调整采购计划。

【规范条文】
8.3 建筑材料、构配件和设备的验收

8.3.1 施工企业应对建筑材料、构配件和设备进行验收。必要时，应到供应方的现场进行验证。验收的过程、记录和标识应符合有关规定。未经验收的建筑材料、构配件和设备不得用于工程施工。

理解要点

1. 施工企业应根据采购合同及验收规范的要求对进场建筑材料、构配件和设备进行验收，验收的过程、记录和标识应符合有关规定。

2. 需要时，对于特定的建筑材料、构配件和设备，如锅炉、电梯和起重设备等，施工企业可到供应方的现场进行验证。

3. 未经按规定验收或验收不合格的建筑材料、构配件和设备不得用于工程施工。

实施要点

1. 施工企业应对建筑材料、构配件和设备进行验收，建筑材料、构配件和设备验收的目的是检查其数量和质量是否符合采购的要求，对涉及结构安全的试块、试件以及有关材料，应当在发包方或监理单位监督下现场取样，并送有资质等级的质量检测单位进行检测。

2. 施工企业对所有进场的建筑材料、构配件和设备进行验收是质量控制的基本要求，按照采购要求及相关规范进行验收，没有经过验收的建筑材料、构配件和设备不能进入施工过程。

3. 当施工过程需要时，某些特殊的建筑材料、构配件和设备的验收（如锅炉、电梯和起重设备等），施工企业可到供应方的现场进行验证。验收的过程、记录和标识应符合有关规定。

4. 验证内容和方法可包括：

（1）验证内容

1）产品合格证；2）质量证明文件（包括出厂检验、试验报告）；3）数量、规格、型号；4）产品标识；5）产品包装；6）外观质量；7）必要的复验。

（2）验证方法

1）对合格证、质量证明文件逐一核查。

2）对包装、标识、外观质量进行检查。对实物质量抽查的比例执行相关物资标准规定，在无具体规定时，由施工企业自己制定内部标准或与供应商协商确定抽查比例。

3）对规格、型号、数量核查。

4）对于进口物资，一般须全部检验，且保证检验周期不得超过合同规定的赔偿期限。对于规格整齐划一、包装完整的，也可实施一定比例的抽查。

5）当进口物资属于国家法定检验的商品，则应由商检机构进行法定检验，并索取《质量检验证书》。

6）验证人员需根据施工企业规定和监理要求，填写验证记录或报验记录。

7）当验证后确认物资为不合格品时，应按施工企业的不合格品处理程序处置。

5. 对下列材料还应按照国家的取样标准取样复验：

国家和地方政府规定的必须复验的材料；质量证明文件缺项、数据不清、实物与质量证明资料不符的材料；超出保质期或规格型号混存不明的材料。

审核要点

1. 查施工企业是否对建筑材料、构配件和设备进行验收。

2. 查验收的程序方法、标准等是否符合法规、标准、制度、采购计划等的要求。

3. 查一些大件、特殊材料设备，是否根据需要到供应方的现场进行验证，包括驻厂监造。

4. 查验收的过程、记录和标识是否符合有关规定。

5. 查是否有未经验收的建筑材料、构配件和设备用于工程施工。

6. 查是否保存了符合规定的验收记录。

【规范条文】

8.3.2 施工企业应按照规定的职责、权限和方式对验收不合格的建筑材料、构配件和设备进行处理，并记录处理结果。

理解要点

1. 施工企业应按照规定的职责、权限和方式对验收不合格的建筑材料、构配件和设备进行处理。施工企业应对验收有问题的建筑材料、构配件和设备进行评审，以确定建筑材料、构配件和设备不合格的性质和原因，以便及时采取处理措施，以防止被错误使用。

实施要点

1. 对于经过验收不合格的建筑材料、构配件和设备，可以与有关方（分包方和监理）协商后统筹安排，策划综合利用的方法。尽可能做到废旧利用，节能环保。

2. 施工企业对经验收不合格的建筑材料、构配件和设备应按照规定的职责、权限和方式进行处理，通常采取的措施有：

（1）施工企业对不合格建筑材料、构配件和设备可采取以下处理措施：

1）拒收；2）加工使其合格后直接使用；3）经发包方及设计方同意改变用途使用；4）降级使用；5）限制使用范围；6）报废。

（2）进行复验，有下列情况之一时，项目经理部要责成专人填写复验委托记录，组织对建筑材料、构配件和设备的复验：

1）有关法规性文件规定须作复验的。

2）无质量证明文件或文件不齐全的。

3) 对供应商提供的物资质量及其质量文件有怀疑的。
4) 质量证明文件与所提供的物资不一致的。

3. 在相关法规要求实施见证取样时，应邀请监理或设计、业主等第二方人员监督取样工作，并按规定做出标识，送交至有资格的见证试验单位试验。

4. 复验报告作为验证的内容之一。

5. 施工企业对验收不合格的建筑材料、构配件和设备的处理，应按照规定的职责、权限和方式进行标识、隔离和退货处理，并记录处理结果。

审核要点

1. 查施工企业是否有不合格的建筑材料、构配件和设备。

2. 查施工企业是否按照规定的职责、权限和方式对验收不合格的建筑材料、构配件和设备进行处理。

3. 查是否保留并记录不合格的建筑材料、构配件和设备进行处理结果。

【规范条文】

8.3.3 施工企业应确保所采购的建筑材料、构配件和设备符合有关职业健康、安全与环保的要求。

理解要点

1. 施工企业采购的建筑材料、构配件和设备在职业健康、安全与环保方面的要求主要来源于以下方面：

(1) 国家已经明令淘汰和禁止的建筑材料、构配件和设备；

(2) 与相关方之间的合同约定；

(3) 施工企业对社会的承诺。

2. 施工企业应通过控制采购活动满足各项要求。

实施要点

1. 施工企业采购的建筑材料、构配件和设备与有关职业健康、安全与环保要求的符合性随着材料的变化和带来的危害显得越来越重要。特别是新材料、新构配件和新设备的职业健康、安全与环保性能，需要在采购计划和进场验收中进行重点关注和管理。

2. 建筑材料、构配件和设备在职业健康、安全与环保方面的要求都应纳入施工企业采购建筑材料、构配件和设备的管理过程考虑范围之内。

审核要点

1. 查施工企业采购的建筑材料、构配件和设备是否符合有关职业健康、安全与环保要求。

2. 查采购的建筑材料、构配件和设备与有关职业健康、安全与环保要求是否考虑以下信息：

(1) 国家已经明令淘汰和禁止的建筑材料、构配件和设备；

(2) 与相关方之间的合同约定；
(3) 施工企业对社会的承诺。

【规范条文】

8.4 建筑材料、构配件和设备的现场管理

8.4.1 施工企业应在管理制度中明确建筑材料、构配件和设备的现场管理要求。

理解要点

施工企业应编制建筑材料、构配件和设备的现场管理的管理制度，内容应包括：

(1) 材料、构配件和设备的验收、入库要求。
(2) 仓储管理，包括仓库料场设置、安全防护条件等。
(3) 存储管理，包括材料、构配件和设备的摆放、隔离、标识、维护、保养、账目、盘点等。

实施要点

1. 施工企业应通过在管理制度中明确建筑材料、构配件和工程设备的现场管理要求，保证施工现场的相关控制效果。避免施工过程可能由于现场管理不当导致建筑材料、构配件和工程设备的不合格，使之不能满足质量目标的要求。

2. 施工企业应建立建筑材料、构配件和设备的现场管理的制度，通常包括：
(1) 材料、构配件和设备的验收、入库要求。
(2) 仓储管理，包括仓库料场设置、安全防护条件等。
(3) 存储管理，包括材料、构配件和设备的摆放、隔离、标识、维护、保养、账目、盘点等。

3. 施工现场建筑材料、构配件和工程设备品种较多、数量较大，实际库容尤其是现场的室内仓库与期望值往往有差距。这就要求现场管理人员合理地安排室内或露天仓库存放物资，并经常倒库清理货物，不仅做到账目、库存清晰，还便于接纳后续物资。

审核要点

1. 查施工企业是否建立建筑材料、构配件和设备的现场管理制度。
2. 查制度中是否明确建筑材料、构配件和设备的现场管理要求，是否包括验收、入库、储存、移动、搬运、保管和标识等内容。

【规范条文】

8.4.2 施工企业应对建筑材料、构配件和设备进行贮存、保管和标识，并按照规定进行检查，发现问题及时处理。

理解要点

1. 本条款表明了施工企业对建筑材料、构配件和工程设备进行贮存、保管和标识的管理要求。建筑材料、构配件和工程设备进行贮存、保管和标识是防止材料、构配件和工程设备误用、变质的关键活动之一。

2. 要及时进行项目贮存、保管和标识的相应检查，发现问题及时采取处理措施。

实施要点

1. 施工企业应对建筑材料、构配件和工程设备进行贮存、保管和标识。建筑材料、构配件和工程设备进行贮存、保管和标识是防止材料、构配件和工程设备误用、变质的关键活动之一。

2. 施工企业对建筑材料、构配件和设备的贮存、保管和标识要求如下：

（1）贮存：提供必要的环境和设施条件，防止产品损坏、变质、丢失和误用。

（2）保管：通过合理摆放、隔离、检查、维护保养等措施，防止材料、构配件和设备损坏、损耗。

（3）标识：通过适当的标识，防止相似而不同的材料、构配件和设备相互混淆错用，此外，标识的责任者必须明确。

3. 建筑材料、构配件和工程设备保管应保证其数量、质量，堆放场地和库房满足相应的贮存要求。要结合建筑材料、构配件和工程设备的特点及时实施适宜的贮存、保管和标识。

施工企业可以根据物资的特点采用露天（场地堆放）和室内（封闭堆放）的贮存方式。保管可分为长期、短期和临时保管，也可分为保管员专门管理和操作班组临时管理。标识可分为有形和无形标识。

要根据成品和半成品的管理要求，把容易破损的建筑材料、构配件和工程设备合理科学地贮存，把容易混淆的建筑材料、构配件和工程设备进行明显标识。

4. 要及时进行项目贮存、保管和标识的相应检查，发现问题及时采取处理措施。

审核要点

1. 查施工企业是否对建筑材料、构配件和设备进行贮存、保管和标识。

2. 查施工企业是否按照规定对建筑材料、构配件和设备进行贮存、保管和标识进行检查。

3. 查发现问题是否及时处理，并保存记录。

【规范条文】

8.4.3 施工企业应明确对建筑材料、构配件和设备的搬运及防护要求。

理解要点

施工企业应对施工所用的各类建筑材料、构配件和工程设备的搬运、防护要求进行识别，明确其搬运和防护的具体作业规定，包括作业人员、设备、方法、步骤等。

实施要点

1. 施工企业应对建筑材料、构配件和工程设备的搬运及防护要求，目的在于确保建筑材料、构配件和工程设备处于完好状态。

2. 施工企业针对易燃、易爆、易碎、超长、超高、超重、容易破损和容易混淆的建筑材料、构配件和工程设备应明确搬运要求，包括作业人员、设备、方法、步骤等，严格实施，防止损坏、变质、变形。

3. 特殊搬运活动在实施前要制定专门的搬运方案。搬运方案应包括搬运及防护的技术参数、搬运方法等要求。由于搬运活动及防护需要修改施工方案时，应该由原策划人或授权人及时实施。必要时，修改的搬运及防护活动施工方案应进行再次交底。

4. 搬运及防护过程的施工机具配备应考虑特殊的质量要求，操作人员要按照施工方案的规定进行运作。当建筑材料、构配件和工程设备的搬运及防护过程出现不合格时，应按照作业规定实施改进措施。

审核要点

1. 查施工企业是否明确对建筑材料、构配件和工程设备的搬运及防护要求，确保建筑材料、构配件和工程设备处于完好状态。

2. 查是否有效实施对建筑材料、构配件和工程设备的搬运及防护要求。

【规范条文】

8.4.4　施工企业应明确建筑材料、构配件和设备的发放要求。

理解要点

1. 施工企业应明确建筑材料、构配件和设备的发放要求，发放工作是划清仓库与使用单位经济责任的界限，防止因错发而影响施工生产并造成经济损失一项重要工作。建筑材料、构配件和工程设备及时正确的发放是保证施工质量的重要环节。

2. 施工企业要建立建筑材料、构配件和工程设备的进出库记录和发放台账，规定相应的领用程序，做到账、物、卡三者一致。

实施要点

1. 施工企业应明确建筑材料、构配件和设备的发放要求，确保及时正确的发放建筑材料、构配件和工程设备，明确仓库与使用单位经济责任的界限，防止因错发而影响施工生产并造成经济损失，以保证施工质量。

2. 施工企业可从以下几方面做好发放工作：

(1) 遵循"先进先出，推陈出新"出库原则。

(2) 严格出库凭证管理，确保发料通知、提料单、拨料单等，凭证填制必须准确无误，印鉴齐全，无涂改现象。

(3) 遵守发料工作程序，提料和发料准确、及时，尽可能一次地完成。

(4) 出库物资和单据、证件要向收料人当面点交清楚，办清手续，由收料人签章。对影响工程质量、安全特性的建筑材料、构配件和工程设备，应通过连续的唯一性标识记录来实现确保可追溯性。

3. 施工企业要建立建筑材料、构配件和工程设备的出库记录和发放台账，规定相应的领用程序，做到账、物、卡三者一致。

审核要点

1. 查施工企业是否明确建筑材料、构配件和设备的发放要求。

2. 查施工企业是否建立建筑材料、构配件和工程设备的进出库记录和发放台账，规定相应的领用程序，做到账、物、卡三者一致，保存发放记录，并具有可追溯性。

【规范条文】

8.5 发包方提供的建筑材料、构配件和设备

8.5.1 施工企业应按照有关规定和标准对发包方提供的建筑材料、构配件和设备进行验收。

理解要点

1. 施工企业应对发包方提供的建筑材料、构配件和设备进行验收。发包方提供建筑材料、构配件和设备是施工现场比较常见的情况。由于发包方的特殊地位，其所提供建筑材料、构配件和设备的质量管理有其特殊的风险。

2.《建筑法》第二十五规定：按照合同约定，建筑材料、构配件和设备由工程承包单位采购的，发包方不得指定施工企业购入用于工程的建筑材料、构配件和设备或指定生产厂、供应商。

实施要点

1. 施工企业应对发包方提供的建筑材料、构配件和设备按照规定程序和标准进行合格性验收。验收的内容与施工企业自行采购物资的验收相同，包括规格、数量、进场时间、质量特性等。对于发包方提供的建筑材料、构配件和设备，应进行标识并建立单独的物资台账和验收记录。

2. 从施工现场的质量责任出发，施工企业必须对发包方提供的建筑材料、构配件和设备按照国家规定进行合格性验收。验收的内容与施工企业采购建筑材料、构配件和设备的验收相同，包括规格、数量、进场时间、质量特性等。

审核要点

1. 查施工企业是否按照有关规定和标准对发包方提供的建筑材料和设备进行验收。

2. 查是否保存相关重点材料、构配件和设备的验收记录。

【规范条文】

8.5.2　施工企业对发包方提供的建筑材料、构配件和设备在验收、施工安装、使用过程中出现的问题，应做好记录并及时向发包方报告，按照规定处理。

理解要点

施工企业对发包方提供的建筑材料、构配件和设备在验收、施工安装、使用过程中发现问题时应及时和发包方沟通，同时采取标识、隔离等措施，按照规定根据与发包方协商的结果进行处理，并应做好记录。

实施要点

1. 施工企业应对发包方提供的建筑材料、构配件和设备在验收、施工安装、使用过程中出现的问题，应做好记录并及时向发包方报告，按照规定处理。

2. 对发包方提供的建筑材料、构配件和设备在验收、施工安装、使用过程中出现的问题，施工企业应进行不合格评审，采取标识、隔离等措施，做好记录并及时与发包方协商。

审核要点

1. 查施工企业是否有发包方提供的建筑材料、构配件和设备。

2. 查发包方提供的建筑材料、构配件和设备在验收、施工安装、使用过程中出现的问题，是否应做好记录并及时向发包方报告。

3. 查是否按照发包方提供的建筑材料、构配件和设备出现问题的有关规定处理。

【规范条文】

9　分包管理

9.1　一般规定

9.1.1　施工企业应建立并实施分包管理制度，明确各管理层次和部门在分包管理活动中的职责和权限，对分包方实施管理。

理解要点

1. 施工企业应建立一套有效的分包管理制度，明确各管理层次和部门在分包管理活动中的职责和权限。

2. 施工企业应明确在本施工企业中存在的分包类别，如：劳务、专业工程承包、设施设备租赁、技术服务等，并根据所确定的分包类别制订相应的管理制度。

实施要点

1. 施工企业应建立并实施分包管理制度。

2. 施工企业应明确在本施工企业中存在的分包类别，如：劳务、专业工程承包、设施设备租赁、技术服务等，并根据所确定的分包类别制订相应的管理制度。

3. 制度内容应针对项目施工组织策划，确定项目分包范围，选择项目分包模式和分包合同种类，分包招标，合同谈判与签约，分包项目实施阶段管理，分包项目结束后评价等内容。

4. 分包是现代施工技术和专业化分工的客观结果，分包管理是施工企业现场管理的重要环节。在施工现场管理和操作两层分离的情况下，分包管理已经成为施工企业项目管理的主要内容。

审核要点
1. 查施工企业是否建立并实施分包管理制度。
2. 查制度是否明确各管理层次和部门在分包管理活动中的职责和权限。
3. 查是否对分包方实施有效管理。

【规范条文】
9.1.2 施工企业应对分包工程承担相关责任。

理解要点
分包工程是总包工程的重要组成部分。根据国家有关法律的规定，总分包条件下的分包工程质量由总包方承担相关责任。因此施工企业应分析分包工程的风险，通过科学的分包管理实现工程项目的质量目标。

《建筑法》第二十九条规定：建筑工程总承包单位可以将承包工程中的部分工程发包给具有相应资质条件的分包单位，分包单位按照分包合同的约定对总承包单位负责，总承包单位和分包单位就分包工程对发包方承担连带责任。施工企业应建立并实施分包管理制度，明确各管理层次和部门在分包管理活动中的职责和权限，对分包方实施管理。

实施要点
1. 分包的确定、评价、使用、管理等均应符合法律规定。
2. 施工企业必须取得发包方的同意，才能将工程合法分包。

审核要点
1. 查是否存在分包，分包是否按照规定确定，并经发包方同意。
2. 查总包是否对分包方管理并承担相应责任，责任是否与法律要求和质量风险相一致。

【规范条文】
9.2.1 施工企业应按照管理制度中规定的标准和评价办法，根据所需分包内容的要求，经评价依法选择合适的分包方，并保存评价和选择分包方的记录。
对分包方的评价内容应包括：
1 经营许可和资质证明；
2 专业能力；
3 人员结构和素质；
4 机具装备；

5 技术、质量、安全、施工管理的保证能力；
6 工程业绩和信誉。

理解要点

1. 施工企业应按照管理制度中规定的标准和评价办法评价和选择合适的分包方。

2. 施工企业对分包方的评价的内容应符合规范要求。

3. 施工企业可采用公开招标、邀请招标等方式选择分包单位。

4. 施工企业对分包方评价的结果应形成记录。

实施要点

1. 施工企业应按照管理制度中规定的标准和评价办法评价和选择合适的分包方，同时应结合实际确定评价分包方的具体标准。施工企业评价、选择的分包方的质量水平是决定分包管理效果的重要内容。

2. 施工企业应制定相应对分包方进行评价和选择的方法，包括：分包方信息搜集、招标、组织相关职能部门实施评审，对分包方提供的资料进行评定，对分包方的施工能力进行现场调查等，必要时可对分包方进行质量管理体系审核。

大型施工企业应该根据工程项目的需求评价和选择水平高、业绩好的分包方；中小型施工企业则应结合工程的特点评价和选择适宜、合格的分包方。

3. 施工企业对分包方的评价的内容应包括：

（1）经营许可和资质证明，包括国家工商管理部门的经营许可和建设主管部门的施工企业资质核定；

（2）专业能力，包括施工实施、设备租赁和技术服务能力；

（3）人员结构和素质，包括文化程度、技术等级、工作经验等；

（4）机具装备，包括过程能力、数量、技术参数等；

（5）技术、质量、安全、施工管理的保证能力，包括施工管理体系的水平；

（6）工程业绩和信誉，包括施工项目的质量、安全、环保、进度和合同履约情况。

如果评价的证据不充分、不确切，需要现场进行了解时，可对分包方进行质量管理体系审核。

施工企业对分包方评价应形成记录。内容包括：

（1）经营许可和资质证明文件；

（2）质量管理体系审核记录；

（3）评审的会议记录、传阅记录；

（4）合格分包方名册；

（5）招标过程的各项记录；

（6）其他记录。

4. 施工企业对分包方的选择。

实行施工总承包的,建筑工程主体结构的施工必须由总承包单位自行完成。分包单位不得将分包工程再分包给其他单位,但可以进行劳务分包。

施工企业对分包方进行选择可采用招标、组织相关职能部门实施评审、对分包方提供的资料进行评定,对分包方的施工能力进行现场调查等方法。

施工企业对于设备租赁和技术服务分包方的选择可重点考察其资质、服务人员的资格、设备完好程度、提供技术资料的承诺等。

(1) 分包方的资格审查

对于拟招标的候选分包方,若已在施工企业合格分包方名单中,则无须再进行资格审查,即可直接进入投标阶段。

对于未纳入施工企业合格分包方名单的,则须对其进行资格审查,资格审查合格的方可参加投标。

(2) 分包方考察

根据需要,施工企业可组织对分包方作必要的考察。

1) 采取到分包施工企业总部、在施工程以及与其合作过的单位进行调查,以了解其施工能力、管理水平、工程业绩、履约能力、信誉、财务资金状况等。

2) 对于施工企业分包采购管理部门组织的考察,项目经理部应派专人参加,必要时对分包商的技术管理、施工机具设备配置情况等作更进一步的考察。

(3) 分包采购实施

分包采购是指施工企业按照管理制度中规定的标准和评价办法依法选择合适的分包方。

在施工的不同阶段,施工企业应针对所需要的分包方,采用适宜的方式实施分包采购过程。

分包采购计划内容包括:分包方采购申请计划和分包方采购计划中的相关信息。

1) 分包方采购申请计划

项目分包方的采购内容和范围应在合同中规定。

分包方根据施工需要及进度安排编制项目分包方采购申请计划。当项目分包采购是由项目的上一级组织统一采购时,项目须将经项目经理批准后的分包方采购申请计划上报施工企业。

分包方采购申请计划需明确:分包方类别(如降水、土方、基础、主体、装修、机电等)、暂估造价、合同形式、对分包方的资质要求、付款方式、特殊要求(如:分包方注册地址的要求、对分包方负责采购物资的要求、对分包方考察的要求等)。

项目经理部可推荐候选分包方,但须在分包方采购申请计划中列明分包方的名称、联络方式等信息。

2) 分包方采购计划的审核及实施

施工企业负责组织分包采购的相关人员审核项目经理部提出的分包方采购申请计划，确定候选分包方名单。施工企业的主办部门，根据候选分包方的评审结果提出确定分包方的建议并实施。

分包方采购计划主要包括：采购实施部门，采购方式，合同形式，候选分包方，分包方报价原则，采购工作的起止时间。

3) 采购结果

施工企业在完成上述程序后，经主管领导批准，供应方选择结果得到确认。

审核要点

1. 查施工企业是否按照管理制度中规定的标准和评价办法评价和选择合适的分包方，同时应结合实际确定评价分包方的具体标准。

2. 查施工企业应制定相应对分包方进行评价和选择的方法是否合理。

3. 查施工企业对分包方的评价的内容是否包括：

经营资质、专业能力、人员结构和素质、技术、质量、安全及施工管理能力工程业绩等。

上述评价是否是动态持续的，是否评价深度符合平均分包方的风险控制要求。

如果评价的证据不充分、不确切，需要现场进行了解时，可对分包方进行质量管理体系验证。

4. 查施工企业是否保存对分包方评价的记录。

【规范条文】

9.2.2　施工企业应按照总包合同的约定，依法订立分包合同。

理解要点

在选择确定分包方后，施工企业要按照总包合同的约定，依法订立分包合同。分包合同包括专业分包合同和劳务分包合同等。

实施要点

1. 在选择确定分包方后，施工企业要按照总包合同的约定，依法订立分包合同。分包合同包括专业分包合同、劳务分包合同等。

2. 专业工程分包合同和劳务分包合同内容分别以《建设工程施工专业分包合同》示范文本（GF-2-3-0213）和《建设工程施工劳务分包合同》示范文本（GF-2-3-0214）为准。施工企业对分包合同的拟定、审核、批准、签订及履约管理应明确职责和程序，严格遵照执行，并保存相应记录。

审核要点

1. 查施工企业是否在选择评价的基础上按照总包合同的约定，依法订立分包合同。

2. 查分包合同是否符合有关法规的要求。

【规范条文】

9.3 分包项目实施过程的控制

9.3.1 施工企业应在分包项目实施前对从事分包的有关人员进行分包工程施工或服务交底，审核批准分包方编制的施工或服务方案，并据此对分包方的施工或服务条件进行确认和验证，包括：

1 确认分包方从业人员的资格与能力；

2 验证分包方的主要材料、设备和设施。

理解要点

1. 本条款要求从交底、方案审批、确认和验证等方面对分包方的施工或服务质量进行控制。

2. 对分包方的施工或服务条件进行确认和验证，包括：

（1）确认分包方从业人员的资格与能力。

（2）验证分包方的主要材料、设备和设施。

实施要点

1. 施工企业应从以下三个方面对分包方的施工或服务质量进行控制：

（1）分包项目实施前，总包单位主要以技术交底的形式对从事分包的有关人员进行分包工程施工或服务要求的交底；

（2）总包单位对分包方有关施工或服务方案的编制有指导义务，并按照制度要求对分包编制的施工或服务方案进行审批；

（3）总包单位应对照分包合同要求，对分包方从业人员的资格与能力，主要材料、设备和设施进行验证，对不满足要求的，按规定进行处理。

其中对分包方的验证应在施工或服务开始前进行，必要时应在实施过程中进行验证。

2. 施工企业应对分包方的施工和服务过程进行控制，在分包项目实施前对从事分包的有关人员进行分包工程或服务要求的交底。项目经理部技术负责人要策划和实施具体的交底活动。各有关人员参加交底的相关过程。交底可以分层次进行，但必须保证将必要的技术质量要求传达到分包方的施工操作人员。

交底内容包括：分包工程项目的质量、进度、安全和环保（可以含成本）等要求，以及技术方法施工工艺和资源配置规定等。

3. 在施工之前，施工企业应审核批准分包方编制的施工或服务方案以及分包方的技术交底，这些方案和技术交底应该符合施工企业的项目管理要求。如果发现存在问题时，应及时要求分包方进行改进。

4. 项目经理部应根据事先对分包工程关键过程、特殊过程和重要过程的识别,对技术交底落实的重点情况实施监督和管理。

5. 为了保证对分包方的施工或服务条件符合分包工程的需要,并依据技术交底和审批的方案对分包方的施工或服务条件进行确认和验证,确认和验证包括对管理人员的资格和能力的确认,验证分包方的主要材料、设备和设施的要求。

项目经理部作为责任主体,应负责分包进场的人员确认和主要材料、设备和设施的验证工作,以确保进场的分包方以及主要材料、设备和设施符合施工计划和合同中规定的要求。需要时项目经理可以根据施工策划的要求到分包方在其他场所的加工现场进行验证和确认。

审核要点

1. 查施工企业是否在分包项目实施前对从事分包的有关人员进行分包工程施工或服务交底。

2. 查施工企业是否审核批准分包方编制的施工或服务方案。

3. 查施工企业是否依据相关要求实施了分包方人员和有关材料、设备、设施的确认和验证。

【规范条文】

9.3.2 施工企业对项目分包管理活动的监督和指导应符合分包管理制度的规定和分包合同的内容的约定。施工企业应对分包方的施工和服务过程进行控制,包括:

1 对分包方的施工和服务活动进行监督检查,发现问题及时提出整改要求并跟踪复查;

2 依据规定的步骤和标准对分包项目进行验收。

理解要点

1. 施工企业对项目分包管理活动的监督和指导应按照分包管理制度的规定和分包合同约定的内容进行。

2. 施工企业对分包施工或服务过程的控制主要包括两个方面:

(1) 对分包施工或服务活动的监控;

(2) 分包项目的验收。

实施要点

1. 施工企业对分包方的控制要求是项目管理策划的重要内容,应在项目管理策划中明确对分包方的控制要求,包括项目信息沟通、人员进场情况、材料设备和设施报告验收、进度计划、工程质量、安全生产、文明施工、不合格的处置等。

2. 施工企业对分包方施工质量控制的重点包括:分包项目的关键过程、特殊过程的具体控制要求,对分包管理的检查方式、内容、频次,确定分包方向总包方提供施工过程的各种信息、证据的程序及时间要求,并及时传递。

3. 项目经理部负责根据策划的要求实施对分包方的日常管理活动。施工企业应按照策划的要求，对项目分包管理活动进行监督和指导，发现问题及时提出整改要求并跟踪复查。

4. 分包工程完工后，总包单位应对分包工程实物质量和技术资料进行检查验收，包括实物质量验收、竣工资料检查验收和工程保修。

只有分包工程的实物质量和工程技术资料均通过了验收、工程保修书内容符合要求，总包单位才能接收分包工程的移交，与分包单位办理移交手续，并进行工程结算。

审核要点

1. 查施工企业是否对分包方的施工和服务过程进行控制，是否根据分包合同、企业制度进行。

2. 查施工企业对分包施工或服务过程的控制是否主要包括两个方面：

（1）对分包施工或服务活动的监控的形式，关键点及方法；

（2）分包项目的验收的有效性和及时性。

【规范条文】

9.3.3 施工企业应对分包方的履约情况进行评价并保存记录，作为重新评价、选择分包方和改进分包管理工作的依据。

理解要点

1. 施工企业对分包方履约情况的评价可在分包施工和服务活动过程中或结束后进行，并可按照管理要求由项目经理部或相关部门实施。

2. 通过对分包方履约情况的评价，发现并处理分包管理中的问题，重新确定、批准合格分包方，修订分包管理制度等。

实施要点

1. 施工企业应对分包方履约情况进行评价并保存记录。

分包合同履约完毕或分包施工和服务活动过程中，施工企业负责分包方管理的部门可以会同项目经理部，对分包方进行履约情况评价，施工企业对分包方的履约情况进行评价的方式主要包括：

（1）项目经理部按要求对项目使用的分包方进行评价，作为分包合同结算的依据之一。

（2）施工企业主管分包方的部门根据分包方的表现，对分包方进行分级，并反映在施工企业的合格分包方名单中。

（3）已评价为不合格的分包方，在施工企业的合格分包方名单中予以删除。

（4）根据工程施工的需要对曾经使用但已被删除或长期没有使用的合格分包方在使用前进行重新评价。

2. 以上评价的记录应该予以保留，以便施工企业对分包的长期评价和使用管理。

3. 施工企业要根据评价的结果及时淘汰不合格的分包方，以确保分包工程的质量水平。

对分包方的履约情况进行评价，作为重新评价和选择分包方和改进分包管理工作的依据，是实施质量改进的基础工作，也是提高工程质量的重要环节。

审核要点

1. 查施工企业是否对分包方履约情况（重点关注与质量有关的履约情况）进行评价。

2. 查相关评价的记录是否予以保留，以便施工企业对分包的长期评价和使用管理。

3. 查施工企业是否根据评价的结果及时淘汰不合格的分包方，改进分包管理工作。

【规范条文】

10 工程项目施工质量管理

10.1 一般规定

10.1.1 施工企业应建立并实施工程项目施工质量管理制度，对工程项目施工质量管理策划、施工设计、施工准备、施工质量和服务予以控制。

理解要点

1. 施工企业应建立并实施工程项目施工质量管理制度。施工质量管理制度是施工企业质量管理体系文件中的一部分，应与施工企业已建立其他体系文件相互融合、协调一致。

2. 工程项目质量管理是一项系统而复杂的施工现场活动，具有高风险和高难度的管理特征。要建立并实施从工程项目管理策划至保修过程的质量管理制度，包括工程项目施工质量管理策划、施工设计、施工准备、施工质量和服务控制的要求，开拓创新，持续改进，有序规范地实施项目质量管理。

实施要点

1. 施工企业应根据工程项目的特点制定质量管理制度，落实各层次的管理职责。

2. 质量管理制度应包含从工程策划至保修结束的全过程，包括工程项目施工质量管理策划、施工设计、施工准备、施工质量和服务控制的要求，开拓创新，持续改进，有序规范地实施项目质量管理。

审核要点

1. 查施工企业是否建立并实施从工程项目管理策划至保修过程的质量管理制度。

2. 查质量管理制度是否包括工程项目施工质量管理策划、施工设计、施工准备、施工质量和服务控制的要求。

【规范条文】

10.1.2 施工企业应对项目经理部的施工质量管理进行监督、指导、检查和考核。

理解要点

1. 项目经理部的职责是实施项目施工管理。施工企业其他各管理层次应对项目经理部的工作进行指导、监督，确保项目施工和服务质量满足要求。

2. 施工企业应在相关制度中明确各管理层次在项目质量管理方面的职责和权限。施工企业对项目经理部质量管理的监督、检查和考核活动应按质量管理制度的要求进行。

实施要点

1. 项目经理部负责工程项目的施工管理，是施工质量的责任主体。为确保项目经理部的施工和服务质量满足要求，施工企业其他的各职能层次应对项目经理部的质量管理体系过程进行监视，即对项目经理部的施工质量管理进行监督、指导、检查和考核。对监督、检查中发现的问题，施工企业应采取适当的纠正和纠正措施。

2. 施工企业应在相关制度中明确各管理层次在项目质量管理方面的职责和权限。施工企业对项目经理部质量管理的监督、检查和考核活动应按质量管理制度的要求进行。

审核要点

1. 查施工企业是否对项目经理部的施工质量管理进行监督、指导、检查和考核。关注监控的及时性和有效性。

2. 查施工企业对项目经理部的监督、指导、检查和考核是否按照工程项目施工质量管理制度的要求进行。

【规范条文】

10.2 策划

10.2.1 施工企业项目经理部应负责工程项目施工质量管理。项目经理部的机构设置和人员配备应满足质量管理的需要。

理解要点

1. 施工企业在进行项目策划时，应根据工程质量管理需求确定项目经理部的机构设置和人员配备，确定其职责、权限、利益和应承担的风险。项目经理部的机构设置应与工程项目的规模、结构复杂程度、专业特点、人员素质相适应，并根据项目管理需要决定是否设立专业职能部门。项目经理部负责工程项目的施工管理，是施工质量的责任主体。

2. 施工企业在进行项目策划时，应根据工程质量管理需求确定项目经理部的机构设置和人员配备，确定其职责、权限、利益和应承担的风险。

3. 项目经理部的机构设置应与工程项目的规模、结构复杂程度、专业特点、人员素质相适应，并根据项目管理需要决定是否设立专业职能部门。项目经理部负责工程项目的施工管理，是施工现场质量的责任主体。

实施要点

1. 项目经理部是实施工程项目施工质量管理的主体，负责工程项目的施工管理。项目经理部的机构设置应与工程项目的规模、施工复杂程度、专业特点、人员素质相适应。

2. 项目经理部应围绕施工企业质量管理的目标要求，结合工程项目的规模、施工复杂程度、技术专业特点、人员素质等情况，适宜地考虑项目组织和管理机构的设置方式，包括矩阵式和职能式等。项目经理部内部的责任、权利和岗位之间的相互关系应基于有效、高效和简单的原则进行确定。并根据项目管理需要设立质量管理部门或岗位。有条件的施工企业可以参照卓越绩效模式进行项目组织和管理机构的策划。

项目经理部各类人员专业和数量的配备均要与岗位职责和工作内容相匹配；关键岗位、特殊工种和重要岗位人员都应经过专门培训，并根据规定持证上岗，配备数量不得低于有关法律法规的要求。

审核要点

1. 查施工企业是否由项目经理部负责工程项目施工质量管理，相关责任是否清楚，授权到位。

2. 查项目经理部的机构设置和人员配备是否满足质量管理的需要。

3. 查项目经理部的机构设置和人员配备是否满足合同和法规的要求。

【规范条文】

10.2.2 项目经理部应按规定接收设计文件，参加图纸会审和设计交底并对结果进行确认。

理解要点

1. 图纸会审是指工程各参建单位（发包方、监理单位、施工单位）在收到设计单位交付的施工图设计文件后，对图纸进行全面细致的熟悉，审查施工图中存在的问题及不合理情况并提交设计院进行处理的一项重要活动。设计交底是指在施工图完成并经审查合格后，设计单位在设计文件交付施工时，按法律规定的义务就施工图设计文件向施工单位和监理单位做出详细的说明。

2. 项目经理部应明确专人负责设计文件的接收，确保设计文件的有效性。

3. 项目经理部应参加图纸会审和设计交底等工作，并提出相关建议。

实施要点

1. 施工企业应对设计文件的接收、审核及图纸会审、设计交底的程序、方法加以规定。

图纸会审和设计交底是为了解决工程项目施工中可能出现的设计和图纸问题，明确有关施工的基本风险和管理要求，在施工前由发包人、设计、施工单位和监理等相关方参加的专门沟通协调会议（或其他方式）上进行。这种沟通会议以及会议前的准备和协调过程，对施工质量的影响是十分重要的。因此施工企业应对设计文件的接受、审核和设计交底、图纸会审等活动进行程序性规定。

2. 项目经理部应按规定接收设计文件、参与图纸会审、参加设计交底并对结果进行确认。

3. 施工图纸等设计文件的接收、审核结果均应形成记录。设计交底、图纸会审纪要应经参加各方共同签认。

4. 重大工程项目设计文件的接收、审核和设计交底、图纸会审等活动应由施工企业负责组织实施，以保证项目内外的工作协调和资源提供。一般工程项目的相关活动由施工企业授权项目经理部实施。

审核要点

1. 查施工企业是否对设计文件的接收、审核及图纸会审、设计交底的程序、方法加以规定。

2. 查项目经理部是否按规定接收设计文件、参与图纸会审、参加设计交底并对结果进行确认。相关设计问题是否已经有效解决。

3. 查施工图纸等设计文件的接收、审核结果均是否形成记录。设计交底、图纸会审纪要是否经参加各方共同签认。

【规范条文】

10.2.3 施工企业应按照规定的职责实施工程项目质量管理策划，包括：
1 质量目标和要求；
2 质量管理组织和职责；
3 施工管理依据的文件；
4 人员、技术、施工机具等资源的需求和配置；
5 场地、道路、水电、消防、临时设施规划；
6 影响施工质量的因素分析及其控制措施；
7 进度控制措施；
8 施工质量检查、验收及其相关标准；
9 突发事件的应急措施；
10 对违规事件的报告和处理；
11 应收集的信息及其传递要求；
12 与工程建设有关方的沟通方式；

13 施工管理应形成的记录;
14 质量管理和技术措施;
15 施工企业质量管理的其他要求。

理解要点

1. "施工企业质量管理的其他要求"是指:施工企业自身提出的发包方要求以外的质量管理要求,比如创优要求。

2. 施工企业应按照规定的职责实施工程项目质量管理策划。质量管理策划是为了实现工程项目的质量目标,针对相关项目特点所规定的系统的管理途径。

3. 工程项目质量管理策划应包括15项基本要求:

(1) 质量目标和要求。
(2) 质量管理组织和职责。
(3) 施工管理依据的文件。
(4) 人员、技术、施工机具等资源的需求和配置。
(5) 场地、道路、水电、消防、临时设施规划。
(6) 影响施工质量的因素分析及其控制措施。
(7) 进度控制措施。
(8) 施工质量检查、验收及其相关标准。
(9) 突发事件的应急措施。
(10) 对违规事件的报告和处理。
(11) 应收集的信息及其传递要求。
(12) 与工程建设有关方的沟通方式。
(13) 施工管理应形成的记录。
(14) 质量管理和技术措施。
(15) 施工企业质量管理的其他要求。

上述要求之间的工作界面及接口处理是质量管理策划的重要基础。

实施要点

1. 施工企业应按照规定的职责实施工程项目质量管理策划。

质量管理策划是为了实现工程项目的质量目标,针对相关项目特点所规定的系统的管理途径,包括所有施工活动的质量管理策划:质量目标、施工组织设计、质量计划、施工方案、技术交底、工序要求等。项目质量管理策划应包含15项基本要求。

质量管理策划的要求与传统的施工组织设计和施工方案的策划内容是有一定区别的,要注意把握好它们的不同,提高施工企业质量管理的策划水平。

质量管理策划的职责是根据不同的项目需要和施工企业的授权实施运作的过程,包括施工企业实施和项目实施等不同的层次运作,重要的是保证不同层次的相关质量管理策划的适宜性和有效性。

质量管理策划工作应结合本工程所在地自然环境条件、地理施工条件、工程特点难点、工艺特点、材料及设备选型来进行。

2. 项目质量管理策划的内容和结果：

（1）质量目标和要求

质量目标和要求包括施工过程中的单位工程、分部、子分部、分项工程、检验批的优良率及合格率的目标。

确定质量目标并进行分解，一方面是为了明确管理的具体方向，保证质量目标包括创优目标的顺利实现；另一方面实际上就是在质量水准和成本之间确立一个平衡点。为保证工程质量符合质量标准，质量的目标水准应高出合同规定的标准，但过高则是不经济的。施工企业需要在质量和成本之间有机地找到这个平衡点。

（2）项目质量管理组织和职责

具体包括部门和岗位职责、权限以及与其他岗位的相互关系。其中应明确规定对分包的管理职责。

相应的规定应围绕质量目标计划的要求展开。项目人力资源提供必须满足质量管理机构、职责与权限的规定要求。

（3）施工管理依据的文件

包括法律法规和各地方、行业的规定、要求，以及施工企业自身的管理要求等。只有全面系统地了解和掌握这些要求，施工企业的质量管理规划才能真正到位。

（4）施工过程的资源提供要求

包括符合施工进度要求的人力、材料、设备工具、图纸规范和资金配备等。

在实现合同要求的基础上，不同层次的施工企业提供的资源可以是不同的；不同规模和质量要求的项目资源的提供方式和品质也常常是不一样的，应该有机地体现这种项目质量管理的适宜性和差异性。

（5）场地、道路、水电、消防、临时设施规划

结合施工现场的自然情况和地质条件策划场地、道路、水电、消防、临时设施规划，充分兼顾质量、安全、进度、环保、成本和技术方法等因素的要求，施工的长期和短期需求相结合，合理确定施工的基础准备工作。

（6）影响施工质量的因素分析及其控制措施

识别施工过程影响项目质量的所有关键部位，协调和匹配施工的交叉作业，集成关键性的施工技术和管理活动的措施。尤其是应确定关键过程和特殊过程及其控制方法，关注检验试验和采购等过程对它们的关联影响。大型施工企业应发挥集成优势，研究关键过程和特殊过程控制的专门课题，开发适宜的高端技术和

管理标准，引领行业的质量管理。

确定工序的质量控制点。施工企业应在施工过程中确定关键工序，明确其质量控制点及控制措施。影响施工质量的因素包括与施工质量有关的人员、施工机具、建筑材料、构配件和设备、施工方法和环境因素。

下列影响因素可以列为工序的质量控制点：

1）对施工质量有重要影响的关键质量特性、关键部位或重要影响因素，比如施工模板安装和拆除、模板支撑系统的计算等。

2）工艺上有严格要求，对下道工序的活动有重要影响的关键质量特性、部位，比如脚手架搭设的稳固性和及时性、模板施工的质量水平等都对下道工序的活动有重要影响。

3）严重影响项目质量的材料的质量和性能，比如水泥、混凝土、钢材的质量和性能对项目的质量影响是十分重要的。

4）影响下道工序质量的技术间歇时间，比如钢筋施工、模板流水、模板安装、拆除与混凝土浇筑之间的技术间歇时间的影响。

5）某些与施工质量密切相关的技术参数，比如施工模板和脚手架系统的荷载参数等。

6）容易出现质量通病的部位，如混凝土浇筑、防水、特种电焊施工等。

7）紧缺建筑材料、构配件和工程设备或可能对生产安排有严重影响的关键项目，比如施工急需的钢材不能及时进场等。

8）其他由项目经理部认定的施工工序。

（7）进度控制措施

应注意在质量管理策划的过程中处理好质量与施工进度协调的策划问题，必须有机地处理质量与施工进度的辩证关系。进度计划编制完成后，应由技术负责人协调通过后，报经项目经理审批，重要的进度计划必须上报，由施工企业审批。项目经理部的策划人员必须加强与政府和社会各方面的协调，强化与业主、监理、设计和各参建单位的沟通和协作，建立起和谐、高效的合作关系，为工程营造良好的施工条件。

（8）施工质量检查、验收及其相关标准

明确与施工阶段相适应的质量测量指标与测量方法（包括检验、试验、测量、验证要求），预检、隐检、交接检的时间、频次和方法。策划结果应考虑检验人员的素质和数量情况，规定相应的测量指标与测量方法。有条件的施工企业要研究开发新工艺（如特种钢结构）、新材料施工的质量测量指标与测量方法，加快与国际先进工程质量水平接轨的步伐。

（9）突发事件的应急措施

明确当项目出现突发事件或发生施工进度滞后和质量事故的趋势比较明显时

的应急措施，包括事故报警、抢救险情、事故调查、调整进度计划和返工返修等。

（10）对违规事件的报告和处理

规定项目不合格品的控制要求，包括施工过程的不合格及质量事故的评审、处置和改进措施。要大量应用数据分析的方法，实现工程项目质量的趋势管理。

（11）应收集的信息及其传递要求

策划项目质量信息交流渠道，规定所有信息沟通传递的方法。为了便于信息的沟通和交流，在形成书面记录的基础上，项目策划的所有手段应尽可能应用电子计算机和网络方式，同时要考虑信息安全的策划要求。只要能够满足质量管理的需要，在某些特殊的情况下，有些中小型施工企业可以采用传统的手段实施信息传递。

（12）质量管理和技术措施

围绕施工企业质量目标确定影响项目施工质量的所有活动和过程，尤其是规定实现质量要求的专门控制方法和措施，包括新技术、新工艺的应用和施工流程、施工方法的统筹、计算等。大型施工企业应努力开展项目创新，把质量管理策划与施工企业技术、管理升级结合起来，开发先进的施工技术和工艺，实现质量成本低、质量等级高的管理效果。中小型施工企业则更应该关注项目施工技术和方法的适宜性，确保工程质量目标的实现。

（13）与工程建设有关方的沟通方式

施工管理的有关方是影响工程质量的重要因素。应明确与工程建设有关方进行沟通的方式和方法，规定相应的沟通渠道和手段，分清职责，界定责任。

（14）施工管理应形成的记录

具体规定相关的记录要求，包括记录的内容和保存要求。

（15）施工企业质量管理的其他要求

包括施工企业提出的合同以外的要求，比如创优质工程等。同时项目质量管理策划应该考虑施工过程的成本、环保、进度、社会责任和安全健康管理的客观需要。要确保项目质量管理与这些管理之间的协调和匹配，以实现工程项目整体的系统目标。

工程项目质量管理策划可根据项目的规模、复杂程度分阶段实施。策划结果所形成的文件可以是一个或一组文件，可采用包括施工组织设计、质量计划等在内的多种文件形式，内容必须覆盖并符合施工企业的管理制度和本规范的要求，其繁简程度宜根据工程项目的规模和复杂程度而定。

审核要点

1. 查施工企业是否按照规定的职责实施工程项目质量管理策划。
2. 查项目质量管理策划的内容和结果是否包括规范10.2.3中的15项要求。

包括：
(1) 策划是否适宜、充分、有效。
(2) 策划是否兼容安全、环保及成本等管理要求。
(3) 策划是否考虑应急措施，"四新"应用及工程有关方的沟通需求。
(4) 其他。

3. 查项目重要策划内容的实施效果与改进需求的衔接情况。

【规范条文】

10.2.4 施工企业应将工程项目质量管理策划的结果形成文件并在实施前批准。当有规定时，这些策划的结果应该按规定得到发包方或监理的认可。

理解要点

1. 施工企业在工程项目质量管理策划的基础上，把相关策划结果按照要求形成文件并在实施前批准。

2. 当法规或发包方有规定时，这些策划的结果应该按规定得到发包方或监理的认可。

实施要点

1. 施工企业应按照有关规定要求及项目管理风险将工程项目质量管理策划的结果形成文件，其他施工过程的质量管理策划结果应根据施工的需求决定是否需要文件化。

2. 项目经理部应根据质量策划结果的需求和行业规定要求及时把有关文件报给有关发包方或监理，如果对方提出改进的要求时，应该及时实施相应的改进措施。

审核要点

1. 查是否根据规定和需求及时把质量管理策划结果进行了文件化，并按照规定进行了批准，文件化是否符合法规要求和项目风险的需求。

2. 查是否根据施工需求和规定把有关质量管理策划结果报给了发包方和监理，是否及时按照要求实施了质量管理策划的改进。

【规范条文】

10.2.5 施工企业应根据施工要求对工程项目质量管理策划的结果实行动态管理，及时调整相关文件并监督实施。

理解要点

1. 施工过程是一个复杂的过程，受众多因素的影响，周围情况是经常会出现变化，当原有的策划与实际不能适应时，工程项目质量管理策划的结果也应及时调整，确保施工和服务质量满足要求。

2. 施工企业应根据修改的质量管理策划结果及时调整相关文件。

实施要点

1. 施工过程的情况是经常会出现变化的。当施工和服务质量的要求发生变化时，相应的质量管理要求应随之变化，工程项目质量管理策划的结果也应及时调整，确保施工和服务质量满足要求。

2. 施工企业对项目质量管理策划的结果实行动态管理时，要重点关注关键过程、特殊过程和其他重要过程质量管理策划的适宜性、预见性和可操作性。项目经理部应围绕这些过程从施工推进和监视测量等方面对策划结果的执行情况进行管理。

3. 施工企业应根据修改的质量管理策划结果及时调整相关文件。调整的文件包括施工组织设计、质量计划、施工方案、技术交底等；调整方法包括文件补充、修改、作废等。

所有修改的质量管理策划结果及调整的相关文件应由原批准人确认，或按照授权进行批准。

4. 施工企业应监督施工活动按照新的策划结果实施。

审核要点

1. 查当施工和服务质量的要求发生变化时，相应的质量管理要求是否随之变化，工程项目质量管理策划的结果是否也及时调整，确保施工和服务质量满足要求。

2. 查施工企业是否对项目质量管理策划的结果实行动态管理，是否重点关注关键过程、特殊过程和其他重要过程质量管理策划的适宜性、预见性和可操作性。项目经理部应围绕这些过程从施工推进和监视测量等方面对策划结果的执行情况进行管理。

3. 查施工企业是否根据修改的质量管理策划结果及时调整相关文件，所有修改的质量管理策划结果及调整的相关文件是否由原批准人确认，或按照授权进行批准。

4. 查施工企业是否监督施工活动按照新的策划结果实施。

【规范条文】

10.3 施工设计

10.3.1 施工企业进行施工设计时，应明确职责，策划并实施施工设计的管理。施工企业应对其委托的施工设计活动进行控制。

理解要点

1. 本规范中的"施工设计"是指施工图设计；具有施工图设计资质及EPC资质的施工企业应执行本条款。

2. 国际上通行的做法是施工图设计往往由总承包商承担，我国也正在积极倡导这种模式。在我国承担施工图设计的施工单位应具备相应的设计资质，否则应按本规范9分包管理条文的要求选择设计分包并对其施工设计活动进行监控。

3. 施工企业进行施工设计时，应明确设计负责人，由设计负责人进行设计策划，编制设计计划并执行。随着工程设计的进展，设计负责人应根据实际情况，对设计计划进行调整、补充或修改。

4. 施工企业委托设计的，如实施 EPC 项目管理时，应按照本条款对其委托的施工设计活动进行控制。

5. 没有施工图设计资质的施工企业实施施工图深化设计、细化设计等相关工作可以参照本条款。

实施要点

1. 项目施工图纸的设计是质量过程的管理重点，它在很大程度上决定了工程项目的质量水平。施工图设计只有与项目总体施工策划相结合，将工程需求与资源优化相接口，才能使施工图设计和施工过程达到既节约资源，又提高施工效率的目的。施工设计有两层含义：一是按照我国建设工程项目设计管理的相关规定，某些大型的施工单位具备了设计能力，并按照我国设计管理的相关规定取得了设计资质，对某些工程实施设计＋施工总承包的过程中包含了一部分需要设计管理的内容；另外一方面是按照国际上通行的工程项目建设模式，通常是由施工单位进行工程施工详图（Shopdrawing）的设计，然后经设计单位审批后才能用于施工。施工设计的质量控制应该区分这两种情况进行实施。

2. 施工企业的设计部门接到施工设计任务后，应明确设计负责人，由负责人进行设计策划，编制设计计划。当设计分阶段进行时，根据需要，可分阶段进行相应的设计策划活动。设计部门负责人应定期检查设计计划的实施情况。随着工程设计的进展，设计负责人应根据实际情况，对设计计划进行调整、补充或修改。

3. 施工企业委托设计的，应对其委托的施工设计活动（设计分包的活动）进行控制。

审核要点

1. 查施工企业是否实施施工设计，如施工图设计，是自己进行设计还是委托设计。

2. 查施工企业是否明确职责，策划并实施施工设计的管理。

3. 查施工企业是否对其委托的施工设计活动进行控制包括，委托合同、监控方式、监控方法等。

【规范条文】

10.3.2 施工企业应确定施工设计所需的评审、验证和确认活动，明确其程序和要求。

施工企业应明确施工设计的依据，并对其内容进行评审。设计结果应形成必要的文件，经审批后方可使用。

理解要点

1. 设计评审是对施工设计进行正式的、按文件规定的、系统的评估活动，以便评价设计结果满足要求，识别设计中的问题并提出必要的措施。设计阶段通常进行不止一次的设计评审，最终的设计评审在提交施工图之前进行。设计验证时对施工设计进行的检查，以确保设计输出满足输入的要求。设计验证可包括：设计评审，进行替换计算，进行试验和实验，在发放之前对设计阶段文件进行评审。设计确认应在施工图提交前进行，以确保施工设计能够满足规定的使用要求或已知的预期用途的要求。施工设计依据的评审主要是指对设计依据的充分性和适宜性进行评审。

2. 施工企业应确定施工设计所需的评审、验证和确认活动，明确其程序和要求，避免在施工设计中可能导致设计的内容错误或内容的互相矛盾，影响正常的施工过程。

3. 施工企业应明确施工设计的依据，并对其内容进行评审、批准。

实施要点

1. 施工企业应确定施工设计所需的评审、验证和确认活动，明确其程序和要求，通常在设计计划中明确，由于施工企业的特点，施工设计的评审、验证和确认也可以采用审核、审查和批准的方式进行重要的是施工设计所需的评审、验证和确认活动的内容应该得到体现。根据专业特点和所承接项目的规模、复杂程度，施工企业的施工设计活动及其管理可适当增减或合并进行。

2. 施工企业应组成设计工作小组，明确施工设计的依据，并对其内容进行评审，对设计结果进行验证和确认活动。设计结果应形成必要的文件，经审批后方可使用。

审核要点

1. 查施工企业是否确定施工设计所需的评审、验证和确认活动，是否明确其程序和要求。

2. 查施工企业是否明确施工设计的依据，评审内容是否考虑了设计的充分性、适宜性和有效性。

3. 查设计结果是否形成必要的文件，设计文件管理是否符合要求。

【规范条文】

10.3.3 施工企业应明确设计变更及其批准方式和要求，规定变更所需的评审、验证和确认程序；对变更可能造成的施工质量影响进行评审，并保存相关记录。

理解要点

1. 施工企业在设计管理制度或设计程序文件中应明确：设计变更的批准方式和要求，审批人员及其权限，变更所需的评审、验证和确认程序和记录要求；

2. 在对设计变更进行评审时，应对变更可能造成的施工质量影响进行评审，并保存相关记录。

实施要点

1. 施工企业应按照设计程序明确设计变更及其批准方式、授权人员和记录要求。其中关键是根据设计变更的风险，合理地规定批准方式和授权人员。常见的设计变更可以授权给设计负责人实施，但是可能引起质量风险的重大设计变更应由施工企业技术负责人组织实施。批准应该采用书面的方式进行。

2. 当内、外部人员经过确认或评价提出设计变更要求时，应由原设计负责人（或经过授权的人员）进行评估，严格控制设计变更过程。当变更可能造成施工质量影响时要及时实施评审、验证和确认活动，包括施工企业组织设计人员针对需要变更的问题进行分析，评估所有可能的影响，根据评估结果安排适宜的施工设计活动。

3. 由于设计工作的风险性和可追溯性要求，所有设计变更的情况应该由规定的责任人进行记录，并予以保存。

审核要点

1. 查施工企业是否按照设计程序明确设计变更及其批准方式、授权人员和记录要求。

2. 查当内、外部人员经过确认或评价提出设计变更要求时，是否由原设计负责人（或经过授权的人员）进行评估，严格控制设计变更过程。当变更可能造成施工质量影响时是否及时实施评审、验证和确认活动，包括施工企业组织设计人员针对需要变更的问题进行分析，评估所有可能的影响，根据评估结果安排适宜的施工设计活动。

3. 查所有设计变更的情况是否由规定的责任人进行记录，设计变更的结果是否与施工需求相一致。

【规范条文】

10.4 施工准备

10.4.1 施工企业应依据工程项目质量管理策划的结果实施施工准备。

理解要点

施工企业应根据工程项目质量管理策划的结果进行施工准备，包括：技术经济资料准备，施工现场准备，通信、交通、消防和办公、生活（含住宿、食堂）基础设施准备，人员、机具、材料设备等施工生产要素准备，冬雨期施工准备等。

实施要点

工程项目质量管理策划的结果首先必须通过施工准备环节进行落实。施工企业应根据策划的结果，安排施工现场平面布置，做好人员、设备、工具、材料、通信、交通、消防和办公、生活（含住宿、食堂）基础设施等的施工准备。施工准备要考虑施工的技术和质量风险的预控需要，应符合环境保护和社会责任的管理要求，同时应考虑施工的长期和短期的不同需要，做到在满足施工质量目标的基础上合理地降低项目成本。

审核要点

查施工企业是否依据工程项目质量管理策划的结果实施施工准备，是否有策划变更导致施工准备需要更改的情况。

【规范条文】

10.4.2 施工企业应按规定向监理方或发包方进行报审、报验。施工企业应确认项目施工已具备开工条件，按规定提出开工申请，经批准后方可开工。

理解要点

1. 施工企业在施工开工前，向监理方或发包方进行报审、报验工作是国家法律和法规的强制规定，也是保证施工活动正常实施的重要环节。施工单位报审、报验的内容、职责应明确。

2. 报审、报验、开工申请的内容和程序应按国家及项目所在地的相关规定执行，开工报告由总监理工程师签发，经批准后方可开工。

实施要点

1. 施工企业在施工开工前，向监理方或发包方进行报审、报验。有关报审、报验的内容、职责应明确并符合报验规定。

2. 施工企业应对所具备的开工条件与分包方或监理方共同进行确认，该工程项目应按照规定获得主管部门的许可。开工条件的内容及开工申请程序应符合国家及项目所在地的相关规定。

3. 施工企业应按规定内容和程序向监理方或发包方进行策划文件、人员、机具等的报审和报验，提供各种书面和实物证据，包括项目质量管理机构、管理人员、关键工序人员及特殊工种人员、测量成果、进场的材料设备、技术文件、分包方情况等。文件、人员、机具等的报审、报验工作应根据施工的进展情况动态进行。

4. 人员、方法、设备、工具、材料和环境等方面是确认项目是否具备开工条件的基本内容。确认方法应是书面和现场证据的结合，比如勘测报告、验收证明和现场观察的结果等。确认方式可以是授权项目经理部实施，也可以是施工企业直接进行确认。

5. 施工企业只有确认项目已具备开工条件，并按规定提出开工申请，经监理方和发包方等批准后才能开工。

审核要点

1. 查施工企业在施工开工前，是否及时向监理方或发包方进行报审、报验。

报审、报验的内容、职责是否明确并符合报验规定。

2. 查施工企业是否确认项目已具备开工条件，开工条件是否与规定相符，并是否按规定实施开工。

【规范条文】

10.4.3 施工企业应按规定将质量管理策划的结果向项目经理部进行交底，并保存记录。

施工企业应根据项目管理需要确定交底的层次和阶段以及相应的职责、内容、方式。

理解要点

1. 施工企业应按规定将质量管理策划的结果向项目经理部进行交底，并保存记录，通常在开工前由公司质量管理策划的负责部门或人员进行。

2. 施工企业应根据项目管理需要确定交底的层次和阶段以及相应的职责、内容、方式。施工企业在施工前应通过交底确保被交底人了解本岗位的施工内容及相关要求。

实施要点

1. 施工企业应按规定将质量管理策划的结果向项目经理部进行交底，并保存记录。

交底的依据应包括：项目质量管理策划结果、专项施工方案、施工图纸、施工工艺及质量标准等。

交底的内容一般应包括：质量要求和目标、施工部位、工艺流程及标准、验收标准、使用的材料、施工机具、环境要求及操作要点。

2. 施工企业应根据项目管理需要确定交底的层次和阶段以及相应的职责、内容、方式。施工企业在施工前应通过交底确保被交底人了解本岗位的施工内容及相关要求。交底可根据需要采用口头、书面及培训等方式，分层次、分阶段地进行。交底的层次、阶段及形式应根据工程的规模和施工的复杂、难易程度及施工人员的素质确定。对于小型、常规的施工作业，交底的形式和内容可适当简化。

施工企业技术负责人负责公司技术交底的组织和策划的管理工作。项目经理负责技术交底的全面管理和推进工作。技术负责人应负责相关的技术组织、协调和监督工作。各专业技术、管理人员负责实施和管理工作。

审核要点

1. 查施工企业是否按规定将质量管理策划的结果向项目经理部进行交底，并保存记录。

2. 查施工企业是否根据项目管理需要确定交底的层次和阶段以及相应的职责、内容、方式。交底的及时性与有效性是否符合施工活动的需求。

3. 查施工企业在施工前是否通过交底确保被交底人了解本岗位的施工内容及相关要求。

【规范条文】

10.5 施工过程质量控制

10.5.1 项目经理部应对施工过程质量进行控制。包括：

1 正确使用施工图纸、设计文件、验收标准及适用的施工工艺标准、作业指导书。适用时，对施工过程实施样板引路；

2 调配符合规定的操作人员；

3 按规定配备、使用建筑材料、构配件和设备、施工机具、检测设备；

4 按规定施工并及时检查、监测；

5 依据现场管理有关规定对施工作业环境进行控制；

6 根据有关要求采用新材料、新工艺、新技术、新设备，并进行相应的策划和控制；

7 合理安排施工进度；

8 采取半成品、成品保护措施并监督实施；

9 对不稳定和能力不足的施工过程、突发事件实施监控；

10 对分包方的施工过程实施监控。

理解要点

施工过程的质量控制是决定项目质量管理成效的关键性工作，施工过程质量控制的关键是准确选择关键过程并实施有效控制，即对需要重点控制的质量特性、关键部位、薄弱环节，以及施工主导因素等采取特殊的管理措施和方法，实行强化管理，使工序处于良好控制状态，保证达到规定的质量要求。控制内容应满足规范所列明的10项管理要求。

实施要点

不同施工企业实施的具体方法可能是不一样的，但是施工过程控制质量的基本要求应是一样的。施工企业要根据这些要求，识别和确定现场相应的关键过程、特殊过程和重要过程及其相关因素，形成施工过程的质量控制点，建立或细化适宜的操作程序，系统地展开质量控制活动：

(1) 正确使用施工图纸、设计文件、验收标准及适用的施工工艺标准、作业指导书。

开工之初，项目经理部要努力解决好正确使用施工图纸、设计文件、验收标准及适用的施工工艺标准、作业指导书的问题，合理确定质量标准和施工能力的接口。特别是注意图纸会审中发现的问题与相关质量管理策划文件的协调接口问题。如果图纸错漏百出，就无从谈起以图纸为蓝图的工程质量。因此施工企业一方面要善于发现不同专业的图纸中不相符之处，发现图纸与技术规程、工程量清单之间的不符之处，尽快解决，确保图纸质量；另一方面应根据相关图纸会审中的确定结果编制和完善项目质量管理策划文件、创优计划、质量检验计划等。

重要工程或是缺少经验的施工过程，应该坚持样板引路。重要的分项工程开工前，由项目经理部的责任工程师，根据专项方案、措施交底及现行的国家规范、标准，组织施工人员或分包单位进行样板分项（工序样板、分项工程样板、样板墙、样板间、样板段等）施工，要从操作人员、工艺方法和施工设备、施工环境等方面进行施工过程确认，包括工序的检查、技术复核、施工过程参数的监测和必要的统计分析活动，过程确认合格并样板工程验收合格后才能进行专项工程的施工。在样板工程施工前施工人员应接受专门技术方法和质量标准的培训，统一操作程序，统一施工做法，统一质量验收标准，做到样板施工未雨绸缪。

（2）调配符合规定的操作人员。

相关规定包括：人员的数量、质量和进场时间。其中人员的质量包括人员满足持证上岗要求和质量责任要求的程度。施工企业要充分保证合理的人力资源投入，调配符合规定的现场操作人员，例如配备有规定资格的特殊施工操作人员、符合要求的一般操作人员和工序质量控制人员等。调配的操作人员必须能够胜任各自岗位质量责任规定的工作。为了保证调配符合规定的操作人员，岗位质量责任可以与工作任务需求相匹配，配套实行技术交底挂牌、施工部位挂牌、操作管理制度挂牌的方式，以明确操作人员的责任并便于实施考核。

增强全体员工的质量意识是保持调配的操作人员符合要求的重要措施之一。

（3）按规定配备和使用建筑材料、构配件、施工机具和检测设备。根据质量管理策划的要求，提供和配置需要的建筑材料、构配件、施工机具和检测设备，及时进行进场验收和检验。同时应按照规定的施工要求，使用建筑材料、构配件、施工机具和检测设备。

要严格控制进场材料的紧急放行，凡是影响结构安全性能的材料（水泥、钢材和混凝土等）未经检验试验一律不得投入工序。在重要施工工程部位，包括结构施工阶段模板加工与制作、钢筋原材、装修材料及加工成品采用等均应采用全方位、多角度的选择方式，以产品质量优良、材料价格合理、施工成品质量优良为材料选型、定位的标准。材料、半成品及成品进场要按规范、图纸和施工要求严格检验，不合格的立即退货。

项目经理部应与分包方之间签订合同/责任状，按计划目标明确规定分包应该配备和使用的建筑材料、构配件、施工机具和检测设备。具体按本规范的第6、9条款执行。

（4）按规定施工并及时检查、监测。

施工过程各种因素变化多样，要根据施工需要精心修改和完善质量管理策划结果,调整时要严格按照有关规定要求,掌握施工组织设计的指导性、施工方案的部署性、技术交底的可操作性、质量计划(有条件的施工企业含创优计划)的引导性,做到四者互相对应、相互衔接、相互交圈,层次清楚、严谨全面,符合规范。这里的核心是如何从工艺上降低达到质量标准(有条件的施工企业含创优标准)的难度,如何保持一个合理的质量成本。需要时应做好施工图的深化设计。

施工企业应该做好施工过程的变更交底。项目有关人员针对施工变化及时实施技术交底。变更交底主要针对施工因素的变化情况进行策划和安排,明确工艺、方法、材料和程序的变更要求。要及时办理变更交底手续。需要时,应该进行配套的培训工作。

施工现场要认真落实检查验收制度:

1) 对施工过程予以标识,标示出验收合格、不合格或待检状态。对于施工过程中的不合格项,项目质量员或工长应及时下发《质量整改单》,并跟踪整改到位。

2) 按照进度计划组织质量检验。检验机构、人员和设备均应具备相应的资格和能力。定期或在人员、材料、工艺参数、设备发生变化时,重新进行确认。

3) 在施工过程中坚持检查上道工序、保障本道工序、服务下道工序,做好自检、互检、交接检;遵循分包自检、总包复检、监理验收的三级检查制度;严格工序放行管理,没有通过规定检查的工序,不能转入下一个工序。认真做好所有检验试验的相关记录。

(5) 依据现场管理有关规定对施工作业环境进行控制。对施工作业环境的控制包括:安全文明施工措施、季节性施工措施、现场试验环境的控制措施、不同专业交叉作业的环境控制措施以及按照规定采取的其他相关措施。

施工过程控制的关键是从形成工程质量的环节入手,把自然环境条件和施工准备工作结合起来,有效控制和监督施工作业环境的关键参数,包括施工粉尘、温度、湿度、风力和地理位置等。施工企业在施工过程策划中可以确定对工程质量影响较大的关键工序、不能由后续的检验试验加以验证的特殊工序等的作业环境因素作为施工工序的质量控制点。

(6) 根据有关要求采用新材料、新工艺、新技术、新设备,并进行相应的策划和控制。

应识别施工过程影响工程质量的所有关键部位,设计施工过程的新材料、新工艺、新技术、新设备的应用方法,集成关键性的施工技术和管理活动的措施。

尤其是应确定新材料、新工艺、新技术、新设备的关键环节,关注它们对管理提升的关联影响。项目经理部应根据策划规定进行过程控制。大型施工企业应发挥技术和管理的集成优势,研究新材料、新工艺、新技术、新设备的专门课题，开发适宜的高端技术和管理标准，引领行业的项目质量管理。

（7）采取半成品、成品保护措施并监督实施。

成品和半成品防护的范围应包括供施工企业使用或构成工程产品一部分的发包方财产，这些财产不仅包括发包方提供的文件资料、建筑材料、构配件和设备，还包括：

1）施工企业作为分包单位时，发包方提供的未完工程。

2）施工企业作为总包单位时，发包方直接分包的工程。

这些防护活动应贯穿于施工的全过程直至工程移交为止。

项目经理部要根据工程的特点、规模、质量标准及业主的要求，制定出成品保护措施。科学、合理安排施工生产，减少交叉作业等人为因素造成的成品破坏。在与各分包方签订合同或协议书时，应在条款中明确规定分包方所承包的施工项目在成品保护方面应承担的责任。

（8）合理安排工程施工进度。

项目经理部应分析施工过程的关键路径和施工节点，确定施工的里程碑和时间表。在可能的条件下，应保证施工过程的均衡性，避免施工的无故间断和赶工。要在施工的过程中充分考虑施工进度和质量要求的匹配关系，提供充分的各种资源，特别是人力资源，保证施工过程的进度和质量水平。

项目经理部要在进度检查中考虑质量管理的要求，在质量检查中考虑施工进度的要求。如果发现施工进度影响了质量时，应首先保证质量要求。同时，在质量稳定的情况下应该努力保证施工进度的要求。

（9）推进施工质量的趋势管理，对不稳定和能力不足的施工过程、突发事件实施监控。

工程质量管理的重心伴随着施工生产不同阶段的质量控制重点不同而不同，随着管理对象的特征改变而改变。

1）工程质量控制的实施过程是一个动态检验产品、对比统计分析和预测变化趋势的过程。

① 要有预见地实施管理策划。

在质量发生偏差之前，通过对工序的检查、技术复核、施工过程参数的监测和必要的统计分析活动，能够预见到问题所在。防患于未然是最成功的质量管理。如工程在进行结构施工时，就考虑到结构与将来装修接口之间的关系，预留空位。

② 要关注质量的变化趋势。

应对质量偏差的出现保持敏感。表面偶然的质量偏差，可能预示着潜在的质量风险。一方面，质量控制人员要谨慎敏感，不放过每个"偶然"，找出后面隐藏的"必然"；另一方面，质量控制人员要注意质量偏差的连锁反应，某一工序的轻微质量偏差，可能是下一道工序的质量隐患。杜绝经常性的质量偏差和严重质量事故。经常性的质量偏差往往表明工程质量管理存在问题，需要及时纠正。

③ 项目质量管理人员应及时控制不合格品，分析产生质量偏差的原因，并实施相应的改进行动。采取相应的改进措施（如改进施工工艺、更换操作人员、调整管理人员等），整改不合格产品，改善工程质量。改进质量计划中明显不合理的质量标准，要同监理工程师达成协议。

2) 由于施工因素的不平衡性，往往会出现不稳定和能力不足的施工过程，对项目质量管理产生较大影响。因此应重点关注这些过程和突发事故的可能性，并及时进行监督和控制。具体内容：

  a. 项目管理人员和施工班组人员应连续监督过程能力、过程变化情况；

  b. 项目管理人员针对可能的突发事故风险制定应急措施；

  c. 提供和配备必要的应急资源；

  d. 测量和试验相应的应急措施。

施工企业在大型或特种项目的施工中的应急措施可在有关施工方案中予以明确。必要时，应该制定专门的应急方案。在有条件的情况下应该实施应急措施的测试。

(10) 强化施工分包和工程监督管理。

要严格保证施工分包方的科学使用，从施工业绩、工程质量、人员素质、管理水平、安全情况、服务能力和团队文化等方面分析已经选定的供应方施工特点，确定风险环节，在此基础上考虑适宜分包方的作业方法。一方面要严格控制分包人员按照施工策划要求实施工序活动，从作业人员的技能、意识、经验和反应能力等环节进行过程监督。比如在大体积混凝土施工中要全面控制模板工艺、混凝土泵送技术、混凝土浇筑活动、施工安全条件等重要因素与作业人员的结合状态，观察施工过程各种因素的变化趋势，及时调整工艺方法和管理方式；另一方面要严格控制分包人员的无序流动和不适宜的管理惯例，形成作业现场合理的梯形人员结构，保证施工人员的技能和经验在整体上是稳定的，防止施工的过程能力失去控制。

项目经理部应在施工全过程对分包方进行动态的监督管理和使用评价，发现问题及时进行处理。

审核要点

1. 查项目经理部是否对施工过程质量进行有效的动态控制。

2. 查项目经理部对施工过程质量进行控制的内容是否包括实施过程的 10 项要求，包括：

(1) 施工人员的配置、素质及能力。

(2) 施工方法的适宜性和有效性。

(3) 各类施工机具、设施的提供与使用。
(4) 施工环境的有效控制。
(5) "四新"的应用与管理。
(6) 各类工程材料、设备的控制。
(7) 施工质量相关因素,包括安全、成本因素的控制。

【规范条文】
10.5.2 施工企业应根据需要,事先对施工过程进行确认,包括:
1 对工艺标准和技术文件进行评审,并对操作人员上岗资格进行鉴定;
2 对施工机具进行认可;
3 定期或在人员、材料、工艺参数、设备发生变化时,重新进行确认。

理解要点
1. 需要确认的过程(又称为特殊过程)往往是其结果不能由后续的检验试验进行验证的过程,同时施工企业可以根据需要,对其他重要过程进行确认,即实施前进行能力确认,实施后进行检验。

2. 建筑施工常见的特殊过程有大体积混凝土浇筑、结构焊接、地下防水、预应力施工等。对施工过程进行确认的目的是为了确保并证实这些过程具备实现所策划的结果的能力。施工企业应在施工过程中根据工序的特点,对需要确认的过程及时实施确认活动。

3. 施工企业事先对需要确认的施工过程进行确认,包括:
(1) 对工艺标准和技术文件进行评审,并对操作人员上岗资格进行鉴定。
(2) 对施工机具进行认可。
(3) 定期或在人员、材料、工艺参数、设备发生变化时,重新进行确认。

实施要点
1. 需要确认的过程往往是其结果不能由后续的检验试验进行验证的过程(又称为特殊过程)。不同施工企业的验证能力不同,因此需要确认的过程往往也是不同的。施工过程的确认目的是为了证实这些过程实现所策划的结果的能力。施工企业应在施工过程中根据工序的特点,对需要确认的过程及时实施确认活动。

2. 施工过程的事先确认。混凝土浇筑、焊接、防水和预应力施工等工序的结果由于往往不能通过后续的监视和测量加以验证,因此需要在适当的时间,包括事先、事中及时进行确认。方法可以是对相关的工艺标准和技术文件进行评审,对操作人员上岗资格进行鉴定,并对施工机具进行认可。也可以同时进行施工过程的事中确认。

3. 确认活动的灵活实施。由于不同施工企业施工过程控制能力是不一样的,因此施工企业之间需要确认的过程可能差别较大,特殊过程(工序)可能是不一样的，需要灵活地应用和实施。比如大型施工企业的特殊过程（工序）可能与中小施工企业是不一样的。如果需要也可以把一般或关键性的施工过程进行确认。

审核要点

1. 查施工企业是否根据需要，明确哪些过程需要事先对施工过程进行确认并实施。是否动态的实施了确认活动。

2. 查确认的内容是否包括了规范要求的3项要求。

（1）确认人员的资格是否符合要求。

（2）确认施工方法是否适合施工需求。

（3）确认施工机具等是否满足过程能力要求。

【规范条文】

10.5.3 施工企业应对施工过程及进度进行标识。施工过程应具有可追溯性。

理解要点

1. 为了有效识别和控制施工质量，随着施工进度的变化，施工过程和进度状态是需要及时进行标识的。施工企业可通过任务单、施工日志、施工记录、隐蔽工程记录、各种检验试验记录或事实陈述、实物追踪等表明施工工序所处的阶段或检查、验收的情况，确保施工工序按照策划的顺序实现。

2. 对施工过程及进度进行标识的目的在于使施工过程具有的可追溯性。

3. 施工过程的可追溯性证据可以通过记录、事实陈述和实物等方式体现。

实施要点

1. 施工企业为了有效识别和控制施工质量，同时使施工过程具有必要的可追溯性对施工过程及进度进行标识。

2. 随着施工进度的变化，施工过程和进度状态是需要及时进行标识的。施工企业可通过任务单、施工日志、施工记录、隐蔽工程记录、各种检验试验记录事实陈述、实物等表明施工工序所处的阶段或检查、验收的情况，确保施工工序按照策划的顺序实现。

审核要点

1. 查是否为了有效识别和控制施工质量，对施工过程及时进行标识。如任务单、施工日志、施工记录、隐蔽工程记录、各种检验试验记录、当事人的事实陈述、工程实物等是否表明施工工序所处的阶段或检查、验收的情况。

2. 查对施工过程进行的标识是否能使施工过程具有必要的可追溯性。

【规范条文】

10.5.4 施工企业应保持与工程建设有关方的沟通，按照规定的职责、方式对相关信息进行管理。

理解要点

施工企业应建立并实施沟通程序，规定与工程建设有关方沟通的信息内容、责任者、信息交流渠道和沟通方式，对信息进行必要的汇总、分析，识别出需要改进的地方并采取改进措施。

实施要点

1. 施工质量信息的交流和传递对于及时控制施工、降低风险是十分重要的。施工企业要及时与有关方实施信息沟通。施工企业质量信息的传递、接收和处理的方式应按照规定结合项目的规模、特点和专业类别确定。

2. 信息交流和传递的有关方包括：发包方、监理、设计、分包方等。相关信息的范围包括：有关方需要或感兴趣的工程及其相关情况。施工企业和项目经理部应保持与工程建设有关方的沟通，主动测量、传递相关信息，分析特点，按照有关方的关注程度和信息的重要程度进行分级管理。

3. 施工企业负责重大信息的管理和处理工作，项目经理部负责及时传递重大信息和一般信息的处理工作，信息传递不仅要快捷、及时而且应内容清楚、传递安全。

审核要点

1. 查施工企业是否明确与工程建设有关方的沟通的要求，对与工程建设有关方的沟通的职责、方式作出规定。

2. 查是否按规定及时与工程建设有关方进行沟通，按照规定的职责、方式对相关信息进行管理，沟通方式是否有效。

【规范条文】

10.5.5 施工企业应建立施工过程中的质量管理记录。施工记录应符合相关规定的要求。施工过程中的质量管理记录应包括：

1 施工日记和专项施工记录；
2 交底记录；
3 上岗培训记录和岗位资格证明；
4 施工机具和检验、测量及试验设备的管理记录；
5 图纸的接收和发放、设计变更的有关记录；
6 监督检查和整改、复查记录；
7 质量管理相关文件；
8 工程项目质量管理策划结果中规定的其他记录。

理解要点

1. 施工企业质量管理记录的管理要求包括记录的收集、整理、归档等，施工记录应符合相关规定的要求，如发包方的要求、各地建设行政主管部门的规定等。

2. 本条款规定了8项质量管理记录作为基本的施工记录，施工企业可以结合工程项目的需要进行补充。

实施要点

1. 施工企业应建立施工过程中的质量管理记录，除按本条规定的8项质量管理记录作为基本的施工记录要求外施工企业可以结合工程项目的需要进行补充。项目经理部可以通过任务单、施工日志、专项施工记录、隐蔽工程记录、各种检验试验记录等表明施工工序所处的阶段或检查、验收的情况，确保施工工序按照策划的顺序实现。

2. 施工企业质量管理记录的管理主要包括记录的收集、传递，信息加工、处理等。记录应填写及时、完整、准确；字迹清晰、内容真实；按照规定编目并保存。记录的内容和记录人员应能够追溯。

审核要点

1. 查施工企业是否及时建立施工过程中的质量管理记录。

2. 查施工记录应符合相关规定的要求，如施工技术资料管理规程等。施工过程中的质量管理记录应包括填写的及时与真实性，记录传递的及时性，记录贮存的可靠性，记录处理的规范性等。

【规范条文】

10.6 服务

10.6.1 施工企业应按规定进行工程移交和移交期间的防护。

理解要点

工程移交和移交期间的防护是施工管理的收尾工作，决定了项目质量管理的最终效果。施工企业应根据合同或事先的约定策划工程移交和移交期间的防护。

实施要点

1. 工程移交应由施工企业负责组织实施。施工企业应确保工程移交过程符合监理和合同的要求，包括资料和实体工程的移交。

2. 工程移交期间的防护由项目经理部实施。防护工作不仅需要人员的充分配备和资源，而且可能需要一定的技术措施。

审核要点

1. 查施工企业是否根据合同或事先的约定策划工程移交和移交期间的防护。

2. 查工程移交是否由施工企业负责组织实施。施工企业是否确保工程移交过程符合监理和合同的要求，包括资料和实体工程的移交。

3. 查项目经理部是否实施工程移交期间的防护。

【规范条文】

10.6.2 施工企业应按规定的职责对工程项目的服务进行策划，并组织实施。服务应包括：

1 保修；

2 非保修范围内的维修；
3 合同约定的其他服务。

理解要点

1. 服务不仅包括工程交付后的保修工作，而且包括施工过程中的服务活动。

2. 施工企业应按规定的职责对工程项目的服务进行策划，并组织实施。服务应包括保修等方面的服务。施工单位应严格遵守《建设工程质量管理条例》第六章"建设工程保修"各项要求。

实施要点

1. 服务水平是施工企业质量管理的重要标志，直接影响着发包人和用户的满意程度。施工企业应按照所赋予的职责对工程项目的服务进行策划，可以形成具体的项目用户服务/质量回访计划。

2. 服务内容主要包括：

(1) 保修。包括合同范围规定的和施工企业承诺的保修项目。施工企业的保修活动应依据有关法规、保修书和相关标准进行，并符合相关规定。

(2) 非保修范围内的维修。包括在保修以外双方协商确定的维修内容。

(3) 合同约定的其他服务。包括施工企业在合同中承诺的项目试生产或运行中的配合服务、培训等其他服务。

项目用户服务/质量回访计划应该包括上述内容。由施工企业主管部门组织或授权项目经理部实施。

审核要点

1. 查施工企业是否按照所赋予的职责对工程项目的服务进行策划。

2. 查服务内容是否包括：

(1) 在规定范围内实施保修承诺。

(2) 保修活动及时有效。

(3) 保修质量验收合格。

(4) 用户满意验收。

3. 查项目用户服务/质量回访计划是否包括了上述内容，是否由施工企业主管部门组织或授权项目经理部实施。

【规范条文】

10.6.3 施工企业应在规定的期限内对服务的需求信息作出响应，对服务质量应按照相关规定进行控制、检查和验收。

理解要点

1. 施工企业应在规定的期限内及时做出服务响应，"规定的期限"是指按照合同或相关要求确定的时间。

2. 施工企业应对服务质量进行控制、检查和验收，保证服务工作的到位。

实施要点

1. 在工程项目的全过程，服务工作是必须落实的重要活动。本条款规定施工企业应在合同规定的期限内及时做出服务响应的内容有：
（1）收集信息、预测服务需求。
（2）有效实施服务措施。
（3）及时测量服务效果。
（4）制定和落实提高或超越服务期望的措施。

2. 施工企业对服务质量应按照相关规定（合同、法规、服务标准等）进行控制、检查和验收。施工企业的责任部门要对服务质量按照相关服务标准进行控制和验收，管理部门应及时进行检查和指导。

审核要点

1. 查施工企业是否在规定的期限内对服务的需求信息作出响应。
2. 查是否对服务质量按照相关规定进行控制、检查和验收。

【规范条文】
10.6.4 施工企业应及时收集服务的有关信息，用于质量分析和改进。

理解要点

施工企业通过及时收集服务的有关信息，用于质量分析和改进，可以有效地保证工程质量水平和施工过程品质，同时可以有效地改进项目管理的水平。

实施要点

1. 施工企业为实施质量分析和改进收集有关服务信息的基本要求。施工企业应及时收集项目的有关服务信息可包括：
（1）发包方、用户的评价；
（2）工程的使用效果；
（3）保修成效；
（4）物业反馈；
（5）其他。

施工企业要分析上述信息的相互影响和作用，寻找信息中的客观特性或特点。有条件的施工企业应建立完善的服务信息系统，多渠道收集相关方的反馈信息，包括发包方、用户、社会公众和其他相关方的满意程度。一般施工企业应该至少收集发包方、用户满意程度的有关信息。

2. 施工企业要有效利用收集到的服务信息，实施服务的质量改进，不断提高发包方、用户的满意度。

审核要点

1. 查施工企业是否及时收集服务的有关信息，包括满意和不满意的等发包方感受的信息。

2. 查是否将收集的信息进行分析，包括质量管理的趋势分析，并用于质量分析和改进。

【规范条文】

11 施工质量检查与验收

11.1 一般规定

11.1.1 施工企业应建立并实施施工质量检查制度。施工企业应规定各管理层次对施工质量检查与验收活动进行监督管理的职责和权限。检查和验收活动应由具备相应资格的人员实施。施工企业应按规定做好对分包工程的质量检查和验收工作。

理解要点

1. 施工企业建立并实施施工质量检查制度。

2. 施工企业应规定各管理层次对施工质量检查与验收活动进行监督管理的职责和权限。

3. 从事检查和验收活动人员应具备相应要求的资格。

4. 施工企业应按规定做好对分包工程的质量检查和验收工作。

实施要点

1. 施工质量检查制度是施工企业提高质量管理水平，确保工程施工质量的重要措施之一。施工质量检查所涉及的范围不仅包括最终工程产品的质量检查，也包括各中间环节如分部分项工程的检查和材料、构配件、设备、施工机具等的检查。作为一套完整的体系，施工企业的质量检查制度所涉及的内容既应包括原材料、构配件、设备的质量检查，也应包括中间产品和最终产品的质量检查；既应包括施工前准备工作状态的检查，也应包括施工过程和结果的检查；既应包括对施工管理人员的检查，也应包括对施工操作人员的检查；既应包括技术问题的检查，也应包括管理问题的检查；既应包括施工方案的检查，也应包括施工机械的检查。总之，施工企业的质量检查制度应力求内容全面、系统性强，并且具有可操作性。

2. 施工企业的质量检查制度所规定的检查层次和内容以及检查人员资格的要求应该遵循我国工程建设质量检查与验收的相关制度，施工企业应规定各管理层次对施工质量检查与验收活动进行监督管理的职责和权限。

按照我国《建筑法》第二十九条的有关规定，总承包单位与分包单位就分包工程对发包方承担连带责任。因此，作为总承包单位的施工企业也必须对分包工程做好质量检查和验收工作。分包工程的质量检查和验收工作是施工质量管理的重要问题之一。施工企业的分包主要包括劳务分包和专业工程分包两种。对于劳务分包的质量检查与验收，应着重于施工人员、施工机械、施工方法的检查与验收，而对于专业工程分包的检查与验收，还应着眼于建筑材料、构配件和工程设备的检查与验收。

施工企业可以通过采用不同的检查方式达到控制工程质量的目的。施工质量检查从检查方式上可以分为日常检查、跟踪检查、专项检查、综合检查和监督检查等。

施工质量检查中，除了要检查施工准备情况、施工过程和施工结果之外，应将整改落实情况作为重点检查对象。应特别注意对紧急放行与例外转序过程的检查，确保在规定的检查实施前不得放行任何产品。

3. 检查和验收活动应由具备相应资格的人员实施，质量检查员应取得上岗资格并获得内部授权，特别是最终放行的人。

4. 施工企业应按规定做好对分包工程的质量检查和验收工作，按照我国《建筑法》第二十九条的有关规定，对分包工程做好质量检查和验收工作。

审核要点

1. 查施工企业是否按照施工质量检查制度实施相关活动。

2. 查施工企业是否规定了必要的监督管理职责和权限，特别是项目质量检查与验收活动的职责和权限。

3. 查施工企业检查和验收活动的人员资格及能力状况。

4. 查施工企业是否及时实施了针对分包工程的检查与验收活动。

【规范条文】

11.1.2 施工企业应配备和管理施工质量检查所需的各类检测设备。

理解要点

配备施工质量检查所需的各类检测设备是开展施工质量检测工作的前提，施工企业应配备和管理施工质量检查所需的各类检测设备，具体要求见11.5条。

实施要点

1. 配备施工质量检查所需的各类检测设备是开展施工质量检测工作的前提，施工企业应根据需要通过自购、租赁或借用的方式配备施工质量检查所需的各类检测器具和设备。无论是自购、租赁还是借用的检测器具和设备，都应建立一套完善的管理制度，确保检测器具和设备的数量和质量满足检测工作的要求。

2. 对于自购的检测设备，应进行定期的维护和保养，并在使用前进行调试、校准或测试，确认检测设备的有效性。对于租赁的检测设备，应检查设备的合格证明文件，并在租赁协议中明确检测设备的出租方对检测设备维护、保养、调式、校准等方面应提供的服务。对于临时借用的设备，也应检查设备的合格证明文件，并在使用前进行调试、校准或测试，确认检测设备的有效性。

审核要点

1. 查施工企业是否配备与施工质量检查所需要和匹配的各类检测设备、包括性能和数量。

2. 查施工企业是否管理施工质量检查所需的各类检测设备,验证工程质量管理需求与检测设备管理的一致性情况。

【规范条文】

11.2 施工质量检查

11.2.1 施工企业应对施工质量检查进行策划,包括质量检查的依据、内容、人员、时机、方法和记录。策划结果应按规定经批准后实施。

理解要点

1. 质量检查活动策划是项目质量管理策划的重要内容之一。根据需要可单独形成文件,经批准后作为工程项目施工质量检查活动的指导性文件。

2. 质量检查的策划内容一般包括:检查项目及检查部位、检查依据、检查程序、判定标准、检查人员、检查方法、检查时机、应填写的质量记录和签发的检查报告等。

3. 策划的结果要传达到所有的相关部门和个人,并按规定经批准后实施。

实施要点

1. 质量检查策划的结果可形成质量检查计划(或检验试验计划)等文件,根据需要可单独形成文件,经批准后实施。

2. 策划的结果要传达到所有的相关部门和岗位,并按规定经批准后实施。

在质量检查活动的策划过程中,施工企业应尽可能地收集各种信息和资料作为策划的依据。质量检查活动策划的一般性依据包括国家有关的法律法规、标准和规范;设计文件及相关资料;施工组织设计文件及其他相关的技术文件、管理文件和合同文件等。同时,施工企业还可将以往类似工程的施工质量检查的过程和结果作为本工程质量检查活动策划的依据。另外,施工企业在进行质量管理活动策划的过程中,应该与发包方、监理单位和设计单位等相关单位进行充分沟通,从而使检查活动能得以更加有效的实施。

施工企业质量检查的方式包括自检、互检、交接检和专检等。

审核要点

1. 查施工企业是否对质量检查活动进行策划,策划是否符合法规标准要求。

2. 查质量检查的策划内容是否包括:检查项目及检查部位、检查人员、检查方法、检查依据、检查程序、判定标准、应填写的质量记录和签发的检查报告等。

3. 查策划的结果是否传达到所有的相关部门和岗位,并按规定经批准后实施。

【规范条文】

11.2.2 施工企业对质量检查记录的管理应符合相关制度的规定。

理解要点

1. 施工企业应对施工质量检查记录进行管理。

2. 对存档的质量检查记录的管理应符合我国档案管理的有关规定。

施工企业应对质量检查记录进行管理。在质量检查记录管理制度中，应明确记录的管理职责，规定记录填写、标识、收集、保管、检索、保存期限和处置等要求，对存档的质量检查记录的管理应符合我国档案管理的有关规定。质量记录的内容和格式应该符合我国各行业和地方的要求，如铁路、水利、交通、市政、房屋建筑工程等具体要求，如《北京市建筑工程资料管理规程》及其他相关标准和规范的规定。

实施要点

1. 施工企业应对质量检查记录进行管理。在质量检查记录管理制度中，应明确记录的管理职责，规定记录填写、标识、收集、保管、检索、保存期限和处置等要求，对存档的质量检查记录的管理应符合我国档案管理的有关规定。

2. 质量记录的内容和格式应该符合我国各行业和地方的要求，如铁路、水利、交通、市政、房屋建筑工程等具体要求，如《北京市建筑工程资料管理规程》及其他相关标准和规范的规定。

审核要点

1. 查施工企业是否对质量检查记录进行管理。是否明确记录的管理职责，规定记录填写、标识、收集、保管、检索、保存期限和处置等要求，对存档的质量检查记录的管理应符合我国档案管理的有关规定。

2. 查质量记录的内容和格式是否符合我国各行业和地方的要求。

【规范条文】

11.2.3 项目经理部应根据策划的安排和施工质量验收标准实施检查。

理解要点

在完成施工质量检查活动的策划后，项目经理部应严格按照策划的安排具体实施施工质量检查。实施检查的依据必须是根据策划的安排和施工质量验收标准实施。

实施要点

1. 项目经理部可根据质量检查策划文件对施工质量进行检查，质量检查的依据有：建设工程施工合同、施工质量验收标准、原材料、半成品以及构配件的质量检验标准、设计图纸及施工企业内部有关标准等。施工企业质量检查的方式包括自检、互检、交接检和专检等。

审核要点

查项目经理部是否根据策划的安排和施工质量验收标准实施检查，包括实施方式、时间、方法、人员等是否符合要求。

【规范条文】

11.2.4 施工企业应对项目经理部的质量检查活动进行监控。

理解要点

为了确保项目经理部的质量检查活动有效，施工企业应对项目经理部的质量检查活动进行监控。

实施要点

为了确保项目经理部能够做好质量检查工作，施工企业应对项目经理部的质量检查活动进行监控。监控的方式可以根据施工企业的规模、专业特点、管理模式及项目的分布情况，综合考虑成本等因素后确定。另外，对于技术条件复杂、建设工期紧、施工难度大、质量目标高的项目，施工企业应特别制定专门的监控措施，以确保工程项目的质量满足相关的要求。

审核要点

查施工企业是否对项目经理部的质量检查活动及时进行监控，包括检查方式、频次及内容等，以确保项目经理部质量检查工作正确有效。

【规范条文】

11.3 施工质量验收

11.3.1 施工企业应按规定策划并实施施工质量验收。施工企业应建立试验、检测管理制度。

理解要点

1. 建筑工程质量验收应按照《建筑工程施工质量验收统一标准》GB 50300—2001 执行。建筑工程质量验收划分为单位（子单位）工程、分部（子分部）工程、分项工程和检验批。检验批及分项工程验收应由监理工程师（发包方项目技术负责人）组织施工单位项目专业质量（技术）负责人等进行验收；分部工程应由总监理工程师（发包方项目负责人）组织施工单位项目负责人和技术、质量负责人等进行验收；地基与基础、主体结构分部工程的勘察、设计单位的工程项目负责人和施工单位技术、质量部门负责人也应参加相关分部工程验收。单位工程完工后，施工单位应自行组织有关人员进行检查评定，并向发包方提交工程验收报告。发包方收到工程验收报告后，发包方（项目）负责人组织施工（含分包单位）、设计、监理等单位（项目）负责人进行单位（子单位）工程验收。

2. 单位工程有分包单位施工时，分包单位对所承包的工程项目应按《建筑工程施工质量验收统一标准》GB 50300—2001 规定的程序检查评定，总包单位应派人参加。分包工程完成后，应将工程有关资料交总包单位。

3. 施工企业应建立试验、检测管理制度，明确管理职责及试验、检测的项目、内容、检测人员、检测时机、方法和记录等要求。

实施要点

1. 施工质量验收是工程质量管理的重要环节，也是确保向使用者提供满足合同约定质量要求工程产品的最关键一步。因此，施工企业必须对施工质量验收活动进行策划。明确验收活动的工作内容、工作要求、组织分工、实施步骤等。

2. 施工企业的质量验收工作应遵循《建筑工程施工质量验收统一标准》GB 50300—2001 和相关的各专业施工验收规范等。

3. 建筑工程质量验收层次的划分分为检验批、分项工程、分部（子分部）工程和单位（子单位）工程。房屋建筑工程检验批一般按楼层、施工段、变形缝进行划分；分项工程一般按主要工种、材料、施工工艺、设备类别等进行划分；分部工程一般按专业性质、建筑部位划分，当分部工程较大或者较复杂时，可按施工程序、专业系统及类别等划分为若干个子分部工程；单位工程是指具有独立施工条件并能形成独立使用功能的建筑产品。各专业工程如铁路工程、公路工程、电力工程的质量验收划分应遵照各专业的验收规范要求进行。

检验批验收的合格规定有两点：一是主控项目和一般项目的质量经抽检检验合格，二是具有完整的施工操作依据和质量记录。

主控项目是指建筑工程中对安全、卫生、环境保护和公众利益起决定性作用的检验项目，主控项目的验收必须从严要求，不能出现不符合要求的检验结果。主控项目的检查具有否决权。一般项目则应按照项目专业规范的规定进行验收和处理。

4. 施工质量验收应遵循规定的程序进行。检验批及分项工程应由监理工程师（发包方项目技术负责人）组织施工单位项目专业质量（技术）负责人等进行验收；分部工程的质量验收应由总监理工程师（发包方项目负责人）组织施工单位项目负责人和技术、质量负责人等进行验收；地基与基础、主体结构分部工程的勘察、设计单位的工程项目负责人和施工单位技术、质量部门负责人也应参加相关分部工程验收工作。另外，单位工程质量验收也应按照规定的程序进行，详见规范条文 11.3.2。

5. 施工企业应建立试验、检测管理制度，必要时建立实验室，如高速公路工程施工按合同必须在现场建立实验室。试验和检测管理必须符合我国相关法律法规的要求。

审核要点

1. 查施工企业是否按规定策划并实施施工质量验收，验证重点施工部位是否符合图纸、施工验收规范和策划的要求。

2. 查施工企业是否建立试验、检测管理制度，对材料、分部分项检验、见证实验、检验批的划分等进行策划、管理。

【规范条文】

11.3.2 施工企业应在竣工验收前，进行内部验收，并按规定参加工程竣工验收。

理解要点

1. 竣工验收的基本对象是单位工程。施工单位按合同规定的施工范围和质量标准完成施工任务后，经质量自检合格，向发包方提交工程验收报告，要求组织工程竣工验收。

2. 竣工工程质量验收应具备下列条件：
（1）完成建设工程设计和合同约定的各项内容；
（2）有完整的技术档案和施工管理资料；
（3）有工程使用的主要材料、构配件和设备的进场试验报告；
（4）有勘察、设计、施工、工程监理等单位分别签署的质量合格文件；
（5）有施工单位签署的工程保修书。

施工单位竣工验收准备包括工程实体的验收准备和相关工程档案资料的验收准备，均需达到竣工验收的要求。

3. 施工单位应按规定参加由发包方组织的工程竣工验收，对验收提出的问题及时进行整改，并重新提请验收。

实施要点

1. 我国已经建立了规范化的竣工验收管理制度，对工程项目的竣工验收进行管理。在竣工验收过程中，首先施工方要进行自检，即在竣工验收前进行内部验收。对内部验收发现的问题整改后，进行复验。在复验合格后，按照竣工验收备案制度的规定向监理方提交竣工验收报告。必要时，施工企业的工程项目施工质量管理部门应按照规定对完工项目进行全面的施工质量检查。

2. 单位工程完工后，施工单位应自行组织有关人员进行检查评定，并向发包方提交工程验收报告。发包方收到工程验收报告后，应由发包方（项目）负责人组织施工（含分包单位）、设计、监理等单位（项目）负责人进行单位（子单位）工程验收。单位工程有分包单位施工时，分包单位对所承包的工程项目应按相关标准规定的程序进行检查评定，总包单位应派人参加。分包工程完工后，应将工程有关资料交总包单位。当参加验收各方对工程质量验收意见不一致时，可请当地建设行政主管部门或工程质量监督机构协调处理。单位工程质量验收合格后，发包方在规定的时间内将工程竣工验收报告和有关文件，报建设行政主管部门备案。

审核要点

1. 查施工企业在竣工验收前，是否组织进行内部验收，关注内部验收的人员、方法及内容，包括资料和实体验收结果。

2. 查施工企业是否按规定参加发包方组织的工程竣工验收，准备验收记录。

【规范条文】

11.3.3 施工企业应对工程资料的管理进行策划，并按规定加以实施。工程资料的形成应与工程进度同步。施工企业应按规定及时向有关方移交相应资料。

归档的工程资料应符合档案管理的规定。

理解要点

1. 施工企业应建立工程资料的管理制度，并按照《建设工程文件归档整理规范》及各地方行政主管部门规定的要求进行工程文件的归档和移交。

2. 工程资料的形成应与工程进度同步，以确保工程资料的客观性和有效性。工程资料是记录工程质量和工作质量的载体，也是在使用过程中对工程进行维修、扩建、更新和改造的依据，同时还是施工企业提高质量管理水平，进行质量管理改进和创新的依据。工程资料只有与工程进度同步才能确保质量记录的真实性和准确性。

3. 竣工验收通过后，施工企业应按规定将符合要求的竣工资料和有关文件移交给发包方。施工企业档案管理部门也要按规定存档。

实施要点

1. 工程资料是记录工程质量和工作质量的载体，也是在使用过程中对工程进行维修、扩建、更新和改造的依据，同时还是施工企业提高质量管理水平，进行质量管理改进和创新的依据。施工企业应建立工程资料的管理制度，并按照《建设工程文件归档整理规范》规定的要求进行工程文件的归档和移交。

按照用途的不同，工程资料一般可分为向发包方移交的竣工资料、送交施工企业档案管理部门归档的竣工技术资料，以及公司管理制度所规定的各项记录。

2. 工程资料不能在工程完工后再编制、补充、整理，其形成应与工程进度同步。

3. 向发包方移交的资料应该符合合同约定的要求以及我国相关制度的规定。

4. 施工企业内部用的工程资料可以根据施工企业管理的需要进行整理和归档。目前，施工企业内部用工程资料的管理是施工企业加强建筑业的知识管理，提高施工企业综合竞争力的重要手段之一。施工企业在生产经营活动中所涉及的成本、进度、质量和安全管理都需要将以往的工程资料作为依据。因此，施工企业必须重视对工程资料的管理工作。

与质量管理直接相关的工程资料包括施工技术管理资料、工程质量控制资料、工程质量验收资料等。

施工企业可以参照我国相关制度的规定，结合施工企业的实际情况规定工程资料的内容和格式以及收集、整理、存储和传递的方法。对于特殊的项目，施工企业应制定专门的工程资料管理办法。这些特殊项目包括技术含量高，技术资料有极大应用价值的项目；发包方对工程资料有特殊要求的工程项目以及其他相关部门对工程资料有特殊要求的项目等。

工程资料的收集和存储可以采用书面和电子方式进行。随着信息技术的发展，利用电子的形式收集、存储和传递工程资料已经被普遍采用。施工企业应该通过各种手段推进施工企业管理的信息化，更加有效地利用信息技术实现工程资料的管理。

审核要点

1. 查施工企业是否对工程资料的管理进行策划,策划的方式是否适宜,并按规定加以实施。

2. 查工程资料的形成是否与工程进度同步,验证其记录的真实性。

3. 查施工企业是否按规定及时向有关方移交相应资料。

4. 查工程归档的工程资料是否符合档案管理的规定。

【规范条文】

11.4 施工质量问题的处理

11.4.1 施工企业应建立并实施质量问题处理制度,规定对发现质量问题进行有效控制的职责、权限和活动流程。

理解要点

施工质量问题是指工程质量不符合规定的要求,包括质量事故。为使各类质量问题的处理得到有效控制,施工企业应建立并实施质量问题处理制度,规定对发现质量问题进行有效控制的职责、权限和活动流程是施工企业质量管理工作的重要内容。

实施要点

1. 施工企业应按照我国相关制度的规定,建立并实施质量问题处理制度。在质量问题处理制度中应对质量问题控制的职责、权限和工作流程作出相应的规定。在质量问题处理过程中,施工企业应与发包方、设计单位、监理单位等进行有效的沟通,并严格按照我国相关制度的规定实施质量问题的处理。

2. 施工质量问题的处理方式包括返工处理、返修处理、让步处理、降级处理和不作处理等。

3. 当对建筑工程质量不符合要求时,应按下列规定进行处理:

(1) 经返工重做或更换器具、设备的检验批,应重新进行验收;

(2) 经有资质的检测单位检测鉴定能够达到设计要求的检验批,应予以验收;

(3) 经有资质的检测单位检测鉴定达不到设计要求,但经原设计单位核算认可能够满足结构安全和使用功能的检验批,可予以验收;

(4) 经返修或加固处理的分项、分部工程,虽然改变外形尺寸但仍能满足安全使用要求,可按技术处理方案和协商文件进行验收。

4. 通过返修或加固处理仍不能满足安全使用要求的分部工程、单位(子单位)工程,严禁验收。

审核要点

1. 查施工企业是否建立并实施质量问题处理制度,包括不合格评审,处置程序等。

2. 查是否规定对发现质量问题进行有效控制的职责、权限和活动流程。

3. 查相关质量事故处理规定是否符合有关法规要求。

【规范条文】

11.4.2 施工企业应对质量问题的分类、分级报告流程做出规定，按照要求分别报告工程建设有关方。

理解要点

1. 工程质量事故按照损失严重程度的不同可以分为一般质量事故、严重质量事故、重大质量事故、特别重大质量事故；按照事故责任的不同，又可以分为指导责任事故，操作责任事故；按照事故产生原因的不同，还可以分为技术原因引起的质量事故、管理原因引起的质量事故、经济原因引起的质量事故、社会原因引起的质量事故以及自然灾害引起的质量事故等。

2. 工程质量事故的处理程序一般包括：事故调查、事故原因分析、制定处理方案、事故处理、鉴定验收、改进建议等。

3. 施工企业可在质量问题处理制度中对质量问题的分类、分级报告流程作出规定，施工中出现质量问题时，项目部应按规定向施工企业主管部门、监理机构、发包方及政府主管部门报告。

实施要点

1. 施工企业应上报的质量问题包括在工程施工、检查、验收和使用过程中发现的各类施工质量问题。

2. 施工企业应对质量问题进行分类，分类的准则一般包括处置的难易程度、质量问题对下道工序的影响程度、处置对工期或费用的影响程度、处置对工程安全性能或使用性能的影响程度等。然后根据分类的结果确定分级报告和处理流程。对质量事故的分类和处理的要求应符合我国关于工程质量事故处理的规定。

3. 施工企业应按照要求分别报告工程建设有关方，以便及时获得各方的处理意见，有机地协调好工程质量问题的善后工作。

审核要点

1. 查施工企业是否对质量问题的分类、分级报告流程做出规定，规定是否符合有关法规要求。事故处理的问题调查与分析是否已经有效落实。

2. 查是否按照要求分别报告工程建设有关方，如发包单位、监理等，并关注报告结果的处理与反馈情况。

【规范条文】

11.4.3 施工企业应对各类质量问题的处理制定相应措施，经批准后实施，并应对质量问题的处理结果进行检查验收。

理解要点

1. 施工企业应根据我国相关法律法规规定和合同约定，针对质量问题的特点，制定相应处理措施。质量问题的处理措施应在履行内外审批后实施。

2. 当对建筑工程质量不符合要求的情况进行处理后，对质量问题的处理结果进行检查验收。

实施要点

1. 施工企业应根据我国相关管理制度的规定和合同约定的要求，针对质量问题的特点，对各类质量问题的处理制定相应的措施。这些措施包括返工处理、返修处理、让步处理、降级处理和不作处理等。对于施工质量未满足规定要求，但可满足使用要求而出现的让步、接收，应以不影响工程结构安全与使用功能为前提。施工企业应针对不同类别的质量问题在不同的管理层次进行质量问题处理的授权。

2. 质量问题的处理措施应经批准后实施，当对建筑工程质量不符合要求的情况进行处理后，对质量问题的处理结果进行检查验收：

（1）经返工重做或更换器具、设备的检验批，应重新进行验收；

（2）经有资质的检测单位检测鉴定能够达到设计要求的检验批，应予以验收；

（3）经有资质的检测单位检测鉴定达不到设计要求，但经原设计单位核算认可能够满足结构安全和使用功能的检验批，可予以验收；

（4）经返修或者加固处理的分项、分部工程，虽然改变外形尺寸但仍能满足安全使用要求的，可按技术处理方案和协商文件进行验收。

3. 通过返修或加固处理仍不能满足安全使用要求的分部工程、单位（子单位）工程，严禁验收。

审核要点

1. 查施工企业是否对各类质量问题的处理制定相应措施，经批准后实施。

2. 查是否及时对质量问题的处理结果进行检查验收，关注验收的结论及意见如何处理。

【规范条文】

11.4.4 施工企业应保存质量问题的处理和验收记录，建立质量事故责任追究制度。

理解要点

1. 施工企业应保存质量问题的处理和验收记录，作为质量事故责任追究和改进的依据；

2. 施工企业应按照相关法律、法规的规定建立质量事故责任追究制度。

《建设工程质量管理条例》第七十二条要求：违反本条例规定，注册监理工程师等注册执业人员因过错造成质量事故的，责令停止执业1年；造成重大质量事故的，吊销执业资格证书，5年内不予注册；情节特别恶劣的，终身不予注册。第七十四条要求：施工单位违反国家规定，降低工程质量标准，造成重大安全事故，构成犯罪的，对直接责任人员依法追究刑事责任。

实施要点

1. 施工企业应按照有关法律法规的规定建立质量事故责任追究制度，质量事故责任追究制度的制定应与质量责任制的建立相结合。为了避免出现在工作开始前质量责任不明确而在出现质量问题后互相推诿责任情况的出现，施工企业应该在工作开始前就落实质量责任，明确出现质量问题后的惩罚措施，尽量从组织和管理措施上做好质量问题的事前控制。

2. 施工企业应及时保存质量问题的处理和验收记录，可以作为追究质量责任的依据，而责任又可以通过质量记录予以规定和证实。

审核要点

1. 查施工企业是否及时保存质量问题的处理和验收记录。
2. 查企业质量事故责任追究制度是否建立、制度是否有效、适宜。

【规范条文】

11.5 检测设备管理

11.5.1 施工企业应按照要求配备检测设备。检测设备管理应符合下列规定：

1 根据需要采购或租赁检测设备，并对检测设备供应方进行评价；

2 使用前对检测设备进行验收；

3 按照规定的周期校准检测设备，标识其校准状态并保持清晰，确保其在有效检定周期内方可用于施工质量检测，校准记录应予以保存；

4 对国家或地方没有校准标准的检测设备制定相应的校准标准；

5 对设备进行必要的维护和保养，保持其完好状态。设备的使用、管理人员应经过培训；

6 在发现检测设备失准时评价已测结果的有效性，并采取相应的措施；

7 对检测设备所使用的软件在使用前的确认和再确认予以规定。

理解要点

1. 本条明确了检测设备配备及管理要求，涉及管理内容包括：供应方评价、设备验收、标识、校准标准、维护保养、设备失准时处理、设备使用软件的管理等。

2. 检测设备管理应符合下列规定：

（1）根据需要采购或租赁检测设备，并对检测设备供应方进行评价。

（2）使用前对检测设备进行验收。

（3）按照规定的周期校准检测设备，标识其校准状态并保持清晰，确保其在有效检定周期内方可用于施工质量检测，校准记录应予以保存。

（4）对国家或地方没有校准标准的检测设备制定相应的校准标准。

（5）对设备进行必要的维护和保养，保持其完好状态。设备的使用、管理人员应经过培训。

（6）在发现检测设备失准时评价已测结果的有效性，并采取相应的措施。

（7）对检测设备所使用的软件在使用前的确认和再确认予以规定。

实施要点

1. 施工企业应按照检测工作的需要配备检测设备。

2. 检测设备的管理应按照我国关于检测设备和计量管理的有关规定执行。

3. 检测设备的管理包括检测设备的采购、验收、校准、保管和维护等。检测设备的采购应注意对供应方进行评价，检测设备的供应方应具有政府计量行政部门颁发的《制造计量器具许可证》。检测设备的验收包括两方面：一是验证购进测量设备的合格证明及应配带的专用工具、附件；二是对采购的监测设备性能和外观的确认。检测设备应按规定的周期进行校准，使其准确度、稳定性、量程、分辨率等符合施工质量检查的要求。当发现检测设备不符合要求时，施工企业应对以往测量结果的有效性进行检查、评价和记录。

施工企业对检测设备的保管和维护也要作出相应的规定。设备的保管和维护人员应经过相应的培训。监测设备的搬运、保存、设备的停用、限用、封存、遗失、报废等都应符合相关管理规定的要求。

对于使用计算机软件的检测设备，当软件修改、升级或检测设备、对象、条件、要求等发生变化时，应对软件进行再确认。同时必须注意确保软件在使用过程中没有被病毒所侵害。

审核要点

1. 查施工企业是否按照检测工作的需要配备检测设备。

2. 查根据需要采购或租赁检测设备，是否对检测设备供应方进行评价。

3. 查施工各阶段使用前是否对检测设备进行验收。

4. 查是否按照规定的周期校准检测设备，是否标识其校准状态并保持清晰，确保其在有效检定周期内方可用于施工质量检测，校准记录是否予以保存。

5. 查施工过程使用的特殊测量设备，对国家或地方没有校准标准的检测设备是否制定相应的校准标准。

6. 查是否对设备进行必要的维护和保养，保持其完好状态。设备的使用、管理人员是否经过培训。

7. 查在发现检测设备失准时是否评价已测结果的有效性，并采取相应的措施，重点关注已测量数据的有效性。

8. 查对检测设备所使用的软件在使用前的确认和再确认是否予以规定并

实施。

【规范条文】

12 质量管理自查与评价

12.1 一般规定

12.1.1 施工企业应建立质量管理自查与评价制度，对质量管理活动进行监督检查。施工企业应对监督检查的职责、权限、频度和方法作出明确规定。

理解要点

1. 施工企业的质量管理自查与评价制度是施工企业检查自身的质量管理能力，提高质量管理水平的重要手段。

2. 施工企业应在质量管理制度中明确监督检查的职责、权限、频度、方法步骤、记录的形式和要求、发现问题时的处理程序及措施等。

实施要点

1. 施工企业应建立质量管理自查与评价制度，开展监督检查工作。施工企业的质量管理自查与评价制度是施工企业检查自身的质量管理能力，提高质量管理水平的重要手段。

2. 施工企业质量管理自查和评价的依据包括我国相关的法律、法规、标准和规范；施工企业质量管理方针和目标、质量管理制度及支持性文件；工程承包合同；项目质量管理策划文件等。自查和评价的内容包括质量管理制度与本规范的符合性；各项活动质量管理制度的符合性；质量管理活动对实现质量方针和质量目标的有效性等。

3. 施工企业应分层次开展质量管理活动监督检查工作，具体要求如下：

（1）管理层次划分及监督检查要求：施工企业管理层次一般分为2~3层次，如三级管理层次（即公司、分公司、项目）时，监督检查应包括：公司对分公司和项目检查、分公司对项目的检查、项目自查。

（2）监督检查的内容：质量管理体系运行情况；各项质量管理活动与质量管理制度以及支持性文件要求的符合性；质量管理活动对实现质量方针和质量目标的有效性等。

（3）监督检查的方式：汇报、总结、报表、报告会、评审、查看资料、意见调查等。

（4）监督检查的频次：根据管理的成熟程度策划检查频次。

（5）整改、实施、验证的要求。

4. 施工企业质量管理的自查和评价可以视情况与内审等其他检查结合进行。

审核要点

1. 查施工企业是否建立质量管理自查与评价制度，制度是否充分考虑了企业质量管理需求。

2. 查施工企业是否对监督检查的职责、权限、频度和方法作出明确规定；
3. 查施工企业是否对按照制度进行监督检查。

【规范条文】

12.2 质量管理活动的监督检查与评价

12.2.1 施工企业应对各管理层次的质量管理活动实施监督检查，明确监督检查的职责、频度和方法。对检查中发现的问题应及时提出书面整改要求，监督实施并验证整改效果。监督检查的内容包括：

1 法律、法规和标准规范的执行；
2 质量管理制度及其支持性文件的实施；
3 岗位职责的落实和目标的实现；
4 对整改要求的落实。

理解要点

1. 施工企业质量管理活动的监督与评价涉及各个管理层次，在监督检查过程中，首先要明确检查的职责，然后是检查的频度，检查的频度可以根据施工企业的需要来确定，检查的方式可以采取汇报、总结、报表、报告会、评审、对质量活动记录的检查、发包方及用户的意见调查等。

2. 施工企业对监督检查工作应明确以下内容：
(1) 法律、法规和标准规范的执行；
(2) 质量管理制度及其支持性文件的实施；
(3) 岗位职责的落实和目标的实现；
(4) 对整改要求的落实。

3. 对检查中发现的问题应及时提出书面整改要求，监督实施并验证整改效果。

实施要点

1. 施工企业质量管理活动的监督与评价涉及各个管理层次，在监督检查过程中，首先要明确检查的职责，然后是检查的频度，检查的频度可以根据施工企业的需要来确定。通常情况下可以定期进行，如一年一次、半年一次或者一季度一次。当出现重大质量问题或者内外部环境发生重大变化等特殊情况时，应及时安排检查。

2. 检查的方式可以采取汇报、总结、报表、报告会、评审、对质量活动记录的检查、发包方及用户的意见调查、现场检查等。在确定监督检查的职责、频度和方法时，应以识别质量管理活动的符合性和有效性为原则，以总结和发现质量管理活动中的问题为主线，以提高施工企业的质量管理水平为目标，同时与施工企业安全和环境管理等其他方面的检查进行有机的结合，使监督检查既能满足施工企业质量管理的需要，又能做到事半功倍，不流于形式。

3. 监督检查的内容中，首先是对国家法律、法规、标准、规范执行情况的检查。其次是对"质量管理制度和支持性文件的实施"情况的检查；

4. 在监督检查过程中应该注意两个问题，一是实施活动的检查，即检查质量管理活动是否符合质量管理制度和支持性文件的要求。如果未按照要求实施，主要的原因是什么。二是实施效果的检查，某些情况下即使按照质量管理制度和支持性文件的要求实施了质量管理，但是可能会由于实施人员的能力限制并未达到预定的效果。另外，在监督检查过程中应区别两种原因引起的不符合性，一种是建立了健全的质量管理制度和支持性文件，但是实施者未按照要求实施；另一种是质量管理制度和支持性文件本身存在缺陷而引起难以实施的问题。这两种情况的处理措施是完全不同的。同理，对"岗位职责的落实、目标的实现、整改要求的落实"等方面的检查也存在着同样的情况。

审核要点

1. 查施工企业是否对各管理层次的质量管理活动实施监督检查。
2. 查是否明确监督检查的职责、频度和方法。
3. 查对检查中发现的问题是否及时提出书面整改要求，监督实施并验证整改效果。监督检查的内容是否按照标准的 43 页要求实施，包括：实施的过程和结果，改进的需求及职责完善的内容等。

【规范条文】

12.2.2 施工企业应对项目经理部的质量管理活动进行监督检查。内容包括：

1　项目质量管理策划结果的实施；
2　对本施工企业、发包方或监理方提出的意见和整改要求的落实；
3　合同的履行情况；
4　质量目标的实现。

理解要点

1. 施工企业应对项目经理部质量管理活动的监督检查。检查内容为本条列明的四项要求。检查方法可结合施工企业对施工和服务质量的检查进行，正确全面地评价项目经理部质量管理水平。

2. 施工企业对项目经理部的监督检查和项目自查是两个不同层次检查，应以项目自查为重点，项目自查是项目管理的一项经常性日常工作。

实施要点

1. 项目经理部质量管理活动直接影响工程项目产品的质量，因此项目经理部是施工企业对质量管理活动进行监督检查的重点部门。

2. 施工企业对项目经理部的监督检查可以结合施工企业对施工和服务质量的检查进行。检查的职责设置、频度和方式应以能正确全面地评价项目经理部质量管理水平为原则。检查的内容应以符合对施工企业各管理层次质量管理活动监督检查的内容为基本出发点，对项目质量管理策划结果的实施、各方意见和整改要求的落实、合同的履行及质量目标的实现情况进行检查。

3. 由于项目经理部的质量管理活动的最终目的是增强业主的满意度，因此检查的重点也应放在满足业主的质量要求并提高其满意度以及质量目标的实现情况上。由于业主的要求可能会随着项目实施中遇到的各种问题不断变化，同时项目质量管理策划的结果也将根据业主要求变化的情况进行相应调整，因此监督检查的方式和要求也要根据项目的变化进行相应调整。

4. 在确定项目经理部质量管理活动的监督检查的频度和方式时，应该与工程产品质量形成的重要环节紧密结合。例如在基础、主体结构等产品形成的重要环节施工之前应安排对项目经理部的质量管理进行监督检查，从而确保工程产品的质量。

审核要点

1. 查施工企业是否对项目经理部的质量管理活动进行监督检查。

2. 查监督检查内容是否完整，充分；监督检查的方式是否适宜，监督检查的方法是否有效等。

3. 查对监督检查发现的问题是否整改并验证。

【规范条文】

12.2.3 施工企业应对质量管理体系实施年度审核和评价。施工企业应对审核中发现的问题及其原因提出书面整改要求，并跟踪其整改结果。质量管理审核人员的资格应符合相应的要求。

理解要点

1. 施工企业应对质量管理体系实施年度审核和评价，评价体系的符合性和有效性，年度审核可集中进行，也可根据所属机构、部门、项目部的分布情况，按照策划的结果分阶段进行。

2. 施工企业应对审核中发现的问题及其原因提出书面整改要求，并跟踪其整改结果。

3. 施工企业质量管理审核人员应经过培训，具备岗位能力的要求。

实施要点

1. 施工企业对质量管理体系实施年度审核和评价的目的是及时发现质量管理体系运行中存在的问题，通过落实整改要求，跟踪整改结果，达到完善质量管理体系的目的。提倡年度审核与监督检查结合实施的工作方法。

2. 年度审核可集中进行，也可根据所属机构、部门、项目部的分布情况，按照策划的结果分阶段进行。年度审核应该覆盖质量管理体系的所有内容。具体步骤包括：

(1) 制订审核计划、确定审核人员。

(2) 向接受审核的区域发放计划，并可根据其工作安排适当调整时间，既要做到审核工作的及时性，又要考虑接受审核部门和人员的工作安排。

(3) 进行审核前的文件准备。文件准备包括审核依据文件的准备和审核用文件的准备，审核文件的准备和管理应符合有关文件管理的规定。

(4) 实施审核。

(5) 根据审核结果进行全面评价，重点是对质量管理的符合性和有效性进行评价。评价的结果应以能够为实施改进提供依据为原则，尽量避免宽泛的评价结果。

(6) 根据审核的结果实施改进。对于改进工作也应制定相应的计划。在改进计划的制定过程中应该对需要改进的问题进行分类，确定优先改进次序，然后分别制定相应的改进措施。改进计划的制定应以经济上合理、技术上可行为前提。

3. 审核人员的专业资格、工作经历应符合相关要求，并经认可的机构培训合格。内审员还需通过学习、运用《规范》的培训、考核。内审员不得审核自己的工作。

审核要点

1. 查施工企业是否对质量管理体系实施年度审核和评价。

2. 查年度审核应该覆盖质量管理体系的所有内容。

(1) 审核策划是否充分、完整。

(2) 审核实施是否及时、适宜。

(3) 审核报告是否客观、充分。

(4) 审核改进是否持续、有效。

3. 查质量管理审核人员的资格应符合相应的要求，审核人员是否经过培训，是否审核自己的工作。

【规范条文】

12.2.4 施工企业应策划质量管理活动监督检查和审核的实施。策划的依据包括：

1　各部门和岗位的职责；

2　质量管理中的薄弱环节；

3　有关的意见和建议；

4　以往检查的结果。

理解要点

1. 施工企业应策划质量管理活动监督检查和审核的实施，可行成具体的实施计划。

2. 策划的依据包括：

（1）各部门和岗位的职责；
（2）质量管理中的薄弱环节；
（3）有关的意见和建议；
（4）以往检查的结果。

3. 考虑有效性和适宜性需要，应提倡施工企业把审核工作与监督检查有机地结合起来。

实施要点

1. 施工企业应根据施工企业的需要对质量管理活动监督检查和审核的实施进行策划。其目的是保证监督检查和审核内容的针对性、监督检查和审核工作的规范性、监督检查和审核计划的合理性。

2. 策划的依据中所提到的各部门和岗位的职责既包括质量管理专职部门或岗位的职责，也包括质量管理兼职部门或者岗位的职责以及其他相关部门或岗位的职责；质量管理的薄弱环节既包括与质量管理相关的技术管理的薄弱环节，也包括与质量管理相关的组织管理的薄弱环节；有关的意见和建议既包括来自于施工企业内部的意见和建议，也包括来自于施工企业外部的意见和建议；以往检查的结果既包括本施工企业开展质量管理活动监督检查和审核的结果，也包括外部相关方，如政府主管部门、发包方等，监督检查和审核的结果。

审核要点

1. 查施工企业是否策划质量管理活动监督检查和审核的实施，是否形成实施计划。

2. 查策划的依据是否符合要求，且满足工程项目质量风险的预防需要。

【规范条文】

12.2.5 施工企业应建立和保存监督检查和审核的记录，并将所发现的问题及整改的结果作为质量管理改进的重要信息。

理解要点

1. 施工企业应建立和保存质量管理活动监督检查和审核的实施的有关记录。

2. 将质量管理活动监督检查和审核的实施中所发现的问题及整改的结果作为质量管理改进的重要信息。

实施要点

1. 在监督检查和审核记录的管理制度中，应明确记录的管理职责，规定记录填写、标识、收集、保管、检索、保存期限和处置等要求，对存档的记录管理应符合施工企业档案管理的有关规定。

2. 监督检查和审核所形成的记录以及发现问题和整改结果的记录都可以作为质量管理改进的信息，也可以作为施工企业质量管理知识的组成部分，纳入施工企业的知识管理系统。

审核要点

1. 查施工企业是否建立和保存监督检查和审核的记录。
2. 查是否将所发现的问题及整改的结果作为质量管理改进的重要信息。

【规范条文】

12.2.6 施工企业应收集工程建设有关方的满意信息，并明确这些信息收集的职责、渠道、方式及利用这些信息的方法。

理解要点

与满意信息有关方可以包括：发包方、监理、分包方、用户、政府主管部门、社区等。施工企业对满意信息的收集可采用口头或书面的方式进行，如：

(1) 对发包方或监理方进行走访、问卷调查；
(2) 收集发包方或监理的反馈意见；
(3) 媒体、市场、用户组织或其他相关单位的评价。

实施要点

1. 收集工程建设有关方对施工企业满意度的信息并加以分析，是发现质量问题、提出改进要求、进而提高用户满意度和忠诚度的重要手段。信息收集中应关注施工准备、施工过程、竣工及保修等不同阶段中，发包方或监理、分包方、用户、主管部门、社区等的满意情况。信息的收集可采用口头或书面的方式进行，如对发包方或监理方进行走访、问卷调查；收集发包方或监理方的反馈意见；收集媒体、市场、用户组织或其他相关单位的评价意见等。

2. 在收集工程建设有关方对施工企业的满意度信息时，应贯彻定性与定量相结合的原则。另外，在有关方对施工企业满意度的评价难以给出绝对值的情况下，也可以引导被走访者提供满意程度的相对值。然后，通过有关方对施工企业质量管理的相对满意程度的分析找出差距并明确改进的方向。

审核要点

1. 查施工企业是否规定了收集发包方满意或不满意信息的渠道和方法。收集发包方满意程度的方法和渠道可有多种方法和渠道，如发包方投诉、与发包方直接沟通、问卷和调查等方式。

2. 查施工企业是否规定了对满意程度进行分析检查的定量内容，是否包括工程质量的符合性、满足发包方的需要和期望的程度、工程的及时交付和全过程的服务水平。

3. 查是否按照规定的要求进行了分析和检查。其分析的内容是否满足规定的要求。是否分层次对发包方的满意度进行度量。

4. 查对于分析结果是否采取了相应的纠正或改进措施。

5. 查施工企业是否对工程建设有关方满意度的分析、评估找出差距并明确改进的方向。

【规范条文】

13 质量信息和质量管理改进

13.1 一般规定

13.1.1 施工企业应采用信息管理技术,通过质量信息资源的开发和利用,提高质量管理水平。

理解要点

1. 施工企业应通过信息技术和信息资源开发和利用,提高质量管理水平。

2. 质量信息是指从多种渠道获得的与质量管理有关的文件资料、图纸、报表、记录和情报等。施工企业应明确质量信息的范围、来源及其媒体形式,确定质量信息的管理手段,规定施工企业各层次的部门和岗位在质量信息管理中的职责和权限。

3. 质量信息可以分为组织类信息、管理类信息、经济类信息、技术类信息和法规类信息。质量信息应通过合理的编码进行管理。

实施要点

1. 施工企业应明确质量信息的范围、来源及其媒体形式,确定质量信息的管理手段,规定施工企业各层次的部门和岗位在质量信息管理中的职责和权限。

2. 施工企业应该根据施工企业自身的需要逐步建立质量管理信息系统,并且与施工企业的办公自动化系统、综合管理信息系统、财务管理信息系统相互链接和融合。

3. 施工企业应通过信息技术的应用,构建质量管理的信息化平台,使质量信息的存储和传输数字化、质量信息的处理和变换程序化、质量信息流扁平化,从而确保质量信息的查询及使用方便、快捷和安全。

4. 施工企业应该根据施工企业自身的需要逐步建立质量管理信息系统,并且与施工企业的办公自动化系统(OA)、施工企业资源规划系统(ERP)、发包方关系管理系统(CRM)等进行统筹实施。施工企业的质量管理信息系统也可以作为项目管理信息系统(PMIS)或施工企业管理信息系统(MIS)的子系统进行设计和开发。施工企业还可以将逐步完善的质量管理信息系统进一步开发为用于为质量管理提供决策支持的质量管理决策支持系统,以及基于网络平台的质量信息管理、沟通和决策支持系统。

审核要点

1. 查施工企业是否规定了信息(包括文字或非文字信息)收集、分析的职责、渠道、范围、内容、责任部门和分析方法以及相关内容进行控制。

2. 查施工企业是否采用信息管理技术,包括:各种信息手段等,对质量信息,包括工程质量、工序过程、不合格控制、发包方意见反馈、改进、内审、供方情况等信息进行收集分析。

3. 查施工企业是否分层次对用于质量控制和质量改进的不同的信息分析方法进行了有效性评审，通过质量信息资源的开发和利用，提高质量管理水平。

【规范条文】

13.1.2 施工企业应建立并实施质量信息管理和质量管理改进制度，通过对质量信息的收集和分析，确定改进的目标，制定并实施质量改进措施。

理解要点

1. 施工企业应将持续改进作为施工企业质量管理的基本原则，应建立并实施质量信息管理和质量管理改进制度，从某种意义上讲，施工企业质量信息管理的能力直接决定了质量管理改进的能力；

2. 通过对质量信息的收集和分析，确定改进的目标，制定并实施质量改进措施。

实施要点

1. 施工企业应将持续改进作为施工企业质量管理的基本原则，应建立并实施质量信息管理和质量管理改进制度。施工企业质量信息管理的组织、信息管理的内容、信息管理的方法和手段都应以满足施工企业质量管理持续改进的需要为前提。

2. 为了做好持续改进工作，必须坚持以数据说话。施工企业在实施质量管理改进活动时应注意三点，一是根据市场的需求，结合施工企业的战略规划和发展的方向制定质量管理改进的目标；二是在实施质量改进的过程中应及时跟踪、测量和评价改进的效果；三是制定激励措施，鼓励在质量管理改进中取得成绩的部门和个人，营造良好的质量管理改进与创新的环境。

审核要点

1. 查施工企业是否建立并实施质量信息管理和质量管理改进制度，积极推进质量管理改进。

2. 查施工企业是否有效利用质量信息确定改进的方向并提升质量管理的创新能力。

【规范条文】

13.1.3 施工企业应明确各层次、各岗位的质量信息管理和质量管理改进职责。

理解要点

施工企业应在质量信息管理和质量管理改进制度中明确各层次、各岗位在质量信息和质量管理改进方面的职责。

实施要点

1. 确定施工企业各层次和岗位在质量信息管理和质量管理改进中的职责，是保证质量信息管理工作和质量管理改进工作顺利实施的关键。

2. 施工企业应根据各管理层次、岗位的特点对其在质量信息管理和质量管理改进工作中的职责加以明确规定。在明确各管理层次、岗位质量信息管理和质量管理改进工作的职责分工中应注意遵循权责一致的原则，否则将会影响工作的顺利进行。

3. 由于质量信息管理和质量管理改进工作的侧重点不同，因此在明确质量信息管理和质量管理改进工作中施工企业各层次、各岗位的职责时，应区分质量信息管理和质量管理改进的需要分别加以规定。

审核要点

查施工企业是否明确各层次和岗位在质量信息管理和质量管理改进中的职责，以保证质量信息管理工作和质量管理改进工作顺利实施。

【规范条文】

13.1.4 施工企业的质量管理改进活动应包括：质量方针和目标的管理、信息分析、监督检查、质量管理体系评价、纠正与预防措施等。

理解要点

施工企业质量管理改进活动覆盖面较广，内容包括：质量方针目标管理、信息分析、监督检查、质量管理体系评价、纠正与预防措施等。质量管理改进在必要时可以通过质量管理创新予以实现。

实施要点

1. 在施工企业实施质量管理改进的活动中，首先要以质量方针和目标管理为基础，这也是最高管理者负责贯彻执行的重要工作。其次，通过监督检查、质量管理体系的评价和信息分析，确定需要改进的方向。分析的内容应包括对工程质量和质量管理活动中存在的各类问题及其影响的分析；对发包方和社会满意程度的分析；与其他施工企业的对比以及对质量目标实现情况的分析等。然后，根据分析的结果和质量管理的需要制定纠正和预防措施，实施质量管理改进。

2. 在质量管理改进活动中，应及时采取纠正和预防措施。采取纠正措施的主要目的是消除质量问题产生的原因，防止质量问题的再发生。采取的纠正措施应与所遇到的质量问题的影响程度相对应；采取预防措施的主要目的是消除潜在质量问题的原因，防止质量问题的发生，采取的预防措施应与潜在质量问题的影响程度相对应。纠正和预防措施的制定都应以质量信息的分析为基础，并经评审后加以实施。实施后应进行结果的跟踪和评定。

审核要点

1. 查施工企业实施质量管理改进的活动中，是否包括：质量方针和目标的管理、信息分析、监督检查、质量管理体系评价、纠正与预防措施等。

2. 查在质量管理改进活动中，是否及时采取纠正和预防措施。实施后是否进行结果的跟踪和评价。

【规范条文】
13.2 质量信息的收集、传递、分析与利用
13.2.1 施工企业应明确为正确评价质量管理水平所需收集的信息及其来源、渠道、方法和职责。收集的信息应包括：
1 法律、法规、标准规范和规章制度等；
2 工程建设有关方对施工企业的工程质量和质量管理水平的评价；
3 各管理层次工程质量管理情况及工程质量的检查结果；
4 施工企业质量管理监督检查结果；
5 同行业其他施工企业的经验教训；
6 市场需求；
7 质量回访和服务信息。

理解要点
1. 本条以质量信息的收集及传递为描述重点，质量信息涉及的内容包括规范中列明的 7 条要求。

2. 施工企业质量信息来源有：各种形式的工作检查，包括外部检查、审核等，各项工作报告及工作建议，业绩考核结果，各类专项报表等。

3. 施工企业可根据自身条件和需要，采用网络、会议等形式进行信息传递。

实施要点
1. 质量信息的收集是施工企业质量信息管理工作的重要内容之一，也是质量信息管理其他工作的前提和基础。

施工企业在进行质量信息收集之前应制定详细的质量信息管理规划，明确质量信息的分类和编码以及质量信息的收集、整理、存储、传递和使用的方式。质量信息管理规划作为施工企业信息管理规划的一部分，应该与施工企业的信息管理规划相结合。同时，在具体工程项目实施的过程中还应与业主方的信息管理系统相匹配。

2. 质量信息的收集可以分为两大类，一类是外部的信息，包括相关的法律、法规、标准规范和规章制度、工程建设有关方对施工企业的工程质量和质量管理水平的评价、同行业其他施工企业的经验教训、市场需求以及质量回访和服务信息等；另一类是施工企业的内部信息，包括各管理层次工程质量管理情况及工程质量的检查结果、施工企业质量管理监督检查和审核结果以及由此得出的项目质量管理策划结果的实施情况等。

审核要点
1. 查施工企业是否明确为正确评价质量管理水平所需收集的信息及其来源、渠道、方法和职责。

2. 查收集的信息是否从施工企业的风险、市场环境、内部管理、政策法规等方面跟踪收集，并及时保证信息的深度范围和精度。

【规范条文】

13.2.2 施工企业应总结项目质量管理策划结果的实施情况，并将其作为质量分析和改进的信息予以保存和利用。

理解要点

1. 项目质量管理策划结果的实施情况是重要质量管理信息，内容包括：

(1) 施工和服务质量目标的实现结果。

(2) 关键过程和特殊过程的控制情况。

(3) 项目质量管理策划结果中各项内容的完成情况。

(4) 项目质量管理策划及实施结果的评价结论。

(5) 存在的问题及分析和改进意见。

2. 施工企业可根据项目实施进度，分阶段总结项目质量策划结果。项目竣工结束后，施工企业及项目经理部的应编制项目总结报告，总结项目质量管理策划结果情况，并将其作为质量分析和改进的信息予以保存和利用。

实施要点

工程项目的施工质量是体现施工企业质量管理能力的重要标志，项目质量管理策划及其实施直接影响着工程项目施工的质量。因此，项目质量管理策划结果的实施情况是重要的质量管理信息，这些信息包括施工和服务质量目标的实现情况；关键工序和特殊工序的控制情况；项目质量管理策划结果中各项内容的完成情况；项目质量管理策划及实施结果的评价结论；存在的问题及分析和改进意见。通过对项目质量策划结果实施情况信息的收集和分析，可以为改进工程项目施工质量管理能力提供依据。为了有效地进行保存和再利用，施工企业应该将项目质量管理策划结果的实施情况进行分类和跟踪管理，分类的方式应与项目质量策划内容相一致。

审核要点

1. 查施工企业是否总结项目质量管理策划结果的实施情况。

2. 查施工企业是否将其作为质量分析和改进的信息予以保存和利用。

【规范条文】

13.2.3 施工企业各管理层次应按规定对质量信息进行分析，判断质量管理状况和质量目标实现的程度，识别需要改进的领域和机会，并采取改进措施。施工企业在分析过程中，应使用有效的分析方法。分析结果应包括：

1 工程建设有关方对施工企业的工程质量、质量管理水平的满意程度；

2 施工和服务质量达到要求的程度；

3 工程质量水平、质量管理水平发展趋势以及改进的机会；

4 与供货方、分包方合作的评价。

理解要点

本条主要是针对质量信息分析和利用所做的规定。施工企业各管理层次应结合自身的管理职责有针对性地对质量信息进行分析，判断质量管理状况和质量目标实现的程度，识别需要改进的领域和机会，并采取有针对性的改进措施。

实施要点

1. 施工企业各管理层次应按规定对质量信息进行分析，判断质量管理状况和质量目标实现的程度，识别需要改进的领域和机会，并采取改进措施。施工企业在分析过程中，应使用有效的分析方法。分析结果应包括工程建设有关方对施工企业的工程质量、质量管理水平的满意程度，施工和服务质量达到要求的程度，工程质量水平、质量管理水平发展趋势以及改进的机会，与供货方、分包方合作的评价。其中质量管理改进的领域是指不仅包括了施工管理活动的改进，而且包括了员工理念、意识和价值观等的提升。

2. 质量信息的分析是质量信息收集工作之后的重要工作，质量信息的分析工作必须以质量信息的收集工作为基础。质量信息分析的目的是找出质量管理中存在的问题，为质量改进提供依据。质量信息的分析应将收集到的质量信息经过分类和整理后，采用适用的分析工具和方法进行。常用的质量管理的统计分析方法包括调查表法、排列图法、分层法、因果关系图法、直方图法、控制图法和相关图法。同时，施工企业还可以利用所收集的质量信息通过回归分析、方差分析、试验设计、标杆分析等方法为质量管理改进和创新提供支持。

3. 施工企业进行质量分析的频度、时机应该具有及时性和有效性。分析结果应能够作为质量改进的依据。质量信息分析结果中的"施工和服务质量达到的要求"除了应包括法律法规及合同要求外，还应包括施工企业自身的要求。

审核要点

1. 查施工企业各管理层次是否按规定对质量信息进行分析，判断质量管理状况和质量目标实现的程度，识别需要改进的领域和机会，并采取改进措施。

2. 查施工企业在分析过程中，是否使用有效的分析方法。分析结果是否考虑了工程质量的水平、市场对工程质量的需求趋势、工程建设有关方的满意状况、供货方、分包方合作的评价等。

【规范条文】

13.2.4 施工企业最高管理者应按照规定的周期，分析评价质量管理体系运行的状况，提出改进目标和要求。质量管理体系的评价包括：

1 质量管理体系的适宜性、充分性、有效性；

2 施工和服务质量满足要求的程度；

3 工程质量、质量管理活动状况及发展趋势；

4 潜在问题的预测；

5 工程质量、质量管理水平改进和提高的机会；
6 资源需求及满足要求的程度。

理解要点

1. 质量管理体系的适宜性是指质量管理体系能持续满足内外部环境变化需要的能力；充分性是指质量管理体系的各项活动得到充分确定和实施；有效性是指通过完成质量管理体系的活动而实现质量方针和质量目标的程度。施工企业的最高管理者应确定对质量管理体系进行全面评价的周期、方法和流程。评价可根据需要随时进行。施工企业质量管理信息的收集、整理、存储、传递和应用应能满足对质量管理体系进行评价的要求。施工企业各级管理者应根据需要组织质量管理分析与评价活动。质量管理体系的充分性是指质量管理体系的各项活动得到充分确定和实施，并可以满足预期要求的能力。

"潜在的问题预测"是指在对影响质量管理体系运行的因素进行分析的基础上，找出潜在的问题，并提出改进的建议。

"资源需求及满足要求的程度"所提到的资源需求是指质量管理体系运行所需的人力资源、基础设施、环境和信息等。

2. 质量管理体系的评价与质量信息的管理是相辅相成的。有效的质量信息的管理可以为质量体系的评价奠定良好的基础，同时质量体系评价的结果又可以作为质量信息的重要组成部分。

3. 这里的质量管理体系评价包括了 ISO 9001 标准管理评价的内容，同时包括施工企业与质量管理有关的其他相关内容。

实施要点

1. 最高管理者应按规定的时间进行质量管理体系评价。在质量管理体系内部或外部环境发生变化时，应增加评价的次数。

2. 质量管理体系评价的目的是确保质量管理体系的适宜性、充分性和有效性。重点是关注质量管理的基点。

3. 通过评审，对体系的运行实施情况进行总结，提出改进建议，对体系进行改进，如对方针目标的修订，组织结构职能的变化，修订文件、资源供需等方面。

4. 质量管理体系评价的记录应予以保存。

5. 质量管理体系评价输入的内容应包括：

（1）内、外审核的结论和改进建议；

（2）在投标、施工、交付、回访、保修过程中业主（发包方）监理、行业主管部门的建议、意见、报怨等；

（3）各管理部门、各管理过程实施的业绩，工程质量状况；

（4）纠正预防措施的实施；

(5) 以往质量管理体系评价提出的要求;
(6) 施工企业内部环境的变化,包括市场的变化等;
(7) 内外部的各种改进建议。
6. 评价的输出应包括:
(1) 质量管理体系的有效性,工程质量等方面持续改进的决定和措施;
(2) 对后期满足体系要求的人力资源、基础设施、工作环境的要求;
(3) 对质量管理体系适宜性、充分性和有效性的评价结论;
(4) 针对质量管理体系评价提出的改进要求应予以落实并验证。

审核要点

1. 查施工企业最高管理者是否按照规定的周期,分析评价质量管理体系运行的状况,提出改进目标和要求。

2. 查质量管理体系的评价是否包括质量管理体系满足要求的程度、质量管理潜在问题的预测、工程质量改进的需求、资源提供的充分情况,评价是否围绕质量管理体系的适宜性、充分性和有效性实施。

【规范条文】

13.3 质量管理改进与创新

13.3.1 施工企业应根据对质量管理体系的分析和评价,提出改进目标,制定和实施改进措施,跟踪改进的效果;分析工程质量、质量管理活动中存在或潜在问题的原因,采取适当的措施,并验证措施的有效性。

理解要点

该条提出两项要求:

1. 施工企业应提出质量管理体系改进目标,制定和实施改进措施,跟踪改进效果。

2. 施工企业应分析质量管理活动中存在和潜在问题的原因,采取措施,验证措施有效性。

实施要点

1. 对质量管理体系进行分析和评价是实施质量管理改进的前提。施工企业应及时、客观地对质量管理体系进行分析和评价,分析工程质量、质量管理活动中存在或者潜在的问题,采取改进措施,并跟踪改进的结果。

2. 应该注意的是,对工程质量改进和质量活动改进的侧重点是不同的。工程质量的改进针对的是特定的工程项目,改进的目标是工程产品质量的改进,改进的最终目的是使工程产品的质量能够更好地满足业主明确和隐含的需求。而质量管理活动的改进虽然也以用户的需求为关注焦点,但是针对的不是特定的工程项目,而是质量管理的工作质量的改进。但是两者也有共同点,即都要以国家相关的法律和法规为依据,通过建立合理的组织管理体系、制定有效的管理制度、采取规范化的质量管理工作流程来不断完善质量管理工作。

审核要点

1. 查施工企业是否根据对质量管理体系的分析和评价，提出改进目标，制定和实施改进措施，跟踪改进的效果。

2. 查施工企业是否分析工程质量、质量管理活动中存在或潜在问题的原因，采取适当的措施，并验证措施的有效性。

【规范条文】

13.3.2 施工企业可根据质量管理分析、评价的结果，确定质量管理创新的目标及措施，并跟踪、反馈实施结果。

理解要点

1. 本条明确施工企业有关质量管理创新目标、措施的制定及跟踪、反馈的要求，施工企业可根据质量管理分析、评价的结果，确定质量管理创新的目标及措施，并跟踪、反馈实施结果。

2. 本条款考虑了不同层次施工企业管理能力的差异性，鼓励施工企业根据自己的实际情况实施管理创新。

实施要点

1. 施工企业进行质量管理分析、评价的目的是推动质量管理的创新和实现卓越绩效。施工企业的最高管理者是质量管理创新的战略部署者和推动者。施工企业最高管理者应对质量管理创新做出安排，各管理层次、各职能部门应在有关活动计划中明确采取的创新措施。项目经理部应在项目质量管理策划中明确相应的创新措施。

2. 施工企业应根据施工企业的实际需要制定创新的管理机制，这些创新的管理机制包括创新的激励机制、创新实施结果的反馈机制、创新绩效的考核机制等。施工企业要营造创新的环境，使质量管理工作不断地推陈出新，追求卓越，同时应对创新的效果进行评估，确保在合理的成本下实施创新的活动，并对创新带来的风险加以有效管理。

审核要点

1. 查施工企业是否根据质量管理分析、评价的结果，确定质量管理创新的目标及措施，并跟踪、反馈实施结果。

2. 查施工企业是否存在管理创新的客观需求。管理创新过程是否得到有效管理。

【规范条文】

13.3.3 施工企业应按规定保存质量管理改进与创新的记录。

理解要点

该条明确了质量管理改进与创新记录的要求，要求施工企业应按规定保存质量管理改进与创新的记录。

实施要点

质量改进与创新的记录是质量信息的一部分，应该纳入到施工企业质量信息管理和知识管理中。在质量管理改进与创新记录的管理制度中，应明确各层次记录的管理职责，规定记录填写、标识、收集、保管、检索、保存期限和处置等要求，对存档的记录管理应符合施工企业档案管理的有关规定。

审核要点

1. 查质量改进与创新的记录是否纳入到施工企业质量信息管理和知识管理中。施工企业质量改进和创新记录是否予以保存。

2. 查在质量管理改进与创新记录的管理制度中，是否明确记录的管理职责，规定记录填写、标识、收集、保管、检索、保存期限和处置等要求，是否对存档的记录管理应符合施工企业档案管理的有关规定。

第三章 《工程建设施工企业质量管理规范》GB/T 50430—2007 与《质量管理体系 要求》GB/T 19001—2008 的双向对照

虽然《规范》在 2007 年发布时的依据是 GB/T 19001：2000 标准，但是由于 GB/T 19001：2008 与 GB/T 19001：2000 没有本质的区别，因此《规范》事实上覆盖了 GB/T 19001—2008 的所有要求。《规范》和《质量管理体系 要求》GB/T 19001—2008 标准都是质量管理体系标准，都是旨在鼓励施工企业在建立、实施质量管理体系以及改进其有效性时采用过程方法，通过满足顾客要求，增强顾客满意。《质量管理体系 要求》GB/T 19001—2008 是通用标准，适用于各种类型、不同规模和提供不同产品的组织，它规定了质量管理体系的要求，能用于内部和外部（包括第三方认证）评定施工企业满足顾客要求、适用于产品的法律法规要求和施工企业自身要求的能力；而《规范》是《质量管理体系 要求》GB/T 19001—2008 标准的本土化、行业化，便于施工企业实施。两个标准是互为依托、协调一致的，不仅用于施工企业建立质量管理体系，也可以一起应用于审核认证。

为便于施工企业内审员加深对《规范》条文的理解和实施时的参照，又能在内审时明确抓住施工企业质量管理的特点和工程建设产品实现全过程的重点，在此，对两个标准进行一个双向对照。当然，这里只列出了两个标准中在要求和内容上大体相应的条款间的直接联系，而对许多具体论述中的交叉联系不能一一列出。

3.1 条款双向对照

《工程建设施工企业质量管理规范》GB/T 50430—2007 与
《质量管理体系 要求》GB/T 19001—2008 条款对照表

GB/T 50430—2007 规范条款		GB/T 19001—2008 标准条款	
总则	1	1.1 1.2	总则 应用
术语	2	3	术语和定义
质量管理基本要求	3	4	质量管理体系
一般规定	3.1	4.1	总要求
质量方针和质量目标	3.2	5.3 5.4.1	质量方针 质量目标

续表

GB/T 50430—2007 规范条款		GB/T 19001—2008 标准条款	
质量管理体系的策划和建立	3.3	4.1 4.2.1 4.2.2 5.4.2	总要求 总则 质量手册 质量管理体系策划
质量管理体系的实施和改进	3.4	4.1 5.6 6.1 6.3 8.2 8.4 8.5	总要求 管理评审 资源提供 基础设施 监视和测量 数据分析 改进
文件管理	3.5	4.2 4.2.3 4.2.4	文件要求 文件控制 记录控制
组织机构和职责	4	5	管理职责
一般规定	4.1	5.5	职责、权限与沟通
组织机构	4.2	5.5.1	职责和权限
职责和权限	4.3	4.2.3 5.1 5.5.1 5.5.2 5.5.3	文件控制 管理承诺 职责和权限 管理者代表 内部沟通
人力资源管理	5	6.2	人力资源
一般规定	5.1	6.2.1	总则
人力资源配置	5.2	6.2.1 6.2.2	总则 能力、培训和意识
培训	5.3	6.2.2	能力、培训和意识
施工机具管理(仅限于标题)	6		
一般规定	6.1	5.5.1 6.3	职责和权限 基础设施
施工机具配备	6.2	6.3 7.1 7.4.1 7.4.2 7.4.3 7.5.1 7.5.2	基础设施 产品实现的策划 采购过程 采购信息 采购产品的验证 生产和服务提供的控制 生产和服务提供过程的确认
施工机具使用	6.3	6.3 7.5.1 7.5.2	基础设施 生产和服务提供的控制 生产和服务提供过程的确认

续表

GB/T 50430—2007 规范条款		GB/T 19001—2008 标准条款	
投标及合同管理	7	7.2	与顾客有关的过程
一般规定	7.1	5.2 7.2 8.2.3	以顾客为关注焦点 与顾客有关的过程 过程的监视和测量
投标及签约	7.2	7.2.1 7.2.2	与产品有关的要求的确定 与产品有关的要求的评审
合同管理	7.3	7.2.2 7.2.3 7.5.1 8.2.3 8.2.4 8.4 8.5	与产品有关的要求的评审 顾客沟通 生产和服务提供的控制 过程的监视和测量 产品的监视和测量 数据分析 改进
建筑材料、构配件和设备管理(仅限于标题)	8		
一般规定	8.1	7.4	采购
建筑材料、构配件和设备的采购	8.2	7.1 7.4.1 7.4.2	产品实现的策划 采购过程 采购信息
建筑材料、构配件和设备的验收	8.3	7.4.3 7.5.3 8.2.4 8.3	采购产品的验证 标识和可追溯性 产品的监视和测量 不合格品控制
建筑材料、构配件和设备的现场管理	8.4	6.4 7.5.3 7.5.5 8.2.3	工作环境 标识和可追溯性 产品防护 过程的监视和测量
发包方提供的建筑材料、构配件和设备	8.5	7.5.4 8.2.4	顾客财产 产品的监视和测量
分包管理(仅限于标题)	9		
一般规定	9.1	4.1 5.5.1 7.4	总要求 职责和权限 采购
分包方的选择和分包合同	9.2	7.4.1 7.4.2	采购过程 采购信息
分包项目实施过程的控制	9.3	7.4.1 7.4.3 7.5.1 7.5.2 8.2.3 8.2.4	采购过程 采购产品的验证 生产和服务提供的控制 生产和服务提供过程的确认 过程的监视和测量 产品的监视和测量

续表

GB/T 50430—2007 规范条款		GB/T 19001—2008 标准条款	
工程项目施工质量管理(仅限于标题)	10		
一般规定	10.1	7 8.2.3	产品实现 过程的监视和测量
策划	10.2	4.2.3 7.1 7.2.3	文件控制 产品实现的策划 顾客沟通
施工设计	10.3	7.3	设计和开发
施工准备	10.4	7.5.1 7.5.2	生产和服务提供的控制 生产和服务提供的确认
施工过程质量控制	10.5	4.2.4 6.4 7.2.3 7.5.1 7.5.2 7.5.3 7.5.5 8.2.3	记录控制 工作环境 顾客沟通 生产和服务提供的控制 生产和服务提供过程的确认 标识和可溯性 产品防护 过程的监视和测量
服务	10.6	7.2.3 7.5.1 7.5.5 8.2.1 8.2.3 8.4	顾客沟通 生产和服务提供的控制 产品防护 顾客满意 过程的监视和测量 数据分析
施工质量检查与验收	11	8.1 7.5.1	总则 生产和服务提供的控制
一般规定	11.1	5.5.1 7.6 8.2	职责和权限 监视和测量设备的控制 监视和测量
施工质量检查	11.2	8.2.3 8.2.4	过程的监视和测量 产品的监视和测量
施工质量验收	11.3	8.2.4	产品的监视和测量
施工质量问题的处理	11.4	5.5.1 7.2.3 8.3 8.5.2	职责和权限 顾客沟通 不合格品控制 纠正措施
检测设备管理	11.5	6.2.2 7.4 7.6	能力、培训和意识 采购 监视和测量设备的控制
质量管理自查与评价	12	8.1 7.5.1	总则 生产和服务提供的控制

续表

GB/T 50430—2007 规范条款		GB/T 19001—2008 标准条款	
一般规定	12.1	5.5.1 8.2	职责和权限 监视和测量
质量管理活动的监督检查与评价	12.2	6.2.2 8.2.1 8.2.2 8.2.3 8.4 8.5	能力、培训和意识 顾客满意 内部审核 过程的监视和测量 数据分析 改进
质量信息和质量管理改进	13	8.1 8.5	总则 改进
一般规定	13.1	5.5.1 8.2 8.4 8.5.1	职责和权限 监视和测量 数据分析 持续改进
质量信息的收集、传递、分析与利用	13.2	5.6 7.5.4 8.2.1 8.4 8.5 7.2.3	管理评审 顾客财产 顾客满意 数据分析 改进 顾客沟通
质量管理改进与创新	13.3	8.5 8.5.2 8.5.3	改进 纠正措施 预防措施

《质量管理体系 要求》GB/T 19001—2008 与《工程建设施工企业质量管理规范》（GB/T 50430—2007）条款对照表

GB/T 19001—2008 标准条款		GB/T 50430—2007 规范条款	
引言			
质量管理体系 要求			
范围	1		
总则	1.1	1	总则
应用	1.2	1	总则
规范性引用文件	2		
术语和定义	3	2	术语
质量管理体系	4	3	质量管理基本要求
总要求	4.1	3.1 3.3 3.4 9.1	一般规定 质量管理体系的策划和建立 质量管理体系的实施和改进 一般规定

续表

GB/T 19001—2008 标准条款		GB/T 50430—2007 规范条款	
文件要求	4.2	3.5	文件管理
总则	4.2.1	3.3	质量管理体系的策划和建立
质量手册	4.2.2	3.3	质量管理体系的策划和建立
文件控制	4.2.3	3.5.1 3.5.2 4.3 10.2	文件管理 文件管理 职责和权限 策划
记录控制	4.2.4	3.5.3 10.5	文件管理 施工过程质量控制
管理职责	5	4	组织机构和职责
管理承诺	5.1	4.3	职责和权限
以顾客为关注焦点	5.2	7.1	一般规定
质量方针	5.3	3.2	质量方针和质量目标
策划	5.4		
质量目标	5.4.1	3.2	质量方针和质量目标
质量管理体系策划	5.4.2	3.3	质量管理体系的策划和建立
职责、权限与沟通	5.5	4.1	一般规定
职责和权限	5.5.1	4.2 4.3 6.1 9.1 11.1 11.4 12.1 13.1	组织机构 职责和权限 一般规定 一般规定 一般规定 施工质量问题的处理 一般规定 一般规定
管理者代表	5.5.2	4.3	职责和权限
内部沟通	5.5.3	4.3	职责和权限
管理评审	5.6	3.4 13.2	质量管理体系的实施与改进 质量信息的收集、传递、分析与利用
资源管理	6		
资源提供	6.1	3.4	质量管理体系的实施与改进
人力资源	6.2	5	人力资源管理
总则	6.2.1	5.1 5.2	一般规定 人力资源配置
能力、培训和意识	6.2.2	5.2 5.3 11.5 12.2	人力资源配置 培训 检测设备管理 质量管理活动的监督检查与评价

续表

GB/T 19001—2008 标准条款		GB/T 50430—2007 规范条款	
基础设施	6.3	3.4 6 6.1 6.2 6.3	质量管理体系的实施和改进 施工机具管理 一般规定 施工机具配备 施工机具使用
工作环境	6.4	8.4 10.5	建筑材料、构配件和设备的现场管理 施工过程质量控制
产品实现	7	10.1	一般规定
产品实现的策划	7.1	6.2 8.2 10.2	施工机具配备 建筑材料、构配件和设备的采购 策划
与顾客有关的过程	7.2	7 7.1	投标及合同管理 一般规定
与产品有关的要求的确定	7.2.1	7.2	投标及签约
与产品有关的要求的评审	7.2.2	7.2 7.3	投标及签约 合同管理
顾客沟通	7.2.3	7.3 10.2 10.5 10.6 11.4	合同管理 策划 施工过程质量控制 顾客沟通 施工质量问题的处理
设计和开发	7.3	10.3	施工设计
采购	7.4	6 8 8.1 9.1 11.5	施工机具管理 建筑材料、构配件和设备管理 一般规定 一般规定 检测设备管理
采购过程	7.4.1	6.2 8.2 9.2 9.3	施工机具配备 建筑材料、构配件和设备的采购 分包方的选择和分包合同 分包项目实施过程的控制
采购信息	7.4.2	6.2 8.2 9.2	施工机具配备 建筑材料、构配件和设备的采购 分包方的选择和分包合同
采购产品的验证	7.4.3	6.2 8.3 9.3	施工机具配备 建筑材料、构配件和设备的验收 分包项目实施过程的控制
生产和服务提供(仅限于标题)	7.5		

续表

GB/T 19001—2008 标准条款		GB/T 50430—2007 规范条款	
生产和服务提供的控制	7.5.1	6.2 6.3 7.3 9.3 10.4 10.5 10.6 11 12	施工机具配备 施工机具使用 合同管理 分包项目实施过程的控制 施工准备 施工过程质量控制 服务 施工质量检查与验收 质量管理自查与评价
生产和服务过程的确认	7.5.2	6.2 6.3 9.3 10.4 10.5	施工机具配备 施工机具使用 分包项目实施过程的控制 施工准备 施工过程质量控制
标识和可追溯性	7.5.3	8.3 8.4 10.5	建筑材料、构配件和设备的验收 建筑材料、构配件和设备的现场管理 施工过程质量控制
顾客财产	7.5.4	13.2 8.5	质量信息的收集、传递、分析与利用 发包方提供的建筑材料、构配件和设备
产品防护	7.5.5	8.4 10.5 10.6	建筑材料、构配件和设备的现场管理 施工过程质量控制 服务
监视和测量设备的控制	7.6	11.1 11.5	一般规定 检测设备管理
测量、分析和改进	8		
总则	8.1	11 12 13	施工质量检查与验收 质量管理自查与评价 质量信息和质量管理改进
监视和测量	8.2	3.4 7.3 11.1 12.1 13.1	质量管理体系的实施和改进 合同管理 一般规定 一般规定 一般规定
顾客满意	8.2.1	10.6 12.2 13.2	服务 质量管理活动的监督检查与评价 质量信息的收集、传递、分析与利用
内部审核	8.2.2	12.2	质量管理活动的监督检查与评价

续表

GB/T 19001—2008 标准条款		GB/T 50430—2007 规范条款	
过程的监视和测量	8.2.3	7.1 8.4 9.3 10.1 10.5 10.6 11.2 12.2	一般规定 建筑材料、构配件和设备的现场管理 分包项目实施过程的控制 一般规定 施工过程质量控制 服务 施工质量检查 质量管理活动的监督检查与评价
产品的监视和测量	8.2.4	8.3 8.5 9.3 11.2 11.3	建筑材料、构配件和设备的验收 发包方提供的建筑材料、构配件和设备 分包项目实施过程的控制 施工质量检查 施工质量验收
不合格品控制	8.3	8.3 11.4	建筑材料、构配件和设备的验收 施工质量问题的处理
数据分析	8.4	3.4 7.3 10.6 12.2 13.1 13.2	质量管理体系的实施和改进 合同管理 服务 质量管理活动的监督检查与评价 一般规定 质量信息的收集、传递、分析与利用
改进	8.5	3.4 7.3 12.2 13	质量管理体系的实施和改进 合同管理 改进 质量信息和质量管理改进
持续改进	8.5.1	13.1	一般规定
纠正措施	8.5.2	11.4 13.3	施工质量问题的处理 质量管理改进与创新
预防措施	8.5.3	13.3	质量管理改进与创新

3.2 条文对照

为了进一步明确《规范》与 GB/T 19001 标准的对应关系，便于施工企业建立一体化的质量管理体系，现将《规范》与 GB/T 19001 标准的主要条文进行对照，企业可结合《规范》和 GB/T 19001 标准一并使用。

《工程建设施工企业质量管理规范》GB/T 50430—2007 与
《质量管理体系 要求》GB/T 19001—2008 条文对照表

GB/T 50430—2007 规范条文	GB/T 19001—2008 标准条文
1 总则 1.0.1 为加强工程建设施工企业(以下简称"施工企业")的质量管理工作,规范施工企业质量管理行为,促进施工企业提高质量管理水平,制定本规范。	1.1 总则 本标准为有下列需求的组织规定了质量管理体系要求: a)需要证实其具有稳定地提供满足顾客要求和适用的法律法规要求的产品的能力; b)通过体系的有效应用,包括体系持续改进过程的有效应用,以及保证符合顾客要求和适用的法律法规要求,旨在增强顾客满意。
1.0.2 本规范适用于施工企业的质量管理活动。 1.0.3 本规范是施工企业质量管理的标准,也是对施工企业质量管理监督、检查和评价的依据。 1.0.4 施工企业的质量管理活动,除执行本规范外,还应执行国家现行有关标准规范的规定。	1.2 应用 本标准规定的所有要求是通用的,旨在适用于各种类型、不同规模和提供不同产品的组织。 由于组织及其产品的性质导致本标准的任何要求不适用时,可以考虑对其进行删减。 如果进行删减,应仅限于本标准第 7 章的要求,并且这样的删减不影响组织提供满足顾客要求和适用法律法规要求的产品的能力或责任,否则不能声称符合本标准。
2 术语 3 质量管理基本要求 3.1 一般规定 3.1.1 施工企业应结合自身特点和质量管理需要,建立质量管理体系并形成文件。 3.1.2 施工企业应对质量管理体系中的各项活动进行策划。 3.1.3 施工企业应检查、分析、改进质量管理活动的过程和结果。	3 术语和定义 4 质量管理体系 4.1 总要求 组织应按本标准的要求建立质量管理体系,将其形成文件,加以实施和保持,并持续改进其有效性。
3.2 质量方针和质量目标 3.2.1 施工企业应制定质量方针。质量方针应与施工企业的经营管理方针相适应,体现施工企业的质量管理宗旨和方向。包括: 1 遵守国家法律、法规,满足合同约定的质量要求; 2 在工程施工过程中及交工后,认真服务于发包方和社会,增强其满足程度,树立施工企业在市场中的良好形象; 3 追求质量管理改进,提高质量管理水平。 3.2.2 最高管理者应对质量方针进行定期评审并作必要的修订。	5.3 质量方针 最高管理者应确保质量方针: a)与组织的宗旨相适应; b)包括对满足要求和持续改进质量管理体系有效性的承诺; c)提供制定和评审质量目标的框架; d)在组织内得到沟通和理解; e)在持续适宜性方面得到评审。

续表

GB/T 50430—2007 规范条文	GB/T 19001—2008 标准条文
3.2.3 施工企业应根据质量方针制定质量目标,明确质量管理和工程质量应达到的水平。 3.2.4 施工企业应建立并实施质量目标管理制度。	5.4.1 质量目标 最高管理者应确保在组织的相关职能和层次上建立质量目标,质量目标包括满足产品要求所需的内容[见 7.1a)]。质量目标应是可测量的,并与质量方针保持一致。
3.3 质量管理体系的策划和建立 3.3.1 最高管理者应对质量管理体系进行策划。 3.3.2 施工企业应根据质量管理体系的范围确定质量管理内容。 3.3.3 施工企业应建立文件化的质量管理体系。	4.1 总要求 5.4.2 质量管理体系策划 最高管理者应确保:a)对质量管理体系进行策划,以满足质量目标以及 4.1 的要求。b)在对质量体系的变更进行策划和实施时,保持质量管理体系的完整性。 4.2.2 质量手册 4.2.1 总则
3.4 质量管理体系的实施和改进 3.4.1 施工企业应确定并配备质量管理体系运行所需的人员、技术、资金、设备等资源。 3.4.2 施工企业应建立内部质量管理监督检查和考核机制,确保质量管理制度有效执行。 3.4.3 施工企业应评审和改进质量管理体系的适宜性和有效性。	4.1 总要求 6.1 资源提供 组织应确定并提供以下方面所需的资源: a)实施、保持质量管理体系并持续改进其有效性; b)通过满足顾客要求,增强顾客满意。 5.6 管理评审 6.3 基础设施 8.2 监视和测量 8.4 数据分析 8.5 改进
3.5 文件管理 3.5.1 施工企业应建立并实施文件管理制度,明确文件管理的范围、职责、流程和方法。 3.5.2 施工企业的文件管理应符合下列规定……。 3.5.3 施工企业应建立并实施记录管理制度,明确……	4.2 文件要求 4.2.3 文件控制 质量管理体系所要求的文件应予以控制…… 4.2.4 记录控制 为提供符合要求及质量管理体系有效运行的证据而建立的记录,应得到控制……
4 组织机构和职责 4.1 一般规定 4.1.1 施工企业应明确质量管理体系的组织机构,配备相应质量管理人员,规定相应的职责和权限并形成文件。 4.2 组织机构 4.2.1、4.2.2 施工企业应根据质量管理的需要,明确……	5 管理职责 5.5 职责、权限与沟通 5.5.1 职责和权限

续表

GB/T 50430—2007 规范条文	GB/T 19001—2008 标准条文
4.3　职责和权限 4.3.1　施工企业最高管理者在质量管理方面的职责和权限应包括1~6。 4.3.2　施工企业应规定各级专职质量管理部门和岗位的质量管理职责和权限，形成文件并传递到各管理层次。 4.3.3　施工企业应规定其他相关职能部门…… 4.3.4　施工企业应以文件形式公布组织机构的变化和职责的调整，并对相关的文件进行更改。	5.1　管理承诺 5.5.1　职责和权限 最高管理者应确保组织内的职责、权限得到规定和沟通。 5.5.2　管理者代表 5.5.3　内部沟通 最高管理者应确保在组织内建立适当的沟通过程，并确保对质量管理体系的有效性进行沟通。 4.2.3　文件控制
5　人力资源管理 5.1　一般规定 5.1.1　施工企业应建立并实施人力资源管理制度。施工企业的人力资源管理应满足质量管理需要。 5.1.2　施工企业应根据质量管理长远目标制定人力资源发展规划。	6.2　人力资源 6.2.1　总则
5.2　人力资源配置 5.2.1　施工企业应以文件的形式确定与质量管理岗位相适应的任职条件，包括：1 专业技能；2 所接受的培训及所取得的岗位资格；3 能力；4 工作经历。 5.2.2　施工企业应按照岗位任职条件配置相应的人员。项目经理、施工质量检查人员、特种作业人员等应按照国家法律法规的要求持证上岗。 5.2.3　施工企业应建立员工绩效考核制度，规定考核的内容、标准、方式、频度，并将考核结果作为资源管理评价和改进的依据。	6.2.1　总则 基于适当的教育、培训、技能和经验，从事影响产品要求符合性工作的人员应是能够胜任的。 6.2.2　能力、培训和意识 组织应：a)确定从事影响产品要求符合性工作的人员所需的能力；b)适用时，提供培训或采取其他措施以获得所需的能力；c)评价所采取措施的有效性；d)确保组织的人员认识到所从事活动的相关性和重要性，以及如何为实现质量目标作出贡献；e)保持教育、培训、技能和经验的适当记录。
5.3　培训 5.3.1　识别培训需求，制定培训计划。 5.3.2　施工企业对员工的培训…… 5.3.3　培训效果评价，保存相应的记录。评价结果用于提高培训的有效性。	6.2.2　能力、培训和意识
6　施工机具管理 6.1　一般规定 6.1.1　施工企业应建立施工机具管理制度。对施工机具的配备、验收、安装调试、使用维护等作出规定，明确各管理层次及有关岗位在施工机具管理中的职责。	6.3　基础设施 组织应确定、提供并维护为达到符合产品要求所需的基础设施。适用时，基础设施包括：a)建筑物、工作场所和相关的设施；b)过程设备(硬件和软件)；c)支持性服务。 5.5.1　职责和权限

续表

GB/T 50430—2007 规范条文	GB/T 19001—2008 标准条文
6.2 施工机具配备 6.2.1 施工企业应根据施工需要配备施工机具，配备计划应按规定经审批后实施。 6.2.2 施工企业应明确施工机具供应方的评价方法…… 6.2.3 施工企业应依法与施工机具供应方订立合同…… 6.2.4 施工企业应对施工机具进行验收，并保存验收记录。施工机具需确定安装或拆卸方案时，该方案应经批准后实施，验收合格后方可使用。	6.3 基础设施 7.1 产品实现的策划 7.4.1 采购过程 7.4.2 采购信息 7.4.3 采购产品的验证 7.5.1 生产和服务提供的控制 7.5.2 生产和服务提供的确认
6.3 施工机具使用 6.3.1 施工企业对施工机具的使用、技术和安全管理、维修保养等应符合相关规定的要求。	6.3 基础设施 7.5.1 生产和服务提供的控制 7.5.2 生产和服务提供的确认
7 投标及合同管理 7.1 一般规定 7.1.1 施工企业应建立并实施工程项目投标及工程承包合同管理制度。 7.1.2 施工企业应依法进行工程项目投标及签约活动，并对合同履行情况进行监控。	5.2 以顾客为关注焦点 最高管理者应以增强顾客满意为目的，确保顾客的要求得到确定并予以满足。 7.2 与顾客有关的过程 8.2.3 过程的监视和测量
7.2 投标及签约 7.2.1 施工企业应在投标及签约前，明确工程项目的要求，包括： 1）发包方明示的要求； 2）发包方未明示、但应满足的要求； 3）法律、法规和标准规范的要求； 4）其他要求。 7.2.2 施工企业应通过评审在确认具备满足工程项目要求的能力后，依法进行投标及签约，并保存评审、投标和签约的相关记录。	7.2.1 与产品有关的要求的确定 组织应确定： a）顾客规定的要求，包括对交付及交付后活动的要求； b）顾客虽然没有明示，但规定用途或已知的预期用途所必需的要求； c）适用于产品的法律法规要求； d）组织认为必要的任何附加要求。 7.2.2 与产品有关的要求的评审
7.3 合同管理 7.3.1 施工企业应使相关部门及人员掌握合同的要求，并保存相关记录。 7.3.2 施工企业对施工过程中发生的变更，应以书面形式签认，并作为合同的组成部分…… 7.3.3 施工企业应及时对合同履约情况进行分析和记录，并用于质量改进。 7.3.4 在合同履行的各阶段，应与发包方或其代表进行有效沟通。	7.2.2 与产品有关的要求的评审 组织应评审与产品有关的要求。评审应在组织向顾客作出提供产品承诺之前进行，并应确保 a）～c）…… 7.2.3 顾客沟通 组织应对以下有关方面确定并实施与顾客沟通的有效安排…… 7.5.1 生产和服务提供的控制 8.2.3 过程的监视和测量 8.2.4 产品的监视和测量 8.4 数据分析 8.5 改进

续表

GB/T 50430—2007 规范条文	GB/T 19001—2008 标准条文
8 建筑材料、构配件和设备管理 8.1 一般规定 8.1.1 施工企业应根据施工需要建立并实施建筑材料、构配件和设备管理制度。	7.4 采购
8.2 建筑材料、构配件和设备的采购 8.2.1 施工企业应根据施工需要确定和配备项目所需的建筑材料、构配件和设备，并应按照管理制度的规定审批各类采购计划…… 8.2.2 施工企业应对供应方进行评价，合理选择建筑材料、构配件和设备的供应方…… 8.2.3 施工企业应在必要时对供应方进行再评价。 8.2.4 对供应方的评价、选择和再评价的标准、方法和职责应符合管理制度的规定，并保存相应的记录。 8.2.5 施工企业应根据采购计划订立采购合同。	7.1 产品实现的策划 7.4.1 采购过程 组织应确保采购的产品符合规定的采购要求。对供方及采购产品的控制类型和程度应取决于采购产品对随后的产品实现或最终产品的影响。 组织应根据供方按组织的要求提供产品的能力评价和选择供方。应制定选择、评价和重新评价的准则。评价结果及评价所引起的任何必要措施的记录应予保持。 7.4.2 采购信息
8.3 建筑材料、构配件和设备的验收 8.3.1 施工企业应对建筑材料、构配件和设备进行验收…… 8.3.2 施工企业应按照规定的职责、权限和方式对验收不合格的建筑材料、构配件和设备进行处理，并记录处理结果。 8.3.3 施工企业应确保所采购的建筑材料、构配件和设备符合有关职业健康、安全与环保的要求。	7.4.3 采购产品的验证 组织应确定并实施检验或其他必要的活动，以确保采购的产品满足规定的采购要求。 当组织或其顾客拟在供方的现场实施验证时，组织应在采购信息中对拟采用的验证安排和产品放行的方法作出规定。 7.5.3 标识和可追溯性 8.2.4 产品的监视和测量 8.3 不合格品的控制
8.4 建筑材料、构配件和设备的现场管理 8.4.1 施工企业应在管理制度中明确建筑材料、构配件和设备现场管理要求。 8.4.2 施工企业应对建筑材料、构配件和设备进行贮存、保管和标识，并按照规定进行检查，发现问题及时处理。 8.4.3 施工企业应明确建筑材料、构配件和设备的搬运及防护要求。 8.4.4 施工企业应明确建筑材料、构配件和设备的发放要求，建立发放记录，并具有可追溯性。	6.4 工作环境 7.5.3 标识和可追溯性 7.5.5 产品防护 8.2.3 过程的监视和测量
8.5 发包方提供的建筑材料、构配件和设备 8.5.1 施工企业应按照有关规定和标准对发包方提供的建筑材料、构配件和设备进行验收。 8.5.2 施工企业对发包方提供的建筑材料、构配件和设备在验收、施工安装、使用过程中出现的问题，应做好记录并及时向发包方报告，按照规定处理。	7.5.4 顾客财产 组织应爱护在组织控制下或组织使用的顾客财产。组织应识别、验证、保护和维护供其使用或构成产品一部分的顾客财产。如果顾客财产发生丢失、损坏或发现不适用的情况，组织应向顾客报告，并保持记录。 8.2.4 产品的监视和测量

续表

GB/T 50430—2007 规范条文	GB/T 19001—2008 标准条文
9 分包管理 9.1 一般规定 9.1.1 施工企业应建立并实施分包管理制度，明确各管理层次和部门在分包管理活动中的职责和权限，对分包方实施管理。 9.1.2 施工企业应对分包工程承担相关责任。	4.1 总要求 组织如果选择将影响产品符合要求的任何过程外包，应确保对这些过程的控制。外包过程控制的类型和程度应在质量管理体系中加以规定。 7.4 采购 5.5.1 职责和权限
9.2 分包方的选择和分包合同 9.2.1 施工企业应按照管理制度中规定的标准和评价办法，根据所需分包内容的要求，经评价依法选择合适的分包方，并保存评价和选择分包方的记录。对分包方的评价内容应包括：1 经营许可和资质证明；2 专业能力；3 人员结构和素质；4 机具装备；5 技术、质量、安全、施工管理的保证能力；6 工程业绩和信誉。 9.2.2 施工企业应按照总承包合同的约定，依法订立分包合同。	7.4.1 采购过程 组织应根据供方按组织的要求提供产品的能力评价和选择供方。应制定选择、评价和重新评价的准则。评价结果及评价所引起的任何必要措施的记录应予保持。 7.4.2 采购信息
9.3 分包项目实施过程的控制 9.3.1 施工企业应在分包项目实施前对从事分包的有关人员进行分包工程施工或服务要求的交底，审核批准分包方编制的施工或服务方案，并据此对分包方的施工或服务条件进行确认和验证，包括：1 确认分包方从业人员的资格与能力；2 验证分包方的主要材料、设备和设施。 9.3.2 施工企业对项目分包管理活动的监督和指导应符合分包管理制度的规定和分包合同的内容的约定。施工企业应对分包方的施工和服务过程进行控制，包括：1 对分包方的施工和服务活动进行监督检查，发现问题及时提出整改要求并跟踪复查；2 依据规定的步骤和标准对分包项目进行验收。 9.3.3 施工企业应对分包方的履约情况进行评价并保存记录……	7.4.1 采购过程 7.4.3 采购信息 7.5.1 生产和服务提供过程的控制 7.5.2 生产和服务提供过程的确认 8.2.3 过程的监视和测量 8.2.4 产品的监视和测量
10 工程项目施工质量管理 10.1 一般规定 10.1.1 施工企业应建立并实施工程项目施工质量管理制度，对工程项目施工质量管理策划、施工设计、施工准备、施工质量和服务予以控制。 10.1.2 施工企业应对项目经理部的施工质量管理进行监督、指导、检查和考核。	7 产品实现 8.2.3 过程的监视和测量 组织应采用适宜的方法对质量管理体系过程进行监视，并在适用时进行测量。这些方法应证实过程实现所策划的结果的能力。当未能达到所策划的结果时，应采取适当的纠正和纠正措施。

续表

GB/T 50430—2007 规范条文	GB/T 19001—2008 标准条文
10.2 策划 10.2.1 施工企业项目经理部应负责工程项目施工质量管理。项目经理部的机构设置和人员配备应满足质量管理的需要。 10.2.2 项目经理部应按规定接收设计文件,参加图纸会审和设计交底并对结果进行确认。 10.2.3 实施工程项目质量管理策划,包括…… 10.2.4 施工企业应将工程项目质量管理策划的结果形成文件并在实施前批准。策划的结果应按规定得到发包方或监理方的认可。 10.2.5 施工企业应工程项目质量管理策划的结果实行动态管理,及时调整相关文件并监督实施。	7.1 产品实现的策划 组织应策划和开发产品实现所需的过程。产品实现的策划应与质量管理体系其他过程的要求相一致。 在对产品实现进行策划时,组织应确定以下方面的适当内容…… 策划的输出形式应适合于组织的运作方式。 7.2.3 顾客沟通 7.5.1 生产和服务提供的控制 4.2.3 文件控制
10.3 施工设计 10.3.1 施工企业进行施工设计时,应明确职责,策划并实施施工设计的管理。施工企业应对其委托的施工设计活动进行控制。 10.3.2 施工设计所需的评审、验证和确认活动…… 10.3.3 设计变更及其批准方式和要求……	7.3 设计与开发 7.3.1 设计和开发策划 7.3.2～7.3.6 设计和开发输入、输出、评审、验证、确认。 7.3.7 设计和开发更改的控制
10.4 施工准备 10.4.1 施工企业应依据工程项目质量管理的结果实施施工准备。 10.4.2 施工企业应按规定向监理方或发包方进行报审、报验。施工企业应确认项目施工已具备开工条件,按规定提出开工申请,经批准后方可开工。 10.4.3 施工企业应按规定将质量管理策划的结果向项目经理部进行交底……	7.5.1 生产和服务提供的控制 组织应策划并在受控条件下进行生产和服务提供。适用时,受控条件应包括…… 7.5.2 生产和服务提供过程的确认
10.5 施工过程质量控制 10.5.1 项目经理部应对施工过程质量进行控制。包括…… 10.5.2 施工企业应根据需要,事先对施工过程进行确认,包括…… 10.5.3 对施工过程及进度进行标识,施工过程应具有可追溯性。 10.5.4 保持与工程建设有关方的沟通…… 10.5.5 应建立施工过程中的质量管理记录。施工记录应符合相关规定的要求……	6.4 工作环境 7.2.3 顾客沟通 7.5.1 生产和服务提供的控制 7.5.2 生产和服务提供过程的确认 7.5.3 标识和可溯性 7.5.5 产品防护 8.2.3 过程的监视和测量 4.2.4 记录控制

续表

GB/T 50430—2007 规范条文	GB/T 19001—2008 标准条文
10.6 服务 10.6.1 施工企业应按规定进行工程移交和移交期间的防护。 10.6.2 按规定的职责对工程项目的服务进行策划，并组织实施，服务应包括：1 保修；2 非保修范围内的维修；3 合同约定的其他服务。 10.6.3 施工企业应在规定的期限内对服务的需求信息作出响应，对服务质量应按照相关规定进行控制、检查和验收。 10.6.4 应及时收集服务的有关信息，用于质量分析和改进。	7.5.1 生产和服务提供的控制…… f) 实施产品放行、交付和交付后活动。 7.5.5 产品防护 8.2.1 顾客满意 作为对质量管理体系绩效的一种测量，组织应监视顾客关于组织是否满足其要求的感受的相关信息，并确定获取和利用这种信息的方法。 7.2.3 顾客沟通 8.2.3 过程的监视和测量 8.4 数据分析
11 施工质量检查与验收。 11.1 一般规定 11.1.1 施工企业应建立并实施施工质量检查制度。施工企业应规定各管理层次对施工质量检查与验收活动进行监督管理的职责和权限。检查和验收活动应由具备相应资格的人员实施。施工企业应按规定做好对分包工程的质量检查和验收工作。 11.1.2 施工企业应配备和管理施工质量检查所需的各类检测设备。	5.5.1 职责和权限 8.1 总则 组织应策划并实施以下方面所需的监视、测量、分析和改进过程： a) 证实产品要求的符合性； b) 确保质量管理体系的符合性； c) 持续改进质量管理体系的有效性。 8.2 监视和测量
11.2 施工质量检查 11.2.1 施工企业应对施工质量检查进行策划…… 11.2.2 施工企业对质量检查记录的管理应符合相关制度的规定。 11.2.3 项目经理部应根据策划的安排和施工质量验收标准实施检查。 11.2.4 施工企业应对项目经理部的质量检查活动进行监控。	8.2.3 过程的监视和测量 组织应采用适宜的方法对质量管理体系过程进行监视，并在适用时进行测量。这些方法应证实过程实现所策划的结果的能力。当未能达到所策划的结果时，应采取适当的纠正和纠正措施。 8.2.4 产品的监视和测量 组织应对产品的特性进行监测和测量，以验证产品要求已得到满足。 7.5.1 生产和服务提供的控制
11.3 施工质量验收 11.3.1 施工企业应按规定策划并实施施工质量验收。施工企业应建立试验、检测管理制度。 11.3.2 施工企业应在竣工验收前，进行内部验收，并按规定参加工程竣工验收。 11.3.3 施工企业应对工程资料的管理进行策划，并按规定加以实施。工程资料的形成应与工程进度同步。施工企业就按规定及时向有关方移交相应资料。归档的工程资料应符合档案管理的规定。	8.2.4 产品的监视和测量 组织应对产品的特性进行监视和测量，以验证产品要求已得到满足。这种监视和测量应依据所策划的安排(见 7.1)在产品实现过程的适当阶段进行。应保持符合接收准则的证据。 4.2.3 记录管理

续表

GB/T 50430—2007 规范条文	GB/T 19001—2008 标准条文
11.4 施工质量问题的处理 11.4.1 应建立并实施质量问题处理制度…… 11.4.2 应对质量问题的分类、分级报告流程作出规定,按照要求分别报告工程建设有关方。 11.4.3 应对各类质量问题的处理制定相应措施,经批准后实施,并应对质量问题的处理结果进行检查验收。 11.4.4 保存质量问题的处理和验收记录,建立事故责任追究制度。	5.5.1 职责和权限 7.2.3 顾客沟通 8.3 不合格品控制 组织应确保不符合产品要求的产品得到识别和控制,以防止其非预期的使用或交付…… 8.5.2 纠正措施
11.5 检测设备管理 11.5.1 应按照要求配备检测设备,检测设备管理应符合下列规定: 1 根据需要采购或租赁检测设备,并对检测设备供应方进行评价; 2 使用前对检测设备进行验收; 3~7 检测设备的校准、标识、维护保养、失准时评价、软件确认	6.2.2 能力、培训和意识 7.4 采购 7.6 监视和测量设备的控制 组织应确定需实施的监视和测量以及所需的监视和测量设备,为产品符合确定的要求提供证据。 组织应建立过程,以确保监视和测量活动可行并以与监视和测量的要求相一致的方式实施……
12 质量管理自查与评价 12.1 一般规定 12.1.1 施工企业应建立质量管理自查与评价制度,对质量管理活动进行监督检查。应对监督检查的职责、权限、频度和方法作出明确规定。	8.1 总则 组织应策划并实施以下方面所需的监视、测量、分析和改进过程: a) 证实产品要求的符合性; b) 确保质量管理体系的符合性; c) 持续改进质量管理体系的有效性。 8.2 监视和测量 5.5.1 职责和权限
12.2 质量管理活动的监督检查与评价 12.2.1 应对各管理层次的质量管理活动实施监督检查…… 12.2.2 应对项目经理部的质量管理活动进行监督检查…… 12.2.3 施工企业应对质量管理体系实施年度审核和评价。施工企业应对审核中发现的问题及其原因提出书面整改要求,并跟踪其整改结果。质量管理审核人员的资格应符合相应的要求。 12.2.4 应策划质量管理活动监督检查和审核的实施…… 12.2.5 施工企业应建立和保存监督检查和审核的记录,并将所发现的问题及整改的结果作为质量管理改进的重要信息。 12.2.6 施工企业应收集工程建设有关方的满意情况的信息,并明确这些信息收集的职责、渠道、方式及利用这些信息的方法。	8.2.1 顾客满意 作为对质量管理体系绩效的一种测量,组织应监视顾客关于组织是否满足其要求的感受的相关信息,并确定获取和利用这种信息的方法。 8.2.2 内部审核 组织应按策划的时间间隔进行内部审核…… 8.2.3 过程的监视和测量 6.2.2 能力、培训和意识 8.4 数据分析 8.5 改进 7.5.1 生产和服务提供的控制

续表

GB/T 50430—2007 规范条文	GB/T 19001—2008 标准条文
13　质量信息和质量管理改进 13.1　一般规定 　13.1.1　施工企业应采用信息管理技术，通过质量信息资源的开发和利用，提高质量管理水平。 　13.1.2　施工企业应建立并实施质量信息管理和质量管理改进制度，通过对质量信息的收集和分析，确定改进的目标，制定并实施质量改进措施。 　13.1.3　明确各层次、各岗位的质量信息和质量管理改进职责。 　13.1.4　质量管理改进活动应包括：质量方针和目标的管理、信息分析、监督检查、质量管理体系评价、纠正与预防措施等。	8.1　总则 8.2　监视和测量 8.4　数据分析 　组织应确定、收集和分析适当的数据，以证实质量管理体系的适宜性和有效性，并评价在何处可以持续改进质量管理体系的有效性。这应包括来自监视和测量的结果以及其他有关来源的数据…… 5.5.1　职责和权限 8.5.1　持续改进 　组织应利用质量方针、质量目标、审核结果、数据分析、纠正措施和预防措施以及管理评审，持续改进质量管理体系的有效性。
13.2　质量信息的收集、传递、分析与利用。 　13.2.1　施工企业应明确需收集的信息及其来源、渠道、方法和职责…… 　13.2.2　施工企业应总结项目质量管理策划结果的实施情况。并将其作为质量分析和改进的信息予以保存和利用。 　13.2.3　各管理层次应对信息进行分析…… 　13.2.4　最高管理者应按照规定的周期，分析质量管理体系运行的状况，提出改进目标和要求……	8.4　数据分析 　组织应确定、收集和分析适当的数据，以证实质量管理体系的适宜性和有效性…… 7.5.4　顾客财产 …… 注：顾客财产可包括知识产权和个人信息 8.2.1　顾客满意 5.6　管理评审 　最高管理者应按策划的时间间隔评审质量管理体系，以确保其持续的适宜性、充分性和有效性。评审应包括评价改进的机会…… 8.5　改进
13.3　质量管理改进与创新 　13.3.1　施工企业应根据对质量管理体系的分析和评价，提出改进目标，制定和实施改进措施，跟踪改进的效果；分析工程质量、质量管理活动中存在或潜在问题的原因，采取适当的措施，并验证措施的有效性。 　13.3.2　施工企业可根据质量管理分析、评价的结果，确定质量管理创新的目标及措施，并跟踪、反馈实施结果。 　13.3.3　施工企业应按规定保存质量管理改进与创新的记录。	8.5　改进 8.5.2　纠正措施 　组织应采取措施，以消除不合格的原因，防止不合格的再发生…… 8.5.3　预防措施 　组织应确定措施，以消除潜在不合格的原因，防止不合格的发生……

第四章 施工企业质量管理体系内部审核

施工企业建立质量管理体系是为了竞争发展，是以顾客满意为出发点的。从产品或体系符合标准要求到顾客满意是一个由符合性质量向满意性质量转变的活动。质量管理体系的每一个过程都是实现企业管理和经营目标的基础和保证，需要实实在在地管理和运行，施工企业要形成良好的自我改进和完善机制、有效地实施质量管理体系，那么搞好企业质量管理体系内部审核工作就显得尤为重要。内部审核是客观地获取审核证据并予以评价，以判定施工企业对其设定的质量管理体系审核准则满足程度的系统的、独立的、形成文件的过程，它是确保企业管理体系运行有效和持续有效的重要手段。通过对管理体系内审的监测作用，可以全面、系统地评价管理体系运行的适宜性、充分性和有效性，在此过程中，审核需要提供减少、消除、特别是预防不合格项的审核证据。企业管理层使用这些审核结果来采取措施，实施改进。施工企业应该领导重视、精心策划、精心组织，按照标准、手册、程序、法律法规、顾客要求等实施企业质量管理体系内部审核。

质量管理体系内部审核包括完成质量管理体系审核的所有必要的活动。一般说来，质量管理体系内部审核过程可分为以下四个阶段：

——审核准备与策划阶段；

——实施审核阶段；

——审核报告阶段；

——纠正措施及其跟踪验证阶段。

4.1 审核准备与策划阶段及其主要活动

4.1.1 审核准备

1. 确定内审流程（图 4-1）
2. 确定审核依据

（1）《工程建设施工企业质量管理规范》，组织制定的质量管理制度（含质量手册、程序等）对内审的有关规定。

（2）质量管理体系运行的状况、条件变化，近期的审核结果以及管理方针、技术或工艺的重大变更等。

3. 确定审核应考虑的因素：

（1）组织的运作特点及产品业务范围的变化，如特殊产品、新材料、新工艺的变化等情况。

（2）体系覆盖的活动，包括体系要求的应用情况。

（3）施工企业的各个职能部门、隶属关系、内部机构，特别是分公司、项目部。

（4）各部门所在的场所、地点，应充分考虑较远的项目部。

（5）工程的质量、安全、环境情况以及用户、相关方等的申诉投诉。

（6）质量方针和目标、资源、场所等的改变/变动。

（7）即将进行的第二、三方审核或法律、法规规定的审核。

（8）审核依据标准的变化或其他外部环境的显著变化。

4.1.2 审核方案策划

审核策划通过审核方案予以体现。审核方案可包括一个或多个审核，取决于受审核施工企业的规模、性质和复杂性。这些审核可以具有若干个目的，也可包括联合审核或一体化审核，如与环境或其他体系联合的审核要求。

审核方案也包括为策划和实施审核的类型和数目，以及在规定时间内有效地实施这些审核提供资源所必须的所有活动。施工企业可制定多个审核方案，包括年度审核方案或某一时间段的审核安排。施工企业最高管理者应当批准管理审核方案的权限，审核方案由体系推进部门负责运作。被授予负责管理审核方案的人应当负责下述两个方面的工作：制定、实施、监视、评审和改进审核方案；识别必须的资源并确保它们的提供。

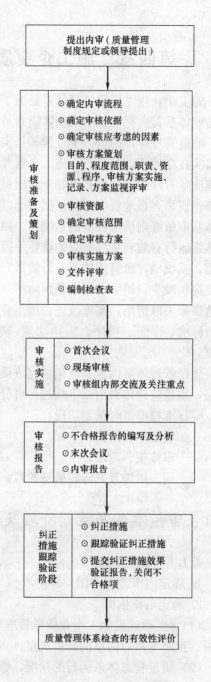

图 4-1　内审流程图

1. 审核方案的目的

审核方案应当确定目的,以指导施工企业审核、策划和实施。这些目的可基于下述考虑:

(1) 管理重点,包括施工企业的特殊过程、关键过程等。

(2) 经营意图,包括市场形象、开拓重点及其与工程质量的关联要求等。

(3) 质量管理体系要求,包括《工程建设施工企业质量管理规范》及《质量管理体系 要求》方面的内容。

(4) 法规和合同要求。

(5) 供方评价需求,包括劳务供方、材料供方等的需求。

(6) 发包方要求。

(7) 其他相关方需求。

(8) 施工企业潜在的风险,包括质量风险、成本风险等。

2. 审核方案的程度和范围

审核方案的程度和范围是可改变的,并将受审核方或区域的规模、性质和复杂性以及下述因素的影响:

(1) 要实施的每一次审核的范围、目的和持续时间;

(2) 审核频次;

(3) 被审核方活动的数量、重要性、复杂性、相似性和场所;

(4) 标准、法规和合同要求,以及其他审核准则;

(5) 注册/认证的需求;

(6) 以往审核的结果或以往审核方案的评审结果;

(7) 工程建设有关方的影响;

(8) 施工企业或其运作活动的重大变化。

3. 审核方案的职责

施工企业应在相关部门中指定一名或多名人员负责对审核方案的管理,其应掌握审核的基本原则、了解内审员的能力及审核技巧的应用。他们应当具有管理技能,还应了解与被审核活动相关的技术和业务。这些被指定负责管理审核方案的人员应当:

(1) 确定审核方案的目的及程度和范围;

(2) 制定职责和程序,确保资源得到提供;

(3) 确保审核方案的实施;

(4) 确保适宜的审核方案记录得到保持;

(5) 监视、评审和改进审核方案。

4. 审核方案的资源

审核策划或体系推进部门应当从以下几个方面考虑审核资源:

(1) 对开发、实施、管理和改进审核活动所必需的财务资源；
(2) 审核技巧；
(3) 内审员能力和业绩；
(4) 胜任审核方案要求的内审员和技术专家；
(5) 审核方案的程度和范围；
(6) 行程管理和其他审核需求。

5. 审核方案的程序

审核推进或管理部门应编制审核方案相应的程序：
(1) 策划并安排审核日程；
(2) 确保内审员和审核组长的能力；
(3) 选择适宜的审核组并分配作用和职责；
(4) 实施审核；
(5) 适用时，实施跟踪审核；
(6) 保存审核方案记录；
(7) 监视审核方案的业绩和有效性；
(8) 向最高管理者及主管领导报告审核方案的全面实现情况。

6. 审核方案的实施

审核方案应通过体系推进部门进行运作，审核方案的实施应当包括：
(1) 与相关的各方沟通审核方案；包括与涉及到的各部门、工地甚至各有关供方、合同方进行沟通。
(2) 协调并安排审核日程和其他审核方案活动；
(3) 规定对内审员的评价和持续的专业发展的评价内容；
(4) 确保选择审核组；
(5) 为审核组提供必要的资源；
(6) 确保按审核方案实施审核；
(7) 确保审核活动的记录和控制；
(8) 确保审核报告的评审和批准，以及确保其发放给施工企业相关部门和其他规定的各方；
(9) 需要时，确保跟踪审核。

7. 审核方案的记录

审核方案的策划部门应当保持记录，以证实审核方案的实施，记录应当包括：
(1) 与单个审核有关的记录，如审核计划、审核报告、不符合项报告、纠正和预防措施报告，需要时，跟踪审核报告；
(2) 审核方案评审的结果；

(3) 审核人员的记录，如内审员能力和业绩的评价、审核组的选择、能力的保持和改进，应当在适宜的安全措施条件下保存并控制记录。

8. 审核方案的监视和评审

施工企业的质量管理体系推进部门应当监视审核方案的实施，并且在适宜的时间间隔内进行评审，以评估审核方案的目的是否已达到，并识别改进的机会。其结果应当向企业最高管理者报告。具体推进过程应当使用业绩指标监视特性，如：

① 审核组实施审核计划的能力；
② 与审核方案和日程安排的符合性；
③ 来自审核委托方、受审核方和内审员的反馈。

(2) 审核方案的评审应当考虑的因素，如：

① 来自内审监视的结果和趋势；
② 与内审程序的符合性；
③ 相关方不断变化的需求和期望；
④ 审核方案记录；
⑤ 替代的或新的审核方法；
⑥ 在相似情况下审核组之间行为的一致性。

质量管理部门对审核方案评审的结果所导致的纠正和预防措施，以及审核方案的改进应进行识别，并及时组织运作。

9. 审核方案的具体策划见4.1.4节和4.1.5节。

4.1.3 审核资源

从审核范围、审核内容、时间和专业知识等方面确定审核所需资源，主要涉及人员、办公场所、文件、交通工具等。审核必须提供足够的时间（人/日），使审核组能收集审核范围内的符合性证据，可根据行业经验、审核经历、专业知识等来选择和配备审核组。

1. 确定审核资源的主要因素：

(1) 专业技能方面的要求

① 执行的管理体系标准，如《工程建设施工企业质量管理规范》（GB/T 50430—2007）。
② 质量管理体系覆盖的专业范围。
③ 工程建设项目的具体专业特点和风险。
④ 相应专业的职称工作年限。

(2) 需要的人·日。

(3) 涉及的部门和场所，特别是施工项目的数量。

(4) 内审员的来源，以施工企业自有的内审员为主，必要时可从外部聘请审核员或技术专家。

2. 审核时间（人·日）的确定：

应考虑以下五个因素：

（1）施工企业规模。

（2）工程项目的特点，必须考虑工程项目的复杂程度和项目的专业种类。

（3）生产方式，如机械化使用的程度。

（4）公司/分公司、部门以及工程项目的数量、地点。

（5）体系要求的应用情况。

3. 审核组

内审员是"有能力实施审核的人员"，资格是"内审员所共有的个人素质、最低学历、培训、工作和审核经历及能力的组合"。被委派主持某一审核任务的内审员称为"审核组长"。内审员有内部内审员和外部内审员之分，从事第一方审核的人员为内部内审员，从事第二方审核的人员为外部内审员。审核有时需要配备技术专家。技术专家是"审核提供关于被审核对象的特定知识和技术的人员。"

（1）审核组人员的要求

审核组人员的能力要求：应从内审员具有的个人素质、最低学历、培训、工作和审核经历及能力方面综合考虑。

① 个人素质：一位合格的内审员应具备的素质是"思路开阔、成熟，具有很强的判断和分析能力，坚韧，能够客观地观察情况，全面地理解复杂的形势及各部门在整个组织中的作用。

② 最低学历：由于组织属于特殊并且是风险较大的行业，一般要求为本专业中专以上学历。

③ 资格要求：应对所审核的专业熟悉，经内审员培训合格。

④ 工作和审核经历：本专业工作经历不少于3年，审核组长应有三次审核经历。

⑤ 审核能力：一位合格的内审员至少应具备两方面的能力，即具体的工作能力及某些基本能力。

a. 具体工作能力：

——从事审核准备工作的能力。内审员应能编制审核计划、审查文件、编写检查表等等。

——从事现场审核的能力。内审员应能主持召开首、末次会议，在现场调查研究寻找客观证据，发现不合格项时能正确编写不合格报告，汇总分析审核中所得到的观察结果并作出恰当的结论以及对受审核体系的总体评价。

——编写审核报告的能力。内审员应能按规定格式编写内容完整、文字简练的审核报告。

——从事跟踪与监督的能力。内审员应能对受审方的纠正措施计划的实施及其有效性进行跟踪和验证。

b. 基本能力：内审员为了从事审核工作，还要具备某些基本能力。这些基本能力中主要的大致有下列几项：

——交流的能力。要善于表达自己的意思，也要善于理解对方所表达的意思。所以内审员在"口头"和"笔头"两方面都应有表达的能力，还要有较强的理解对方所表达的内容的能力。

——合作的能力。内审员是在群体中工作的，他的工作成效很大程度上取决于与他人合作的能力。在审核组内他要接受组长领导，配合和支持组长和其他组员的工作，在工作中要彼此协调，发扬集体优势；对外他善于取得受审方的支持配合，使审核顺利进行。因此善于处理人际关系是内审员应具备的一种能力。

——明断和决策。

——独立工作的能力。内审员往往需要独当一面，在某一范围独立完成某项审核任务。如审核组长带领一组内审员完成对一个单位的审核。在内部审核中，对一个部门的审核往往只派一个内审员来完成。这时从计划安排到跟踪验证，都靠自己来设法完成。所以对内审员来说，摆脱依赖心理，独立开展工作的能力是应当具备的。

——应变的能力。审核工作中客观情况变化甚多，不能完全符合准备阶段的各计划设想。所以善于应付情况的变化而采取应急或调整措施十分重要。应变的目的是始终控制审核的主动权和力求达到既定的审核目的。应变能力的锻炼应从计划审核时对各种可能变化的情况多加设想，以便随时有对策可以应付；另一方面也靠在实际审核中积累应变经验。

——善于学习的能力。内审员需要不断学习各种有关的知识。有时往往要在较短的时间内掌握某一方面的基本知识，这时学习方法就显得特别重要。例如如何获得信息，如何抓住这些知识的关键要领，如何安排学习计划，以及向何人请教，做什么样的调查研究等都是需要逐步锻炼的。

(2) 审核组的组成

① 内审组组长
② 内审员
③ 必要时可配备一名技术专家

(3) 审核组的职责

内审组组长：不论审核是由几名内审员还是由一名内审员完成，都应任命一名审核组长全面负责。内审组组长的职责是：

① 全面负责审核各阶段的工作；
② 审核组长应有管理能力和经验，有权对审核工作的开展和审核发现作最后的决定；

③ 协助选择审核组成员；
④ 制定审核计划；
⑤ 代表审核组与受审核方领导接触；
⑥ 提交审核报告。

(4) 内审员职责：
① 遵守有关的审核要求，并传达和阐明审核要求；
② 参与制定审核活动计划，编制检查表，并按计划完成审核任务；
③ 将审核发现整理成书面资料，并报告审核结果；
④ 验证由审核结果导致的纠正措施的有效性；
⑤ 整理、保存与审核有关的文件；
⑥ 配合和支持审核组长的工作；
⑦ 协助受审核方制订纠正措施，并实施跟踪审核；
⑧ 参加第二方审核。

(5) 内审员的管理
① 培训：选择适合的人员接受内部培训或社会服务机构的培训，培训内容应适合于内审员的工作需要并注意知识的更新。

a. 法律、法规、规章等方面的知识的培训，内审员重点掌握的是国家的法律、法规和规章等方面的知识以及专业知识。我国关于建筑工程有关的法律、法规要求，如《中华人民共和国建筑法》、《建设工程质量管理条例》、《工程建设标准强制性条文》等。

b.《规范》和标准培训学习

《工程建设施工企业质量管理规范》GB/T 50430—2007 及 ISO 9000 标准涉及质量管理体系的基础和术语、要求、业绩改进指南等标准，内容十分丰富。应结合组织的特点加以理解，是当前结合学习的重点内容。

c. 专业知识培训学习

内审员应在自己施工企业和工作岗位上，学习和积累必要的专业知识以便于审核的进行。

内审员在这方面处于较有利的条件，因为基本上在本单位活动，专业范围较明确具体。但也要考虑到即使在一个单位内部门和专业涉及面也可能较多，加上还可能要到供方去作第二方审核，因此要了解的专业知识面也是比较广的。

② 委派：应根据工作需要委派合适的内审员，通常都是经过正式任命的。
③ 保持足够的内审员人数，以满足企业开展内审和维护质量管理体系的需要。
④ 考核：对内审员的工作能力、工作表现和职业道德进行定期考核，建立培训、考核记录。

a. 一个合格的内审员的工作能力、工作表现应能够充分体现在以下方面：

——正当地获取和公正地评定客观证据；
——不卑不亢，忠实于审核目的；
——在审核过程中，不断注意审核观察结果和人际关系的影响；
——处理好同有关人员的关系，以取得最佳的审核效果；
——尊重审核所在国家的民族习惯；
——审核过程中排除干扰，认真进行；
——在审核过程中，全神贯注，全力以赴；
——在严峻情况下做出有效反应；
——以审核观察记录的基础，得出能为大多数人所接受的结论；
——忠实于自己的结论，不屈从于无事实根据要求改变结论的压力。

b. 内审员应具备的道德与修养的建设。

一位合格的内审员应具有较高的职业道德水平和良好的修养。

——正直、诚实

这是内审员必须具备的道德品质。在审核中不弄虚作假，不使用不正当的手段去获取客观证据，不屈服于任何要求改变调查结论的压力。

——客观、公正

在审核中坚持以客观证据为基础，严格按有关法律、法规、标准或既定质量文件等做出判断。而不是主观臆测、凭印象做判断。

——尊重对方、尊重别人

在审核中应始终抱着尊重受审方、尊重一切在审核中有联系的人，包括自己审核组的其他同事。

——冷静的态度和认真的精神

在审核中遇到复杂的情况或突发的事件，要保持镇静而不要因激动而丧失客观性。在调查客观证据过程中如遇工作复杂、调查量大等情况要有毅力把工作做细做好，把证据收集齐全，切忌马虎潦草、轻率下结论、轻率出文件。写好不合格报告，不仅要有充分证据和正确的判断结论，文字表达也要明确通顺。审核报告就更要写得简明扼要，条理性好，逻辑性强，使各方面都能接受。

4.1.4 确定审核范围

1. 定义

审核范围可理解为对某一审核给定的深度和广度，其可以通过诸如场所和活动来描述。

如某水电安装集团公司质量管理体系审核的范围：

体系覆盖的产品范围—水利水电安装和公路桥梁施工；

活动—依据《质量管理体系　要求》GB/T 19001—2008 及《工程建设施工企业质量管理规范》GB/T 50430—2007 标准建立体系涉及的所有活动；

质量管理制度（质量手册）中列出的所有部门（与体系有关的部门）。

2. 内容

（1）确定施工及其相关活动

《质量管理体系 要求》GB/T 19001—2008 标准中第 7 章"产品实现"过程和《工程建设施工企业质量管理规范》GB/T 50430—2007 规范 1.0.1 的含义确定的某些不适用的要求（如：10.3 施工设计）可不包括在审核范围内。

对于质量管理体系审核内部而言，对于体系应用要求已经确定，范围应以手册中所列的过程为准，应至少包括标准全部过程（不适用的要求除外）。内审可按过程以滚动方式进行或采取集中式审核对全部门全条款进行审核，滚动方式进行每次只涉及一个或几个过程，但在一个周期内（一般为一年）标准的全部过程必须全部被包括。采取集中式审核每次可涉及多个或全部的过程（不适用的要求除外），但在一个周期内（一般为一年）标准的全部过程必须全部被包括。

《规范》中涉及施工设计的选择应该考虑施工企业的设计资质以及施工过程的管理需求，根据风险对施工过程的影响确定审核过程。

（2）其他要求可以按照下列抽样原则进行选择。抽样原则：

① 对于企业而言，对于体系初次运行审核，应覆盖全部条款；

② 体系运转正常以后一般情况对于《质量管理体系 要求》GB/T 19001—2008 标准的 5、7.1、7.3、7.4、7.5.1、7.5.2、8.2.4、8.3、8.5 及对应《工程建设施工企业质量管理规范》GB/T 50430—2007 标准的 4、7、9、10、11、12、13 条款每次必查，其余条款可视情况可以抽查，但在一年内应全部覆盖。

3. 确定区域

（1）场所涉及两个概念，一是部门区域，二是地区区域。凡是与审核的质量管理体系所覆盖的产品和质量活动有关的部门和地区均应列在审核范围以内。就部门而言如总经理、公司办公室、质管办、合同预算部门、材料部门、设计部门、工程管理部门、质检部门、实验室、人力资源部门、设备管理部门、项目经理部均应包括在内。这些部门如果不在总部的，如项目经理部分布在其他地区，均应包括在审核范围之内。

（2）对于产品活动相同的分公司或项目现场，在遵循一定原则下可以抽样。抽样原则：

① 分公司的审核现场抽样要求：

a. 对于从事相同业务的分公司可以抽样，抽样数为不少于该类分公司总数的 1/3，并在一年内覆盖所有分公司一次。

b. 对于从事不同业务类别的分公司不可以抽样，每次审核应包括各种业务类别的分公司，只能在相同业务类别的分公司中抽样。

c. 抽样时，应同时考虑分公司所属管辖地区的特殊性，所管辖产品的特殊性和代表性，以及所承担的法律法规的责任和满足发包方要求的重要性。

② 施工现场审核的现场抽样要求：

a. 对总部和/或各个分公司或项目经理部的活动生产现场属相同专业的可以抽样。

b. 对于从事不同业务类别的活动生产现场不可以抽样，如从事市政和房屋建筑的，从事土建和装饰的，不可以在类别上抽样，只能在从事相同业务类别的项目中抽样。

c. 抽样时，应同时考虑所属分公司项目经理部以及所在地区的特殊性，生产内容的特殊性和代表性包括生产的部位，以及所承担的法律法规的责任和满足发包方要求的重要性，应充分考虑分公司的抽样情况，注意其协调性。

(3) 对于体系初次运行的，应全部审核，只有在运行平稳后方可抽样。

4. 确定活动

所谓活动是指与产品质量和过程有关的活动，它主要包括产品所涉及的范围。

在质量管理体系审核内部时，凡涉及按质量管理制度（如：质量手册）所规定的体系覆盖的产品/服务，均应包括在内审范围之内。

审核的产品范围是可以变化的。在内审时，有时某次例行审核或特殊审核只涉及少数工程产品/服务过程，如只审核设计或施工生产，但一个周期内应覆盖全部产品/服务过程。有时可能涉及总包、分包或融资建造等过程。

4.1.5 确定审核计划

1. 确定年度审核计划的目的和特点

"内审方案策划"就是对年度进行内审的次数/过程及其特定目的、要求进行策划，并形成审核的计划。年度审核计划是审核策划的始端和总纲，其目的是保证内部审核的实施有计划地进行，便于管理监督和控制内部审核。

年度审核计划要适应企业的施工生产特点，合理安排，比如施工企业：点多面广、多而分散；每个项目几乎都涉及全过程；管理层和执行层距离远；产品不断变化；计划应灵活，集中与分散结合，审核管理要紧凑等。以上这些特点将造成内部审核牵扯人员多，费用高，因此一定要做好审核策划，各级领导要充分重视，真正使审核发挥应有的作用。

2. 年度审核计划的内容和要求

(1) 目的：明确每次审核的目的。

通常有以下几种：

① 验证质量管理体系是否持续满足《质量管理体系 要求》GB/T 19001—2008 标准和《规范》要求且保持有效运行。

② 评价执行《规范》等有关法律法规及行业标准要求的符合性。

③ 作为一种重要的管理手段和自我改进的机制,及时发现问题,采取纠正措施或预防措施,使体系不断完善,不断改进。

④ 在外部审核前做好相应准备。

(2) 范围:明确涉及的范围,见 4.1.5 节的有关内容。

(3) 时间:审核的时间及频次:质量管理体系内部审核第一次时机往往选择在质量管理体系文件已全部编制完成、颁布实施,而且已经运行一段时间(一般至少 2~3 个月以上),各项质量活动频次已有记录可查之时。此时内审的主要目的就是要对刚刚建立的质量管理体系的符合性及有效性作出评价。

开始时,频次可以多一些,以便及时发现问题并纠正,等体系运行正常后频次可以减少到正常所需的水平。至于各部门、各过程审核频次可根据审核中发现问题的大小、多少以及该部门对产品质量形成过程的重要性来决定,且每年可以调整,一年一般 2~3 次,具体时间策划见前面 4.1.2 节的有关内容。

(4) 年度审核依据

《质量管理体系 要求》GB/T 19001—2008 标准和《工程建设施工企业质量管理规范》GB/T 50430—2007;质量方针和目标、质量手册、形成文件的程序和其他相关质量管理制度,质量计划(或施工组织设计)、合同、各项相关管理制度;有关法律法规等。

(5) 审核组组成

根据审核目的,组成满足要求的审核组。

(6) 年度审核其他要求

在下列几种特殊情况下,往往需要临时组织一次特殊的追加质量管理体系内部审核:

① 发生了严重的质量问题或用户有重大申诉;

② 施工企业的领导层、隶属关系、内部机构、业务范围、质量方针和目标、施工技术及装备场所等有较大改变/变动;

③ 即将进行第三方审核或法律、法规规定的审核;

特别应该考虑上述情况下《规范》的审核安排需求,包括施工设计、不稳定过程、突发事件(可能是涉及质量趋势)的特殊要求。抓住有利时机,合理科学的安排施工企业质量管理体系审核。

(7) 内部审核的时机和频次

应由本企业的质量管理部门研究具体情况后提出,必要时由主管领导报请最高管理者决定后实施。

3. 年度审核的方式:集中式、滚动式两种

(1) 集中式:在某计划时间内(集中几天)安排的针对全部适用过程及相关部门,也可针对某些过程或部门完成审核,审核后的纠正行动及跟踪也通常在限

定时间内完成。

（2）滚动式：在一个审核时期内对所有适用过程及相关部门逐一进行审核，审核持续时间一般较长，审核和审核后的纠正行动及其跟踪陆续展开，重要的过程和部门可安排多频次审核，但在规定的一个周期（通常为一年）对所有适用过程及相关部门全部进行审核。

（3）两者的特点：

施工企业一般较多采用集中式审核，但两种（滚动式、集中式）审核各有利弊。

① 集中式审核的特点：

优点：能够很快的发现问题，集中整改，因此往往用于体系刚刚建立或做出重大调整之后及时进行，不长期占用太多的人力资源，审核时聚集，结束后返回原工作岗位。

缺点：需要人员突击进行，人员数量要多，往往导致不熟练的人员从事了重要的审核，不能有效地达到审核目的；时间间隔长，没有发挥审核的督促作用，因此往往需要追加审核。

② 滚动式审核的特点：

对于质量管理体系已经正常运行的施工企业可采用滚动审核。

优点：需要的内审员少，因此内审员的审核能力提高的较快；工作量平均，内审员能够进行很好的横向比较和整体分析，保证审核结论的系统性。

缺点：个别内审员的工作量大，可能导致内审员的专职化（也可能是优点），审核周期长，不能马上得出整体结论。

滚动式、集中式审核计划举例如表4-1、4-2所示。

某总包型集团公司质量管理体系内部审核2010年度计划（集中式）　　表4-1

审核时间	2010年6月3日	2010年11月3日	备注
审核目的	评价质量管理体系运行的符合性、有效性，并对在2009年11月审核后实施的纠正措施效果验证	评价质量管理体系运行的符合性、有效性，迎接第三方认证监督审核	
审核范围	公司设计、施工、安装和服务所涉及的公司内各部门、分公司、试验室、所有在施项目和所有过程	公司设计、施工、安装和服务所涉及的公司内各部门、分公司、试验室、所有在施项目和所有过程	
审核准则	《质量管理体系　要求》GB/T 19001—2008；《工程建设施工企业质量管理规范》GB/T 50430—2007；公司质量管理制度等文件；适用的法律、法规；发包方要求等	《质量管理体系　要求》GB/T 19001—2008《工程建设施工企业质量管理规范》GB/T 50430—2007；公司质量管理体系制度等文件；适用的法律、法规	
审核组	审核组长：A 组员：BCDE	审核组长：A 第1小组组长：B　　组员：E 第2小组组长：C　　组员：F 第3小组组员：D　　组员：G	
编制：　　年　月　日		审批：　　年　月　日	

表 4-2

某承包公司质量管理体系内部审核2010年度计划（滚动式）

被审部门	审核条款	1月	2月	3月	4月	5月	6月	7月	8月	9月	10月	11月	12月
总经理	GB/T 19001—2008及GB/T 50430—2007审核条款 5.1,5.2,5.3,5.4,5.5,5.6,6.1,8.2.1,8.2.2,8.4,8.5.1 (3.2,3.3,3.4,1.4.2,4,3.7.1,13.1,13.2)	★											★
主管领导	5.3,5.4,5.5.2,5.5.3,5.6,8.2.2,8.5 (3.2,3.3,3.3,4.1,4.2,4.3,12,13.1)	★							★				★
办公室	4.1,4.2,5.5.3,5.4.5.5.1,5.5.3,6.2.8.1,8.2.2,8.4,8.5 (4.1,3.2,3.3,3.5,1,5.2,5,3,10.6,11.1,12.1,12,13.1,13.2,13.3)		★										
合同预算部	5.2,7.2,7.5.1,7.5.4,8.2.1,8.4 (7.1,7.1,7.2,7.3,10.2,10.6,13.2)		★									×	
技术部	4.2,3,4.2,4.5.2.7.1,7.3,7.5.1,7.5.2,8.1,8.5 (3.3,3.5,7.1,8.4,8.5,10.1,10.2,10.3,10.4,10.5,10.6,11.1,12.1,13.1,13.2,13.3)			★				★					
工程部	6.1,6.3,6.4,7.5.1,7.5.5,7.5.5,8.4 (3.4.6.1,6.2,6.3,8.4,8.5,10.2,10.4,10.5,10.6,13.2)				★			★					
材料供应部	7.4,7.5.3,8.3,8.4 (6.1,6.2,8.1,8.2,8.3,9.1,9.2,9.3,10.6,11.4,13.2)				★			★	★				★
质量部	7.5.1,7.5.2,7.5.3,7.6,8.2.1,8.2.4,8.3,8.4 (8.3,8.4,8.5,9.3,10.2,10.4,10.5,12,13.2)					★	★					★	
人力资源部	6.1,6.2 (3.4,5.1,5.2,5.3)					★	★				★	★	
××A项目部	7.5,8,2.4及相关条款(8,9,10,11及相关条款)						★				★		
××B项目部	7.5,8,2.4及相关条款(8,9,10,11及相关条款)					★					★		
××C项目部	7.5,8,2.4及相关条款(8,9,10,11及相关条款)				×						★		
××D项目部	7.5,8,2.4及相关条款(8,9,10,11及相关条款)											★	
××E项目部	7.5,8,2.4及相关条款(8,9,10,11及相关条款)						★	×					

注：《质量管理体系 要求》GB/T 19001—2008中4.2,3,4.2,4.5,3,5,4,5,5.1,5.5.3,6.1,8.5条款以及《工程建设施工企业质量管理规范》GB/T 50430—2007的相应条款在各部门均要审核

编制人：　　　　　　　　　　　　　批准人：　　　　　　　　　　　　　2010年×月×日

4.1.6 审核实施计划

1. 概念

审核实施计划：指现场审核人员对审核日程安排和审核路线的确定，审核实施计划是根据年度计划对审核活动的具体安排。审核实施计划由审核组长制定，并提前通知有关部门。

注：该审核实施计划主要指集中式审核，滚动式审核可按年度计划执行，必要时对其进行细化即可。

2. 审核计划的内容主要有：

（1）审核目的（见年度计划）

（2）审核范围（见年度计划）

（3）审核准则（见年度计划）

（4）审核组成员及分工

（5）审核日期、地点、受审核部门、首次会议、末次会议的安排，内部会议及与领导交换意见的时间安排等。

（6）其他需要说明的问题。

3. 策划时一般采取的策略和方法

当审核组长明确了审核目的和范围后，也就确定了需要对哪些质量活动进行审核，进而应对审核的具体方案并要依此确定查访哪些部门以及在每个部门审核所需的时间。特别是应重点识别施工生产及管理活动和过程特征，从中识别出相应的管理或运作特点特征，为实施审核计划提供条件。

审核组要根据《规范》的施工企业质量管理要求，研究确定审核的策略，可以采用纵向的"顺藤摸瓜"或横向的"全面开花"，亦可分整体与局部，依据施工企业的具体情况而定。

下面介绍几种可供选择的策略：

（1）顺序追踪：从经营部门实施投标开始，顺着技术、采购和入库、施工过程控制、检验与试验、交付、服务等部门从上向下地进行追踪，开展顺序审核贯穿了受审核方的整个体系，从中查找有关质量管理体系文件的制定、理解和执行情况。

（2）逆向追溯：与第（1）种的审核顺序正好相反。它是在现场抽取已完成的产品或记录，反向审核整个体系，一直追溯到经营部门。

（3）组合式：即有纵向审核还有横向的交叉审核。

（4）选择部门：审核某特定部门内的所有活动。

（5）选择过程：审核与质量管理体系中某过程有关的所有活动（某一过程可涉及的部门）。

内审员通常是围绕本施工企业一定时期内的主要活动进行审核，一个周期分几次，将本施工企业的全部质量职能及实施情况审核一遍。内部审核最常用的是上面介绍的第（3）、（4）种策略，但由于一个部门的全部活动内容广泛，采用这种策略难度较大。内审员首先要识别受审核部门的主要活动与次要活动，进而分清活动过程之间的接口，即一个过程中的输入与输出，在此基础上，内审员根据具体情况充分地准备检查清单，在审核中详细做笔记，搜集客观事实，以便对质量管理体系的实施情况得出客观公正的审核结论。

4. 要注意的问题

（1）产品的运作特点及业务范围的变化，如特殊产品、新材料、新工艺的变化以及业务范围的扩大、缩小等变化。

（2）公司的各个职能部门的隶属关系，各部门所在的场所、地点，特别是较远的分公司、施工生产现场。

（3）产品的特点，以及施工生产的进度。

（4）产品的质量、安全、环境情况以及用户、相关方等的申诉投诉。

（5）质量方针和目标、资源、机构、重大法律法规等的变化。

（6）以往审核的结果，包括第三方审核情况。

（7）第一次审核时，管理活动、部门及产品不能抽样，应该全部完整覆盖。

（8）分组的侧重及审核人员的充分利用。

5. 审核计划的送达及批准

审核组组长应在实施审核开始一周之前将审核计划送达被审核的有关部门，以便沟通确认。审核计划一般应由主管领导批准。见表4-3。

××公司质量管理体系内部审核计划　　　　表4-3

审核目的	评价质量管理体系符合审核准则的程度及有效性，迎接第三方复审（换版认证）			
审核范围	公司设计、施工、安装和服务所涉及的公司内各部门、分公司、试验室、所有在施项目和所有过程			
审核准则	□《质量管理体系　要求》GB/T 19001—2008 idtISO 9001:2008；□《工程建设施工企业质量管理规范》GB/T 50430—2007；□公司质量管理体系文件；□适用的法律法规；□其他：			
审核日期	××××年×月×日至××××年×月×日			
审核组名单	审核组长：A 组　员：B　　　C　　　D			
5月16日 8:00~ 8:30	首次会议			
	A 总经理、主管领导 5.1、5.2、5.3、5.4、5.5、5.6、6.1、8.2.1、8.2.2、8.4、8.5.1 （3.2、3.3、4.1、4.2、4.3、7.1、13.1、13.2）	B 合同预算科 5.2、7.2、7.5.1、7.5.4、8.2.1、8.4 （7.1、7.2、7.3、10.2、10.6、13.2）	D 技术部 4.2.3、4.2.4、5.2、7.1、7.3、7.5.1、7.5.2、8.1、8.5 （3.3、3.5、7.1、8.4、8.5、10.1、10.2、10.3、10.4、10.5、10.6、11.1、12.1、13.1、13.2、13.3）	C 质量部 7.5.1、7.5.2、7.5.3、7.6、8.2.1、8.2.3、8.2.4、8.3、8.4 （8.3、8.4、8.5、9.3、10.2、10.4、10.5、10.6、11.2、11.3、11.4、11.5、12.2、13.2）

续表

日期	时间				
5月16日	8:00～8:30	A办公室 4.1、4.2、5.3、5.4、5.5.1、5.5.3、6.2、8.1、8.2.2、8.4、8.5 4.1、3.2、3.3、3.5、5.1、5.2、5.3、10.6、11.1、12.1、12.2、13.1、13.2	B材料供应部 7.4、7.5.3、8.3、8.4 6.1、6.2、8.1、8.2、8.3、9.1、9.2、9.3、10.6、11.4、13.2	工程部 6.1、6.3、6.4、7.5.1、7.5.3、7.5.5、8.4 3.4、6.1、6.2、6.3、8.4、8.5、10.2、10.4、10.5、10.6、13.2	续上午 人力资源部 6.1、6.2、3.4、5.1、5.2、5.3
	17:00～17:30	审核组会议			
5月17日	8:00～11:30	AC 1项目部 7.5、8.2.4及相关条款 8、9、10、11及相关条款		BD 2项目部 7.5、8.2.4及相关条款 8、9、10、11及相关条款	
	13:00～17:00	3项目部 7.5、8.2.4及相关条款 8、9、10、11及相关条款		4项目部 7.5、8.2.4及相关条款 8、9、10、11及相关条款	
	17:00～17:30	审核组会议			
5月18日	8:00～11:30	AD 5项目部 7.5、8.2.4及相关条款 8、9、10、11及相关条款		BC 6项目部 7.5、8.2.4及相关条款 8、9、10、11及相关条款	
	13:30～17:00	补充审核、资料整理、小组会议			
	17:0～18:00	末次会议			

制定人： 制定日期： ××年×月×日
批准人： 批准日期： ××年×月×日

4.1.7 质量管理体系文件评审

在质量管理体系内部审核前应对质量管理体系文件进行初步评审，文件评审是现场审核的基础和前提，内部审核前体系文件已建立，但对其进行全面细致的评审非常必要，文件评审有助于内审员对体系文件的熟悉，有助于较早的发现体系问题，体系文件本身出现的问题是源头性问题，提前发现体系文件的问题，有助于及时解决问题，合理安排现场审核。

1. 文件评审的含义

文件评审主要是评价质量管理体系的过程是否已被识别并适当地作出规定；实施质量管理体系过程的职责是否予以分配；通过对质量管理体系文件进行初步审查以确定是否能实施现场审核。文件评审活动一直延续到现场审核全过程之中，在完成质量管理体系审核的全部活动后，才能对质量管理体系文件的符合性作出最后的评价结论。

施工企业内审员应该更加关注的是施工企业质量管理制度与体系文件与《规范》要求的差距。

2. 文件评审的主要对象

文件评审的主要对象是质量管理体系文件：质量方针、质量目标的文件和质量管理制度（含质量手册以及程序文件等）。对质量管理制度以及相关的管理规定，需要时，也可进一步收集有关信息。

3. 文件评审的基本要求

（1）全面审查质量管理体系文件的情况，包括变化的部分。文件内容应覆盖质量管理体系标准的所有要求，质量管理体系文件应是现行有效版本，并符合文件控制要求。质量管理体系要求的应用要求应在质量管理制度中加以说明，文件内容应符合相关法律法规的要求。

（2）名词术语应符合《质量管理体系 要求》GB/T 19001—2008 标准及《工程建设施工企业质量管理规范》GB/T 50430—2007 要求，如企业有专有术语，应给出定义。

4. 文件评审的程序

（1）将质量方针和质量目标的文件、质量管理制度（含质量手册）交给审核组。

（2）文件评审人员对这些文件对照《质量管理体系 要求》GB/T 19001—2008 标准及《规范》的要求进行初审，必要时，还可进行收集所需的信息。

（3）文件评审人员对质量管理体系文件提出修改或补充要求，经主管领导或最高管理者审核批准执行。

文件评审人员对修改或补充的内容进行确认，直至总体上符合要求。

需要说明的是，此阶段的文件评审只是初步评审，在现场审核阶段，还应结合企业的质量管理体系实施情况对文件的适宜性、充分性和有效性进行进一步审查。文件评审的最后结果应体现在审核报告中。

5. 文件评审的主要内容、方法和注意事项

（1）质量方针和质量目标

对照《质量管理体系 要求》GB/T 19001—2008 标准中 5.3 及《工程建设施工企业质量管理规范》GB/T 50430—2007 规范 3.2 的要求，审查"质量方针"是否经过企业最高管理者批准；其内容是否结合企业及其产品的特点，体现了满足要求和持续改进质量管理体系有效性的承诺。

对照《质量管理体系 要求》GB/T 19001—2008 标准中 5.4.1 及《工程建设施工企业质量管理规范》GB/T 50430—2007 规范 3.2 的要求审查"质量目标"（包括变化情况）是否经过企业最高管理者批准；其内容是否体现质量方针的宗旨；质量目标是否体现了满足产品要求的内容；质量目标是否可测量。

对照《质量管理体系 要求》GB/T 19001—2008 标准中 4.2.3 及《工程设施企业质量管理规范》GB/T 50430—2007 规范 3.5 的要求，审查描述"质量方

针"和"质量目标"的文件是否符合文件控制的要求。

(2) 质量手册

质量手册是质量管理制度内容的一部分，可以单独编写，也可以与其他质量管理要求结合一起编写。对照《质量管理体系 要求》GB/T 19001—2008 标准中 4.2.3 及《规范》3.5 的要求，审查提供作为文件审查的"质量手册"是否是现行有效版本的受控文件；从"质量手册"使用的说明、批准控制页、手册各章节（页）的修改状态等信息中审查"质量手册"的审批、修改、受控、版本控制等方面的管理情况，审查"质量手册"的管理是否符合文件控制的要求。

对照《质量管理体系 要求》GB/T 19001—2008 标准中 4.2.2 及《规范》3.3 和其他质量管理体系过程的要求，审查质量管理制度文件，如："质量手册"中是否规定了企业的质量管理体系的范围；是否表明该受审核方对《规范》标准中的所有活动均做出了相应的描述。

对照《质量管理体系 要求》GB/T 19001—2008 标准中 4.2.2 及《规范》3.3 和其他质量管理体系过程的要求，审查质量管理制度中是否对企业的质量管理体系应用的过程及过程之间的相互作用作出描述；所描述的过程及过程之间的关系是否反映了施工企业的特点；是否具有相容性、充分性和适宜性；是否体现了企业的质量管理体系的实施、保持、监视/评价和改进的基本框架。

对照《质量管理体系 要求》GB/T 19001—2008 标准中 4.2.2 及《规范》3.3 和其他质量管理体系过程的要求，审查质量管理制度中是否包括或引用了质量管理体系程序。

质量管理体系程序是描述组织实施有关质量管理体系过程的具体要求、方法和措施的文件，除《质量管理体系 要求》GB/T 19001—2008 标准及《规范》中明确要求编制的"程序文件"和质量管理制度外，企业可根据策划、实施、监测、改进质量管理体系的需要，编制适用的质量管理制度文件。

许多企业的质量管理制度主要由质量手册和程序文件组成。大部分企业编制的"程序文件"是和"质量手册"分开的，即"质量手册"中不包括"程序文件"，"质量手册"中描述有关过程的内容中应对相应的"程序文件"加以引用。另外，"质量手册"可以附有"程序文件"，有些企业的产品或过程控制的方法比较简单，可以将"质量手册"和"程序文件"组合，"质量手册"可以附有"程序文件"，审核组应对有关"程序文件"进行审查。审查应兼顾质量管理制度中与安全、成本、环境等接口的内容。

目前许多施工企业开始把质量管理制度与企业的全面管理工作文件实施整合，质量管理制度（含质量手册）的形式越来越灵活多样。内审员应该适应这种趋势。

(3) 文件评审时还应注意的问题

从质量管理制度（包括质量手册）中包含或引用的支持性文件，可初步评定质量管理体系的完整性，并为编制检查表做准备。

需要注意的是，质量管理制度（包括质量手册）的编制格式和形式并没有统一的要求，文件评审人员不应在格式上做主观的判别，而应将注意力放在手册的内容的充分性、适宜性和相容性上。

6. 文件评审的结论和处置方法

文件评审人员在实施现场审核前完成文件评审后，提交文件评审报告并确定此次文件评审的结论。文件评审的结论有三种："合格"、"局部不合格"和"不合格"。

如果文件评审的结论为"合格"，则可以进行下一步的现场审核工作。

如果文件评审的结论为"局部不合格"，通常要求根据文件评审报告中提出的问题在规定期限内进行修改，文件评审人员对修改的内容进行验证并进行后续的审核工作。

如果文件评审的结论为"不合格"，应停止审核准备，待问题得到解决后再继续审核准备工作。

在现场审核时，还应对质量管理制度文件是否符合要求进行审查，如不合格也构成不合格项。

4.1.8 编制检查表

1. 在文件评审完成后，对体系文件有了更清楚地了解，必要时对相关的法规规范的信息进行收集并熟悉，就可以根据各自的分工任务编制检查表。应该关注《规范》要求与《质量管理体系 要求》GB/T 19001—2008 标准的结合审核的要求。由于《规范》基本覆盖了《质量管理体系 要求》的所有要求，因此编制检查表的实际依据应是《规范》。

2. 编写检查表

（1）检查表的性质

检查表是审核组具体策划审核活动所形成的文件，主要描述需要审核的内容及抽样审核的方式，是内审员的工作提纲/参考文件，是审核前需要准备的一个重要的工作文件。为提高审核的有效性和效率，内审员应根据分工准备现场审核用的检查表，并由组长审阅以便检查有无遗漏或重复。检查表内容的多少，取决于被审核部门的工作范围、职能、抽样方案及审核要求和方法，也取决于内审员本身掌握《规范》的熟练程度，检查表的风格由内审员个人确定。有经验的内审员用几个关键词就写完了清单，而经验不足的内审员最好在检查清单上把问题完整地写出来。

（2）检查表的基本内容

① 基本内容：

a. 列出审核项目和要点，即"查什么？"。

b. 针对审核项目列出审核的区域,即"在哪查?"。

c. 针对审核项目列出审核步骤和方法,即"怎么查?"。

② 抽样

抽样是施工企业审核的基本方法。由于审核是一个抽样调查的过程,必须考虑到如何进行抽样。内审员在针对审核项目策划具体的审核步骤和方法时由于审核时间的限制,内审员通常不可能检查到审核范围内的所有的活动、操作、过程、文件或记录,而只能通过抽取的样本来证实相应的审核对象是否符合要求,所以它具有一定的局限性,通过抽样发现了不合格并不能表示整个体系都不合格,在样本中没有发现不合格并不能说不存在问题,这也说明抽样具有一定风险性。这就要求内审员应该精心地选定样本,选定的样本应该具有代表性,以保证审核的系统性和完整性。内审员在检查表中虽已策划并决定了对某一类质量活动抽样的数量,但具体的样本是在现场审核时由内审员随机抽样获得的,这样的抽样更具有代表性。

施工企业质量管理体系审核的抽样应该充分考虑《规范》内在的专业性抽样要求。特别是投标与合同管理、施工现场质量管理(含关键过程、特殊过程、重要过程等)、总包与分包管理等必须重点考虑抽样。

随机抽样应注意以下几点:

a. 要保证一定数量。通常抽取的样本在 3~12 个之间,应根据受审核对象的规模大小、复杂程度和审核时间而定,过多或过少抽取样本都是不合适的。有时按策划的样本量抽样后发现不合格时,为减少审核的风险,可考虑适当增加抽样量,以确认所发现的不合格是属于偶然的个别问题,还是系统性问题。

b. 要做到分层抽样。可以按职责、活动、对体系影响的程度、岗位或记录等分层。如抽取合同评审,应分别对特殊和一般合同以及口头和书面的等抽取;如对材料进场验证,既要对主要材料(钢材、水泥等)抽样,也要对一般材料抽样,对其检查项目方法也要抽样。

c. 要适度均衡。不可一个部门或过程抽样过多,而另一个部门或过程抽样过少。

d. 在抽样时,内审员应坚持亲自选取样本,而不应让受审核方"随意"挑选一个样本供检查。

e. 科学把握《规范》的内在抽样要求。关注包括施工流程、施工准备、施工控制、施工测量等环节的内在逻辑关系及其对抽样的客观需求。必须注意的是,质量管理体系过程和与质量有关的部门的抽样应符合有关规定。

3. 检查表的作用

根据《规范》编制的检查表作用主要有以下几个方面。

(1) 明确与审核目标有关的样本。

审核采用的主要方法是抽样检查。抽什么样本、每种样本应抽多少数量、如何抽样等等都要通过编写检查表解决，而且一切都要为达到审核目标服务。因此明确与审核目标有关的样本是检查表的首要作用。

《规范》规定了比较完整的施工企业质量管理体系，明确指出了施工企业主要质量管理的关键环节。因此质量管理的目标性管理要求比较清楚，可以有效地为合理抽样提供便利，检查表可以充分利用这一优势，提升审核抽样的质量。

（2）使审核程序规范化，减少偏见和随意性。

编制检查表已成为国际上进行质量管理体系审核的一种通用做法，且已普遍地列入审核程序之中，成为必不可少的一件工作。它又反过来使审核程序进一步正规化和格式化，对减少审核工作的随意性和盲目性可以起很大的作用。

《规范》是施工企业的质量管理体系标准，具有比较明显的专业化特征，因此按照《规范》编制的检查表可以更好地体现施工过程审核的专业要求，成为降低审核风险的有利手段。

（3）保持审核目标的清晰和明确。

在现场审核中，种种现实情况和问题很容易转移内审员的注意力，有时甚至迷失方向而在枝节问题上浪费大量的时间。根据《规范》的要求编制的检查表可以提醒内审员始终坚持主要审核目标，针对事先精心考虑的主要问题进行检查。

（4）保持审核进度和节奏。

根据《规范》要求编制的检查表具备了比较完善的行业审核水平，可以按调查的问题及样本的数量分配时间，使审核按计划进度进行，保持审核的节奏性和连续性，不至于发生前松后紧或不得不延长审核时间的现象。

（5）作为审核记录存档。

检查表与审核计划一样也应与审核报告等一起存入该审核项目的档案中备查。有的检查表同时留出栏目记载调查情况，兼起记录的作用，则更有保存的必要。

（6）提高内审员的审核技能。在充分应用《规范》的基础上，经过完整的策划、精心考虑，能提高和加强审核能力和审核质量。

4. 检查表的编制要求

（1）对审核分工范围涉及的过程分析，对照质量管理制度（包括标准、手册和程序）的要求确保审核覆盖的完整性。

施工活动是质量管理体系的组成部分之一，所有的工作都是通过一定的施工及相关过程完成的。施工及其相关过程是"一组将输入转化为输出的相关联或相互作用的活动"。转换的目的是增加价值。

质量管理体系是通过一系列过程实施的要素所组成。质量管理体系不仅仅是过程的累积，并且对过程的组成、过程接口的衔接与兼容。质量管理是通过对活动进行管理来实现的，为保证质量管理体系的有效性，内审员要分析过程，研究掌握其应具备的有关职责、职权、程序和资源。

检查表按标准、质量管理制度的要求来编写，这样才能全面检查质量管理体系及其过程活动结果是否符合标准、质量管理制度的要求。质量管理制度也是要符合《规范》和标准要求的，但质量管理制度与标准不同。标准只规定要求，质量管理制度有满足此种要求的方法，质量管理制度的内容规定得更具体，所以检查表中也应把这些具体规定作为检查内容。

(2) 注意审核区域的检查过程不能遗漏。

编制检查表前，内审员应先了解工程施工活动的情况和审核区域的职能。检查表内容应覆盖审核区域所承担的职能并突出主要职能，以先主要后一般和相关职能原则编制检查表。

(3) 选择典型的质量问题。

每个部门、每个施工过程的质量活动常有一些典型的质量问题。如投标及合同部门容易忽视发包方要求的识别和合同评审；采购部门不按满足质量要求选择供方；设计部门不认真进行设计评审、设计验证和设计确认等，所以在检查表中可重点注意这些问题。有的过程在不同部门也有不同的典型问题。如文件控制在设计部门常发生的问题是过多地保留已作废但有参考价值的技术资料而未注意做好标识；在施工现场则表现为现场的操作不符合有关要求等等。这些在编制检查表时也是要特别注意的。

(4) 结合受审部门的特点。

检查表的精华就在于突出受审对象的特点。有特点才有必要为每个对象编制一份有特色的检查表。大的特点如工程的复杂和难易程度以及工程的规模。小的特点如工程某项施工技术处于开发试验阶段；项目部质量管理体系运行已覆盖多年还是刚刚建立；上一次内审到本部门时发现的问题的大小、多少以及纠正措施完成情况等。这些均应在检查表中有所反映。有的部门刚刚调整或招收了大批新职工，则在检查表中培训问题就应加以重点考虑。

(5) 抽样应有代表性和合理性。

在审核时不能仅仅按《工程建设施工企业质量管理规范》和《质量管理体系要求》提问题，还要查看文件、记录和现实情况。由于文件和记录数量很多，不可能全部检查，所以必须抽样。根据英国 UKAS.DAS（美国皇家认可委员会，认证公司）的经验，样本量一般为 3~15 个。这样才能在短时间内获得数量适当的客观证据。但样本的种类要有代表性，才能体现出检查的客观性和公开性。例如在采购部门查看采购合同，应选择对最终产品质量有重要影响的原材料的订单，每种按重要性抽取若干样本量。这样既有代表性，又有合理性。

(6) 时间要留有余地。

在编制检查表时，应估计所需的审核时间。此估计不但不应超过在某一部门的计划审核时间，而且还应留有一定的富裕时间以便临时发生某些情况而需要增加审核内容或增加审核深度时可利用这些时间。这样不用修改审核计划或延长审核时间。

（7）检查表应有可操作性。

检查表不仅应该有要调查的问题，用来判别其质量管理体系的各项活动是否与标准（《规范》）或手册程序文件的规定相符；而且还应有具体的检查方法，如选抽什么样本、数量多少；通过问什么问题、观察什么事物而取得客观证据等等。只有这样，检查表才有可操作性。

（8）按过程审核时，应提出四个基本问题：

施工质量活动是否予以识别和适当表述？

施工管理职责是否予以分配？

施工程序是否被实施和保持？

在提供所要求结果方面的相关过程是否有效？

编制检查表"审什么"应主要围绕上述四个问题实施。

（9）在编制检查表中要考虑 PDCA 循环。

每一个施工过程都有 PDCA 循环，在编制检查表中要考虑：

选择审核方法的原则？

策划的目标是什么？

如何实施？

是否符合策划的安排？如何进行检查？

如何总结改进？

（10）按部门进行审核时，要包括涉及的活动；按活动进行审核时，要包括涉及的部门。

检查表有按部门和按活动编制的两种形式。前者是对某一个部门进行审核的检查表。凡去一个部门审核时，对此部门所涉及的活动要加以审核。其中该部门负责实施的活动是必须包括的；其他相关活动（如质量方针、质量目标，文件记录控制、持续改进等），也应结合主要条款加以审核。如何选择视具体情况而定，由审核组长协调。

案例1 为按部门审核的检查表示例。

施工质量问题的处理（不合格品的控制）审核检查表（审核时间：1小时）见表4-4。部门：质检科

施工质量问题的处理（不合格品的控制）审核检查表　　　表4-4

审 核 目 标	审 核 内 容
1. 部门的主要职责及过程，部门的人员岗位职责分工是否明确	询问部门负责人，了解情况，查部门人员的岗位职责文件，与负责人实施交流。把职责落实与工作结果进行比较和验证

续表

审 核 目 标	审 核 内 容
2. 对公司的质量方针目标是否理解及贯彻落实情况	询问质检员对公司的方针、目标如何理解,询问负责人本部门是否有针对总目标在本部门分解的质量目标,查目标的文件是否有可操作性,便于实施。 查对目标的分解情况及其保证实现的措施,查相关的索检目录
3. 部门内有关问题的沟通是否畅通有效	询问部门内部的沟通渠道机制,查证近期的不合格信息,工程质量是否沟通,质量问题的信息交流是否及时
4. 查质量问题处理(不合格的控制)的规定,实施情况	质量问题的处理的程序内容是否变化,如变化,变更改是否合理。 查近期(3个月)的不合格(或问题)记录,是否有重大问题,如较多可增加抽样数,对一般的不合格抽3份,是否按企业规定的职责进行评审和处置,不合格品(质量问题)评审处置的记录是否保存,对重复发生的不合格(质量问题)是否采取纠正措施

案例2 以活动（过程）为例的检查表

（《规范》11.2条款）进货检验（审核时间：1h）见表 4-5。

进货检验审核检查表 表 4-5

1. 进货检验的规定是否明确	抽查水泥、钢材、砂、石的进货检验的方法,项目是否明确,是否明确见证抽样的规定,通过询问及查阅文件进行
2. 进货是否按规定进行见证	抽查7份,进货检验的验证记录及有关的合格证的报告(抽查钢材、水泥、砖、构件、焊条、砂、石、各1份。查抽样员及试验室是否符合要求,试验员是否经培训合格,试验室的资质情况,如见证试验是否见证合格
3. 是否有质量问题,如何处置	是否发现不合格材料,如何处置。查处置的有关记录
4. 是否有紧急放行	查入库单、试验单、出库单(抽水泥、钢材、焊条、混凝土各1份,验证是否有紧急放行)。放行程序是否符合要求
5. 记录是否保存,是否明确试验情况,是否有授权人签字	查5份记录(钢材、水泥、焊条、砂、石),是否检验、试验合格。检验、方法程序和内容是否符合规定要求是否具有可追溯性

案例3 现场审核检查表举例：

审核背景：某建筑工程公司实施《质量管理体系 要求》GB/T 19001 和《工程建设施工企业质量管理规范》GB/T 50430 标准的质量管理体系审核。

公司目前有一个在施工程项目部,该项目部承建房屋建筑工程,是带有二层地下室的28层现浇钢筋混凝土结构,正在进行主体工程施工。

请列出该项目主体工程关键/特殊过程施工质量控制审核重点。

具体现场审核检查表见表4-6。

主体工程关键/特殊过程施工质量控制审核检查表   表 4-6

序号	施工工序名称(关键/特殊过程)		审核重点
1	混凝土施工(特殊过程)	混凝土配合比设计	查设计是否符合国家规定和图纸要求
		隐蔽工程验收	查结果是否合格,是否有监理确认
		砂石含水量及施工配合比	查试验结果是否符合规范要求
		坍落度控制及预留试件	查坍落度抽样结果及抽样数量
		水泥质量状况	查出厂合格证及试验报告结果
		梁、柱、墙混凝土试块强度	查试块试验报告结果是否符合要求
		现场混凝土实物质量	现场观察,蜂窝、孔洞、麻面及其处理是否符合规定
2	竖向钢筋绑扎及焊接(特殊过程)	钢材质量	查钢材出厂合格证及试验报告
		焊接控制	查是否预先试焊合格
		焊工情况	查焊工是否持证上岗
		其他绑扎方式的质量	如用套筒连接,拉拔试验是否合格
3	桩基施工(特殊过程)	桩位测试	查桩位测试记录,应符合规范要求
		打桩控制	查打桩记录
		承载力	查承载力试验记录
4	防水施工(特殊过程)	防水材料(卷材、粘结料)质量	查材料厂家资质及出厂合格证以及相应的试验报告
		施工过程控制	查卷材基层处理及防水层施工记录
		人员资质	查持证上岗记录并验证
		技术交底	查交底内容及工艺规定
5	砌筑工程(关键过程)	砖、水泥等质量	查材料厂家资质及材料出厂合格证件、试验报告
		技术交底	查相应质量策划内容及工艺验收标准规定,现场验证技术交底的有效性
		砂浆质量	查配比设计的合理性及砂浆质量的结果

4.2 审核实施阶段及其主要活动

4.2.1 首次会议

首次会议是实施审核的开端,是审核组全体成员与受审方领导及有关人员共同参加的会议,在审核开始前由审核组长主持召开,向受审核方介绍具体内容及方法,并协调、澄清有关问题。

到会人员要有签到记录。

1. 首次会议的目的

(1) 人员介绍。如人员熟悉可以省略。

(2) 阐明审核的目的、范围、依据,特别是根据《规范》与《质量管理体系要求》标准的要求说明审核的依据内容和特点。

(3) 简要介绍审核采用的方法和程序。

(4) 建立审核组与受审核部门的正式联系。

(5) 提出并落实审核计划的内容及有关要求。

(6) 澄清并协调有关审核问题。

2. 首次会议的要求

(1) 由审核组长主持会议。

(2) 准时、简短、明了,会议以不超过半小时为宜。

(3) 获得受审核方的理解并得到支持。

(4) 确立审核活动的风格。

(5) 参加首次会议的人员应包括:审核组全体人员、高层管理者(必要时)、管理者代表、受审核部门领导及主要工作人员、陪同人员、来自其他部门的专家或观察员。

(6) 会议的形式要灵活,可召开集体会议,也可以对一些离公司较远的分公司或部门分别召开,也可以通过电话、网络等形式进行,但应协调统一。

3. 首次会议的内容:

(1) 参加会议人员签到,审核组长宣布会议开始。

(2) 介绍审核组成员。

(3) 阐明审核的目的和范围、依据。明确审核目的、审核准则和审核将涉及的部门、项目;明确《规范》和《质量管理体系要求》标准作为审核依据的客观要求。

(4) 强调审核的原则。强调公正客观立场,说明审核是一个抽样过程,有一定局限性，但审核将尽可能取其有代表性的样本，使得审核结论公正；说明相互配合是审核顺利进行和获得公正结论的重要条件，提出不合格项报告的形式等。

（5）传达审核计划。审核计划已征得受审核部门的最后确认，一般情况下，审核计划不宜做大的调整；

（6）澄清审核计划中不明确的内容以及其他有关问题，如说明保密的情况、限制的区域等。对有疑问的问题进行澄清，交流双方关心的具体问题，确定末次会议的时间、地点及出席人员以及施工现场的达到时间及安排等。

（7）确认审核组和受审核部门领导都参加的末次会议的日期、时间，以及审核中各次会议的日期、时间。

（8）落实后勤安排。必要时，应对办公、交通、就餐作出安排。

（9）领导讲话，应强调审核的重要性，确保引起各部门的重视。

（10）会议结束。审核组长宣布结束会议。

4. 首次会议的注意事项：

（1）首次会议应准时开始、准时结束，通常时间不应超过半小时；会议应做好记录，与会人员都要签名。审核组长发现受审核部门重要人物未到场时应询问原因；

（2）会议应始终围绕主题，简明扼要；

（3）首次会议应致力于建立一个良好的审核"风格"和"氛围"；

（4）审核目的、范围和计划一般不在首次会议上做更改，较小的计划变更是允许的；

（5）陪同人员的作用：见证、联络、信息传递以及现场协调，每个审核小组最好有有关专业人员或负责人陪同或参与；

（6）在审核所安排日程（时间）段中，被审核部门负责人应在场。

规模较小、时间较短或常规性内审，可不开首次会议，有关问题可以通知审核形式替代，即使召开首次会议，上述内容及环节可视具体情况增删。

4.2.2 现场审核

首次会议结束后，即进入现场审核阶段。现场审核应按计划安排进行，具体的审核内容应按准备好的检查表进行。

1. 现场审核的作用

现场审核是使用抽样检查的方法寻找客观证据的过程。在这个过程中，内审员的个人素质和审核策略、技巧可以得到充分的发挥。一个称职的内审员会在轻松自如并使受审核方口服心服的情况下，完成审核任务。

现场审核在整个审核工作中占有非常重要的位置。审核工作的大部分时间是花在现场审核上的，最后的审核结论都是依据现场审核的结果作出的，因此对现场审核的控制以及现场审核中的一些审核策略、技巧的应用就成为实现审核一次成功的关键。

2. 现场审核的原则

现场审核时内审员应坚持审核的基本原则，以确保审核的成功。

（1）坚持以"客观事实"为依据的原则

没有客观证据而获取的任何信息都不能作为不合格项判断的依据；客观证据不足或未经验证也不能作为判断不合格项的证据。客观证据必须以事实为基础，且可陈述、可验证，不应含有任何个人的猜想、推理的成分；客观证据必须是有效的，如所提供的文件和记录应经过法定批准或签字，应是实际使用、执行的结果，应反映当前质量管理体系运行的真实状态和结果，对企业尤是如此。有许多活动的结果已经被下一道工序所隐蔽，取证就比较困难。

（2）坚持标准与实际验证的原则

审核不能脱离审核准则。因为审核是一个抽样活动，并限制在某段时间、某个范围内进行，所以更需要紧扣审核主题，严格对照标准，确定审核项目、要点和抽样方案，寻找客观证据。内审员应在审核准则与审核证据比较核对后才能得出合格与否的结论。凡标准与实际未核对过的项目，都不能判断为合格或不合格。

（3）坚持独立、公正的原则

审核过程往往是比较复杂的。审核判断时应坚决排除其他干扰因素，包括来自受审核方的、内审员感情上的等等影响判断独立、公正的因素，自始至终维护、保持审核判断的独立性和公正性，不能因情面或畏惧而私自消化不合格项。

3. 客观证据的收集

内审员应首先把精力放在收集有关客观证据上面。收集客观证据的方式可能有：

（1）与受审核方人员的面谈，即通过提问和听取谈话搜集信息。内审员要在很短的时间内会见一些人并与之交谈获得重要的事实。因此内审员就要注意运用技巧，与这些人建立一定程度的联系并保持客观性。使对方不能只回答"是"与"不是"，应使其有针对性地应提供更多的信息，这叫做开导提问。这种提问需要较多的时间回答，内审员从中也可得到一些思考的时间。

（2）查阅文件和记录。质量管理体系的各种文件和质量记录都是有用的信息，内审员可以请求："请让我看看……"，提出合理的要求有助于完成验证工作。内审员通过抽样检查分析，作出有根据的结论。例如：有的施工规范不是有效版本；有的记录与文件内容不一致；有的文件存在未经授权的更改；重要文件的分发不受控；有的施工方案技术交底缺少审批手续；有的实际工艺流程与规定不符；有的检验记录内容不完整；有的计量器具的校准周期超过有效期等等。

（3）现场观察（对活动和周围的工作与条件的观察）和核对，特别是对施工现场的活动、实物进行审核。内审员在现场审核特别是在施工现场审核时，要注意观察实际情况，检查受审核单位的管理者和操作者说的、做的和文件上写的是否一致。熟悉工艺的内审员切忌主观武断，应注意实际发生的事物，不作无根据的假定。例如，懂专业的内审员对技术交底指导书很清楚，但他仍需细致观察按此交底指导书工作的每个人是否都同样清楚和理解。因为，技术交底指导书有可能被误解，也许含义不清，也许操作者根据自己对技术交底指导书的理解另辟捷径，采用其他的方法对交底指导书进行了"改进"等等。只有通过对作业指导的执行情况进行观察，内审员才能对操作者是否按交底指导书操作、技术交底指导书是否被有效地执行得出客观结论。

（4）对实际活动及结果进行验证。内审员在现场审核中特别是针对工程实物质量进行观察，必要时要进行现场实测实量，把施工过程结果与过程控制有机地结合起来，从而验证体系运作的实际效果。

（5）来自其他方面的报告，如发包方反馈、外部报告和中间商的评价。

4. 收集到的客观证据形式有：

（1）存在的客观事实。

（2）被访问人员关于本职范围内工作的陈述。

（3）现有的有效文件、记录等。

5. 收集客观证据的相关注意事项：

（1）客观证据并不是越多越好，而是适用的客观证据（即审核证据）越多越好，过多过滥的客观证据反而会淹没真正需要的关键信息。

（2）客观证据必须是有效的，如所提供的文件和记录应经过法定批准或签字、应是实际使用执行的、应是质量管理体系运行期间有效的、应是反映当前实际情况的，客观证据应尽量靠近审核日期。

（3）应注意核查客观证据之间的相关性及一致性，从施工活动两个以上相关的客观证据之间发现问题或线索。

（4）应注意核查证据的真实性。受审核方提供的证据有可能夹杂着不真实的信息，因此，要注意核查，如询问有关人员、观察实际结果等。

（5）应收集能确定审核目标是否可以达到的客观证据。只有经验证的客观证据才可作为审核证据。

（6）在检查过程中，对发现的不符合项目，内审员应及时向受审核部门有关人员提出，及时取得对"不符合事实的共识"。一旦出现意见纠纷时，应及时由企业管理者代表和组长进行协调。

6. 现场审核记录

内审员必须"口问、耳听、眼看、手写"，应对调查获取的信息和证据做好记录。所做的记录包括时间、地点、访问和调查的对象、观察到的事实、凭证材料、涉及的文件、标识等。这些信息的记录应清楚、准确、具体、易于再查,只有完整、准确的信息才能作为作出正确判断的依据。

需要注意的是,对通过面谈或听到的评论所收集到的信息,应分析哪些是有用的客观证据。当受审核部门的负责人或某项工作的直接责任者所陈述的事实可作为客观证据,除此之外人员的陈述,只能作为"道听途说"。没有经过证实,就不能作为客观证据。

审核记录示例(表4-7):

现场审核记录　　　　　　　　　　　　　　　表4-7

受审核部门: 合同预算部　陪同员:××　　审核日期:××年×月×日

审核内容	条款	记录	标记
涉及的质量管理体系要求、主管的过程要求、参与/协同实施的要求职责和权限	4.1 (3.1) 5.5.1 (4)	主要负责的过程有合同评审及发包方满意度调查和回访保修; 建立了合同预算部《岗位责任制》,并制定了部门内部人员具体的分工,现有工作人员24名,均有明确分工	Y Y
质量方针	5.3 (3.2)	抽问部门3名管理人员,均知道质量方针,但向客户宣传不够	Y
质量目标	5.4 (3.2,3.3)	已按公司要求建立了销售部门质量目标,其中,业主投诉处理满意率,100%; 业主满意度测量方法没有确定,故未统计达成情况	Y N
内部沟通	5.5.3 (13.2.1)	1. 抽查投标工作月度会议记录,发现5月份召开投标会议; 2. 抽查市场招标信息反馈单5份,均按要求进行了传递、反馈与处理	Y
与发包方有关的过程	7.2 (7)	1. 查合同台账,所有工程合同均已登入,并有动态记录; 2. 查5月份工程合同10份,均为常规合同,有合同交底单; 3. 查6月份发包方口头要货登记表,发现某发包方没有登记,也未按规定通知技术部有关某发包方提出的设计更改要求	Y Y N

注意:无括号的条款号是《质量管理体系　要求》GB/T 19001—2008的条款;括号内的条款号是《规范》的条款

7. 现场审核技巧的应用

任何一项工作都应具备一定的技巧。内审员对现场审核技巧的有效运用是实现一次成功审核的关键之一。现场审核技巧是内审员在现场为及时收集到足够的适用的客观证据而采取的审核方法,审核技巧可根据不同审核目的、要求、对象和实际情况来选用，即可独立使用，也可交叉使用。运用的有效性，主要取决于内审员的个人素质、经验、习惯等。

按照《规范》实施质量管理体系审核时，内审员可能用到的审核技巧：

(1) 按施工流程审核的审核技巧

施工流程审核技巧是按照工程质量形成过程或质量活动操作步骤依次审核的方法。该技巧按审核方向不同分为顺向审核技巧和逆向审核技巧两种。顺向审核技巧是按照工程质量或质量活动从发生到实现的顺序进行审核的方法；逆向审核技巧是按照工程质量或质量活动从实现到发生的逆序进行审核的方法。

施工流程审核技巧适用于操作流程性强、确定的审核对象。该技巧审核思路清晰，方法简便，容易发现"接口"（界面）问题或"系统失效"。在审核设计开发、施工和服务提供的控制、内部审核等时可采用该技巧。

(2) 按施工企业组织结构审核的审核技巧

结构审核技巧是按照施工企业机构层次、职责及关系进行审核的方法。该方法按审核起点不同而分为自上而下（从管理层——项目经理部）审核技巧和自下而上审核（从项目经理部——管理层）技巧两种。当审核质量方针、质量职能的分配与落实、内部沟通、文件控制等时可采用该技巧。

(3) 选择某个部门审核的审核技巧

选择部门审核技巧是每次审核一个特定部门内的所有活动的审核方法。在进行质量管理体系审核、采购、发包方满意、数据分析等时经常采用该策略。运用该技巧时关键是针对某个部门确定过程，分清主次，且应在各审核人员统一协作的前提下完成审核任务。

(4) 选择某个活动审核的审核技巧

选择某个活动审核是审核质量管理体系标准中与某一个活动有关的每一项活动的审核方法。该技巧的适用性与选择部门审核技巧相同。但在运用该技巧时关键是针对某过程选择部门，分清主次，且须防止重复交叉问题。通常它与选择部门审核技巧是结合在一起的。

(5) 重点扩散审核技巧

重点扩散审核技巧是围绕某个重点适当扩大审核范围的审核方法。一个称职的内审员，确认审核重点是其必备的基本功。在进入审核区域时，首先要确认审核重点，并在审核过程中随时抓住重点并适当扩大审核范围。在审核资源管理、管理评审、质量目标、过程的监视和测量、过程确认、产品的监视和测量等时可采用该技巧。

(6) 问题溯源审核技巧

问题溯源审核技巧是针对某个问题进行原因追查的审核方法。在审核时发现各种各样问题，为使判断正确、深刻，应分析、追溯产生问题的本质原因。在审核数据分析、发包方投诉、设计和开发更改的控制、不合格品、纠正和预防措施等时可采用该技巧。运用该技巧时，关键是要透过现象看本质，保持预防、改进的锐利目光。

(7) 概括切入审核技巧

概括切入审核技巧是从了解审核项目基本情况、事实、数据入手，有目的、有重点地步步缩小范围、深入具体的审核方法。有些审核对象，如质量记录的控制、管理承诺、职责和权限、内部沟通、设施、与发包方相关的过程、过程的监视和测量等宜从掌握概况入手。为确保审核抽样的代表性，也需要内审员能够把握审核对象整体。

(8) 顺藤摸瓜审核技巧

顺藤摸瓜审核技巧是以问题线索为主导深入追查或核实的审核方法。内审员应具有职业敏感性，在审核中善于发现、捕捞问题线索。有时问题线索会超出检查表范围，但若是与标准有关的重大问题线索，不妨变更计划，紧追不舍。在审核不合格品控制、发包方投诉、退货、发包方满意等时往往需要运用该技巧。

(9) 现场巡视审核技巧

现场巡视审核技巧是以全面观察现场现象为主的审核方法。标准中的一些条款、要求，必须亲临现场观察才能得出结论，如产品标识和检验状态、工作环境、在用测量设备技术状态、设备操作与维护、工艺操作、储存、搬运、包装、防护等。

8. 现场审核的基本方法

(1) 沟通

审核过程实际上是一个沟通过程，而且是一个正式的双向沟通过程。掌握沟通技巧，是对内审员的基本要求。充分、流畅的沟通是审核成功的关键之一。

① 面谈

一次成功的面谈，有利于建立融洽关系，消除心理障碍；有助于争取受审核方人员的合作；有助于查明情况，获取需要的客观证据。特别是施工现场工人的素质一般较低，人员回答问题的能力较弱，因此应注意对症下药。在面谈时的内审员应掌握的技巧有：

 a. 得当的提问；

 b. 说要少，听要多；

 c. 保持融洽的关系；

 d. 选择适当的面谈对象。

在面谈时，内审员应自始至终保持礼貌、友善的态度，如：对面谈对象及内容表示兴趣，对误解要耐心；避免打断、干扰、反驳对方的谈话；"请"和"谢谢"适时使用；保持客观、公正的态度等。

面谈是收集信息的一种重要手段，面谈的方式应与面谈情况和接受面谈的人员相适应，此外，内审员还应考虑以下方面：

a. 为了获得具有代表性的信息，在审核期间受审核组织内不同层次和职能的人员应予以面谈，尤其是审核需考虑活动或任务的那些执行人员；

b. 面谈应尽量在接受面谈人员的正式工作场所进行；

c. 应采取各种方式，避免接受面谈的人员在开始面谈前感到紧张；

d. 面谈的理由与所做的笔录应予以说明；

e. 面谈可以首先要求接受面谈的人员介绍其工作内容；

f. 面谈的结果应予以归纳，所得出的任何结论应在可能的情况下与接受面谈人员进行验证；

g. 所提出的问题可以是开放式或封闭式的，但应避免引导式的问题；

h. 对接受面谈的人员的参与合作应表示感谢。

② 提问

提问是审核中运用最多、最基本的方法。采用正确的提问方式提问，这是内审员基本的沟通技巧。

提问的目的主要有：

a. 获取审核所需的信息。通过提问，有目的、有重点地去收集信息。信息不是越多越好，而是适用信息越多越好，即所获取的信息应有助于迅速地正确地达到审核目的；

b. 掌握审核主动权，保证审核计划如期兑现。根据审核的目的、计划，有选择、有重点地提问，使受审核方能在你的提问下自觉或不自觉地提供你所需要的信息和证据，将受审核方的行为引入到你的审核计划安排的轨道上来，保证审核计划顺利实施。

提问按回答结果分成三类：

a. 开放式提问。以能得到较广泛的回答为目的的提问方式。"怎么样"、"什么"这样的问式为开放式提问；

b. 封闭式提问。可以用"是"、"不是"或一两个字就能回答的提问方式。内审员除必要时应尽量少用封闭式提问。封闭式提问往往会使面谈对象情绪紧张。

有些问题也很难回答，实际中的许多情况是不能用"是"或"不是"来定论的；

c. 思考式提问。可围绕问题展开讨论以便获得更多的信息的提问方式。问式常有：为什么？请告诉我……

内审员根据打算了解的情况、面谈对象的情况和面谈发展的情况，可灵活使用上述三种类型的提问。

提问按检查内容可分为二类：

a. 按审核检查表提问；

b. 根据审核进展情况提问。

总之提问方式有许多种，不管哪种方式，重要的是你的提问必须观点和目的明确，时机适当；必须表述准确、清楚、层次分明，依次递进，就像剥笋一样一层层剥进去直至剥到你需要的地方。提问要用最短的时间，从最佳角度获得最能达到审核目标的信息和证据。如检查表上列有A、B、C、D四个依次关联的问题，你按序提问显得机械呆板，而且不与当时场景结合，提问效果往往不好。选择问题则显得灵活，有针对性，能提高提问效果。

在提问时还应注意：

a. 考虑被问者的背景；

b. 观察神态表情；

c. 适时表示谢意；

d. 努力理解回答；

e. 不能建议或暗示某种答案；

f. 不说有情绪的话；

g. 不要连珠炮式地发问。

③ 聆听

学会聆听，对内审员来说是非常重要的。

在审核过程中，内审员聆听的时间可能会达到总时间的80%，谦虚和认真地聆听态度有助于形成融洽气氛和获得有价值的信息，有助于得出客观的审核发现。

聆听技巧有：

a. 少讲多听；

b. 不怕沉默；

c. 排除干扰；

d. 多问开放性问题；

e. 多鼓励讲话者；

f. 善意的态度。

聆听时应注意事项有：

a. 持平等、真诚的态度；

b. 专注、认真地听；

c. 有耐心并及时反馈；

d. 尽可能不要做出不恰当的反应。

④ 验证

内审员得到对方回答后，需要辨别真伪，正确理解意思，所以进行分析验证是必不可少的。主要包括以下四个方面：

a. 把对方回答与环境（背景）因素作为一个整体考虑分析；

b. 通过一种或多种渠道加以验证，验证是一种最直接有效的方法；

c. 从比较合适的角度分析、理解对方的回答；

d. 对对方表达的意思要具有职业的敏感性，善于从中捕捞到蛛丝马迹，顺藤摸瓜。

一般情况下，内审员在得到回答后，常采用"请给我看……"的语句，如果客观证据一时拿不出，受审核方推托或稍后提供时，内审员应记下此细节，以防遗忘。内审员不能认为某人说的就是事实而忽略客观证据的验证，否则将会导致错误的审核结论。被访问人员的陈述并不都可作为客观证据。通常当事人或负责人所作的陈述才可作为客观证据。

验证时，可按下述思路进行：

a. 有没有。不能因为回答得很圆满，审核就到此止步。还要按照标准要求，验证应具备的程序文件、计划、记录等是否符合要求；

b. 做没做。不能因为文件、计划、记录编制得很好、很多，就认为符合要求了，还要按照文件、计划进行观察、面谈、核查，判断实际是否做了；

c. 做得怎样。不能因为已按文件、计划做了，审核到位了，还要检查实际做的结果是否有效，是否真正进入了受控状态是否达到了质量活动规定的目标；

d. 笔记。在提问、验证、观察中发现的客观证据应及时予以记录，并让受审核方确认。

（2）一些典型情况的应对方法

实际审核中会遇到各种各样的人，由于这些人对审核持有不同的看法，就会产生不同的态度，内审员应针对不同类型的人采用适当的应对技巧。

① "没问题"型

这种人试图使内审员产生"优秀"的看法，只给你看好的一面，对差的地方搪塞了事。应对技巧是：坚持全面审核，听好的，也要听差的，看好的，也要看差的。

② "抵触"型

不欢迎任何批评，轻视内审员的意见，不与内审员合作。

应对方法是：保持冷静，坚持审核，对查到的问题作清楚耐心的说明。

③ "掩盖"型

尽可能少说话、少回答问题，即便回答问题也兜个圈子，力图使内审员少了解真实情况。

应对方法是：耐心、容忍、灵敏变换问法，直至达到目的。

④"一问三不知"型

对所提的问题以情况不熟悉为由不作回答。

应对技巧是：请示受审核方领导另派熟悉情况的人陪同或介绍情况。

⑤"高谈阔论"型

对内审员提出的问题旁征博引，高谈阔论，与你进行理论探讨，想利用专业方面的优势震慑住内审员，减缓审核进度。

应对方法是：及时插入最实际的问题，不与其辩论理论问题或技术问题。

⑥"办不到"型

当内审员提出问题时，以实际行不通、做不到、没必要、太繁琐等为理由向你解释，不肯承认问题。

应对方法是：清楚、耐心地说明这是标准的要求，审核是标准与实际核对的过程。

⑦"辩解"型

对被查到的不合格项千方百计辩解，寻找开脱理由。

应对方法是：可以重新核查，坚持以事实为依据。

9. 现场审核过程的控制

按照《规范》实施现场审核在整个审核工作中占有非常重要的位置。审核工作的大部分时间是花在现场审核上的，最后的审核结论都是依据现场审核的结果做出的，因此对现场审核的控制就成为审核成功的一个重要方面。现场审核控制主要责任者是审核组长。审核组长就好似乐队指挥，应注重乐队团体的和谐，发挥整体功能；内审员应按计划有序协调地进行，服从审核组长指挥，内审员间彼此充分沟通、协调、互补。这些是保持审核质量的关键。

(1) 把握审核目标

质量审核从策划开始到提交审核报告结束，自始至终应把握审核目标，特别在现场审核时，会有各种干扰，稍不注意就会使审核偏离原定轨道。审核组长在组织审核过程中，应随时掌握动态，把握方向，认准目标，发现偏离及时协调、调整；内审员应保持清醒的头脑，清楚自己正在干什么，应干什么，怎么去干，坚定地按照计划安排和检查清单进行，不要因各种干扰而轻易转移审核视线，偏离审核目的。

(2) 审核计划的控制

通常应依照审核计划和检查表进行审核，只有当认为改变审核计划可以更好地达到审核目的时，才可适当变更。变更审核计划需得到委托方的批准或受审核方的同意，只有当发现有严重不合格可能时，才能超出原检查表的限制，按新发现的线索跟踪，直到做出结论。

(3) 审核范围的控制

从内部审核的目的出发，审核中常有扩大审核范围的情况出现，当要改变审核范围时应征得审核组长的同意，必要时内审员有权扩大抽样范围和抽样数量。但内审员在审核时决不能在一个部门"直至找到问题为止"，对偏离检查表的审核应特别慎重，除非有关键线索，一般不应偏离，应审时度势，调查至必要的深度。

(4) 审核进度的控制

审核工作应按照预定的时间完成，如果出现了不能按预定计划时间完成的情况，审核组长应及时作出调整，通过调整力量或适当减少审核内容等办法使审核工作按预定的计划进行下去。对需追踪的重要线索可由组长决定延长审核时间直至得到可信的检查结果。

(5) 审核气氛的控制

审核组长应时刻注意审核工作的进展情况，对审核中不应该出现的气氛紧张或过于潦草等情况，采取适当的措施纠正。融洽的气氛有利于审核的进行并保持审核节奏。

4.2.3 审核组内部交流与关注重点

1. 保证审核小组会议的效果。

审核进行到某个适宜阶段或1天结束后，应开审核小组会，这是审核组长实施控制的重要手段。通过审核小组会，审核组长了解各内审员工作进程，提出下一步工作要求，协调有关工作。在小组会上，还应对查到的审核证据和审核发现、分析和判断，决定是否需要开具不合格项报告及确定不合格类型。在末次会议之前应召开一次小组会，对审核结果进行归纳、分析，并作出评价，研究末次会议审核组发言内容。

2. 确保策划的合理性。

在审核时，要明确主体、合理抽样，确保样本策划合理。比如焊接过程中的人员类别，焊接设备、材料、行业准则等均可进行合理抽样。

3. 应准确识别影响工程质量和体系运行的关键过程及其主要因素。

在施工过程中，关键过程是指对形成工程质量起决定作用的过程，一般包括形成关键主要特性的过程，或加工难度大、质量不稳定，易造成重大损失的过程。过程能力是过程处于统计控制状态下，过程的输出满足容差范围的能力。影响过程能力的主要因素可用5M1E表示，并从中加以识别。

4. 注意影响，综合分析。

应注意受审核方体系中过程、活动间的相互作用产生的影响，把握好各因素的质量特征，以准确进行审核。

5. 注意对客观证据的确认。

审核证据是基于可获得信息的抽样。因此，在审核中有不确定的因素，应当意识到由此得出的审核结论存在不确定性。所以审核中应注意对可靠性的控制。

6. 保证审核过程的正常实施。

应对违反审核纪律或不利于审核正常进行的言行及时纠正，对某些意外情况应及时妥善处理。

7. 及时与受审核方沟通。

审核期间，审核组长应定期就审核的状况和任何关注的问题与受审核方进行适当的沟通。内审员对所有超出审核范围的问题的任何关注均应予以记录，向审核组长报告，以便尽可能就此与审核委托方和受审核方进行沟通。随着现场审核的进展而可能出现的审核范围的任何变更需求，均应与审核委托方进行评审并得到其批准。当可获得的证据表明审核的目标无法实现时，审核组长应向审核委托方和受审核方报告原因，以确定适当的措施，措施可包括：终止审核或变更审核目标。

8. 正确实施合格项的控制。

当没有发现不合格项时，对合格项的归纳至少应指明所审核的场所、职能或要求。若在所商定的范围内，合格项的各个审核发现还应分别形成文件、如记录或报告。

9. 科学实施不合格项的控制。

内审员对未满足规定要求的不合格项应以清晰和简明的方式加以识别和记录，应与受审核方的代表就不合格项进行评审，以获得受审核方的理解和审核证据的支持。受审核方的确认表明不合格项中的事实是准确的，并且对不合格项得到理解。双方应力求解决就有关事实存在的意见分歧，未能达成一致的意见应予以记录。

所有的不合格项均应报告审核组长，审核组长每天都应对不合格项进行审查。凡是不够确实或不够明确的，或未得到受审核方确认的，可采取再检查核对的办法。

4.3　审核报告阶段及其主要活动

根据对不合格项情况的综合分析，审核组应从利于改进的目的出发，发出不合格项报告。审核组长对审核的结论负责。

4.3.1　不合格报告的编写及汇总分析

1. 不合格定义

不合格的定义是："未满足要求"（有时也称"不合格"）。产生不合格的原因可能是：

（1）质量管理体系文件、图样、作业指导等与质量管理体系标准、有关标准、法规、合同要求不符；

(2) 实施执行不符合有关文件的规定和未取得预定的效果。

内审员在审核中，必须严格依据客观证据确定不合格，有争议时，可重新研究确认。

2. 不合格分类：在质量管理体系建立实施过程中，按照产生不合格的原因，一般分为三类不合格。即：

(1) 体系性不合格；

(2) 实施性不合格；．

(3) 效果性不合格。

3. 不合格程度：按不合格对影响质量管理体系正常运行及有效性的程度进行衡量，予以分类。一般分为两类：

(1) 主要不符合项。它被认为是主要的或重要的。它可能对有关的质量结果或质量管理体系的有效性造成严重的后果。如：

① 缺少或者没有实施《规范》要求和质量管理体系要素。

② 实际工作中严重违反规定的文件和程序。

(2) 次要不符合项，它被认为是次要的、轻微的。不会导致严重后果的不符合项。如：

① 程序文件或作业指导书中次要的规定项目的遗漏或不符合；

② 部分程序文件或作业指导书在实施中的偏差。

4. 不合格分析：在现场审核中可能会发现较多的不符合项，但他们不一定都同等程度地导致影响工程质量或质量管理体系有效性的严重后果。内审员应根据不符合的严重性分为以上二类不符合。为有助于分类工作，内审员可以自问两个问题来帮助思考和判定：

(1) 如果不纠正该不符合项，其不良后果会是什么？

(2) 如果任这种不符合项发展下去，会产生什么后果？

还有一类问题虽然未构成不合格，但是有变成不合格的趋势，或者可以做得更好，这类问题，可作为"观察项"，口头向受审部门提出，以引起注意。对观察项不编写书面报告发给受审核部门，但审核组应有观察项记录。

5. 不合格报告的内容

不合格报告的格式，无统一的规定，可视各自的工作习惯而确定。但无论格式如何，一般都有以下内容：

(1) 受审核部门及负责人姓名、职务。

(2) 内审员姓名。

(3) 审核依据。

(4) 不合格事实的描述，这是不合格报告的关键部分，描述应力求简练、清晰，如发生什么现象、事情发生在何处、何时何人执行此事或在场，图号、文件或记录编号、数量以及名称型号等；同时还应说明此事哪一点（或哪几点）做得不正确。

在指出不符合《规范》或质量管理制度（含质量手册）的具体条款时，应力求判断确切，否则会使纠正措施的方向产生偏差。

（5）不合格的类型及程度。

（6）建议采取的纠正措施计划及完成日期。

（7）受审核部门的确认。

（8）纠正措施完成情况及验证。

6. 不合格报告应注意的事项：

施工现场和管理过程的不确定性是十分普遍的，因此纠正不合格的举一反三作用是非常重要的。不合格报告应分发到产生不合格的责任部门和相关部门；分发应当有分发记录并保存。内审员以通知单的形式陈述不符合项，并将此通知单作为最终提交的审核报告的凭证材料。因而内审员要用客观、准确、精练的语言陈述所发现的不符合事实，使无论是参加了审核还是未参加审核的人都能理解通知单的内容，特别是使那些未参加审核但又要针对不符合项采取纠正措施的人看了通知单后对问题一目了然。为此编写不符合项通知需要注意以下几点：

（1）发现的地点：清楚地陈述，以便人们能追溯问题的发生源。

（2）发现的内容：准确地表明发现了什么，否则不可能再次发现它（再现性）。

（3）在现场的人：陈述通常不涉及具体人员。但是，当客观证据是根据人的陈述时，就需要把当事人及其陈述清楚地说明，但一般情况下不应提及人的名字而提其职位。

（4）评判依据：为什么它是不符合项？报告中要清楚地陈述它违反了哪一项规定。

下面举几个不符合项案例进行报告分析。

案例1：

质量管理制度（如：质量手册）6.2.3条规定：各部室领导有责任确保对职工每年进行一次业务和管理知识方面的培训，培训结果应记录在每个职工的培训登记表上。

在培训部，随机抽查了张××、王××等10份职工的培训登记表，都未记录2009年度的培训结果。培训部经理解释说，"去年各部室的工作都很忙，所以未制订培训计划"。

此例所记录的是客观事实，并可追溯（即能够很容易地重新获取）。其中培训部经理说的话是有关其职责范围内的工作，内审员做了记录，能够作为客观证据。

从有利于受审核方纠正考虑，不符合报告中一定要突出"未制订培训计划"这一事实。若只写"在培训表上无2009年度培训记录"，则受审核部门就可能将此问题归入质量记录管理一类予以纠正，而漏掉了需要改进的实质问题。

上例违反了质量管理制度中对受审核部门的有关规定，即有规定而未执行，是一个实施中的不符合项。

案例2：

在质检部，发现一编号为0086号的未经校准的天平，据工程师讲，该仪器是准备封存的。

此例所陈述的是客观事实，而且很容易再现。这也是一个实施中的不符合项，但主要原因是仪器应该是封存的。

如果这个不符合项写成：

"在质检部，发现一未经校准的天平"。虽然这样写更简练，也是客观事实，但却不利于施工企业纠正。因为造成出现一未经校准的水准仪的原因可能是多方面的，如：可能是新购置的仪器；可能是未进入受控台账的仪器；可能是校准标识遗失；可能是借来的仪器，未同时带来校准标识（或证件）；其他原因等等。

案例3：

施工企业的合格供方名册中水泥供方为某水泥厂，但不在当地建委备案名录内。

该事实为某水泥厂已经是公司的合格供方，不在当地建委备案名录内，显然不符合法规的要求，事实和原因是清楚而简单的。

案例4：

某新建成的住房，经环保部门检测室内氨气严重超标。居民因此找开发商，开发商说："这事与我们无关，应该由建筑商负责"。内审员查其原因是施工方为了加快工期，在冬天施工时在混凝土中加入含氨防冻剂。但建筑商说"我们也没有责任，因为开发商没有对我们提出不许加含氨防冻剂的要求"。

此事实的情况很清楚，原因是施工单位冬天施工时在混凝土中加入含氨防冻剂，造成小区居民室内有很浓的氨气味，对事实和原因不会产生歧义。

案例5：

某框架结构工程六层东段的5、6轴混凝土墙体，在拆模时发现有严重移位现象，有的部位移位甚至达到10厘米。工长立即组织工人凿掉墙体重新浇筑混凝土。

此案例首先应抓住"严重移位"这一关键词，特别是"有的部位移位甚至达到10厘米"，说明了问题的严重性，因此工长仅仅进行了返工是不行的，关键要找出产生这类问题的原因，应及时进行改进，制定措施以防止同类问题的再发生。因此本案例的不合格事实应判为不符合《工程建设施工企业质量管理规范》GB/T 50430—2007 的 13.1 规定。

(5) 不合格事实的正确判定

由于产品生产过程因素的影响，因此，不符合事实可能由多种因素构成。所以内审员在现场记录不合格事实时除了上面清楚明了的叙述以外，还应重点搞好现场不合格项所处的背景，抓住问题的关键环节，为正确判断不符合事实的性质及判定所违反的标准条款奠定良好基础。

显然，要正确地判断一个不合格事实，应抓好三个环节：

① 客观分析不合格产生的原因，并认真记录不合格事实；
② 正确理解不合格事实的背景，不可随意歪曲事实背景；
③ 抓住关键环节，针对关键部位和关键环节判断违反了哪条标准规定。

7. 不合格的汇总分析：

有了不合格报告等证据，审核组应进行汇总分析，以便对受审核部门的质量工作做一次总评价，同时也可以使不合格报告的描述更简练、明确、具体。汇总分析可以这样进行：

(1) 从发现的不合格数量进行分析

这个分析除了在数量上以外，还可以更进一步根据不合格的分类来进行，以便概括这些数据。大致说明受审核部门的薄弱环节在哪里，这就有利于采取纠正措施。

(2) 纵向比较

这可以同受审核部门上次审核的不合格数量和构成进行比较。还可以同上次审核后的纠正措施完成情况、效果等进行比较，分析其进步与不足。也可以进一步分析不合格的趋势及可能造成什么后果。

(3) 横向比较

这是从受审核部门对最终产品质量的影响来分析的。如两次审核间，发生的质量事故中，由于该部门工作不当造成多大的影响，该部门的领导对此的认识和态度是不是正确、有没有改进等。

(4) 分析总结审核工作的优点和不足

通过以上分析，可对受审核部门在整个质量管理体系的质量活动中作出好的、基本上好的、问题较多、有待切实改进等结论性意见。这些意见还应与受审部门领导沟通，征求他们的意见，力求一致。

在审核结束、起草审核报告前，审核组应同受审方的高层管理者和有关部门的负责人举行一次会议，这次会议的目的是向受审方的高层管理者说明审核观察结果，以使他们能清楚地理解审核的结果，见表 4-8、表 4-9。

质量管理体系内部审核不合格报告表　　　　表 4-8

受审核部门		审核日期		内审员		受审核方负责人	
不合格事实描述：				不合格原因/对产品质量影响的分析：			
				纠正措施：			
不符合：程序文件： 标准条款： 不符合类型：□A□B□C 不合格性质：□严重□一般 内审员： 日期：				纠正措施审批意见： 　　　同意上述纠正措施。 审批人：　　　　　日期：			
受审核方： 负责人： 日期：				纠正/纠正措施完成情况验证： 验证人： 日期：			

注：A 体系性不合格；B 实施性不合格；C 效果性不合格。

4.3.2 末次会议

1. 在末次会议之前审核组应进行内部商议，以便：

（1）评审所有审核发现；

（2）达成一致的审核结论；

（3）讨论审核的跟踪措施。

在审核结束、起草审核报告前，审核组应同受审方的高层管理者和有关部门的负责人举行一次会议，这次会议的目的是根据《规范》和 ISO 9001 标准等的要求，向受审方的高层管理者说明审核观察结果，以使他们能清楚地理解审核的结果。

2. 末次会议的目的：

（1）向受审核方介绍审核情况，以便他们能够清楚地理解审核的结果，并予确认。
（2）报告审核发现（重点在不合格项）和审核结论。
（3）提出后续工作要求（纠正措施、跟踪审核等）。
（4）宣布结束现场审核。
末次会议由审核组长主持，受审部门的参加者可适当扩大，但参加者应签到，会议应有记录并保存归档，会议时间1小时左右。

3. 末次会议的内容：

审核组对受审核方的整个审核期间的合作表示感谢，与会者应签到。
（1）重申审核目的和范围。
（2）强调审核的局限性。审核是抽样进行的，存在一定风险。但审核组已尽量使这种抽样具有代表性，使审核意见具有公正性。
（3）宣读不合格项报告（可选择主要部分），说明不合格项与《规范》要求的关系。
（4）提出纠正措施要求。审核组向受审核方提出采取纠正措施的要求，包括确定纠正措施的时间，完成纠正措施的期限，验证纠正措施的方法等。
（5）宣读审核意见。审核组长宣布审核意见，并说明审核报告的发布时间、方式及其他后续工作要求。
（6）受审核主要部门表态，并对纠正作出承诺。
（7）会议结束，审核方表示谢意。

4. 末次会议的注意事项：

（1）末次会议不仅是第三方审核结束时的一个重要会议，也是内部审核结束时的一个重要会议，不能省略。
（2）末次会议的重点应围绕着不合格项提出纠正措施及要求。
（3）审核结果、意见涉及到的重要部门和人员应到会，以便实施纠正。所有到会的人员应签到。
（4）末次会议的召开时间是在审核计划中确定的，应保持审核风格和良好的氛围。"准时开始、准时结束"，会议时间通常为半小时。受审核方想延长会议时，可满足其正当要求。末次会议切忌拖沓，发生争执。
（5）末次会议应有会议记录，并保存，记录应包括签到表。
（6）对有些不合格项，若受审核方已在末次会议前采取了纠正措施，经内审员验证也较满意，可不在会上提出；如提出则在会上表示满意态度。
（7）末次会议应适当肯定受审核方取得的成功经验和好的做法，不要一味谈问题。
（8）宣读不合格项报告或对受审核部门不利结论时，应充分准备，选择适当措辞，防止陷入"僵局"。

(9) 应说明所有的审核都具有一定的不确定因素。由于审核是利用有限资源在有限时间内开展工作，因此审核期间所收集的信息不可避免地只是建立在对可获得信息的抽样基础上。所以这就导致了所有的审核都具有一定的不确定因素，提请审核结论的使用者应对这种不确定性加以关注和理解。

（10）如在会前能与受审部门及时沟通，则在末次会议上，不致引起对不合格报告的争执，若确有难以协调的争执，则提请主管领导协调解决。

对受审部门提出的问题，审核组长应予回答或澄清，审核报告的发送日期也应说明。

4.3.3 内部审核报告

内部审核报告是审核组结束审核工作后必须编制的一份文件。审核报告将由审核组长在审核后规定期限内以正式文件的方式提交给最高管理者或主管领导。审核报告提交后，审核即告结束。

审核报告是对审核中的审核发现（不合格项）的统计、分析、归纳、评价。报告应规范化、定量化、具体化，要统计分析不合格项，对审核对象的质量活动及结果进行综合评价，与受审核方共同制定纠正措施和实施要求。提交审核报告前，应与受审核方管理者协商交底，核实修正报告内容，取得原则上同意之后提交最高管理者或其代表审查批准。被批准的审核报告应分送有关部门和人员。

1. 报告内容

审核组长对审核报告的编制、准确性和完整性负责，审核报告通常包括以下内容：

（1）审核目的和范围；

（2）审核组长及成员；

（3）审核日期及计划主要项目实施情况；

（4）实施审核的依据，如质量管理体系标准、质量管理制度（质量手册、程序文件）等；

（5）不合格项目的统计分析；

（6）对受审核方的综合评价，应客观、公正、合理地对受审核方的质量管理工作进行整体评价，肯定优点，指出缺点，提出审核结论；

（7）提出纠正措施实施要求；

（8）审核报告的发放范围；

（9）审核报告的批准。审核报告应得到最高管理者或主管领导的批准；

（10）审核报告附件。不合格项报告和其他认为必须的审核结果的资料可作为审核报告的附件。

2. 报告中的审核结论

审核结论必须写入审核报告中。审核结论，不仅是受审核方最为关心的审核结果，也是审核组最为困难、最需慎重的决定。审核结论应在所有审核发现汇总分析的基础上作出。

（1）审核报告应包括诸如以下方面的结论：

① 质量管理体系在审核范围内是否符合审核准则：《规范》和《质量管理体系要求》的规定；

② 管理体系在审核范围内是否得到有效实施；

③ 质量管理体系评价对确保质量管理体系的持续适宜性和有效性的能力。

（2）鉴于《质量管理体系　要求》GB/T 19001—2008 标准和《规范》强调持续改进和发包方的满意，在评价质量管理体系并作出上述结论时应充分考虑到：

① 质量方针和质量目标实施的有效程度；

② 质量管理体系的适应性、充分性、有效性；

③ 产品满足发包方要求与法律法规要求的能力和发包方满意程度。

④ 持续改进机制是否建立。

（3）报告处理方式有：

① 根据审核结果及综合评价，由审核小组提出建议，对受审核方进行考核奖惩。

② 根据审核报告中提出的纠正或改进措施，组织分层分步实施，并对实施情况进行跟踪报告。

③ 将审核过程形成的有关文件、资料整理归档，以便统计分析、查询和利用。

④ 报告应分发至有关领导和部门，以便采取纠正和预防措施。

（4）报告格式

无统一格式，由企业自行规定，但报告的格式应规范、紧凑、突出重点、照顾一般。

不同审核对象的审核报告应有区别。

（5）注意事项

① 审核结束后，结论和建议应形成报告。

② 报告应力求客观，对事不对人，适当肯定受审核方，不要一味谈问题。

③ 报告应先征得受审核方负责人同意，取得组织领导的批准后，才能分发、实施。

④ 报告应突出重点，容易理解；应简明扼要，避免冗长叙述；应定量，具体，用典型事实、数据说话；应能抓住组织领导和发包方关心的问题。

⑤ 报告应及时分发至相关的、需要的或应采取措施的企业部门和人员。

⑥ 措施的制定不能就事论事，就受审核部门论受审核部门，应透过现象看本质，通过局部看全局；应可操作，可控制，可评价；应从预防、系统、发展的

角度制定；应循序渐进、分层分步地制定实施措施。

审核报告举例见表4-9。

审核报告　　　　　　　　　　　　　　　　　　　　表4-9

1. 审核目的：
   评价质量管理体系运行的符合性和有效性

2. 审核范围：
   公司房屋建筑设计、施工、安装和服务所涉及的公司内各部门、分公司、试验室、所有在施项目和所有活动，收集证据时间从2009年6月18日到目前为止

3. 审核准则：
   (1)《质量管理体系　要求》GB/T 19001—2008标准
   (2)《工程建设施工企业质量管理规范》GB/T 50430—2007
   (3)与产品有关的法律、法规的要求
   (4)公司现行有效的质量管理体系文件A版

4. 审核时间：2010.6.16—2010.6.18　　共3d

5. 人员组成：
   审核组长：A　　　　　组员：BCDE

6. 审核综述：
   2010年6月16日到2010年6月18，为期3d对公司的质量管理体系进行了审核，审核进展顺利，得到了各部门的积极配合，各级领导非常重视，审核非常成功，本次审核一共开具了18项不合格，均为一般不合格。不合格见附表。

   1)质量管理体系有效性评价。
   质量管理体系文件基本符合《质量管理体系　要求》GB/T 19001—2008标准及《工程建设施工企业质量管理规范》GB/T 50430—2007的要求，对质量管理体系文件在审核中进一步审核，文件未作修改，基本符合实际情况，能够对主要活动起到控制作用，但文件的可操作性仍然需要改进，特别是作业文件需要及时完善。

   公司的最高管理层及全体员工具有较强的质量意识，质量管理体系的实施状况基本符合质量管理体系标准、质量管理体系文件和适用的法律、法规要求和规定。

   对质量管理体系有效运行和施工工程质量影响较大的关键过程和重点过程(施工现场质量管理、采购活动、工程的检查活动等)能按要求实施并达到较好的控制效果，为工程质量的符合性提供了保证。施工策划、施工控制和设计变更的控制比较到位，工程实物质量呈稳定上升趋势，工程竣工合格率达到100%。审核中没有发现较严重的质量事故和重大的发包方投诉，发包方和监理、合作方的满意程度较高，质量管理体系的实施运行具备实现质量方针和质量目标的能力。

   建立了自我发现问题和持续改进质量管理体系有效性的机制，内部审核、质量管理体系评价和纠正、预防措施等活动的实施基本有效。

   2)审核结论。
   本次审核的结论是体系基本有效，但在施工方案的策划深度方面需要不断改进。针对审核中发现的不合格项而言，公司还应提高质量管理体系文件之间的协调性和适宜性，在文件控制、产品要求的评审和数据分析等方面加强控制，进一步提高培训的有效性，对人员的质量意识和责任心进一步强化提高，使公司的质量管理水平不断提高

续表

纠正措施要求：
　　审核组要求对开具的不合格一定要查找原因，举一反三，认真整改，确保类似的不合格不再发生。要求不合格在3d内查清原因提出纠正措施，两周内完成纠正措施并报请审核组组长验证。
　　纠正措施效果验证：18项不合格项，措施效果满足规定要求，现予以关闭。

编制：组长：×某
　　　审核组全体人员意见：同意报告内容。
　　　　×某　×某　×某　×某　　　　　　　　　　　　　2010年6月26日

审批：同意报告内容　主管领导：×××　　　　　　　　　　2010年6月26日

4.4 纠正措施及其跟踪验证的主要活动

4.4.1 纠正措施

1. 纠正措施在内审中的意义和作用

在内审中，纠正措施具有特别重要的意义，这是由内审的目的所决定的。内审的目的之一就是在于发现质量管理体系的问题，查出原因，采取纠正措施加以消除，以免重犯类似不合格，使质量管理体系得到不断改进。

2. 纠正措施建议的提出

(1) 提出纠正措施的建议

审核组在现场审核中发现不合格项时，除要求受审部门负责人确认不合格事实外，还要求他们调查分析造成不合格的原因，有的放矢地提出纠正措施的建议，其中包括完成纠正措施的期限。如果受审方坚持不同意对不合格的判定，也不肯提出纠正措施建议，则应提交管理者代表仲裁。

(2) 纠正和纠正措施

这里还需指出一点，即纠正和纠正措施是不同的概念。有的部门认为对不合格项就事论事地进行了纠正，就算采取了纠正措施，这是不对的。纠正是"对不合格进行处置"，而纠正措施是"针对消除不合格原因所采取的措施"。

(3) 内审员与外审员最大的不同是能否提出纠正措施的建议

外审员对纠正措施是不提供任何建议的，否则就有"咨询"之嫌；但内审员却不同。内审员与被审部门负责人都是同一单位的，所以当内审员提出不合格报告时，受审部门的负责人首先要对事实加以确认，其次对不符合哪个条款与内审员讨论以便决定纠正的方向。这时内审员就可以对纠正措施提出建议。内审员可积极参加纠正措施建议的讨论，但不能代替受审部门具体制定纠正措施，更不能承担纠正措施实施后果不良的责任。

3. 纠正措施建议批准/纠正措施计划

(1) 最高管理者（或主管领导）应审查纠正措施建议是否针对了不合格的原因以及是否具有可行性及有效性，纠正措施建议由最高管理者批准认可。一些纠正措施，若涉及到整个组织或牵涉到几个部门，最高管理者还应经过相关分析、研究和决定后，办理批准手续。

(2) 必要时，纠正措施计划要经过最高管理者批准。经最高管理者批准后，该措施计划正式成立。

4. 纠正措施计划的实施

确定实施期限

① 内审中对纠正措施计划的实施期限一般规定为 15d，即发现问题应立即在 15d 内完成。也有一些企业规定期限为 30d。具体时间期限视各企业情况和纠正措施的内容而定。

② 纠正措施计划实施更改须经批准。

纠正措施实施如发生问题，不能按期完成须由受审部门向主管领导说明原因，请求延期。主管领导批准后应修改纠正措施计划。

③ 纠正措施计划的协调和仲裁。

如在实施中发生困难，非一个部门自身力量能解决的，则应请最高管理者裁决。

如在实施中，几个有关部门之间对实施有争执，难以解决，也应提请主管领导协调或仲裁。

④ 对纠正措施的实施情况应保存有关记录。

4.4.2 纠正措施的跟踪和验证

1. 纠正措施的跟踪

审核组应对纠正措施实施情况进行跟踪，即关心纠正措施完成的情况，如有问题及时向质量管理部门或最高管理者反映。

2. 纠正措施的验证

纠正措施完成后，内审员应对纠正措施完成情况进行验证。验证的内容包括：

(1) 计划是否按规定日期完成。

(2) 计划中的各项措施是否都已完成。

(3) 完成后的效果如何，最直观的效果检查方法就是看自采取纠正措施以来，是否还有类似不合格项发生。

(4) 实施情况是否有记录可查，记录是否按规定编号并妥为保存。

(5) 如引起程序或文件修改，是否由有关部门按文件控制规定办理了修改、审批和发放手续并加以记录，修改后的程序或文件是否已坚持执行。

(6) 重大不合格项一般应进行现场验证。一般不合格项可由项目工地或部门的相关人员进行验证，然后向审核组提交相应的证据。

（7）外地项目纠正措施的关闭效果可以根据情况采用灵活的方式进行验证。

如果某些效果要更长时间才能体现，可作为问题留待下一次例行审核时再验证。

4.4.3 提交纠正措施效果验证报告，关闭不合格项

内审员验证并认为计划确已完成后，提交纠正措施效果验证报告，在不合格报告相应栏中签字，这项不合格就可宣布关闭。验证时要记录实施有效性的事实证据，不能笼统地写"已纠正"、"实施有效"等无事实证据的验证意见。验证内容可以与审核报告一并表述。具体见表 4-9。

4.4.4 质量管理体系检查的有效性评价

施工企业质量管理体系的检查方式包括内审和监督检查。二者往往是分别实施或结合进行的。无论采用什么方式，都会对质量管理体系产生十分重要的影响。因此，按照年度计划完成了对所有部门、所有活动的内审，包括对相应的纠正措施进行验证和跟踪完成以后，施工企业主管领导应组织主管内审和监督工作的管理部门和审核组成员针对本企业的整个质量管理体系的运行情况，结合已经完成的内部审核和监督检查进行一次系统的施工检查、自评和评价机制的分析评价，写出一份全面的评估报告，以便对体系检查运行机制的风险和趋势进行分析预测，提出质量管理体系审核与监督检查的改进建议和实施方案。

其内容包括：

① 内审计划和监督检查完成情况。

② 审核和检查的目的和范围。

③ 审核和监督检查依据的文件。

④ 各次审核组和检查组的组长及内审员名单。

⑤ 不合格项的总数量及各部门、各活动各类不合格的数量。

⑥ 主要不合格项的说明及纠正措施完成情况。

⑦ 根据《规范》要求，对整个质量管理体系的总评价（包括优缺点）、薄弱环节分析及对质量管理体系改进的意见；包括市场需求与质量管理能力的接口程度，技术、安全、成本、环境等管理的改进水平等。

⑧ 施工企业施工检查、自查与评价的改进需求及其具体措施。

⑨ 评估报告编号、批准人及分发范围等。

⑩ 附件，如各次审核和检查报告、各种统计汇总表和各次不合格报告清单等。

通过系统的分析评价，便于对质量管理体系的检查运行情况及发展趋势作出分析，为下一年度的相关策划提供信息。

质量管理部门应把上述信息传递到各有关部门，并作为施工企业质量管理体系评价的输入信息。

第五章 习题及参考答案

一、选择题

1. 质量管理手册可不包括（　　）。
 (A) 质量方针、质量目标
 (B) 质量管理体系范围，包括选择条款的细节及合理性
 (C) 程序或其引用
 (D) 质量管理体系过程之间相互作用的表述

2. 施工总包单位的顾客通常可以是（　　）。
 (A) 发包方
 (B) 房地产的住户
 (C) 工厂的工人及剧院的观众
 (D) 施工监理单位
 (E) A+B+C

3. 施工企业通过《质量管理体系　要求》GB/T 19001—2008 和《工程建设施工企业质量管理规范》GB/T 50430—2007 认证能够证实（　　）。
 (A) 提供的产品肯定满足发包方要求
 (B) 提供的产品肯定满足法律法规要求
 (C) 持续改进，不断增进发包方满意
 (D) 达到国际先进的管理水平

4. 施工设计输入包括（　　）。
 (A) 完成时间的要求
 (B) 设计的组织技术接口
 (C) 以前类似设计提供的信息
 (D) 工程产品的接受准则

5. 《工程建设施工企业质量管理规范》GB/T 50430—2007 第10条工程项目施工质量管理条款涉及施工企业项目施工的主要质量活动包括（　　）。
 (A) 项目开工准备
 (B) 项目施工
 (C) 项目竣工验收及交付
 (D) 项目保修期的活动
 (E) A+B+C+D

6. 施工总承包施工企业的合格劳务分包供方可包括（　　）。

(A) 无资质的个体包工队
(B) 劳务专项分包施工企业
(C) 组织内下属分公司
(D) 个体劳动者

7. 下列（　　）过程应进行确认。
(A) 地下室防水工程
(B) 厕浴间防水
(C) 管道防腐蚀工程
(D) A＋C

8. 施工总承包施工企业涉及发包方财产可包括（　　）。
(A) 施工图
(B) 甲供材料
(C) 由发包方直接分包出去的工程
(D) A＋B＋C

9. 工程建设施工企业非强制检验的检测设备通常有（　　）。
(A) 混凝土、砂浆试模、靠尺（检测尺），5m 以下的卷尺、坍落度筒
(B) 经纬仪
(C) 30m 以上的钢尺
(D) 氧气、乙炔压力表

10. 内审是审核质量管理体系的（　　）。
(A) 有效性、专业性
(B) 符合性、有效性
(C) 符合性、标准性
(D) 标准性、适宜性

11. 建筑施工企业常见的过程自查与评价活动有（　　）。
(A) 公司（分公司）对项目部施工管理能力的自查
(B) 公司对各下属部门管理能力的自查
(C) 项目部对施工班组及劳务分包方施工能力的自查
(D) A＋B＋C

12. 下列（　　）材料允许紧急放行。
(A) 水工大坝用水泥
(B) 桥梁用钢筋
(C) 住宅用暖气片
(D) 地下室防水材料

13. 质量信息分析中的"信息"可为（　　）。

(A) 与体系、过程、产品相关的事实资料

(B) 与体系、过程、产品相关的数字形式的数据

(C) 内审记录、管理评审报告

(D) A+B+C

14. 预防措施可通过（　　）方式验证。

(A) 专项验证

(B) 日常的检查验收

(C) 阶段性的工作总结

(D) 以上全部

15. 建筑施工企业（　　）岗位人员必须持证上岗。

(A) 项目经理、施工员

(B) 技术负责人

(C) 试验员、放线员

(D) 质检员

(E) A+C+D

16. 公路工程必须保存的资料有（　　）。

(A) 施工组织设计或施工方案

(B) 图纸会审记录、设计变更洽商记录

(C) 隐蔽工程验收记录

(D) 主要原材料、成品、半成品、配件的出厂合格证及进场验收单

(E) A+B+C+D

17. 下列屋面施工后必须进行淋水（下雨）或蓄水试验的有（　　）。

(A) 卷材防水屋面

(B) 瓦屋面

(C) 细石混凝土防水层刚性屋面

(D) A+B+C

18. 房屋建筑工程施工总承包二级施工企业不可以承揽（　　）工程。

(A) 高度为120m的构筑物

(B) 建筑面积13万m² 的住宅小区或建筑群体

(C) 最大跨度为36m的单层厂房

(D) 28层单跨最大跨度为24m的房屋建筑工程

19. 下列有关房屋建筑工程描述正确的有（　　）。

(A) 房屋建筑工程不包括工业建筑工程

(B) 房屋建筑工程包括民用建筑工程、公共建筑（建筑物、构筑物）工程

(C) 房屋建筑工程不包括幕墙工程

(D) 房屋建筑工程包括市政工程
(E) 以上全部

20. 下列（　　）活动必须由与其无直接责任的人员来执行。
(A) 质量管理体系评价
(B) 合同评审
(C) 产品检验
(D) 内部质量审核

21. 对特殊过程的确认可采取（　　）方式。
(A) 模拟
(B) 试验
(C) 发包方参与评定
(D) 以上全部

22. 下列（　　）是质量管理标准。
(A) 工程建设施工企业质量管理规范
(B) 建筑工程施工质量验收统一标准
(C) 建筑工程施工质量评价标准
(D) 工程建设项目管理规范

23. 《工程建设施工企业质量管理规范》GB/T 50430—2007 名称中不用质量保证是指（　　）。
(A) 不要求质量保证
(B) 与《质量管理体系　要求》GB/T 19001—2008 标准要求一致
(C) 其含义除了要求产品质量保证还需发包方满意
(D) 以上全不是

24. 在采取新版《质量管理体系　要求》GB/T 19001—2008 标准和《工程建设施工企业质量管理规范》GB/T 50430—2007 两个标准时，采取哪种方式收益更大（　　）。
(A) 单独使用
(B) 受益者推动
(C) 管理者推动
(D) 两个标准一起使用

25. 持续改进是指（　　）。
(A) 日常的改进活动
(B) 重大改进项目
(C) 持续时间很长的改造项目
(D) 投资很大的基本建设项目

(E) A+B

26. 发包方满意是指（　　）。
(A) 发包方对施工企业满意或抱怨的意见
(B) 发包方对产品质量已满足要求的意见
(C) 发包方对某一事项已满足其需求和期望的程度的意见

27. 产品要求可由（　　）。
(A) 发包方提出规定
(B) 施工企业预测发包方的要求规定
(C) 法规规定
(D) A+B+C

28. 不合格的产品不能放行，除非（　　）。
(A) 总经理亲自下令紧急放行
(B) 发包方批准
(C) 按程序规定作为让步接受而放行
(D) B+C

29. 施工企业应针对下列（　　）方面确定并实施与发包方的有效沟通。
(A) 产品信息
(B) 问询、合同或订单的处理，包括对其的修改
(C) 发包方的反馈，包括发包方的投诉
(D) A+B+C

30. 检测设备的控制是（　　）。
(A) 确保工程质量符合规定要求所必需的测量和监控设备
(B) 对质量管理体系业绩的测量
(C) 对满足发包方要求所必需的测量和监控

31. 下列（　　）可作为质量体系评价的输入。
(A) 第三方审核的结果
(B) 竞争对手的有关信息
(C) 管理人员的任命方案
(D) A+B

32. 施工企业应对（　　）过程实施确认。
(A) 关键
(B) 重要
(C) 当生产和服务过程的输出不能由后续的测量或监视加以验证
(D) A+B+C

33. 设计输入应由（　　）确定。

(A) 供方

(B) 施工企业（指承接设计任务的施工企业）

(C) 发包方

(D) 上级

34. 通过提供客观证据对规定要求已得到满足的认定称为（　　）。

(A) 评审

(B) 验证

(C) 鉴定

(D) 确认

35. 施工企业应确定从事（　　）的人员所必要的能力。

(A) 质量管理活动

(B) 与质量有关的管理、执行、验证

(C) 影响产品质量工作

(D) 管理

36. 质量管理制度可包括（　　）。

(A) 质量管理体系过程的相互作用的表述

(B) 形成文件的程序或对其引用

(C) 质量管理体系的范围，包括任何条款选择的细节和合理性

(D) A+B+C

37. 质量管理评价的输出应包括（　　）有关的任何决定和措施。

(A) 质量管理体系及其过程的有效性改进

(B) 与发包方要求有关的产品的改进

(C) 资源要求

(D) A+B+C

38. 施工企业应根据采购要求提供产品的能力评价和选择供方，应制定的准则内容包括（　　）。

(A) 选择

(B) 评价

(C) 重新评价

(D) A+B+C

39. 施工企业应实施（　　）的质量管理自查与评价。

(A) 发包方满意

(B) 质量管理体系的内部审核

(C) 中间产品

(D) A+B+C

40. 施工企业的工作环境是指（   ）。
（A）产品实现全过程的工作条件
（B）公司/项目现场的工作环境
（C）办公场所的工作环境
（D）现场的工作环境

41. 《质量管理体系　要求》GB/T 19001—2008 标准和《工程建设施工企业质量管理规范》GB/T 50430—2007 所规定的质量管理体系评价可不考虑质量管理体系的（   ）。
（A）适宜性
（B）有效性
（C）效率
（D）充分性

42. 质量管理自查与验收是检查（   ）。
（A）设备能力
（B）施工人员的技能
（C）特定的方法和程序
（D）过程实现所策划的结果的能力

43. 《质量管理体系　要求》GB/T 19001—2008 标准和《工程建设施工企业质量管理规范》GB/T 50430—2007 标准规定了质量管理体系要求，施工企业可依此通过满足（   ）而达到发包方满意。
（A）发包方要求和合同规定
（B）相关方要求
（C）适用的法规要求
（D）A+C

44. 属于质量管理体系的改进方法有（   ）。
（A）产品审核
（B）过程审核
（C）质量管理体系审核
（D）A+B+C

45. 设计和开发的输出包括（   ）。
（A）产品规范
（B）产品特性
（C）活动规范
（D）以上全部

46. 质量策划是指（   ）。

(A) 制定和实现质量目标的活动
(B) 进行过程控制的活动
(C) 规定作业过程和资源的活动
(D) A+C

47. 一个公司的最高管理者是指该公司的指挥或控制组织的（　　）。
(A) 董事会
(B) 最高管理层人员
(C) 总经理
(D) B+C

48. 对质量管理业绩的检查是通过（　　）获得。
(A) 内部审核和发包方满意信息收集
(B) 施工质量检查与验收
(C) 质量管理自查与评价
(D) A+B+C

49. 下列（　　）应作为质量管理评价的输入。
(A) 发包方所作的第二方审核时提出的不合格报告
(B) 主要竞争对手的服务质量对比调查报告
(C) 公司准备增设工程合约部的可行性报告
(D) 上述各项

50. 《规范》要求的文件除规定的制度文件外，还包括（　　）。
(A) 质量计划
(B) 质量记录
(C) 为体系有效运行需得到控制的文件
(D) A+B+C

51. 质量管理体系能（　　）。
(A) 帮助施工企业使提供的产品满足发包方的需求和期望
(B) 适用于所有行业和领域，通过规定和控制产品要求向发包方提供信任
(C) 提供持续改进的框架以增加发包方和其他相关方满意的可行性
(D) A+C

52. 《工程建设施工企业质量管理规范》GB/T 50430—2007 可与其他管理标准（　　）。
(A) 包容
(B) 相容
(C) 不能相容
(D) 既能包含也能相容

53.《质量管理体系　要求》GB/T 19001—2008 标准和《工程建设施工企业质量管理规范》GB/T 50430—2007 的共同目的有（　　）。

(A) 证实具有满足发包方要求的能力

(B) 证实满足适用法律法规的能力

(C) 持续地使发包方满意

(D) 以上全部

54. 与产品有关要求的评审的内容不包括（　　）。

(A) 产品要求是否得到满足

(B) 与以前表述不一致的合同的要求是否已予以解决

(C) 发包方是否具有质保能力

(D) 施工企业是否有能力满足规定要求

55. 最高管理者安排质量管理体系评价是按（　　）。

(A) 按规定的周期

(B) 按策划的时间间隔

(C) 每年一次

(D) 内审之后

56. 工程合同评审的内容不包括（　　）。

(A) 工程要求是否得到规定

(B) 与以前表述不一致的合同的要求是否予以解决

(C) 工程利润

(D) 工程是否满足法律法规要求

57. 审核发现是（　　）。

(A) 审核的结果

(B) 审核依据

(C) 审核结论

(D) 审核记录

58. 下列（　　）是质量管理体系的评价方法。

(A) 质量管理自查与评价

(B) 施工质量检查与验收

(C) 质量管理体系审核

(D) 以上全部

59. 工程建设施工企业应（　　）。

(A) 确认质量管理体系所需的所有活动

(B) 对那些其缺陷只能在项目交付使用后才会变得明显的过程进行确认

(C) 在施工过程的输出被后续的检查与验收前对这些过程进行确认

(D) 确认所有作为质量管理体系评价输入的过程

60. 工程建设施工企业应识别、提供和维护施工设施,包括(   )。

(A) 工作场所和相关设施,员工娱乐设施

(B) 工作场所和相关设施、设备、硬件、软件、支持性服务

(C) 符合法规要求的相关设施

(D) 车场、娱乐设施(包括足够的服装)

61. 对发包方满意的信息收集(   )。

(A) 应包括实施的方法及发包方意见的评价

(B) 是质量管理体系评价输入的一部分,用以评价质量管理体系的有效性

(C) 必须包括发包方的不满意信息

(D) 应作为对质量管理体系业绩的一种检查

62. 决定工程建设质量管理体系文件化程度的因素有(   )。

(A) 施工企业的规模和类型、质量管理者代表的经验,质量管理体系中负有职责的人员的能力

(B) 施工过程的复杂程度和相互作用

(C) 施工企业的规模和类型,过程的复杂程度和相互作用

(D) 在《质量管理体系 要求》GB/T 19001—2008 标准和《工程建设施工企业质量管理规范》GB/T 50430—2007 中明确规定的要求,发包方和法规的要求

63. 对以下关于《工程建设施工企业质量管理规范》GB/T 50430—2007 中质量管理制度的正确表述是(   )。

(A) 质量管理制度包括质量管理活动的步骤、方法、职责

(B) 质量管理制度即奖惩措施

(C) 是人治思想的体现

(D) 是针对结果而不注重过程的管理思想的体现

64. 质量管理体系评价输出指(   )。

(A) 效率的实际数据和改进机会

(B) 效率和其各过程的改进

(C) 员工的业绩和通过培训而取得的进步

(D) 与发包方要求的符合程度

65. 工程建设施工企业质量管理体系审核具有(   )的3个特性。

(A) 系统性、独立性、符合性

(B) 系统性、完整性、及时性

(C) 系统性、逻辑性、符合性

66. 施工企业内审员应(   )。

(A) 工程建设施工企业领导授权的人员

(B) 经相应培训合格的人员
(C) 与被审核活动无直接责任的人员
(D) A+B+C

67. 施工总承包施工企业对专业工程分包方的质量管理体系审核（　　）。
(A) 第一方审核
(B) 第二方审核
(C) 一个独立的组织审核
(D) A+B+C

68. 最高管理者应通过（　　）为其承诺提供依据。
(A) 向施工企业沟通满足发包方要求的重要性
(B) 增进员工的参与和授权
(C) 防止相对特定过程的偏差的发生
(D) 建立和保持发包方要求和期望的意识

二、判断题

1. 质量方针为质量目标的建立和评价提供了框架。（　　）
2. PDCA 的方法可适用于所有活动。（　　）
3. 质量目标必须是可测量的。（　　）
4. 内部审核就是自我评价。（　　）
5. 质量管理策划是质量管理的一部分，质量计划是质量管理策划的一部分。（　　）
6. 发包方没有投诉表示发包方满意。（　　）
7. 质量管理制度（如质量手册）应包含质量管理体系的范围。（　　）
8. 领导应创造使员工充分参与实现组织方针目标的环境。（　　）
9. 相关方是有共同利益的个人或团体。（　　）
10. 特殊过程是不易或不能经济地验证的施工活动。（　　）
11. 质量管理体系要求和产品要求同样都是通用的。（　　）
12. 对员工不仅要培训，还应评价提供培训的有效性。（　　）
13. 只有经验证的信息才可以作为审核依据。（　　）
14. 质量管理体系与其他优秀管理模式的档次不同，不能共用。（　　）
15. 《工程建设施工企业质量管理规范》GB/T 50430—2007 规定的质量管理体系要求可供施工企业内部使用。（　　）
16. 按照《规范》要求，质量管理体系的负责人可在最高管理层中派一人担任，也可在管理人员中选多人担任。（　　）
17. 质量目标可包括满足产品要求所需的资源、过程、文件和活动。（　　）
18. 验证和确认都是对客观证据的认定和提供。（　　）

19. 为了满足发包方要求,应对质量管理体系所要求的资源、过程、文件和活动进行确认。(   )

20. 审核发现是审核计划实施情况与审核准则相比较的评价结果。(   )

21. 为了确保不合格不重复发生,对采用纠正措施的需求应进行评价。(   )

22. 《工程建设施工企业质量管理规范》GB/T 50430—2007 不是《质量管理体系 要求》GB/T 19001—2008 的实施指南。(   )

23. 质量管理体系文件指的是质量管理制度。(   )

24. 对质量信息进行逻辑分析或直觉判断是有效决策的基础。(   )

25. 质量管理体系评价的重要内容是评价质量管理体系的适宜性、充分性、有效性。(   )

26. 施工企业只需对证实产品符合规定要求方面进行检查和改进。(   )

27. 应记录设计和开发评审的结果及跟踪措施。(   )

28. 纠正与预防措施也是持续改进的措施之一。(   )

29. 工程产品要求由发包方提出或规定。(   )

30. 质量管理创新是所有施工企业必须实施的工作要求。(   )

31. 产品和过程之间存在着结果和原因的关联关系。(   )

32. 建筑施工的每一个分项工程在施工前必须进行技术交底。(   )

33. 每一个建筑工程开工前必须编制施工组织设计或施工方案。(   )

34. 某市内建筑施工用水泥、钢材、给排水管合格供方可以是该市建委备案名录之外的。(   )

35. 混凝土试块可以在搅拌机处取样。(   )

36. 施工企业应制定从事质量活动的岗位任职标准和能力考核办法。(   )

37. 对于施工企业,产品的实现过程即项目建设全过程中把发包方要求转化为设计图纸或把设计图纸转化为建筑物的过程。(   )

38. 一个公路工程施工总承包施工企业的外包活动通常有专业工程分包、设计分包、试验分包、劳务分包。(   )

39. 质量信息分析的目的之一是为了寻求质量管理体系改进的机会。(   )

40. 《质量管理体系 要求》GB/T 19001—2008 中的程序和《工程建设施工企业质量管理规范》GB/T 50430—2007 中的制度,各有侧重但基本内涵相同。(   )

41. 施工企业只需对满足发包方要求和服务活动进行检查和监控。(   )

42. 《工程建设施工企业质量管理规范》GB/T 50430—2007 和《质量管理体系 要求》GB/T 19001—2008 已成为一对协调一致的质量标准,因此,该两项标准的结构与适用范围是相同的。(   )

43. 质量管理策划的结果可以是施工企业在进行工程项目质量实施策划后所形成的文件。(　)

44. 《工程建设施工企业质量管理规范》GB/T 50430—2007 比《质量管理体系　要求》GB/T 19001—2008 的作用有了扩展。(　)

45. 质量管理体系文件不包括《质量管理体系　要求》GB/T 19001—2008 和《工程建设施工企业质量管理规范》GB/T 50430—2007 所要求的质量记录。(　)

46. 质量方针应当包括对满足发包方要求和持续改进质量管理体系有效性的承诺。(　)

47. 当发包方没有提供书面的要求时,施工企业在接收发包方要求前不必对发包方要求进行确认。(　)

48. 对内审中发现的所有不合格都必须采取纠正措施,以防再发生类似的不合格。(　)

49. 设计的输入以满足发包方合同要求,由发包方要求所决定。(　)

50. 在有可追溯性要求时,产品的标识同时可采用二种方法来标识。(　)

51. 施工企业的每一位员工都必须经培训后方可上岗。(　)

52. 施工企业应确保外来文件的适用性得到批准,并控制其发放。(　)

53. 记录是质量管理体系文件的一种特殊类型文件,因此也需要版本控制。(　)

54. 施工企业应评审和改进质量管理体系的符合性和有效性。(　)

55. 只要发包方批准,施工企业就可提前放行产品和交付服务。(　)

56. 质量管理体系所需的活动包括管理职责/资源/产品实现和测量。(　)

57. 《质量管理体系　要求》GB/T 19001—2008 和《工程建设施工企业质量管理规范》GB/T 50430—2007 是对产品要求的补充。(　)

58. 施工企业的质量目标可以与企业的质量方针不一致。(　)

59. 质量管理体系变更策划应确保更改在受控状态下进行,更改期间仍应保持质量管理体系的完整性。(　)

60. 验证是通过观察和检验,必要时结合测量、试验所进行的认定。(　)

61. 质量改进是质量管理的一部分,致力于增强满足质量要求的能力。(　)

62. 审核是获得证据并对其进行客观的评价,以确定满足审核准则的程度所进行的系统的、独立的并形成文件的过程。(　)

63. 文件在发布前应得到评审,以确保文件是适宜的和充分的。(　)

64. 《工程建设施工企业质量管理规范》GB/T 50430—2007 不使用"质量保证"一词,反映了该标准规定的质量管理体系要求,不仅是对工程施工服务的

质量保证，同时使发包方满意。（　　）

65．与产品有关要求的评审是指对发包方规定要求评审。（　　）

66．《工程建设施工企业质量管理规范》GB/T 50430—2007 中不存在对统计技术的应用要求。（　　）

67．质量管理体系评价主要是确保质量管理体系的适宜性和符合性。（　　）

68．工作场所、软件和支持性服务也应加以确定、提供和维护。（　　）

69．发包方提供的用于构成产品一部分的部件或软件，由发包方负责验收，以确保质量。（　　）

70．以往改进要求的跟踪措施应作为质量管理体系评价的输入之一。（　　）

71．文件的修改必须要由原审批部门审批。（　　）

72．施工企业必须对供方的产品和人员提出有关批准和资格鉴定的要求。（　　）

73．施工企业应对确保产品符合规定特性的测量和监控设备进行控制。（　　）

74．质量管理自查与评价主要是指对施工活动的检查，使其满足策划的结果。（　　）

75．施工企业可对质量管理体系实施年度审核和评价。（　　）

76．从事影响产品质量工作的人员都应具备相应的能力。（　　）

77．施工机具指在施工生产或提供服务过程中所需要的设施。（　　）

78．质量计划指对某一产品的实现过程进行策划后形成的文件。（　　）

79．施工企业可以对施工质量检查进行策划。（　　）

80．施工企业可以结合自身情况决定是否建立员工绩效考核制度。（　　）

81．《工程建设施工企业质量管理规范》GB/T 50430—2007 规定的质量管理体系要求可供施工企业内部使用也可以提供外部认证使用。（　　）

82．单独通过《工程建设施工企业质量管理规范》GB/T 50430—2007 等同于通过《质量管理体系　要求》GB/T 19001—2008 认证。（　　）

83．施工企业应采取适当的方法对满足发包方要求所必需的质量管理进行自查与评价，以确定过程能力。（　　）

84．工程项目经理必须向总裁汇报。（　　）

85．工地必须确定检验人员，如质检员等。（　　）

86．水泥供货商必须能提供完整的质量手册。（　　）

87．所有的工程承包合同都必须经过评审，并要提供这些评审的书面证据。（　　）

88．全部施工人员都必须按《质量管理体系　要求》GB/T 19001—2008 和 GB/T 50430—2007《工程建设施工企业质量管理规范》的要求经过培训。（　　）

89. 设计部门必须将设计输入按要求进行标识并形成文件。（　　）

90. 设计院设计验证必须包括已进行的全部计算。（　　）

91. 项目工地所有的图样都应经过签署以表示被批准和被核查。（　　）

92. 施工现场对质量标准有影响的全部文件都必须经过批准。（　　）

93. 建筑施工企业所有的供方都必须经过评定。（　　）

94. 工地采购计划应清楚地叙述要订购的材料。（　　）

95. 项目经理部必须对所有供货商进行评定。（　　）

96. 施工过程所有的产品都必须用标签进行标识。（　　）

97. 工地所有的材料必须要能追溯到最初的来源。（　　）

98. 施工全过程必须始终提供已形成文件的作业指导书。（　　）

99. 混凝土工程文件化的作业指导书必须包括必要的监督或控制活动。（　　）

100. 仓库必须始终进行进货检验。（　　）

101. 施工工序间的检验和试验由检验员执行。（　　）

102. 施工现场所有的材料都必须加以标识，以表明其检验状态。（　　）

103. 产品标识是为防止不合格的工序转序。（　　）

104. 建筑公司必须指定一名专职的管理者代表。（　　）

105. 业主可以代表施工企业到分承包方处进行产品质量的验证。（　　）

106. 施工返修后的产品不一定能满足规定的要求。（　　）

107. 质量管理体系是为实施质量管理的组织机构、职责、程序、过程和资源。（　　）

108. 不合格品是指产品不符合规定的要求。（　　）

109. 产品认证和体系认证都具有强制性。（　　）

110. 发包方提供的产品应由发包方负责验证以确保其质量。（　　）

111. 所有经检验的分项工程必须标识其检验状态。（　　）

112. 所有不合格品必须标识。（　　）

113. 所有返工后的产品必须按程序再检验。（　　）

114. 必须保存所有施工人员的全部培训记录。（　　）

115. 建筑施工企业必须评审每个采购合同，以确保供货单位能按合同规定要求供货。（　　）

116. 施工企业要提供先进的施工设备精度满足要求的检验、测量和试验设备，就能建造成高质量的工程项目。（　　）

117. 新购进的检测设备，有生产厂家的合格证，即可直接用于工程检测。（　　）

118. 只要没有发包方投诉，就说明发包方对施工企业比较满意。（　　）

119. 工程建设施工企业应确保影响质量的人员都能胜任于岗位要求。（　）

120. 内审的目的是发现现存的问题、解决问题，而对以往的审核情况可以暂不考虑。（　）

121. 工程建设施工企业的内审员由各部门经理承担才能称职。（　）

122. 内审纠正措施的跟踪验证必须由内审员进行，因为他们了解当时的情况。（　）

123. 质量方针为质量目标的建立和评价提供了框架。（　）

124. 过程方法是将输入转化输出的活动系统。（　）

125. 质量目标必须是检查和评价的。（　）

126. 对超过保修期发包方提出的维修要求可以不予理会。（　）

127. 施工过程不一定具有可追溯性。（　）

128. 发包方口头提出的设计变更虽未经设计、监理确认，也应立即执行。（　）

129. 质量信息分析主要是分析差异和趋势，以监控过程的能力。（　）

130. 施工企业应按照总承包合同的约定订立分包合同。（　）

三、问答题

1. 《工程建设施工企业质量管理规范》GB/T 50430—2007 包含了哪几个主要条款？

2. 描述《工程建设施工企业质量管理规范》GB/T 50430—2007 中的基本结构。

3. 简述质量计划与施工组织设计的关系。

4. 质量管理体系文件包括哪些内容？

5. 文件的哪几个方面的价值必须保证实现？

6. 建筑行业的法律和法规有哪些，举例说明。

7. 建筑施工企业应有的记录通常有哪些方面的？

8. 工程施工质量要求有哪几方面？

9. 房屋建筑工程的内容包括哪些？

10. 简述施工企业（特别是施工总承包施工企业）对施工设计的应用。

11. 简述内部审核与质量管理体系评价的关系。

12. 简述质量管理体系要求和产品要求的关系。

13. 质量管理体系通常应用的文件有哪几种类型，举例说明。

14. 质量管理体系与优秀模式之间的关系。

15. 审核是为获得审核证据并对其进行客观的评价，以确定满足审核准则的程度所进行的系统的、独立的并形成文件的过程。请解释"系统的"、"独立的"

及"形成文件的"的含义。

16. 简述内部质量管理体系审核报告的内容。

四、场景案例分析题（简述该场景过程的不符合内容；指出不符合《工程建设施工企业质量管理规范》GB/T 50430—2007 的条款编号；分析原因；说明可能的纠正措施）

1. 某铁路施工公司在质量管理制度中未明确劳务分包这一外包过程，而事实上公司的劳务人员均来自外地。

2. 某水利水电工程施工公司规定对体系中所列的表格进行控制，未对该行业主管部门要求的记录表格进行控制。

3. 某电力安装公司规定所有的记录保存期均为 3 年。

4. 内审员查看某石油化工设备安装公司的资料室，工程档案码了两排，内审员问及有几个工程的，都是哪年存档的，管理员立即认真地回想了起来，说大概是去年和前年的，好像都是体系文件发布前的。内审员进一步查看，均无编号及归档日期。

5. 技术科在某工程开工前组织参加了图纸会审和设计交底，对所有的问题与相关方均达成一致，形成变更洽商，并发到了有关部门，内审员问及是否在图纸上做了相应的更改，有关人员回答说没有，等竣工后再说。

6. 在审核某核电施工企业的分公司时，内审员发现技术科目前使用的一些管理文件与实际运作不相符，例如文件规定"技术科副科长负责所有技术档案的归档工作"，而实际上技术科一年前就没有副科长了。

内审员问："这份文件是什么时候编制的？"

技术科长说："这份文件是我们原来搞全面质量管理活动时编制的，这次搞《工程建设施工企业质量管理规范》认证，我们就把那时的文件原封不动地搬了过来。"

7. 内审员查看项目工地使用的编号为 3624-SJ404 搅拌机，底部已陷入遗洒的混凝土中，搅拌筒也挂满了凝固的混凝土。

8. 办公室负责人力资源及文件档案、办公环境的管理。内审员问如何实施管理时，主任说："我刚从另一个施工企业调来，由于公司人少，我直接上任了，对工作还不熟悉呢。"审核员查人力资源管理的制度，其规定：应对新进人员及上岗前进行培训，培训合格后方可上岗。

9. 内审员问及公司的质量目标如何落实时，主管领导说："都分解到各部门去了，其中总目标中的第一项'工程一次验收合格率100％'及第二项'优良率90％'给了质检科，第三项'发包方满意率85％'给了合同预算科。"说着拿出了目标分解的文件，确实如此。

10. 某交通工程施工企业的总经理在公司内部会议上说："今后本施工企

外雇的劳务工，对外一律宣称是本施工企业的职工，这样可以避免许多麻烦。"

11. 内审员查质量管理体系评价活动，有关责任人提供了输入的资料，基本符合要求，内审员查看输出，没有什么需要改进的，但在了解资源情况时，总经理说目前人员比较缺乏，特别是技术人员，马上准备招 5 名大学生。

12. 某设备工程安装公司的质量目标为：工程设计与施工满足甲方和行业标准及法律法规的要求，工程一次交付合格率 100%，公司对上述目标进行了分解，建立了与质量管理体系有关的部门的质量目标：人事部，新员工培训及时率 100%；办公室，文件资料发放的差错率＜5%；工程部，安装过程按计划准时完成率＞95%；设计部，图纸设计准确率＞98%。

13. 某施工企业的管代是刚毕业的大学生，由于对标准理解较好，所以任命他为企业管理体系工作的负责人。他对内审员说原计划在 2 月份进行一次内审，各部门都在推脱，一直到 4 月份才进行，进展非常困难。

14. 某建筑公司接到发包方的通知：因项目部施工质量多次出现问题，因此对公司的施工能力提出质疑。该公司自己还一直感觉很好。

15. 室外的大气温度最低为零下 2℃，但某水工大坝施工继续进行，项目经理部未采取任何防冻的防护措施。

16. 内审员查电气施工组织设计，发现施工组织设计规定接地电阻为≤10Ω，不符合图纸要求的≤4Ω。

17. 某工程的施工组织设计未对质量目标作出要求。

18. 审核组在审核公司总经理和质量管理体系主管领导时，请总经理介绍一下一年来在持续改进方面做了哪些工作。总经理想了一下说："上次内审我们出具了 3 份不合格报告，这些不合格报告我们已经在规定的时间内解决，内审员对解决效果也进行了验证。这些事实也反映了我们在持续改进方面有了进步。其他方面的证据就没有了。"

19. 某施工企业为了满足工程合同的要求，保证质量和进度，在工程造价非常低的情况下，只好减少道路硬化等文明施工的要求，该企业与发包方签合同时也未考虑这方面的内容。

20. 某公路工程施工到地下基层因没有资金停工了。经内审员了解，施工单位投标时答应发包方垫付到面层，事实上该施工企业没有这个实力。项目经理解释原本考虑贷一点款结果也没贷来。

21. 某市政工程因扰民问题工期不能按时完成，在签订合同时也考虑了这个问题，但为了拿下这个项目，也就没有太多的考虑这事，所以才导致今天的问题。

22. 在建筑公司设备部仓库，内审员看到在露天场地整齐地摆放着许多由建筑工地撤回来的工具，有模板、脚手架等。在场地东南角还摆放着 10 台搅拌机。

内审员走过去查看这些搅拌机，看到有些搅拌机的零件已经不全，传动部位有的地方已经生锈，有的地方污垢很厚。内审员问仓库保管员："对于这些设备你们有什么保养制度和规定吗？"仓库保管员说："没什么规定，因为是从工地撤回来的设备，肯定很脏。使用时，检查修理一下，不会耽误使用的。"

23. 内审员在审核某施工企业时发现，该施工企业的合格供方名册中某水泥厂为现场使用的水泥供方，但不在当地建委备案名录内。

24. 内审员查某工程时，油工正在刷踢脚油漆，临近已完工的地面墙面都有污染，内审员询问操作人员为什么不采取保护措施，操作人员说："干完后再清理吧，上面也没有明确要求过，"内审员进一步查技术交底，发现只是作了简单的要求，没有明确具体要求。

25. 内审员发现某项目施工组织设计中混凝土分项工程部分的要求"每层浇筑厚度控制在60cm左右"，但是其查技术交底内容中对浇筑厚度控制未作规定。

26. 在构件厂质检科，内审员看到3月8日和5月1日的两张《纠正措施处理单》，第一张单子上对不合格事实的陈述为：当日生产的构件出现10件的批量不合格，主要是构件尺寸不对，原因是模型工将模型尺寸看错所致；第二张单子上的不合格事实陈述与第一张的事实差不多，也是将模型尺寸看错导致产品出现批量的不合格。而两张单子上采取的纠正措施都是"已经返工，并且再检验合格"。内审员问构件厂有关人员："为什么两次出现的错误都一样？"科长回答："对于模型工序我们没有专职检验员，都是模型工对照图纸自检。可能工人自己干活时间长了，脑子疲劳造成看图错误。"

27. 内审员查某项目工程的8号洽商记录及实施证据，但项目经理部提供不出针对该洽商给施工班组交底的记录。

28. 在建筑公司第一项目部，内审员看到在建办公楼的消防系统是请某消防安装公司安装的。内审员要求查看该消防公司安装资质证明材料，项目部经理出示了消防安装公司的安装资质证明。内审员进一步要求查看具体在现场进行安装的施工队人员资质的证明文件。项目部经理说："这事不归我们管，应该由安装公司自己负责。"

29. 内审员发现现场某焊工正在进行焊接，陪同的技术负责人说："是多年的老焊工了，技术非常好，从来没出现过问题，就是因为没时间没去学习，所以没有拿到焊工证。"

30. 某住宅楼施工现场，质检员正在进行管道压力试验，压力表显示所用的压力为1.2MPa，内审员问："应该试压多长时间，压力多大？"检验员回答："试验持续3个小时，压力1.2MPa"内审员在查阅检验规程时看到上面规定的压力应该是0.9MPa（0.6×1.5），持续2个小时，便问"为什么不按照规程的规定压力及持续的时间作试验？"检验员说："规程规定的压力太小了，上个月公司开会作了修改，检验科长电话通知我们按照 1.2MPa 的压力做试验。"内审员问："有没有更改规程的文件下发？"检验员说："我打听过还没来得及下发。"

31. 内审员在审核分公司的某工程项目现场，工程已施工到三层，但未做任何外防护（脚手架、安全网），项目经理说：当地就是这样，造价非常低，哪有钱投入，发包方及监理单位在场的代表表示认可。

32. 某项目土方交底内容中未对土方放坡作出明确规定，只写到"按设计及有关规范规定施工"，内审员问及是哪个规范的哪一条，有关人员说不出来。

33. 内审员查看项目部施工图纸，一个插座的位置发生了更改。施工技术负责人说："设计搞错了，设计在暖气片的后面了，我一眼就看出来了，直接把它改了，不用和设计及建设方商量。"

34. 工程科负责人介绍每月负责组织 8 个职能部门对施工现场进行"现场管理"、"环境保护管理"等过程进行监控，并能提供 2010 年 5 月 21 日过程监控质量记录，但质量管理制度中相关岗位及职能部门的质量职责和职权及有关工作程序等文件均没有规定工程科的职责和权限。

35. 内审员询问质管部经理："你们是怎样进行施工企业内部沟通的？"质管部经理说："我们通过召开质量例会、内审、质量管理体系评价等方式进行内部沟通。"

内审员："还有一些其他的什么方式沟通？"

质管部经理："有时间就到各部门，尤其是项目部走走，了解一些情况。"

在工程部、技术部和材料部，内审员也询问了关于内部沟通的方式，这些部门经理的回答显得很随意，都是一般的回答，看不出有什么制度化的沟通方式。

在内审员询问了项目部经理："公司管理部门的人员经常下来检查工作吗？"

项目部经理说："我们只干自己的活，叫干啥就干啥。但是工程部的生产计划经常脱离实际，不管你完不完成，工人人手够不够，结果只好延长工期。"

36. 内审员现场验证：焊工李某 2009 年 8 月 8 日和 2009 年 8 月 9 日 2 天分别做气压焊试件两组，经检验均为不合格，其纠正措施为重新作技术交底，但有关人员未能提供书面的技术交底。

37. 某日从某厂购进 P.O42.5 水泥 30 袋，经检验不合格，但工地未能向内审员提供对该批水泥不合格进行评审和处理的有关证据。

38. 内审员发现：2009 年 10 月 20 日编制的冬施方案中热工计算对混凝土入模温度的要求为 15℃，但冬施方案中的温度控制则要求入模温度为 12℃，前后矛盾。

39. 在人事部，内审员想了解公司对于人力资源规划及人才培养的控制情况。人事部经理拿出了公司今年制定的各部门员工岗位责任制的文件，并出示了今年 2 月份在全公司进行的一次岗位培训的考试题答案。内审员问人事部经理：

"你对于各岗位员工的能力是如何确定的？"经理答："我们人员流动性太大，根本没法对他们提出什么要求。"

40. 经查某工地2009年10月10日构造柱、圈梁混凝土施工技术交底中没有对混凝土施工的养护作出要求。

41. 某新建成的居住小区居民反映室内有很浓的尿素味，经环保部门检测室内氨气严重超标。居民因此找开发商，开发商说这事与我们无关，应该由建筑商负责。查其原因，是施工方为了加快工期，在冬期施工需在混凝土中加入含氨防冻剂。但建筑商说我们没有责任，因为开发商没有对我们提出不许加含氨防冻剂的要求。

42. 在某码头施工的项目审核时内审员发现，2010年3月5日编写的材料申请计划要求4月15日以前购进425号水泥166t，计划得到审批准备执行。

43. 质检科负责对水泥进场检验监督管理，内审员询问质检科负责人，哪些需要复试，如何取样。质检科负责人回答说："工地的人都清楚，有监理呢，错了监理也不干，所以我们也就不清楚了。"

44. 某公司为公司的水泥供方，内审员询问如何对其进行调查评价时，材料科科长说："这是公司的老客户了，公司一成立到现在已经10多年了，一直供货从来没有发生过问题，价格合理，质量稳定，服务也好，供货及时，出了问题包退包换，评价就没有必要了。"

45. 对某施工项目现场审核时发现：2010年5月10日购进用于设备基础结构施工的80t P.O42.5水泥，已有部分使用，但项目经理部未能提供出相应的抽样试验记录，只提供了厂家的检验报告，试验员说已经取样试验，如有不合格，试验室会通知我们的。

46. 某建筑公司《信息分析管理程序》规定："对质量问题分析采用鱼刺图。"内审员在各部门审核时看到每个部门墙上都贴有一张鱼刺图，图上只有五根大刺，分别标注为"人、机、料、法、环。"内审员要求查看使用鱼刺图分析问题的记录，项目经理说："质量问题一般都不复杂，原因一眼就看出来了，因此从来没有用过鱼刺图分析。"

47. 某高速铁路施工工地购进轨道板80块，但有关人员没有提供出该批轨道板的出厂合格证。

48. 某工地现场浇筑1238方的C35商品混凝土，但现场只做了2次坍落度的抽样试验。

49. 审核某工程现场的水泥试块养护室时，内审员发现温度控制差为±2℃，不能满足规定的±1℃的要求。

50. 内审员查2009年11月水泥快测报告，发现快测值填写方法不符合规范要求。

51. 内审员问工地管理人员现场的民工,有多少人,技术人员及特殊工种有多少,工地管理人员说:"大概60人吧,其他情况我们就不知道了。"

52. 某工程项目经理部开工前经过策划形成了施工组织设计,确定工程项目的目标为鲁班奖,但未体现对材料及施工工序验收要求的内容。

53. 内审员现场巡视发现有三组混凝土试块,试验员说试块制作已有一个多星期,是标养试块,这几天气温较高工地较忙还没来得及送去标养,现场无自动控制养护设备。

54. 现场使用的塔吊正在运行,但有关责任人提供不出有关技术监督部门出具的塔吊安装验收证明。

55. 内审员查防水技术交底活动。该交底于2009年8月进行,但班组人员于2009年10月份才进场施工,施工员解释说:"原准备8月份施工,人员已经到场,但由于发包方的原因,推迟到10月份才进场施工,施工班组也作了调整。"

56. 在质量管理部内审员问部门经理:"你们是如何在公司内对施工质量现场管理情况建立沟通的?"

部门经理说:"我们主要是通过每月的质量例会来了解情况,每个月一次,一般在23号左右进行"查看最近几个月的会议记录,5月~6月就开了一次。

部门经理说:"我们公司人手少,质管部除了本职工作外,还要承担公司对外宣传的工作,简直忙不过来。有时连一个月一次的例会也难以保证,最近工程多正值施工旺季,所以就少了。"

内审员问:"你们对于公司其他部门的工作有没有例行的检查制度?"

部门经理回答:"有时候我们也常下去看看。"

内审员:"到下面检查有没有规定检查哪些内容,有什么记录没有?"

部门经理:"没有特定的检查项目,发现问题一般当时就解决了,没留什么记录。"

57. 内审员发现某工地错用了水泥,但相应的混凝土试块检测结果说明合格,施工单位有关人员说合格了就没问题,只要不出问题就没事情。

58. 某工程混凝土首次开盘未作签订,同时有关人员也没有向内审员提供过磅检查以及坍落度检查的有关证据。

59. 某项目地下一至五层的 $\phi 25$ 钢筋采用电渣压力焊,公司确定为特殊过程,正式焊接前由项目技术负责人进行了确认,但确认的内容未包括焊接工艺评定的内容。

60. 某公司由于工期紧马上开工,需施工配合比,试验室按照以往经验出具了临时配合比,也未进行试验。

61. 技术科主管公司的计量器具,有关人员拿出日常到工地检查用的5m小盒尺，说这是新买来的，不用检定，有出厂合格证。

62. 内审员查电线进场进行检验，问当事人对直径是否检验，材料员说每次都检验，提供了检验记录及用于检验的已校准的1m小盒。

63. 公司编号为006的接地电阻测试表在校准的有效期内，使用该仪器进行了多次接地电阻的测试，但近来发现读数出现了较大的偏差，立即送到专业检测修理单位进行了修理并再次检定校准合格，并再次投入使用。有关人员说："我们所有检测仪器一旦发现问题立即停止使用并进行修理或报废"，但未提供对已测数据有效性进行评价的有关证据。

64. 某公司于2009年3月10日进场25t P.O42.5水泥，由于当日紧急需要使用，在作了登记并由项目经理批准后使用了，3d后等试验结果回来，完全合格。

65. 质检员检查记录显示，7、8、9号楼检查有漏水现象，审核员问及是个别地方、还是全部，质检员说是一间，具体哪间记不清了，反正问题工人都在场，他们也都知道，都已经处理了。

66. 某公司于2009年冬季进行回访，由于公司的部分人员住在小区楼内，为了方便，只对公司人员所在户内进行了走访。

67. 某公司今年接到投诉，问题是顶层有裂缝，内审员发现后问有关责任人如何处理，其回答：这种是由于温度变化引起的，目前没有什么好办法，所以也一直没有答复。

68. 某公司进行了一次全条款全部门的内审，对工程科负责的发包方满意及数据分析进行了审核，记录显示发包方满意及数据分析实施符合要求，进一步验证工程科的发包方满意及数据分析未能提供有效的证据。

69. 某公司年度审核计划为集中式审核，全部门全条款，认证中心的内审员发现审核记录中没有审核最高管理者，组长说领导层较忙，况且也没有人敢查，所以就没查。

70. 建筑装饰公司设计室，内审员想了解设计室工作流程。设计室主任说："我们一般是由业务员带回客户的需求意见，意见可以是文字描述也可以是勾画的草图。然后我们根据这些意见出效果图，经我们设计评审后由业务员带给发包方，如果发包方满意则由业务员与发包方洽商合同。如果合同签订了，则我们再根据合同和效果图的要求进行施工。"

内审员想了解设计评审是如何进行的。设计室主任拿来的9月份的4项设计效果图和相应的设计评审记录。内审员看到参加评审的人员有设计室主任、设计员张某和杨某。

内审员问："为什么没有业务部业务员参加评审？"

设计室主任说："我们过去一直是这么做的，一般业务员看一下效果图就行了。"

内审员问:"有没有业务员对效果图不满意的时候?"

设计室主任说:"有时候也发生过,不过我们很快就把图改过来了。"

71. 内审组长策划内审计划,李工审核工程科,刘工审实验室,李工为工程科科长,刘工为技术科科长。

72. 公司规定每月一次对项目部进行综合检查,但未向内审员提供10~12月份的相关证据,原因是工程多了忙不过来就忘了。

73. 3号楼实行样板制装修。内审员未查到样板间验收的记录,技术负责人解释说已进行了验收,只是没有留下记录。

74. 内审员查××年××月水泥进场验证的证据,材料员拿来的水泥合格证及复试报告,进一步查看水泥合格证的内容仅显示强度试验的结果为3d,无28d的试验值。

75. 质检科质检员李工,对内审员说每次下工地均发现好几个不符合项,现场都已改过了,都没有记,大家都知道,没有大问题。

76. 质检科检查工地的检查记录显示,一个月共发现60多个问题,对问题列出清单,验证已进行了,并作了记录,有3个问题重复出现6次左右,但没有采取相应的纠正措施。

77. 公司质检科的不合格记录共3本,问有什么作用或用途,科长说,主要是为了追溯才写的,没有什么其他用途。

78. 内审员问公司质量管理科有关工程质量管理情况,合格、优良及不合格的分布情况,科长说,不合格未发生,优良、合格情况都是在竣工验收的有关的资料里,由于有10多个工程,来不急做数据分析。

79. 内审员问及公司的混凝土胀模现象较多是什么原因时,质量科科长回答说是多年的老毛病了,相关施工人员说也没有想过。

80. 公司质量科于某工程开工前,对质量通病的防治制定了措施,并要求按照执行,对于效果如何,则再未过问。

81. 内审员查某工程项目施工日志,发现内容时断时续,有大约10天的施工气温未记录。

82. 公司于2010年1月份一次购进P.O42.5水泥400t,2010年2月份至2010年5月份仍未进水泥,内审员查水泥一直在出库,问水泥做过几次试验,公司答就在进场时做了一次(共两批),合格后一直在用。

83. 工地监理例会记录显示,工程进度不符合总计划要求,监理提出了加快进度的要求,但项目部未采取相关的措施。

84. 现场砌砖墙面凸凹不平,最多相差达到1cm以上,内审员问项目部这个问题的原因,技术负责人回答说还要抹灰呢,就无所谓了,现场的甲方及监理都口头同意了。

85. 某工程混凝土分项评定合格,日期是 2010 年 4 月 5 号,混凝土浇筑日期为 2010 年 3 月 25 日。

86. 2010 年 6 月 1 日进行了西里 1 号楼六层混凝土浇筑,配合比已经使用了 5 个月,施工员说,我们一直这样,严格按照试验室出具的配合比施工,不调整对质量也没有多大影响,所以从未调整。

87. 某公司的质量方针是"科技领先、优质高效、发包方至上",其公司的质量目标为:"成品交验合格率为 100%,工程一次交验合格率为 95%,发包方满意率为 98%。"

88. 某施工现场正在进行混凝土搅拌,抽查石子一车 186kg、砂子 186kg、水泥一袋 49kg;配比标牌显示石子一车 173kg、砂子 179kg、水泥一袋 50kg。技术人员马上对工人进行批评,并解释说一直要求每车都过磅,连续浇筑了 24h 了,都有点疲劳了。

89. 内审员在某现场审核时发现楼梯踏步有多处有缺口,是磕碰造成的,踏步上也没有什么防护的东西。

90. 公司今年对发包方的满意度以问卷的形式进行了调查,调查结果显示 100%满意,所以公司今年的满意度分析结果为发包方满意度为 100%,目标达到了,不需要改进了,进一步查看投诉记录显示有 3 次,问题均已解决。

91. 某施工企业有一台回弹仪,仅用作强度回弹参考,不用于确定及评判结果,所以未检定校准。

92. 水泥库中存有二种规格的水泥,水泥袋上有标识,但夜间施工不易辨别。

93. 内审员查某施工企业的体系策划,发现企业在体系文件设计时只有标准规定的 6 个程序文件,其他方面的没有编制程序文件,但负责体系策划的企管办负责人说 ISO 9000 标准仅要求编写 6 个程序文件,其他方面我们就没有编写。

94. 内审员查施工图的更改,设计人员出具了 3 份变更洽商,均已签字,且拿来了更改申请单,上面有更改理由及授权人审批,设计人员说我们一直在这么做。

95. 施工现场使用的技术资料管理软件及试验室数据试验数据管理的软件未纳入受控范围内,文件控制程序也没有这方面的规定。

96. 某建筑公司第八项目部的技术交底,均由资料员填写(打印),内审员问及内容是谁写的,工长对此不清楚,项目经理说由于人少,只好由资料员代管了,但是该公司质量管理制度规定:应由工长对班组进行交底,技术负责人审阅。

97. 内审员查某工程的施工合同,是在开工后的 10d 才签订的,而合同评审是施工前进行的。内审员问有关责任人，回答说发包方不按法律办事，有关部门的关系也不错，就同意开始施工了。现在有关的手续全都办齐了。

98. 内审员查电气绝缘电阻测试记录：A-N 80MΩ，A-E 100MΩ，N-E 90MΩ，便问测试人员多少为合格时，测试人员也不清楚，最后回答说一般在 50MΩ 以上为合格。

99. （续上）进一步查每一户的户箱到终端的绝缘电阻，其中插座有 10 个，只测了 3 个；开关 6 个，灯 6 个，仅各测了 3 个。内审员问为什么只各测 3 个，规定检测几个，技术负责人回答应全测，由于监理公司也没要求，前一个这样，他们也同意了，所以就这么干了。

100. 工程结构主体已竣工验收合格，水电安装人员将水管由三层安装到四层时，发现厕所的下水管距墙的距离突然加大了 10cm，进一步检查，发现两户中间的后砌墙的位置错了，由于施工人员一时忽视，墙的左边线当右边线施工了。现场的内审员询问："你们放线后验线吗？"有关人员回答："起主体结构时验线，对后砌结构的就不严格按规定验了，现在只好返工重砌了。"

101. 内审员查某高速公路项目工地，发现现场未对沥青路面摊铺进行技术交底，内审员问为什么不进行交底，工长回答说，工人都会，不用交底也清楚，所以我们就统一不做了。

102. 内审员查某施工现场，钢筋施工至二层，柱 Z1 共有 Φ18 钢筋 10 根，均在同一截面上搭接，内审员问及有关人员为什么时，回答说这个楼一共就两层，就不按规范那么严格了。

103. 内审员查问对现场劳务队伍如何控制时，现场负责人说："我们已签订了合同，只要达不到合同要求，就按合同要求执行，至于平时的监控，我们就不管了，反正出了问题他们是拿不到钱的，我这儿上年的人工费还没给呢。"

104. 现场审核发现混凝土表面多处麻面，局部有胀模现象，内审员问及有关人员时，当事人回答说："主要是因为模板和支撑太旧了，这我们也反复向领导反映，领导说没钱买不起新的模板，先凑合着用吧。"

105. 某工程现浇楼板，施工缝留在板中间。内审员发现后问当事人是否合理时，工长说："在混凝土浇筑时，突然下雨了，所以就只好留在这了，施工组织设计中对作业规定要求，不允许留在这个位置。但突然下雨了，就没办法按要求实施了。"

106. 现场回填土已回填 1.5m，内审员查试验结果时，有关人员说已将土样的回填土一并送去试验。

107. 内审员发现某工地水泥一个月共进场 200t，几乎每天都有进货，按生产日期及批号，大致有 3 次批号（生产日期），而项目部仅做了一次试验，内审员询问这样做是否符合要求？有关人员说："这是不符合规定，但现场小，一次进不了太多，而每次做试验，费用又太高，所以200t做一次。"

108. 公司的混凝土施工方案中规定，对混凝土浇筑现场应由工长进行旁站，进行连续的监控，特别是混凝土的振捣及后台的过磅，但有关责任人向内审员未提供2003年5月20日混凝土浇筑现场应由工长进行旁站的证据，项目经理说："工长当日家中有事，回家去了，当时人少故未安排其他人。"

109. 现场混凝土现浇顶板及模板已拆除，因公司目前的施工每6天一层，模板仅配了2层的，现已施工至四层，对二层的模板均已拆除。内审员问有关人员混凝土强度是否已达到设计的强度，拆模是否太早？有关当事人说："强度已经达到了，况且施工任务紧就拆了。"内审员问混凝土的强度要求达到多少方可拆模？技术负责人说："顶板达到70%，梁应达到110%强度方可拆除。但现场进度及资金问题，只好这样了。"

110. 现场工人在进行主筋焊接，内审员问直径$\phi 12$以上的钢筋是否可采用焊接时，操作人员说原来是搭接，因为在下料时下错了，不够搭接长度，只好改为焊接了。内审员问质检员不合格的评审及处置的有关情况，质检员说："没有不合格，焊接也是允许的。"

111. 某项目部于2009年5月10日进行地下室底板混凝土（C30混凝土）浇筑，一次浇筑150m³，每盘0.35m³（C20混凝土）试块仅留2组。

112. 商品混凝土在施工现场输送时发生堵的现象，于是现场人员加水稀释，输送即正常，内审员问及能否随便加水时，操作人员说："没办法，否则不能传送，会造成输送泵体的损坏。"

113. 内审员查某现场施工日志，其反映已有连续7d气温平均在0～3℃，但未出现负温，所以项目经理部未采取任何防护措施，施工还是继续进行。

114. 内审员查防水施工，发现防水施工人员未提供上岗证，项目经理说："防水工不是特殊工种，故不要持证上岗。"

115. 屋面防水层验收记录显示，现场有关人员共查抽3处，每处10m² 防水层面积共500m²。

116. 现场一装修工程，电线改造直接埋在墙内，未经穿管，施工人员说："这只是简单的一段，我们就为了方便直接埋入墙内。"

117. 内审员查电梯验收记录，关于某宾馆的客梯噪声测试为合格，内审员问噪声多大为合格，施工人员说："设计没有明确规定。"但《电梯电气施工验收规范》GB 50182中第6.0.9.3条规定：机房噪声不应大于80dB，梯内噪声不应大于55dB，开关门过程中噪声不应大于65dB。

118. 内审员审核合同预算科及施工现场时，发现该单位（乙方）与某发包方（甲方）所订合同中规定乙方在施工时必须使用甲方所指定的某厂的防水材料。内审员问施工现场的项目经理，这些防水材料使用前是否经过检验或验证，项目经理说："这些防水材料都是甲方指定的，质量当然由甲方负责，我们对某厂防水材料从不过问，拿来使用就是了。"

119. 内审员在审核中发现有 3 台绝缘电阻及接地电阻测试仪未提供检定校准证据，项目部技术负责人申诉说：

① 本地检测部门目前无法检定。

② 3 台仪器是公司借来的，用完了就还回去。

120. 内审员审核采购部门。内审员要求采购部门负责人提供主要材料的合格供应商的档案和名录。采购部门负责人取来了一厚叠文件夹，夹子里是合格供应商的全部资料，内审员抽了特种焊条供方的夹子，只见到里面有历次进货的合格证，没有见到对该厂质保能力的评价报告，内审员问为什么？采购部门负责人解释说："这种焊条是从德国进口产品，说该厂远在德国，不方便，故公司决定将这类产品历来的检验报告作为评价资料档案保存。"

121. 一个跨海大桥的建筑工地，在 2 年的时间内，工期紧任务重。但是施工组织设计中没有任何应急措施的内容。

122. 某乡办电气安装施工企业正在进行开关柜箱体的焊接施工。内审员发现焊点间距分布不均匀，问正在操作的工人："施工方案对于焊点间距有没有规定？"焊工回答："施工方案没有规定，我们都是很熟练的焊工，凭经验就知道应该掌握的焊接间距。"内审员在查看施工方案时看到对于箱体每边有焊接点数的规定，但没有间距要求。但是在检验科查阅焊接检验规程时看到规定："焊点应该分布均匀，两点之间距离应 10±2cm。"上述两份文件均由总工程师批准。

123. 某安装公司电镀钢管利用外协加工。该安装公司与电镀厂签订的技术协议中规定："1. 电镀层表面应光滑，无划痕，并保证无锈蚀；2. 镀层厚度控制在 0.010～0.015mm；3. 镀完的工件应能在 250℃ 的工作环境下工作 60min 而不发生质变或脱落。"在该安装公司《合格供方评定记录表》上对电镀厂进行评定时，在"首次供货样品检测结果及结论"栏目内填写为"外表美观、牢固、硬度高，抗腐蚀性好"。

124. 在某建筑装饰构件生产厂，其构件是由水泥、砂子、钢筋做成，水泥、砂子、水按配比搅拌均匀后，倒入模型中凝固。内审员看到在现场四周有许多已由模型中脱模的构件。

内审员问检验员："这些构件检验了没有？"

检验员说："我们是百分之百检验，检验完一件就拉到外面场地去，因此这些是没有完成检验的构件。"

内审员问："有没有可能出现已经检验完而来不及拉出去的构件？"

检验员："有时候也可能有，但我们都能记住哪些是检验完的。"

内审员看到，构件摆放比较混乱，因为由模型中脱模出来的构件时间不同，时间有长有短，因此到处都可能有已经完成的构件，但是构件上没有任何检验状态的标记。

125. 内审员在设计科发现为产品配套的电控部分图纸是委托另一个设计所提供的，内审员问："你们委托设计前对这个设计所了解吗？"科长答："他们有一位高工很有权威，我们讨论过都一致同意。"内审员想看讨论记录，但没有找到。内审员又问："对他们提供的设计图纸，你们如何复审？"

科长说："这些电控部分我们也不熟悉，好在他们作过审查，即使有问题，使用后也会发现。"

126. 公司质量管理制度规定由办公室负责施工企业人力资源的控制。内审员要求办公室主任介绍这方面管理的有关情况，办公室主任说："我们只管公司员工的培训工作。"并出示了公司培训年度计划及按计划完成的情况。

内审员要求了解公司特殊工种和关键工序人员的名单，办公室主任说："这些应该归人事科管理。"

内审员请陪同人员到人事科取有关人员的名单材料，人事科长说："我们不管这些事，我们只管人事档案和人员招聘。"

127. 在质管部3月18日公司质量例会记录上，内审员看到记录有"一项目部混凝土组连续出现两次漏振错误。"内审员要求查看相应的处理结果。质管部长出示了3月18日会后开出的《纠正措施处理单》，在上面"纠正措施"栏内只填写了"对该组组长进行了罚款处理。"

128. 在某公司《基础设施和工作环境控制程序》中对于文件编号有如下规则：

a. 一类设施：主要的施工生产设备，编号为：A-0001；

b. 二类设施：非直接用于生产的设备，编号为：B-0003。

其中，A、B分别代表类别，0001代表顺序号。

内审员在一分公司看到，设备的编号只是以顺序号区别，没有分类号。内审员问经理："为什么不按照公司的统一编号规定做呢？"经理回答："我们已经习惯了这种编号，如果按新的规定编号，太麻烦了。"

129. 在合同预算科内审员想了解今年合同的履行情况。内审员问经理："最近有没有发生发包方对施工合同发生变更的情况？"

经理说："这种事情是会经常发生的。由于我们的发包方绝大多数都是老客户，大家很熟悉。如果他们对施工合同要求有什么变更，可以直接找项目部联系，这样就大大节约了时间，我们一般就不过问了。"

130. 在审查公司设备科设备档案时，内审员看到《设备分类登记表》上1-0001压路机机的编号表示它是属于一类设备，而同样的2-0003压路机却属于二类设备。

内审员问:"为什么这两台相同的设备属的类别不同?"

设备管理员回答:"我们也不知道,这事儿得问设备科去。"

在设备科,内审员在查阅《设备保养管理规定》时,看到一类设备属于重点保养的设备,而二类设备属于一般保养的设备。

对此,内审员问设备科长:"1-0001 和 2-0003 压路机是否按不同的要求进行保养?"

设备科长说:"我们都是按二类设备进行保养的。因为公司成立时我们公司只有一台压路机,因此按照一类设备管理,生怕因为故障造成停工。后来我们又增添了 3 台压路机,因此就按二类设备保养了,这样可以降低质量成本。至于设备表示类别的编号我们就沿用下来了,没有再动它。"

131. 内审员在仓库检查时看到在货架上有十几件水暖件上挂着"待检"的标识,便问库管员女士:"这批水暖件是什么时候进来的?"库管员王女士查了一下记录说:"这是半个月以前进来的。"

内审员:"为什么这么长时间还没有检验呢?"

库管员王女士回答:"我也不知道,那个时候正好我生病请了几天假,那几天这些事都是由管外库的刘工代我负责的。"

内审员打电话问管外库的刘工,刘工想了一下回答:"这批货是送来的第三天检验完毕的,是合格品。当时我因为忙就忘了把标识更换过来。"

132. 公司每月对项目部进行检查,记录显示:2003 年 4~6 月每月都对项目部的标识进行了检查,其中检查的标识的内容有:规格型号、进场日期、产地、合格状态、数量,但现场仅有规格型号的检验状态与检查记录的不一致,现场施工人员证实一直就这样标识。

133. 在电梯安装交付时,项目部未交付制造厂提供的随机文件及图纸,问及为什么?公司人员说,这个电梯的维修保养由我们进行,已经与发包方签了合同,所以没有将有关的随机文件及图纸交给发包方。

134. 内审员查某公司的质量管理体系评价,总经理(最高管理者)说:"主管领导对此很熟悉,平时由他主持这项工作,有什么问题我保证支持,具体的可由主管领导来回答(公司今年是第一次质量管理体系评价)。"

135. 内审员查 2009 年的质量管理体系评价的相关证据,输入资料评审记录证实符合要求,但没有输出改进的要求,内审员进一步了解公司年底召开了公司的年终总结会,对 2009 年的全年管理(特别是质量管理)包括公司全年的实现情况,进行了总结分析,并提出了 2010 年公司的发展思路及具体目标。

136. 项目部与发包方发生了一起争议,原因是签订协议时,对地砖仅规定了"抛光通体砖,600×600",未说明具体的内容。当时在进行投标时,按普通的考虑 58 元/m^2 的地砖,但现在发包方要求用 158 元/m^2 的地砖,依据是协议中还有一条"所有材料需经发包方认可后方可采购使用"。

137. 公司今年采购回一批四柱 813 型暖气片。由于该工程的图纸是 3 年前设计的，由于某种原因停工，但监理在验收该批暖气片时说"该暖气片已淘汰，建委下发了产品淘汰目录"，但公司没有知道，原因是这个文件没有发到办公室，办公室没有将文件转发到别的部门，造成这个错误。

138. 公司对项目部内审，项目部有关人员只有项目经理、技术负责人和资料员来接受审核，内审员问其他人为什么不参加呢？项目经理说："所有有关《规范》实施的事情，全部由资料员和技术负责人来负责，其他人都在现场呢，这方面的事我也全权委托他们俩了，由于他们是女同志，做事认真，况且也不便经常在现场，故安排由资料员和技术负责人来负责有关《规范》实施的事情，常在办公室，比较合适。"

139. 内审员查某项目部材料进场复试及验证记录，今年新开工，到目前为止，就进了这一次，具体是在 2009 年 5 月进水泥 200t、砂子 600t、石子 400t。现场查看，水泥库的容量仅能放 60t，砂、石场地也是仅有各近 30m^3。查出库单，材料管理人员说这里是一个阶段才登记一次出库记录，反正都在现场，有门卫，丢不了，内审员问都用在哪个部位，材料员说这个工程是全现浇的，全部用混凝土浇筑。查配合比，大致比例为 1∶2∶4（水泥∶砂∶石），水泥已用了 150t。

140. 内审员查数据分析的情况，有关人员说：数据分析进行了，所有的事情我们都经过仔细的考虑分析，才做出决策的。内审员问如设备的管理方面是否进行分析，有关人员回答说进行了分析。内审员问是如何分析的，具体有哪些数据，有关人员则说不上来，称记不清楚了。

141. 某三级装饰施工企业，为了适应社会各层次需求的需要，既承揽一般的宾馆饭店装修，也对一般居民进行装修。该公司建立质量管理体系，在质量手册中说明"施工设计条款不适用"，公司大部分都是发包方拿来图纸按图施工，只是对一些个人住户简单装修进行口头出个方案协商同意了就干了，也没有图纸，所以将 10.3 施工设计作为不适用了。

142. 某施工企业的质量方针是："质量第一、发包方第一……"内审员询问了总经理、总工程师、质管办主任、技术、质检等部门的负责同志，回答是各式各样的，有的说质量第一就是想用户所想，质量放在第一位；有的说质量第一就是我公司施工的工程质量第一；有的说达到行业先进水平；有的说发包方第一就是对工程保修服务及时认真；有的说发包方第一是工程质量终身服务……。

143. 某安装公司为发包方组装计算机控制中心的精密电子仪器。其安装作业指导书规定在调试工位上应铺导电地毯，调试工在工作时应穿导电拖鞋、戴导电手镯。内审员在检查现场时发现有导电地毯，但是调试工穿的是普通拖鞋，而且未戴导电手镯。内审员问工人："是否知道作业指导书的规定？"工人说："不知道"。这时技术负责人过来说："作业指导书就在我的桌子上，他们随时可以过来查看。"

144. 在设计科内审员想了解设计人员职责，科长说："设计工作一般由项目负责人在设计计划中指定责任工程师，并规定有关设计人员的职责。"审核组在检查华伟工程设计计划，查阅到项目负责人和有关设计人员清单，但设计计划中没有找到有关设计人员分工的职责规定。

145. 某工程施工完毕后，发包方反映颜色有所不一致，经检查，色差大于3CIELAB色差单位，原因是质检人员没有相应的仪器可以使用。

146. 当内审员问项目部技术负责人是否有需确认的过程，该技术负责人回答："这个工程无特殊过程。因为该工程为一般工程，并非特殊工程，所以没有特殊过程，也没有需确认的过程。"

147. 内审员到某施工单位审核时，发现该施工单位（乙方）与某使用单位（甲方）所订甲供材料合同中规定乙方在施工时必须使用甲方指定的某水泥厂的水泥。内审员问施工队的项目经理，这些水泥使用前是否经检验或验证。项目经理说，这些水泥是否经过检验我不清楚。一旁的公司副总经理补充说："项目经理刚调来一个多月，有些情况不熟悉，其实，这些水泥，我们已经检验了。"他向内审员出示了了有关的检验记录。

148. 在市场部有一份《发包方要求的确定和评审程序》，有起草人和市场部经理审批签字，内审员问营销部人员："此文件现在执行吗？"回答说："现在照此执行。"内审员查《受控文件控制程序》时，发现第3.2条规定"凡跨部门的质量活动程序，需由牵头部门起草后相关部门会签，经主管领导批准方可实施。"

149. 在某建筑公司的项目部，内审员发现施工平面图有一处涉及到安全结构的更改，内审员问项目经理更改是否合理，有否批准。项目经理取出一张技术部经理送来的业主要求更改的信息，并说"没有其他批文"。内审员查看《设计和开发程序》，发现程序规定："更改的技术可行性需经总工程师审批，并对发包方要求更改的内容进行评审后，经总经理审核后方可实施。"

150. 内审员审核某公司检验科时，查某成品检验报告显示实验温度是40℃，保持15h，而检验规范规定：实验温度80℃，保持10h。内审员问："为什么不按规定执行？"检验组长说："前一种方法也能保证产品质量。"

151. 内审员在审核成品仓库时正巧有一批成品退回，原因是表面油漆层严重刮伤。仓库主任说："我们是100%检验的，并提供成品检验合格单据来证实。"送货工说："运货的道路不平，在修路，在卡车上相互碰撞造成的。"

152. 查某建筑公司办公室是如何获得发包方满意/不满意信息时，主任告诉内审员，对用户投诉有明确的规范处理规定，每次投诉都必须记录，每月汇总，作为发包方满意/不满意的事实依据。内审员查看了4~6月份投诉汇总台账,共有两个投诉案例,均作了答复。主任说:"这三个月发包方满意率达100%。"

153. 在施工现场审核检测设备控制时,内审员要求提供所控制的设备的台账和记录,工程师说没有台账,但有记录,取来了称量的电子秤的校准记录,都符合要求。内审员问混凝土测温的温度计是否被校准,工程师说:"这不是验证产品质量的,不用校准,只有坏了及时修好即可。"

154. 内审员在查某公司内审资料时发现:内审员在审核高层领导的时候,审核了质量方针、目标及实现情况,各级人员的职责分工,公司主管领导的职责,并审阅了质量管理体系评价的资料,在检查结论栏为"符合标准要求"。

155. 2009年4月5日审核某港口施工项目,现场有6位员工在操作进口焊接机。内审员查这6位焊工培训档案时发现,有2人为2006年3月培训、考核记录,有2人为2008年8月培训、考核记录,有2人为2009年1月培训、考核记录。而公司培训规定每年需要重新培训考核。

156. 采购科长说:"我们按程序文件规定,对A类原材料实施定点采购。"内审员问:"如果这些单位偶然供货脱档,你们怎么办?"采购员说:"这种情况也有发生,好在我手中还掌握许多供货单位,不怕找不到货,当我把货提回来时,科长还表扬我呢。"

157. 在梁厂模板加工车间审核时,内审员问车间主任不合格品的隔离情况,车间主任说:"我们用蓝色工件筐装检验合格的零件,用红色筐装不合格零件,放在白筐里的是尚未检验的零件,每个筐里还有该批零件的过程卡"。内审员在车间角落里发现一个红色工件筐,内存有几种零件,但没有任何文件。工段长笑着说:"这些其实都是合格品,我们都超产一些放在这里,以便一旦出了不合格品,好用它们顶上,这样既节省了时间,又可少扣奖金"。车间主任夸他,说这真是一个绝妙的主意。

158. 内审员A到某建筑工程公司经营科进行审核时,知道经营科正在组织力量对环球公司某项工程投标。在正式投标前,经营科对本企业将要报出的投标书和报价单组织了一次评审,各有关部门代表参加并发表了意见。最后经公司主管领导作了评审结论。对力所不及的项目,实事求是地降低了性能指标,并相应地降低了报价,力争中标。评审记录很详细。内审员A问:"环球公司该项工程的招标书是否有?"经营科长出示了环球公司的招标台账。内审员A核对了一下内容发现招标书与投标书上有好几个项目要求差距较大,而且投标书上对项目验收要求、方式等不够明确。内审员A问:"对环球公司的招标书是否作了评审?"经营科长说:"没有,我认为各部门没有必要了解对方标书的细节,对投标书评审一下就够了。"

159. 内审员2009年1月4日查某公司项目部的有效标准、规范清单时发现，项目部仅有 2003 年标准，未配备《建筑施工安全检查标准》JSJ 59—99、《建筑工程施工质量验收规范》GB 50300—2001、《建筑工程文件归档整理规范》GB 50328—2001 等。

160．2003 年 3 月 2 日内审员查某施工企业技术部的文件清单发现，该部门未将《建筑法》、《安全生产法》列入清单中，同时发现《建筑电气安装工程质量检验评定标准》GBJ 303—88，《电气装置安装工程 1kV 及以下配线工程施工及验收规范》GB 5058—96 已作废，未作好标识。

第二节 答 案

一、选择题

1．(A)　2．(E)　3．(C)　4．(C)　5．(E)　6．(B)　7．(D)
8．(D)　9．(A)　10．(B)　11．(D)　12．(C)　13．(D)　14．(D)
15．(E)　16．(E)　17．(D)　18．(B)　19．(B)　20．(D)　21．(D)
22．(A)　23．(C)　24．(E)　25．(E)　26．(C)　27．(C)　28．(E)
29．(D)　30．(A)　31．(D)　32．(C)　33．(B)　34．(B)　35．(C)
36．(D)　37．(D)　38．(C)　39．(D)　40．(C)　41．(C)　42．(D)
43．(D)　44．(C)　45．(D)　46．(D)　47．(D)　48．(D)　49．(D)
50．(D)　51．(D)　52．(D)　53．(D)　54．(D)　55．(B)　56．(D)
57．(A)　58．(C)　59．(A)　60．(B)　61．(D)　62．(C)　63．(A)
64．(D)　65．(A)　66．(D)　67．(B)　68．(A)

二、判断题

1．√　2．√　3．×　4．×　5．√　6．×　7．√　8．√　9．√　10．√　11．×
12．√　13．×　14．×　15．√　16．×　17．√　18．×　19．√　20．√　21．√
22．√　23．√　24．×　25．√　26．×　27．√　28．√　29．√　30．√　31．√
32．√　33．√　34．×　35．×　36．√　37．√　38．√　39．√　40．√　41．√
42．×　43．√　44．√　45．√　46．√　47．√　48．√　49．√　50．√　51．√
52．√　53．√　54．√　55．√　56．√　57．√　58．√　59．√　60．√　61．√
62．√　63．√　64．√　65．√　66．√　67．√　68．√　69．√　70．√　71．√
72．√　73．√　74．√　75．√　76．√　77．√　78．√　79．√　80．√　81．√
82．×　83．√　84．√　85．√　86．√　87．√　88．√　89．√　90．√　91．√
92．√　93．√　94．√　95．√　96．√　97．×　98．√　99．√　100．√　101．√
102．√　103．×　104．×　105．√　106．√　107．√　108．√　109．√　110．√
111．√　112．√　113．√　114．×　115．×　116．×　117．√　118．√　119．√
120．×　121．×　122．√　123．√　124．√　125．√　126．×　127．√　128．×

129. × 130. ×

三、问答题

1. 《工程建设施工企业质量管理规范》GB/T 50430—2007 包含了如下几个主要条款：

总则、术语、质量管理基本要求、质量管理组织机构和职责、人力资源管理、施工机具管理、投标及合同管理、建筑材料构配件和设备管理、分包管理、材料和施工机具管理、分包管理、工程项目施工质量管理、施工质量检查和验收管理、质量管理自查与评价、质量信息和质量管理改进。

2. 质量计划是指对特定的项目、产品、过程或合同，规定由谁及何时使用哪些程序和相关资源的文件，施工组织设计是指导建设工程施工准备和施工全过程的技术管理文件。

质量计划具体表现为项目施工中相关标准条款的实施要求，而传统的施工组织设计是针对项目特点编制的技术性及管理性文件，传统的施工组织设计与标准的产品实现的策划结果－质量计划并不是等同的，二者既有相同相似之处，又有区别，但二者的要求都应满足。施工企业可根据实际情况，在满足二者要求的情况下，输出文件的形式可以自主决定。

3. 质量管理体系文件包括以下内容：
（1）形成文件的质量方针和质量目标；
（2）质量管理体系说明（质量手册）；
（3）规范所要求的形成文件的管理制度（程序）；
（4）组织为确保其过程有效策划、运行和控制所需的文件；
（5）规范所要求的记录。

4. 文件的如下几个方面的价值必须保证实现：
（1）满足发包方要求和质量改进；
（2）提供适宜的培训；
（3）重复性和可追溯性；
（4）提供客观证据；
（5）评价质量管理体系的有效性和持续适宜性。

5. 在建筑行业常用的统计技术常用的举例如下：
（1）以数理统计为基础的抽样检验方法；
（2）用于定性分析的因果分析图等；
（3）用于定量分析的直方图、分布图等；
（4）用于过程连续监控的控制图、方差分析等；
（5）建筑行业规定的混凝土砂浆试块强度统计评定等；
（6）其他方面的应用。

6. 建筑行业的法律和法规有国家发布的建筑类法律，如《中华人民共和国建筑法》《中华人民共和国招标投标法》等；还有国务院发布的建筑类法规，如《建设工程质量管理条例》《建设工程勘察设计管理条例》等；以及各部委发布的部门规章制度，例如住宅与城乡建设部、铁道部、交通部等部位发布的规章制度。

7. 建筑施工企业应有的记录通常有如下方面：
(1) 规范中要求的记录；
(2) 行业要求的记录；
(3) 施工企业内部规定的记录。

8. 工程施工质量要求：
(1) 合同要求（包括投标要求、设计文件要求等）；
(2) 项目施工中发包方及监理单位现场提出的要求；
(3) 工程保修的要求；
(4) 施工企业内部质量管理的要求；
(5) 法律法规的要求。

9. 房屋建筑工程是指工业、民用与公共建筑（建筑物、构筑物）工程。工程内容包括地基与基础工程，土石方工程，结构工程，屋面工程，内、外部的装修装饰工程，上下水、供暖、电器、卫生洁具、通风、照明、消防、防雷等安装工程。

10. 对有施工图设计业务或负设计责任的施工企业必须选择施工设计系统，对无施工图设计业务及不负设计责任的施工企业可不选用施工设计条款。

此外对需开发的新施工过程（以前从未经历过的施工过程，尤其是新的核心技术的应用过程）的策划应按照施工设计和开发控制。

11. 内部审核是为获得审核证据并对其进行客观的评价，以确定满足审核准则的程度所进行的系统的、独立的并形成文件的过程。

质量管理体系评价：最高管理者的任务之一是就质量方针和质量目标，有规则的、系统的评价质量管理体系的包括适宜性、充分性、有效性等在内的相关管理内容。这种评价可包括考虑修改质量方针和质量目标的需求以响应相关方需求和期望的变化。两者的对比见表1。

12. 相互关系：质量管理体系要求本身不规定产品要求，但它是对产品要求的补充。产品要求和体系要求二者互相补充、相辅相成。两者的针对性、目的、范围、含义存在的关系如表2。

13. 依据文件中的信息来分文件的类型有：
(1) 质量管理体系的说明（如质量手册）

规定施工企业质量管理体系的文件。它向施工企业内部和外部提供关于质量管理体系要求的一致信息。

内部审核与质量管理体系评价的对比表　　　　　　　　　　　　　表1

	内部审核	质量管理体系评价
目的	确定满足审核准则的程度	确保质量管理体系持续的适宜性、充分性和有效性
对象	企业的质量管理体系	企业的质量管理体系(包括质量方针和质量目标)
评价的依据	审核准则	发包方等的期望和需求
实施者	内审员	最高管理者和管理层等人员
方法	系统、独立地获取客观证据,与审核准则对照,形成文件化的审核发现和结论的检查过程	以广泛的输入信息为事实依据,就质量方针、目标及发包方等需求,对质量管理体系的适宜性、充分性和有效性进行评价。可以会议的方式进行
对输出结果要求	应对质量管理体系是否符合要求,以及是否有效实施和保持作出结论,并形成记录	应对质量管理体系的持续的适宜性、充分性和有效性,体系的变更、活动和产品的改进,资源的需求,包括质量方针和目标作出评价,并形成记录

质量管理体系要求和产品要求的区别　　　　　　　　　　　　　表2

	质量管理体系要求	产品要求
1. 含义	1. 为建立质量方针和质量目标并实现这些目标的一组相互关联的或相互作用的要素,是对质量管理体系固有特性提出的要求。 2. 质量管理体系的固有特性是体系满足方针和目标的能力、体系的协调性、自我完善能力、有效性的效果等	1. 对产品的固有特性所提出的要求,有时也包括与产品有关过程的要求 2. 产品的固有特性主要是指产品物理的、感观的、行为的、时间的、功能的和人体功效方面的有关要求
2. 目的	1. 证实组织有能力稳定地提供满足发包方和法律法规要求的产品。 2. 通过体系有效应用,包括持续改进和预防不合格而增强发包方满意	验收产品并满足发包方要求
3. 适用范围	通用的要求,适用于各种类型、不同规模和提供不同产品的组织	特定要求,适用于特定产品
4. 表达形式	《工程建设施工企业质量管理规范》或其他质量管理体系要求或法律法规要求	技术规范、产品标准、合同、协议、法律法规,有时反映在过程标准中
5. 要求的提出	《工程建设施工企业质量管理规范》	可由发包方规定;可由组织通过预测发包方要求来规定;可由法规规定

　　(2) 质量计划

　　对特定的项目、产品、过程或合同,规定由谁及何时应使用哪些程序和相关资源的文件。质量计划表述了质量管理体系如何应用于特定产品、项目或合同。这里的程序通常包括所涉及的那些质量管理过程和产品实现过程。质量计划通常引用质量手册的部分内容或程序文件。质量计划通常是质量策划的结果之一。

　　(3) 规范

阐明要求的文件。

规范可能与活动有关。这种情况下的规范可能是：程序文件、过程规范和试验规范等。

规范也可能与产品有关。这种情况下的规范可能是：产品规范、性能规范和图样等。

（4）指南

阐明推荐的方法或建议的文件。例如《质量管理体系——业绩改进指南》GB/T 19004—2000—ISO 9004：2000。

（5）形成文件的质量管理制度（如手册、程序）

提供如何一致地完成活动和过程的信息的文件。例如文件控制程序（或制度）。

（6）作业指导书

为某项活动的具体操作提供帮助指导信息的文件。例如设备操作说明。

（7）表格

规定收集或报告必要的信息的要求的文件。

（8）记录

阐明所取得的结果或提供所完成活动的证据的文件。例如质量管理体系评价记录。记录可以为可追溯性提供文件，也可为验证、预防措施、纠正措施提供证据。记录通常不需要采用控制版本的活动。

除此之外，文件还可能有描述质量方针与质量目标的文件等。

14. 组织优秀模式是指国际上一些先进国家的著名的管理模式。二者既有相同之处，又有各自的特点，但质量管理体系与优秀的管理模式是相容的，可以一同使用。

质量管理体系方法和优秀模式的相同点：

（1）遵循相同的质量管理原则；

（2）这两种方式均可；

（3）使组织能够识别它的强项和弱项；

（4）包括对照通用模式进行评价的规定；

（5）为持续改进提供基础；

（6）包含外部承认的规定。

质量管理体系方法和优秀模式的不同点在于其应用范围不同。

标准 GB/T 19000 及《工程建设施工企业质量管理规范》GB/T 50430—2007 对质量管理体系提出了要求，或为其业绩改进提供了指南。对质量管理体系的评价主要是确定这些要求是否得到满足，以及相应业绩是否得到改进。这种评价的依据是相应的标准。

组织优秀模式不是质量管理体系标准。它旨在承认那些特别重视质量业绩改进的组织,并鼓励其他组织以这些组织为榜样。组织优秀模式是一种竞争性的模式,可评价具有最佳业绩的组织。优秀模式评定准则提供了一个组织与其他组织业绩相比较的基础,因此是一种水平比较的模式,该模式适用于组织的全部活动和所有相关方。

15. 系统的:表现在有计划地按规定的程序进行,从审核的策划准备到审核的实施,审核报告的编写以及跟踪验证是一个系统方法;

独立的:即内审员应具备开展相应审核工作的能力,且与受审核活动或区域无直接责任的人员进行;

形成文件的:审核是形成文件的过程,包括审核计划、检查表、现场审核记录、不合格报告、首末次会议记录、审核报告等,通过文件形式以确保审核的客观性。

16. 质量管理体系审核报告通常包括的内容有:

(1) 审核目的和范围;

(2) 审核组长及成员;

(3) 审核日期及计划主要项目实施情况;

(4) 实施审核的依据,如质量管理体系标准、质量管理制度(质量手册、程序文件等);

(5) 不合格项目的统计分析;

(6) 对受审核方的综合评价,应客观、公正、合理地对受审核方的质量管理工作进行整体评价,肯定优点,指出缺点,提出审核结论;

(7) 提出纠正措施实施要求;

(8) 审核报告的发放范围;

(9) 审核报告的批准,审核报告应得到最高管理者或管理者代表的批准;

(10) 审核报告附件,不合格项报告和其他认为必需的审核结果的资料可作为审核报告的附件。

四、场景题

说明:本部分答案中的原因和纠正措施是在一定条件下的分析模拟,仅供读者参考。

1. 铁路施工企业(特别是总承包企业),劳务分包方对工程质量有重要影响,未对劳务分包的过程进行识别并控制。

不符合《工程建设施工企业质量管理规范》GB/T 50430—2007 3.3.2 的相关条款要求,质量管理体系的范围确定不正确。

原因分析:公司对劳务分包方对工程质量有重要影响的范围识别有疏漏,忽视了劳务分包这一过程。

纠正措施：重新对照标准的要求结合公司的业务进行一次识别，是否还有遗漏的过程，并制定相关制度加以控制。

2. 工程建设行业要求的记录表格即施工技术资料是证实施工过程及工程质量检验、原材料检验的重要证据，是质量管理体系中重要的记录，但没有纳入管理体系予以控制。

不符合《工程建设施工企业质量管理规范》GB/T 50430—2007 3.5.2 文件管理条款的要求，行业要求的记录表格也应进行控制。

原因分析：有关人员对文件控制的范围理解不到位所致，对行业要求的记录表格忽视，未纳入受控范围。

纠正措施：对有关人员进行培训，深刻理解标准条文，检查是否有其他遗漏，对行业要求的记录纳入受控范围。

3. 施工技术资料（工程档案）是工程有关问题查询、质量问题、事故调查的重要资料，行业要求资料的保存应与工程的重要性相一致，一般是长期保存。对已移交档案馆的，企业自留资料也应在保修期内必须保存，企业制定的保存期显然不符合追溯的要求，也不符合法规的要求。

不符合《工程建设施工企业质量管理规范》GB/T 50430—2007 3.5.3 条款的要求。

原因分析：制订保存期的规定考虑不充分，既不合理，也不符合行业规定。

纠正措施：重新对记录的保存期进行策划，应充分考虑各种记录的作用以及其保存的意义和价值，应在满足记录证实及可追溯的要求前提下，规定保存期限。

4. 工程档案是重要的记录资料，档案不进行编号标识不便于查阅、检索、容易丢失。

不符合《工程建设施工企业质量管理规范》GB/T 50430—2007 3.5.3 条款的要求。

原因分析：是对档案的重要性认识不足，对档案管理缺乏严格系统的规定。

纠正措施：加强认识，规范管理，制定档案管理规定，明确编号分类方法，认真执行，使档案便于查找，同时防止丢失。

5. 对图纸会审提出的问题，所引起的文件更改未及时进行，不符合竣工图的标识和追溯的要求，在用的图纸不及时更改，会引发施工错误。

不符合《工程建设施工企业质量管理规范》GB/T 50430—2007 3.5.2 条款"4）及时获取所需文件的适用版本"的要求，应在图纸上做相应的更改。

原因分析：传统习惯造成，对图纸更改完全凭借个人记忆，忽视了这方面的工作，图纸是重要的文件，发生更改应立即执行，施工现场也常常因此而发生"照图施工"却犯了大的错误。

纠正措施：对有关人员应加强责任心及文件控制程序的培训教育，明确责任，严格按文件更改的有关规定执行。

6. 该企业以前的文件或规定，也不认真地评审是否还符合实际，只是简单地搬过来用。

不符合《工程建设施工企业质量管理规范》GB/T 50430—2007 3.5.3-2 文件管理的要求。

原因分析：没有对文件在发布前进行认真评审、批准，以确保文件是适宜的。

纠正措施：对相关人员进行培训教育，文件发放前一定要严格按照规定进行审批，确保文件是充分与适宜的。

7. 对混凝土搅拌机未进行有效的维护保养，导致陷入混凝土中，难以保证工程施工顺利进行。

不符合《工程建设施工企业质量管理规范》GB/T 50430—2007 6.3.1 条款的要求，对设备应进行维护保养。

原因分析：缺少对设备保养维护的规定，操作者未能对混凝土搅拌机进行维护。

纠正措施：建立维护保养的制度，对有关人员培训教育。严格执行维护保养及制度。

8. 办公室负责体系中的文件、档案及工作环境的管理，对于对体系有影响的岗位的人员应是有能力的，新上岗前应进行必要的培训，确保能够胜任工作，办公室主任刚从另一个企业调来，只因公司人少，就直接上任了，未进行必要的培训后再上岗，这样很难保证工作顺利进行。

不符合《工程建设施工企业质量管理规范》GB/T 50430—2007 5.2.2 条款的要求。

原因分析：管理的随意性导致问题的出现，特别是像办公室这样的部门，领导的意识认为不是很重要，就不严格执行规定，未经培训合格就上岗了，从而导致工作错误。

纠正措施：应提高领导的意识，严格执行人力资源管理规定，对办公室主任应进行岗位培训、考核，确保能胜任工作。

9. 目标分解建立不合理，质量目标的分解建立应支持总目标，且结合本部门的主要工作，本例中优良率 90% 不是质检科工作能够实现的。目标的制定既未能体现本部门主要工作的提高，又不能逻辑支持总目标的实现。

不符合《工程建设施工企业质量管理规范》GB/T 50430—2007 3.2.4 条款的要求。

原因分析：对目标分解的适宜性考虑不充分，策划不到位。

纠正措施：重新对目标分解的适宜性进行评审，并针对各部门的主要过程对总目标予以支持分解，以保证总目标的实现，对各部门目标做必要的修订，与总目标关联并与本部门主要职责对应。

10. 该施工企业为了图省事，对外一律宣称这些民工是本公司的职工以避免麻烦的做法是错误的，不符合法规的要求。

不符合《工程建设施工企业质量管理规范》GB/T 50430—2007 3.2.1-1 条款的要求。

原因分析：总经理的守法意识淡薄，投机取巧，不按要求执行。

纠正措施：加强总经理的守法意识的教育，并向全体员工进行守法意识的培训、教育，同时制定劳务分包管理制度，对劳务分包方的选择评价予以控制。

11. 质量管理体系评价的有效性差，对技术人员比较缺乏方面相关的评审不充分，质量管理体系评价内容之一对体系所需的资源方面也应进行考虑，确保体系的运行，缺少技术人员，在评价中应该能够识别，而评价时对此显而易见的问题却在质量管理体系评价中未反应。

不符合《工程建设施工企业质量管理规范》GB/T 50430—2007 13.2 条款的要求。

原因分析：质量管理体系评价的输入输出不充分，评价的深度不够，对资源的需求也是一项重要内容。

纠正措施：对质量管理体系评价的意义作用要进一步提高认识，严格按评价的规定进行，进行一次补充评价。

12. 总目标制定不合理，目标为基本要求，不能体现企业质量管理改进提高的要求，缺乏可追求和可体现改进的内容，虽然公司对上述各部门建立的目标已经分解，但是不能充分支持公司总目标的要求，分解目标与总目标的逻辑关系不正确。人事部负责人力资源的管理和培训，其建立的质量目标应考虑总目标中满足行业标准和法律法规的要求。由于设备安装工程设计施工的行业标准对于设计人员、项目施工人员均有人员资格的要求，因此人事部门的质量目标还应包括：设计、专业施工人员的持证上岗率满足行业标准和法律法规的要求。

办公室负责文件和资料的管理，其建立的质量目标虽然考虑了对文件发放的控制，但是没有结合本行业的特点确保法律法规和标准的有效性，没有考虑法律法规文件更新的可能性。其质量目标可包括：及时掌握有关行业的法律法规和标准的更新，确保发放最新的有效版本。

工程部负责材料采购和工程安装，其部门质量目标还应包括直接影响工程合格率的材料合格率的控制。因此质量目标还应包括：采购材料的合格率、施工安装过程符合行业施工规范、分项一次检验合格率等的要求。

设计部负责安装方案设计，其质量目标还应支持满足甲方和法律法规要求的内容。例如应考虑承接的设计项目100%符合法律法规的要求，满足合同要求，设计评审一次通过率等。

综上所述，企业未结合各部门或岗位的职责及总目标的要求进行适宜、有效的质量目标分解；同时未充分考虑法律法规的要求。未在采购、设计开发、生产和服务提供及过程和产品的监视和测量、人员资格等相关方面建立子目标。

不符合《工程建设施工企业质量管理规范》GB/T 50430—2007 3.2 条款的要求。

原因分析：在各部门层次建立目标时与总目标缺乏逻辑协调，各部门的目标应针对本部门的主要工作以及与总目标相关的要求来建立目标，以支持总目标的实现和本部门工作的测量考核，而该目标没有充分考虑这些要求。

纠正措施：对总目标及各部门的质量目标进行评审，修订并充分考虑各部门层次建立目标时与总目标缺乏逻辑协调关系，各部门的目标是否针对本部门的主要工作以及与总目标相关的要求，部门的目标是否能支持总目标的实现和本部门工作的测量考核。

13. 刚毕业的大学生，在企业内部的职位及影响力方面还未充分建立，对质量负责人的任命应能确保内部沟通一致，使体系有效运行保持，质量负责人无法保证体系的实施及保持。

不符合《工程建设施工企业质量管理规范》GB/T 50430—2007 5.2.2 条款的要求。

原因分析：仅考虑了质量负责人的业务能力，忽视了其他方面的因素。

纠正措施：更换质量负责人。

14. 对发包方对项目部的抱怨及项目部的有关质量问题的信息，未及时进行沟通，公司对此尚不清楚，未在合同履行的各阶段，与发包方或其代表进行有效沟通。

不符合《工程建设施工企业质量管理规范》GB/T 50430—2007 7.3.4 条款的要求。

原因分析：公司未与发包方主动进行沟通。同时内部沟通也存在缺陷。

纠正措施：公司进一步建立有效的沟通机制，疏通沟通和渠道，如主动与业主沟通，部门检查了解情况，项目部施工情况的定期汇报等措施。

15. 室外气温低于零下2℃会造成坝体混凝土受冻，会出现质量问题，未采取措施，消除不利因素，无法确保工程质量。

·不符合《工程建设施工企业质量管理规范》GB/T 50430—2007 10.5.1-5 条款的要求。

原因分析：对冬期施工缺乏措施，对冬期施工季节带来的负面影响认识不足。

纠正措施：立即采取措施，确保工程质量（加防冻剂或停止施工），对有关人员培训按冬期施工有关规定施工。

16. 电气施工组织设计的编制不符合合同、图纸和规范的要求，互相矛盾。

不符合《工程建设施工企业质量管理规范》GB/T 50430—2007 10.2.3-8条款的要求。

原因分析：策划时对图纸的内容未充分熟悉，对图纸的要求不够清楚，有关人员疏忽了该项内容。

纠正措施：重新对文件评审，是否有其他问题，并进行更改，对有关人员进行教育、培训。

17. 质量目标是工程质量管理的目的之一，未针对质量目标的实现展开进行策划是不正确的。

不符合《工程建设施工企业质量管理规范》GB/T 50430—2007 10.2.3-1条款的要求。

原因分析：未能明确质量目标，对策划的依据未能充分考虑，对施工策划流于形式，意识淡薄是主要原因。

纠正措施：提高认识，明确施工策划的重要性，应进行充分的策划，将质量目标分解到各分部分项，予以落实。

18. 该企业仅仅限于对内审中发现的不合格的纠正措施。事实上重要的是对日常质量管理体系运行的过程进行监视和测量，以便根据需要及时采取改进、纠正或预防措施，因此，总经理的片面理解是错误的。

不符合《工程建设施工企业质量管理规范》GB/T 50430—2007 13.3.1条款的要求。

原因分析：总经理对持续改进的理解不全面，不到位。

纠正措施：对规范要求，识别改进的途径，机制，认真学习理解规范的要求。

19. 对产品有关要求的识别不充分，未对法规要求的以及隐含的要求予以识别确认。

不符合《工程建设施工企业质量管理规范》GB/T 50430—2007 7.2.1条款的要求。

原因分析：对工程施工法规规定要求识别不充分，投标时未充分考虑道路硬化等文明施工这方面的内容。

纠正措施：对法规进行学习，应对工程建设有关的要求的法制项目进一步完善，在签订合同时应充分考虑与产品有关的要求，特别是法律法规的要求，在施工中还应严格执行有关法律法规。

20. 对发包方的要求评审不到位，没有充分考虑自身能力即答应了发包方的要求。不符合《工程建设施工企业质量管理规范》GB/T 50430—2007 7.2.2条款的要求。

原因分析：未能充分评估自身能力，评审不充分，对于满足发包方和法律法规要求的重要性的认识不足，工程垫资这一明确要求，已得到明确规定，应充分评审，确保有能力实现发包方的要求，同时公司也应严格执行合同的要求。

纠正措施：对有关人员进行关于以发包方为关注焦点及满足发包方和法律法规要求的重要性的培训学习，对发包方的要求应进行有效地评审，确保有能力满足规定的要求。

21. 对因扰民问题影响识别不到位，也没有进行有效的评审即答应了发包方的要求。工地扰民是一个客观存在的问题，未充分予以考虑。

不符合《工程建设施工企业质量管理规范》GB/T 50430—2007 7.2.2 条款的要求。

原因分析：工地扰民是一个客观存在的问题，没有充分识别其影响的程度，评审不充分。

纠正措施：对类似扰民问题影响应充分识别，完善识别的内容，并进行有效地评审以满足发包方的要求。

22. 未对设备进行有效保养，容易造成设备损坏。

不符合《工程建设施工企业质量管理规范》GB/T 50430—2007 6.3.1 条款的要求。

原因分析：对设备的维护保养缺乏连续性的控制，原因是没有制定设备的保养制度。

纠正措施：即使是在仓库一时不用的设备，也应在制度中作出保养的规定，并定期进行维护保养，制定设备的保养制度，严格按制度进行维护保养。

23. 供方的评价选择不符合法规的要求。

不符合《工程建设施工企业质量管理规范》GB/T 50430—2007 8.2.2 条款的要求。

原因分析：在供方的选择和评价未充分考虑法律法规的要求，对法规的要求不熟悉是造成问题出现的主要原因。

纠正措施：学习相关法规，并完善收集传递法规的途径和方法，对评价的机制改进，应针对该项内容列入评价范围内，评价应以满足法律法规为基础。

24. 技术交底规定不到位，技术交底对成品保护未做具体要求，对于地面应进行防护，防止污染，对防护未明确提出措施要求，在技术交底中未得到充分体现。

不符合《工程建设施工企业质量管理规范》GB/T 50430—2007 10.2.3-8 条款的要求。

原因分析：交底内容策划不到位，对防护的操作规定不全面，技术交底的可操作性较差。

纠正措施：重新对有关防护的内容进行技术交底的策划并交底，对施工过程的成品半成品的防护要求应制定具体的方法。

25. 没有将施工组织设计的要求传递落实。施工组织设计的内容要通过技术交底予以传送落实，而技术交底未反应该项内容要求，可能导致施工错误。

不符合《工程建设施工企业质量管理规范》GB/T 50430—2007 10.4.3 条款的要求。

原因分析：技术交底不到位，混凝土分项工程施工中每层浇筑厚度控制是混凝土施工质量控制的一个重要内容，技术交底未全面考虑，对混凝土分项工程施工质量难以控制，施工人员忽视了该方面的内容。

纠正措施：对有关人员进行教育、培训，严格落实技术交底制度，对技术交底未全面考虑涉及的要求，应加强注意对有关要求的接口。

26. 两次纠正措施都是"已经返工，并且再检验合格"，这些并不是纠正措施，只是纠正而已。

不符合《工程建设施工企业质量管理规范》GB/T 50430—2007 13.3.1 条款的要求。

原因分析：工人的识图能力和责任心不强以及没有设置质检员是造成问题的关键原因，但构件厂的有关人员没有认真分析原因，采取有效的纠正措施，导致问题的重复出现。

纠正措施：加强对工人的识图能力和责任心以及构件厂的有关人员对纠正措施需求的识别的培训和教育，对发现的问题，应根据问题的具体情况评审其纠正措施的需求，达到防止不合格再次发生的目的。

27. 在使用场所应能够获得相关的文件，应对洽商要求传递到班组，否则容易造成施工质量问题。

不符合《工程建设施工企业质量管理规范》GB/T 50430—2007 10.4.3 条款的要求。

原因分析：工作人员疏忽所致，未针对该洽商给施工班组交底。

纠正措施：加强教育，认真落实技术交底制度，对变化的部分也应及时交底。

28. 该安装公司的人员资质未做验证和确认。

不符合《工程建设施工企业质量管理规范》GB/T 50430—2007 9.3.1-1 条款的要求。

原因分析：对外包过程识别不充分，缺乏控制措施。

纠正措施：将该过程纳入管理体系，并制定控制准则，对其实施控制。

29. 老焊工没有持证上岗。

不符合《工程建设施工企业质量管理规范》GB/T 50430—2007 5.2.2 条

款的要求。

原因分析：虽然可能有较好的实际经验及技能，但这是企业或部分人员的认识，不一定能全面反映专业知识及技能，通过行业的专业培训考取证书，是对技能的客观体现，有关人员凭经验或个人的感觉评价，同时也忽视了行业的要求。

纠正措施：进行必要的再学习，通过培训考试，使知识技能更全面，按行业要求进行培训考试合格后再上岗，公司必须严格执行行业对特殊工种要求必须持证上岗的规定。

30. 没有及时获得更新后的检验规程。

不符合《工程建设施工企业质量管理规范》GB/T 50430—2007 3.5.2-4 条款的要求。

原因分析：文件管理出现问题，可能是相关人员工作失误。

纠正措施：检验科的有关人员对文件控制程序进行学习，认真执行。

31. 安全防护是一个必要的条件，施工应遵守施工现场安全施工的有关要求，没有安全的保证，就没有质量和进度保证。

不符合《工程建设施工企业质量管理规范》GB/T 50430—2007 10.5.1-4 条款的要求。

原因分析：有关人员的安全意识较低，地区要求不严格，片面追求眼前经济效益，节省安全方面的投入，却忽视了潜在的危险。

纠正措施：加强安全意识及遵守法律法规的教育，必须严格执行施工安全的有关规定，施工现场安全防护必须施工安全的有关规定执行。

32. 技术交底也是班组的作业文件，是项目部技术负责人将图纸、施组、规范等要求结合施工的具体内容具体化，对班组作业的详细操作及验收要求。交底的内容不可操作，对施工难以起到控制作用。

不符合《工程建设施工企业质量管理规范》GB/T 50430—2007 10.2.3-14 条款的要求。

原因分析：有关技术人员对规范的内容未在技术交底中明确，对技术交底可操作性要求认识不到位。

纠正措施：组织有关人员学习，进一步熟悉规范，完善技术交底。

33. 施工技术负责人未经设计批准，自作主张不执行原施工图纸。

不符合《工程建设施工企业质量管理规范》GB/T 50430—2007 10.5.1-4 条款的规定。

原因分析：图纸要求为发包方的要求，发现不适用或不对的应通知发包方。对图纸中发现的技术问题应由发包方处理，虽然可能问题存在，但也应向发包方报告，由发包方做出处理，显然该技术负责人对图纸的处理是错误的。对发包方的变更处理权限未充分重视。将自己的意见视为发包方的意见，超越权限。

纠正措施：对有关人员的意识进行教育，建立有关发包方财产管理的具体规定，对图纸中的问题应由发包方处理。

34、职责规定不全面，职能分配未覆盖体系涉及的部门，未将工程科包括在内。

不符合《工程建设施工企业质量管理规范》GB/T 50430—2007 4.3 条款的要求。

原因分析：忽视了工程科的职责，未在文件内作出规定。

纠正措施：对职责进行全面的修订，将不完善的职责予以补充。

35. 管理部门只管向下面下达任务，造成计划脱节，不符合实际。这说明内部沟通不畅通。

不符合《工程建设施工企业质量管理规范》GB/T 50430—2007 13.2 条款的规定。

原因分析：公司缺乏对内部沟通的方式制度化的规定，沟通渠道方式不协调，造成内部沟通不畅通。

纠正措施：对内部沟通的方式建立制度化的规定并有效执行。

36. 对提出的纠正措施予以实施，只进行了简单的口头交底，没有进行技术交底，未严格按照纠正措施提出的要求执行。

不符合《工程建设施工企业质量管理规范》GB/T 50430—2007 13.3.3 条款的要求。

原因分析：施工员责任心不强，没有严格按措施执行，并保存相关记录有效防止不合格再次发生。

纠正措施：加强施工员责任心，有效执行纠正措施。

37. 对有关该批水泥不合格进行评审，有关人员认为已退货就完事了，虽然没有造成严重后果，有关该批水泥不合格进行评审和处置的有关证据没有保存，是不符合追溯和改进要求的。

不符合《工程建设施工企业质量管理规范》GB/T 50430—2007 8.3.2 条款的要求。

原因分析：受传统的习惯对影响，只注重对问题的处理，不注重有关记录的保持，对不合格品控制程序中不合格的评审处置有关证据的保持的要求没有严格执行。

纠正措施：对不合格品控制程序的有关内容认真学习，严格执行。

38. 规定矛盾不可执行。该企业对策划结果未能协调统一，前后矛盾，不便于操作，无法对过程的实施进行控制。

不符合《工程建设施工企业质量管理规范》GB/T 50430—2007 10.2.3 条款的要求。

原因分析：策划接口不好，未能对相关文件进行有效地评审，可能导致问题的出现。

纠正措施：加强对工艺文件接口的控制，加强对文件评审，对冬施混凝土入模温度的要求应明确，确定符合要求的惟一的操作准则。

39. 该企业仅仅认为人力资源管理就是培训是错误的，没有对员工能力进行考核。

不符合《工程建设施工企业质量管理规范》GB/T 50430—2007 5.2.3条款的规定。

原因分析：对整个质量管理体系中重要岗位人员的能力的识别考核在体系中的重要性理解不充分，缺乏这方面的控制要求。

纠正措施：建立并实施对整个质量管理体系中重要岗位人员的能力的识别、评价、考核的制度，从教育、培训、技能和经验方面考虑，确保从事影响产品质量工作的人员应是能够胜任的。

40. 对混凝土的养护，确保混凝土的强度达到要求十分重要。但是该企业对混凝土施工的控制技术交底内容不全，混凝土施工技术交底中遗漏了对混凝土施工的养护的要求。

不符合《工程建设施工企业质量管理规范》GB/T 50430—2007 10.2.3-6条款的要求。

原因分析：交底粗心，未充分考虑这方面的内容。

纠正措施：对交底内容方面做出明确要求，检查其他交底有无类似情况。

41. 按照居民住房功能和有关要求，该承包商使用氨水是有害健康的。

不符合《工程建设施工企业质量管理规范》GB/T 50430—2007 7.2条款的要求。

原因分析：对发包方隐含的和法规要求识别不清造成的。

纠正措施：对类似的与工程要求有关的要求的识别应充分，必要时将该项列入评审程序中的必要项目。

42. 该企业不仅不知道已经不存在425号水泥，规格型号不正确，而且该企业对新的材料标准也不清楚。

不符合《工程建设施工企业质量管理规范》GB/T 50430—2007 8.2.1条款的要求。

原因分析：有关人员对水泥标准的变化学习不够，也可能是未得到现行标准，导致仍然使用旧水泥标准的标号表示。

纠正措施：未得到新的水泥标准，应及时获得相关标准并组织培训学习。

43. 质检科没有明确原材料检验的有关规定，对规定不清楚，无法实施对项目部的监督，同时企业仅仅依靠监理的检查而放弃自己的管理。

不符合《工程建设施工企业质量管理规范》GB/T 50430—2007 8.3.1 条款的要求。

原因分析：质检科应明确检验的有关规定将检验的方法、标准予以明确并确保得到执行。

纠正措施：质检科应明确原材料检验的有关规定，对质检科有关人员进行培训，学习有关检验的内容。

44. 某水泥供方虽为多年的老客户，供方的情况也随着时间的发展发生变化，但是该公司未及时对供方的变化进行评价。

不符合《工程建设施工企业质量管理规范》GB/T 50430—2007 8.2.2 条款的要求。

原因分析：水泥供方某公司，虽为多年的老客户，多年来一直供货从来没有发生过问题，价格合理，质量稳定，服务也好，供货及时，出了问题包退包换，就认为没有必要进行选择、评价供方，供方的情况也随着时间的发展发生变化，及时了解供方的变化，保证采购产品符合规定的采购要求，特别是水泥是建筑中对工程质量有重要影响，应严格按照制定的选择、评价和重新评价的准则对供方进行连续评价，确保采购的产品符合规定的采购要求。

纠正措施：提高质量意识，对供方进行连续评价，严格按照制定的选择、评价和重新评价的准则对供方进行连续评价，确保采购的产品符合规定的采购要求。

45. 《混凝土结构工程施工质量验收规范》GB 50204—2002 规定对用于结构施工的水泥必须进行抽样复试，试验合格后方可使用。该企业没有得到试验合格的证据，就投入使用不符合规范要求。

不符合《工程建设施工企业质量管理规范》GB/T 50430—2007 8.3.1 条款的要求。

原因分析：对用于结构的水泥的检验、放行未能充分重视，有关人员认识不足，在没有得到确切的合格证据时就予以放行，这样做会造成严重后果。

纠正措施：对有关人员进行培训、教育，提高质量意识，严格按材料试验的有关规定执行，尤其是对用于结构的水泥、钢材等主要材料必须检验合格后才可以放行。

46. 这种使用"鱼刺图"的方法没有实质内容，过于形式化了。

不符合《工程建设施工企业质量管理规范》GB/T 50430—2007 13.2.3 条款的要求。

原因分析：因为只画了张空洞的鱼刺图，没有具体内容，因此不适用，对统计技术的适用方法及其应用程度的确定不合理也不符合实际。

纠正措施：对《数据分析管理程序》进行评审，"对质量问题分析采用鱼刺图"的规定进行修改，应分复杂程度来确定适用的方法，组织应该针对不同产品可能产生的具有代表性的问题，按照"人、机、料、法、环等"诸方面，在"鱼刺图"上进一步展开成许多小刺，这样一旦发生问题时，便于进行分析。这样的"鱼刺图"就具有了实用性，而不是一个空洞的概念。当然，如果没有发生什么较复杂的问题，也不必非要用鱼刺图分析不可，一般如果能采用调查表就一目了然地对不合格原因进行分析的就可用调查表法。

47. 该工地没有保留 80 块轨道板的出厂合格的证据。

不符合《工程建设施工企业质量管理规范》GB/T 50430—2007 8.3.1 条款的要求。

原因分析：进行了检验（只是外观），未查看索要合格证，验证内容不完整。

纠正措施：对有关人员进行培训、教育，提高质量意识，认识到对合格证的验证对有效的证实检验合格的重要证据，有关人员应认真落实检验规定。

48. 该企业的坍落度试验次数不够，不符合混凝土施工及验收规范的要求。

不符合《工程建设施工企业质量管理规范》GB/T 50430—2007 11.3 条款的要求

原因分析：对混凝土的坍落度对混凝土的最终强度有着较大的影响的认识不到位，对坍落度的检查不重视，对坍落度的抽样试验的规定学习执行不够。

纠正措施：认真学习规定要求，提高认识，严格坍落度的抽样检验的规定执行。

49. 对水泥养护依据水泥检验标准的有关规定，要求试块养护温度为±1℃，而现有的控制要求±2℃，实施的试验条件不符合规定的要求。

不符合《工程建设施工企业质量管理规范》GB/T 50430—2007 11.3 条款的要求。

原因分析：是对标准更新而未及时对温度控制设备进行更新。

纠正措施：提供相应的资源，对温度控制设备进行更换。

50. 记录的填写没有按对应记录的填写要求进，违反了试验规范的规定。

不符合《工程建设施工企业质量管理规范》GB/T 50430—2007 11.3.3 条款的要求

原因分析：人员不认真，未严格执行规定。

纠正措施：对有关人员严格要求，必须按要求填写。

51. 该企业工地管理人员对现场技术人员、特殊工种的具体情况不了解，没有对进场劳务队伍进行验证违反了对分包方控制的要求。

不符合《工程建设施工企业质量管理规范》GB/T 50430—2007 9.3.1-1 条款的要求。

原因分析：只对劳务队伍提出了要求（工期、质量等），只管包工队长，忽视了对具体的人员进场情况进行验证,没有对全体劳务人员验证,就无法知道其实际能力。

纠正措施:完善对劳务队伍进场验证的措施,确保进场的劳务队伍符合采购的要求。

52. 该工程项目的质量目标为鲁班奖,与常规工程的要求不同,对材料及工序的验收要求也不同于常规工程,但是该企业未在策划文件中体现相关不同的策划内容是不充分的。

不符合《工程建设施工企业质量管理规范》GB/T 50430—2007 10.2.3-8条款的要求。

原因分析:策划不到位,没有针对质量目标来对检验进行策划,鲁班奖对工程质量的要求不同于一般的合格工程,对验收标准相应也不同,将验收的要求予以明确,才更好进一步确定各施工工序的控制措施,主要原因是该策划由项目部进行,而项目部的有关人员对创鲁班奖工程策划是第一次,缺乏这方面的经验。

纠正措施:应调整组织策划的职能,必要时由公司技术质检部门组织进行策划,对该部分内容重新策划,提出具体要求。

53. 标养试块应在 20 ± 2℃及相对湿度 90% 以上的环境中养护,该企业的试块养护在水池中,无法保证其温度,无法体现其标准强度,不能有效评价实物质量情况。

不符合《工程建设施工企业质量管理规范》GB/T 50430—2007 11.2.3 条款的要求。

原因分析:施工工地常有的现象,有关人员不重视,也未能提供养护设备进行养护。

纠正措施:提高质量意识,增加资源,购进养护设施或外委养护,确保检验结果的有效性。

54. 塔吊属于特殊设备,应由技术监督部门按规定进行检验,施工现场塔吊主要设备,对工程的进度保证及施工人员的生命及财产有着重大的影响,经过权威部门的检测验收,可以有效地保证设备处于良好状态,合格后方可使用。该企业未严格执行业的规定,不符合法规要求。

不符合《工程建设施工企业质量管理规范》GB/T 50430—2007 6.2.4 条款的要求。

原因分析:法制观念不强,对设备对工程的进度保证及施工人员的生命及财产的影响认识不清,未能严格按规定对塔吊进行报验,验收。

纠正措施:加强守法意识的教育,应严格按规定对设备进行维护、管理。

55. 进场人员发生了变化,没有按规定重新进行技术交底,技术交底无效。

不符合《工程建设施工企业质量管理规范》GB/T 50430—2007 10.5 条款

的要求。

原因分析：交底随人员及工程安排而变化，但在作业前应重新交底，有关人员未能认真执行。

纠正措施：加强管理人员的责任心，严格按照要求进行交底。

56. 质量例会和管理部门对所管辖部门工作的例行检查，都是进行质量管理体系过程控制的有效方法。既然公司对此作出了规定，就应该严格执行。尤其是例行检查，应该形成制度化的规定。例如可以规定检查时间间隔、检查方法、编制检查表等。该企业的相关工作仅限于一般的号召，没有强制性的措施，则不会有合格的效果。

不符合《工程建设施工企业质量管理规范》GB/T 50430—2007 13.2 条款的要求。

原因分析：最近工程多正值施工旺季，工作忙了就减少质量例会，工程施工多了，更应该开好质量分析会，而不应减少，主要是对规定执行缺乏持久性，管理不严格按规定办事，随意性较强。

纠正措施：加强对执行公司管理体系规定的执行的严肃性，对公司人员关于遵守法规规定的意识的教育每月至少一次。

57. 该企业用错水泥，侥幸未造成质量问题，但这种问题再次出现会造成严重后果，有关责任人未对其原因进行分析，类似问题可能再次发生。

不符合《工程建设施工企业质量管理规范》GB/T 50430—2007 13.3 条款的要求．

原因分析：侥幸未造成质量问题，但对此问题缺乏有足够的重视，评价采取纠正措施的必要性。

纠正措施：加强有关人员的认识，对此问题的原因必须进行查找，采取措施，防止出现类似问题。

58.《混凝土结构工程施工质量验收规范》GB 50204 规定混凝土开盘（特别是首次）应进行开盘鉴定，对自拌混凝土应对原材料计算及混凝土坍落度进行检验，对混凝土计量的控制，是控制混凝土质量的要点之一。该企业有关人员的做法不符合建设行业《混凝土结构工程施工质量验收规范》GB 50204 的有关规定。

不符合《工程建设施工企业质量管理规范》GB/T 50430—2007 10.5 条款的要求。

原因分析：人员对搅拌过程的控制，未严格按规定执行，有关人员的质量意识误差。

纠正措施：对有关人员培训教育，加强责任心，明确对规范要求，严格执行规范规定。

59. 钢筋焊接为特殊过程，正式焊接前的工艺评定为能力确认的内容之一，同时《钢筋焊接与验收规范》JGJ 18—2003 也作出规定,在正式焊接前应进行试焊,合格后方可进行正式焊接,工艺能力的评定主要以试焊件(班前焊)检验结果考虑,更为充分。但是该企业确认的内容未包括焊接工艺评定的内容,对焊接能力的认可是不充分的。

不符合《工程建设施工企业质量管理规范》GB/T 50430—2007 10.5.2 条款的要求。

原因分析:对钢筋连接规程中的内容不熟悉,对确认的内容考虑不充分,未包括焊接工艺评定的内容,确认的准则进行规定不恰当。

纠正措施:认真学习钢筋连接规程中的规定,试焊件是确认的重要证据之一,对修订并执行。

60、该企业在施工策划中考虑不充分,未考虑合理的时间要求,施工配合比不按规范严格执行,不进行试验,不符合配合比设计规程的规定。

不符合《工程建设施工企业质量管理规范》GB/T 50430—2007 10.5.1-4 条款的要求。

原因分析:施工策划不到位,只顾进度忽视质量,本可以采用快测或 3d、7d 试验结果的配合比,即不按规范规定实施。

纠正措施:对有关人员进行质量意识及规范的培训,在施工策划前应充分考虑,合理安排进度,对试验人员严格要求,按照实际试验结果来出具配合比,不应全凭个人经验办事。

61. 厂家的合格证不能代替检定校准合格证,检定校准合格证与产品出厂检验合格证体现的不是一个内容。出厂合格证仅仅代表其产品合格,而不代表其精度目前是校准合格的,即便是新的也应检定校准。该企业的做法违反了基本的管理要求。

不符合《工程建设施工企业质量管理规范》GB/T 50430—2007 11.5 条款的要求。

原因分析:对测量和监视装置的出厂合格证与标准合格的内容混淆,未充分理解。

纠正措施:对盒尺的出厂合格证及标准合格证的理解应正确,并按规定完善机制,对这把日常到工地检查用的 5m 盒尺应按规定重新校准。

62. 该企业的施工测量精度与要求不匹配,使用小盒尺进行检验,用盒尺检验线的直径,精度不相匹配,使用仪器不正确.

不符合《工程建设施工企业质量管理规范》GB/T 50430—2007 11.5.1 条款的要求。

原因分析:对其精度要求不清楚,错用检测仪器。

纠正措施:有关人员进一步明确误差要求及测量仪器的精度,应使用与测量精度要求相匹配的测量仪器。

63. 当发现检测设备不符合要求时未对以往测量的结果进行评价并且采取适当的措施，发现检测仪器有问题只是停止使用并进行修理或报废，却没有对已测数据有效性进行评价。

不符合《工程建设施工企业质量管理规范》GB/T 50430—2007 11.5.1 条款的要求。

原因分析：仅关注对仪器的检修，而忽视了对其测量结果的有效性的评价。

纠正措施：提高认识，应建立对此情况下对已测结果有效性评价的机制并实施，发现标准失灵时，应对已测量数据进行评价，采取相应的措施。

64. 未经试验合格投入使用可能会造成严重后果，《混凝土结构工程施工质量验收规范》GB 50204—2002 有明确的规定水泥不允许紧急放行。但是该企业的做法违反了这一规定。

不符合《工程建设施工企业质量管理规范》GB/T 50430—2007 8.3 条款的要求。

原因分析：对紧急放行的规定及人员的理解不正确，碰运气，冒风险，对一旦发现问题将无法回可能会造成严重后果考虑不充分。

纠正措施：对有关人员进行教育，强化质量意识，水泥是决定混凝土及砂浆强度的重要材料，一旦发现问题将无法回，坚决制止碰运气、冒风险施工，应严格按检验放行的规定进行。

65. 对不合格记录不清，不可追溯，不便于对该不合格的评审处置，不便于对可能采取纠正措施的需求进行确定。

不符合《工程建设施工企业质量管理规范》GB/T 50430—2007 10.5.3 条款的要求。

原因分析：对不合格记录的目的和意义不明确，只是认为问题坚决了就行了，没有考虑可追溯及可能采取纠正措施的需求。

纠正措施：对有关人员进行教育，强化意识，做出明确要求，对不合格的事实进行清楚的描述。

66. 该企业回访没有完全实现回访的要求，没有代表性，不能实现回访的目的。

不符合《工程建设施工企业质量管理规范》GB/T 50430—2007 10.6 条款的要求

原因分析：缺乏以发包方为关注焦点的服务意识，应付，走过场。

纠正措施：加强发包方为关注焦点的意识教育，对回访进行全面的策划，制定计划，并严格执行。

67. 对发包方的顶层有裂缝的抱怨未充分关注，未对问题进行分析，认为不是施工单位的原因造成也就不予答复，无法达到发包方满意。

不符合《工程建设施工企业质量管理规范》GB/T 50430—2007 10.6条款的要求．

原因分析：以发包方为关注焦点的服务意识不强，对发包方的关注不够，认为不是单位的责任即不予回复。

纠正措施：完善发包方意见处理机制，落实责任，加强人员的培训，即使不是公司的原因，也应给发包方一个满意的答复，创造一个以发包方为关注焦点的生产、服务环境。

68. 内审员没有有效地按计划实施审核，内审有效性差。

不符合《工程建设施工企业质量管理规范》GB/T 50430—2007 12.2条款的要求。

原因分析：内审工作不认真，未严格按标准进行审核，是内审员的能力不足以及责任心不强引起的。

纠正措施：应加强审核前的策划，特别是检查表的编写，对内审员的责任以及能力进行培训及提高，必要时再进行一次内审予以验证内审的实际情况。

69. 最高管理者在体系的建立实施和运行中起着重要作用。但是该企业未审核最高管理者，不能全面评价体系的符合性和有效性。

不符合《工程建设施工企业质量管理规范》GB/T 50430—2007 12.2条款的要求．

原因分析：最高管理者对内审的重要作用的理解及重视不够，这是许多企业存在较多的问题，最高管理者在体系中起着重要作用，最高管理者尤为重要，但在实施上有困难，有的最高管理者因事情多不能接受审核，有的最高管理者因事不愿接受属下的审核，有的内审员不敢审核最高管理者，但最高管理者必须接受审核。

纠正措施：最高管理者应充分认识其重要性，主动接受审核，审核组的有关人员应大胆认真地进行审核，或者聘请外部人员来进行。

70. 该项目的技术要求主要是业务员带回来的，业务员对设计输入的主要内容顾客要求比较清楚，他不参加设计输出的评审，容易产生输出不符合输入要求的情况。

不符合《工程建设施工企业质量管理规范》GB/T 50430—2007 10.3条款的要求。

原因分析：该项目的技术要求主要是业务员带回来的，评审却没有他参加，业务员对发包方的信息意图了解更多，如有业务员的参加，评审的有效性更高，主要是评审规定不合理所致。

纠正措施：修改设计评审的规定，应由公司的业务员也参加评审。

71. 内审员审核与自己有责任的区域，这种安排不便于体现公正性和独立性。

不符合《工程建设施工企业质量管理规范》GB/T 50430—2007 12.2 条款的要求。

原因分析：对标准内要求不明确，策划时未充分考虑。

纠正措施：对策划方面进行培训学习，对本职工作不应由本人审核，在以后的审核策划中充分考虑。

72. 该企业对施工过程未按规定进行监视和测量。

不符合《工程建设施工企业质量管理规范》GB/T 50430—2007 11.2 条款的要求。

原因分析：对施工过程应按规定进行监视和测量，工程多更应该加强，而不是缺少，主要原因是对综合检查不够重视。

纠正措施：对综合检查充分重视，合理安排工作，部门认真按规定每月一次对项目部进行综合检查。

73. 装饰施工按行业要求需进行样板间施工，验收合格后才可进行，其余部分均按照样板间的要求进行施工，样板间进行验收是一个重要的环节，验收记录是重要依据，但该企业未保留记录的做法违反了有关规定。

不符合《工程建设施工企业质量管理规范》GB/T 50430—2007 11.3.1 条款的要求。

原因分析：进行了验收，但未验收记录，对记录的保存没有规定。

纠正措施：修改或补充规定，明确对样板间验收记录进行保存，并严格执行。

74. 水泥的强度是否合格以 28d 的强度为评判依据，3d 的仅作参考，3d 的检验报告不能最终说明水泥是合格的。该企业仅以 3 天的水泥强度作为水泥合格的依据，不符合相关规定要求。

不符合《工程建设施工企业质量管理规范》GB/T 50430—2007 8.3.1 条款的要求。

原因分析：对水泥的合格评价以 28d 的强度报告为准，而 3d 的强度仅为参考值的规定不清楚。

纠正措施：对有关人员进行培训、考核，确保其胜任检验的工作。

75. 对检查中发现的不合格进行记录，便于问题有效的纠正，以及便于以后的追溯，对不合格信息的收集，有助于体系运行的改进。但该企业均未记录，显然不符合管理运行及改进的要求。

不符合《工程建设施工企业质量管理规范》GB/T 50430—2007 11.4.4 条款的要求

原因分析：对传统做法未改进，认为只要改了就行了，停留在表面的纠正上，对不合格进行记录，有助于对趋势性及重复性的采取纠正措施。

纠正措施：改变有关人员的认识，对不合格不仅应依据其严重程度确定评审处置，还应对其记录并保存下来。

76. 对多年出现的问题，应进行及时查找分析原因，提出切实可行的纠正措施，保证不再发生，3个问题重复出现6次左右。但是该企业没有采取相应的纠正措施防止重复出现。

不符合《工程建设施工企业质量管理规范》GB/T 50430—2007 13.3 条款的要求。

原因分析：没有评价确保不合格不再发生的措施的需求。

纠正措施：对不合格不再发生的措施的需求进行评价，识别后制定和实施所需的措施。

77. 该企业不合格的情况虽然进行了记录，但没有利用这些数据进行分析，识别改进的机会。

不符合《工程建设施工企业质量管理规范》GB/T 50430—2007 13.2 条款的要求。

原因分析：对利用不合格的数据进行分析判断过程的趋势及符合程度、改进需求的识别以及供方的连续评价没有得到认识，没有很好地利用数据进行分析不断改进体系的有效性。

纠正措施：对数据分析进行系统的策划，对过程、产品监视及不合格等过程产生的信息加以利用分析，以便于改进不断改进体系的有效性。

78. 对公司的施工业绩进行统计分析，能够作为评价质量管理体系的适宜性和有效性的重要依据之一，以不断改进质量管理体系的适宜性和有效性。但是该企业没有对业绩及符合性方面进行数据分析，不利于体系的改进。

不符合《工程建设施工企业质量管理规范》GB/T 50430—2007 13.2 条款的要求。

原因分析：对数据分析是大多数企业的难点也是其弱点，关键是以需要从哪些方面证实质量管理体系的适宜性和有效性，并评价在何处可以持续改进质量管理体系的有效性，要对哪方面的数据进行收集分析，分析的目的是干什么，虽然有许多已有的数据但不知如何利用。对工程建设企业收集和分析内容应体现出与质量管理体系的重要内容：如企业或工程项目质量目标的达到程度、过程质量趋势、供方产品的质量和服务情况、发包方满意程度等，分析的目的一是证实质量管理体系的适宜性和有效性，另外则是评价在何处、什么时机可以进行体系有效性的持续改进。

纠正措施：规定数据（包括文字或非文字信息）收集、分析的职责、渠道、范围、内容、责任部门和分析方法以及相关内容,特别是有关质量信息(包括工程质量、工序过程、不合格控制、发包方意见反馈、改进、内审、供方情况等)进行数据分析以及采用的方法予以明确,并有效执行。

79. 该企业对多年出现的问题,未查找并分析原因。

不符合《工程建设施工企业质量管理规范》GB/T 50430—2007 13.3 条款的要求。

原因分析:是对纠正措施的需求识别不充分,改进的机制及意识较差。

纠正措施:对有关人员培训,对纠正措施的需求进行评审,对混凝土胀模现象较多这样多年的老毛病应分析原因采取应对措施,防止重复出现。

80. 虽然针对质量通病的防治制订了措施,但是未对其执行情况及效果进行验证评价,难以确认是否真正消除不合格原因,达到实现改进的目的。

不符合《工程建设施工企业质量管理规范》GB/T 50430—2007 13.3 条款的要求。

原因分析:有头无尾,要求的较多,做的较少,工作没有连续性对预防措施的实施及效果没有验证,难以保证措施有效。

纠正措施:进一步完善持续改进机制,深入贯彻持续改进的思想,对预防措施的实施及效果进行验证,确保不断改进体系的有效性。

81. 施工日志的内容对施工过程中发生的主要事件及气温等情况记载以便追查问题,但该企业未按行业及可追溯的要求对施工日志进行详细的记录。

不符合《工程建设施工企业质量管理规范》GB/T 50430—2007 10.5 条款的要求。

原因分析:责任心差,记录不认真,未进行全面的记载。

纠正措施:落实责任,强化人员的责任心,并严格按要求进行记录。

82. P.O42.5 水泥的有效期为 3 个月,到期必须复试,但该企业没有按规定进行复试。

不符合《工程建设施工企业质量管理规范》GB/T 50430—2007 8.3 条款的要求。

原因分析:库管员对水泥有效期的规定不清楚,忽视了这个问题。

纠正措施:对库管员进行培训,对水泥立即进行检测,如发现不合格应采取相应措施。

83. 项目部未采取有效措施加快进度,未对监理提出的意见有效地执行,未分析相关原因并制定切实可行的措施。

不符合《工程建设施工企业质量管理规范》GB/T 50430—2007 13.3 条款的要求。

原因分析:项目部对问题不够重视,是导致问题出现的主要原因。

纠正措施：对有关人员培训加强以发包方为关注焦点的意识教育，有效地处理发包方意见，对纠正措施的需求进行评审并确定措施，并有效的执行。

84. 现场砌砖相差1cm，不符合要求，应为不合格，但是该企业对不合格的处置存在明显问题。

不符合《工程建设施工企业质量管理规范》GB/T 50430—2007 11.4条款的要求。

原因分析：对墙体砌砖凸凹不平，最多相差达到1cm以上，虽然不会造成使用功能缺陷，但仍为不合格程，发包方同意了就认为可以了，认为这不算什么不合格，对不合格进行评审处置就未做好记录，认识不足是主要原因。

纠正措施：强化对不合格控制的重要性，对不合格的处置应严格按照程序执行，对不合格及不合格评审处置做好记录。

85. 混凝土强度以28d为准（正常情况），而质量评定在混凝土试验报告（28d强度试验结果）未出之前是不能评定其最终结论，仅能对现场结构外观尺寸进行评定，该企业的评定活动违反了相关要求。

不符合《工程建设施工企业质量管理规范》GB/T 50430—2007 11.3条款的要求。

原因分析：对评定的内容没有充分理解，质检员专业知识不足造成上述问题的出现，技术负责人也没有严格把关。

纠正措施：对质检员专业知识进行培训并考核，必要时调整岗位，加强技术负责人的责任心。

86. 混凝土配合比设计是以干料计算，而现场砂石露天堆放必然含有水分，而且随天气变化而变化，一直按照试验室出具的配合比施工而没有依据砂石实际含水率进行调整，很难控制混凝土的质量。该企业的做法违反了相关要求。

不符合《工程建设施工企业质量管理规范》GB/T 50430—2007 10.5条款的要求。

原因分析：施工人员往往忽视了这一情况，认为按配比要求即可，故未作调整。

纠正措施：对配合比设计过程进行了解，认真学习《混凝土结构工程施工验收规范》中的要求，按规定执行，施工前应进行测量含水率，对配合比进行调整。

87. 本例中对质量方针的"科技领先"就没有制定相应的目标以便进行考核，这样"科技领先"就成了一句空话。

不符合《工程建设施工企业质量管理规范》GB/T 50430—2007 3.2条款的要求。

原因分析：对质量方针与质量目标的关系缺乏相互协调，方针应为目标的框架，然而上述目标不能支撑方针，主要原因是在策划质量目标时，未充分考虑方针的要求。

纠正措施：重新对目标进行策划，使目标与方针逻辑对应，目标应满足方针的要求。例如，针对方针中的"科技领先"就可以制定相应的质量目标为"每年开发出新工艺 2~3 项"等等。

88. 一般要求石子砂子重量误差为±2%，水泥重量误差为±1%，石子多 13kg，砂子多 7kg，水泥少 1kg，违反了工程质量的保证要求。

不符合《工程建设施工企业质量管理规范》GB/T 50430—2007 10.5.1-4 条款的要求。

原因分析：操作人员不认真按要求过磅，图省事省力，另一方面管理人员现场监督不严。

纠正措施：对操作者做好技术交底，加强责任心教育，加强监督抽查。

89. 楼梯经常上下人及搬运东西极容易造成损坏，未采取防护措施容易造成楼梯踏步被损坏，不符合成品保护的要求。

不符合《工程建设施工企业质量管理规范》GB/T 50430—2007 10.5.1-4 条款的要求。

原因分析：未采取有效的防护措施而造成，对于楼梯口经常上下人及搬运东西极容易造成损坏，必须采取有效措施防止损坏楼梯踏步。

纠正措施：对防护进行策划，对成品保护采取相应的措施。

90. 收集发包方满意程度的方法和渠道可有多种多样，如发包方投诉、与发包方直接沟通、问卷和调查等方式，问卷的形式仅是一种方法和渠道，不能完全反映发包方满意程度，而对发包方提出的问题，显示有不满意的情况应进行分析。对发包方满意度调查分析，目的是作为对质量管理体系业绩的一种测量，以评价质量管理体系。该企业为了完成任务而去测量发包方的满意度，没有有效地测量分析内容。

不符合《工程建设施工企业质量管理规范》GB/T 50430—2007 10.6 条款的要求。

原因分析：对发包方满意度调查的目的和意义没有弄清，只是机械的按照目标的要求进行调查，其他就不管了。

纠正措施：深刻理对发包方满意度调查的目的和意义，完善对发包方满意程度分析机制。

91. 该做法符合要求，不用于证实过程产品符合要求方面的测量仪器，可以不进行检定校准。

92. 标识应能起到防止误用的目的，夜间施工无法识别。水泥是影响结构安全性能的材料，容易发生混淆产生质量事故，该企业的做法起不到标识的作用。

不符合《工程建设施工企业质量管理规范》GB/T 50430—2007 10.5.3 条款的要求。

原因分析：对标识考虑不周到，白天能看到，夜间无法看到。

纠正措施：应设置明显的标识，防止发生误用错用的情况。

93.《规范》明确要求的文件是各行业通用的要求，其余的并不等于放低要求。施工企业通常应做出文件规定的可包括：施工设计（产品）控制、施工过程控制、采购过程控制、检验试验和测量控制、检测装置控制、人力资源控制等，该企业的做法违反了相关要求。

不符合《工程建设施工企业质量管理规范》GB/T 50430—2007 3.3 条款的要求。

原因分析：对文件的价值及作用没有充分运用，应与公司生产过程的复杂程度及公司的实际情况等方面的而定，却片面地理解标准的要求。

纠正措施：重新策划文件的需求，对主要过程控制应编写相应的文件。

94. 标准要求对更改的策划要规定评审、验证，还应进行评审、验证，对评审验证所引起的措施要予以实施，该企业设计更改的控制是不充分的。

不符合《工程建设施工企业质量管理规范》GB/T 50430—2007 10.3.3 条款的要求。

原因分析：对更改的评审，未考虑策划的要求，对于一般的产品设计更改应由授权人进行更改及授权人审批，重大的产品设计更改应重新组织评审和验证。

纠正措施：对更改应依据策划的规定执行，一般情况对于一般的产品设计更改应由授权人进行更改及授权人审批，重大的产品设计更改应重新组织评审和验证。

95. 该企业对用于计算机中存储的文件及软件认为不是体系的文件，文件控制程序也没有这方面的规定。

不符合《工程建设施工企业质量管理规范》GB/T 50430—2007 3.5 条款的要求。

原因分析：有关人员对用于计算机中存储的文件及软件，认为不是体系中说的文件，认识是错误的，文件控制程序也没有这方面的规定。

纠正措施：纠正认识的错误，对文件控制程序及相关管理规定进行更改，对计算机中存储的文件及软件的控制应做出规定并执行。

96. 这种现象在施工企业是常有现象。该企业一切文字工作均由资料员代办，未按有关交底的规定执行。

不符合《工程建设施工企业质量管理规范》GB/T 50430—2007 10.4.3 条款的要求。

原因分析：有关人员对遵守法规及有关规定意识不强，对于一些要求进行应付，不负责任。

纠正措施：对有关人员进行遵守法规及有关规定意识教育，严格按规定执行。

97. 这是目前建筑时常时有发生的现象。个别建设单位（发包方）违法操作，有关部门默许，施工单位也一同违规操作，法律意识淡薄，违反相关法规要求。

不符合《工程建设施工企业质量管理规范》GB/T 50430—2007 7.2.2条款的要求。

原因分析：法律意识淡薄，与建设单位（发包方）及有关部门一同违规操作。

纠正措施：加强法律意识的培训教育，严格遵守法纪法规。

98. 因为线路电压为220V，规范规定1000V以下的，不低于0.5MΩ为合格，但有关人员不清楚，而公司的管理人员也没有将有关规定要求予以明确。

不符合《工程建设施工企业质量管理规范》GB/T 50430—2007 5.2.2条款的要求。

原因分析：对于一些验收（检验）规定没有明确，只是依据一些经验的认识进行检验，能力不足。

纠正措施：认真学习有关验收规范，对验收（检验）的准则应明确。

99. 质量检验不符合规范的要求，只为图省事，属于"偷工减料"行为。

不符合《工程建设施工企业质量管理规范》GB/T 50430—2007 11.2.3条款的要求。

原因分析：由于施工人员责任心差，同时监理监督不严，施工人员为了省事，即减少测试的数量。

纠正措施：对测试人员应进行培训学习，必须按规定进行测试，无论管理单位怎样要求，技术负责人应加强监督检查。

100. 施工人员一时忽视，造成墙的左边线当右边线施工，而管理人员没有进行有效检验，导致发生错误，违反了验收的程序要求。

不符合《工程建设施工企业质量管理规范》GB/T 50430—2007 11.2.3条款的要求。

原因分析：对后砌部分的要求放松了，没有按规定进行验线。

纠正措施：对有关人员的进行教育加强责任心，修改验收机制，严格对放线进行验收。

101. 技术交底是施工控制的一项重要措施，《工程项目施工质量管理责任制》第4条"技术交底制度"也对技术交底做了规定，是在总结多年建筑施工管理经验做出的规定,也是将施工有关的要求传到班组的重要渠道,是指导作业人员操作的重要文件。该企业不进行交底违反了基本的质量管理规定。

不符合《工程建设施工企业质量管理规范》GB/T 50430—2007 10.4.3 条款的要求。

原因分析:施工人员为省事,忽视技术交底的作用。

纠正措施:依据《工程项目施工质量管理责任制》的要求建立技术交底的制度,每个分项工程施工前均应对工人进行技术交底。

102. 不许在同一截面上搭接是抗震的要求,也是经过设计人员按照规范精心设计的结果,因为二层楼的风险相对低就不重视了,这样会造成巨大隐患。

不符合《工程建设施工企业质量管理规范》GB/T 50430—2007 10.5 条款的要求。

原因分析:有关人员虽然清楚规范规定,但对这一问题不重视,无所谓的态度,质量意识不强。

纠正措施:教育有关人员,提高质量及守法的意识。

103. 虽然签订了合同,便于及时采取措施,保证满足发包方的要求,但该企业在具体的执行过程中没有检查其能力,不满足质量控制的要求。

不符合《工程建设施工企业质量管理规范》GB/T 50430—2007 9.3 条款的要求。

原因分析:典型的建筑行业的以包代管现象,只注重结果,不注重过程的监控。

纠正措施:明确落实监控制度,对劳务队伍进行监控,确保施工中能够按要求施工。

104. 使用旧模板,因模板变形、表面不平整、不干净,所以造成众多质量问题。

不符合《工程建设施工企业质量管理规范》GB/T 50430—2007 3.4.1 条款的要求。

原因分析:为了节省模板资金投入,造成质量问题。

纠正措施:系统分析计算,投入资金更新模板或租赁模板,以确保工程质量。

105. 在施工策划时未充分考虑突然下雨时的情况,该策划严重不充分。

不符合《工程建设施工企业质量管理规范》GB/T 50430—2007 10.2 条款的要求。

原因分析:在策划时未能充分考虑该方面的要求,对策划内容缺乏统一规定。

纠正措施:对施工策划的内容进一步完善,将该项内容增加到策划中,制定了项目策划指导书，完善策划工程。

106. 该企业没有执行地基与基础施工验收规范中"每夯实之层应该检验该层的平均压实系数，当压实系数符合设计要求后，才能填上层"的规定。

不符合《工程建设施工企业质量管理规范》GB/T 50430—2007 11.3条款的要求。

原因分析：对回填土工序检验，没有严格按要求进行，出现例外转序的情况。

纠正措施：严格执行规范要求，现场试验，每一步合格后进入下一步。

107. 为了节约试验费，就减少试验次数，违反《混凝土结构工程施工质量验收规范》GB 50204要求的"应对同一品种同一标号、同一的批次、同一包装、同一时间连续进常的取样试验一次"规定。

不符合《工程建设施工企业质量管理规范》GB/T 50430—2007 8.3.1条款的要求。

原因分析：为了节约试验费，故减少试验的次数，抽样不够，质量意识及守法意识较差。

纠正措施：对人员的质量意识及法制观念进行教育，严格按照检验规定进行取样试验。

108. 工长当日家中有事回家去了，没有安排其他有资格的人进行旁站。

不符合《工程建设施工企业质量管理规范》GB/T 50430—2007 11.2.3条款的要求。

原因分析：工长有事回家，也可能未按规定安排其他人去旁站，对旁站不重视。

纠正措施：加强质量意识培训，对规定未严格执行，即使有事也应安排别人进行值班，实施监控。

109. 现场进度紧而资金有困难无法投入更多的模板及支撑，过早的拆模会造成重大质量问题，在施工过程中因振动及其他影响容易造成结构的破坏。

不符合《工程建设施工企业质量管理规范》GB/T 50430—2007 10.5.1-4条款的要求。

原因分析：资源缺乏，无法投入更多的模板及支撑，也未采取其他防护措施，确保其不受损坏。

纠正措施：投入更多的模板及支撑，或采取对主要受力部位进行防护的措施，避免过早的拆模造成重大质量问题。

110. 搭接长度不够，本是一种不合格，改为焊接是对不合格处置的具体方式，但是该企业没有清楚的认识相关问题，也未保持对其评审处置的过程的有关记录。

不符合《工程建设施工企业质量管理规范》GB/T 50430—2007 11.4 条款的要求。

原因分析：搭接长度不够，本是一种不合格，却没有认识到，质检员对不合格的理解不到位。

纠正措施：对质检员对照不合格品控制程序进行培训，充分理解不合格控制的要求。

111. 强制性条文中有关混凝土施工验收规范规定试块留置的要求："每拌制100 盘，且超过 100m³ 同配合比的混凝土不少于一组"。150m³ 混凝土需要搅拌430 盘，应留置至少 5 组试块。该企业现场试块仅留置 2 组显然不符合要求。

不符合《工程建设施工企业质量管理规范》GB/T 50430—2007 11.3 条款的要求。

原因分析：项目部试验员对强制性条文中有关混凝土施工验收规范规定没有认真学习，只是凭经验进行取样。

纠正措施：认真组织学习强制性条文中有关混凝土施工验收规范的内容，对检验试验的要求要明确，在施工策划中要加入本项内容。

112. 堵塞是商品混凝土输送过程中常见的现象，随意加水会造成混凝土的强度下降，无法保证混凝土质量。

不符合《工程建设施工企业质量管理规范》GB/T 50430—2007 10.5.1-4 条款的要求。

原因分析：施工人员不重视，甚至有的人员认为加水多少不会影响工程质量。

纠正措施：在施工前应充分进行策划，必要时提高混凝土的落度，如现场有突发情况，应采取合理措施，如应用该混凝土的相同水灰比的溶液加入稀释。

113. 混凝土施工验收规范规定：连续 5d 平均气温低于 5℃即进入冬期施工，应按冬期施工要求进行，这一规定是多年总结得出的。混凝土及砂浆浇筑后强度不能马上达到抗冻的临界强度，如很快出现负温，混凝土及砂浆必然受冻，而造成质量问题。该企业的做法违反了相关规定。

不符合《工程建设施工企业质量管理规范》GB/T 50430—2007 10.5.1-5 条款的要求。

原因分析：施工人员片面的理解，未充分考虑其后果，认为只要不出现就没事，但如出现时，已无法挽回。

纠正措施：对本工程有人员进行培训，加强质量意识，认识冬施的重要性，严格按要求进行。

114. 建设部（1991）370 号文作了规定，防水施工属于特殊作业施工，施工人员必须经培训学习，持证上岗，防水工无证上岗不符合文件规定。该企业的做法违反了相关规定。

不符合《工程建设施工企业质量管理规范》GB/T 50430—2007 5.2.2 条款的要求。

原因分析：项目经理对建设部（1991）370号文的规定不清楚。

纠正措施：学习（1991）370号文，对防水工进行培训考试，确保其能力满足要求。

115. 屋面防水施工验收规范《屋面工程技术规范》GB 50207—2002 第3.10.12条规定，每100m² 抽一处（一处10m²），该屋面防水层的验收显然违反了规范要求。

不符合《工程建设施工企业质量管理规范》GB/T 50430—2007 11.3 条款的要求。

原因分析：对抽样准则不熟悉，造成抽样少。

纠正措施：对抽样规则仔细学习，严格执行。

116. 这是装修中特别是装修常遇到的问题，电线不允许直接埋入墙内。该企业未按《建筑装饰装修工程质量验收规范》GB 50210—2001 第3.3.11条规定执行，可能会造成安全质量事故。

不符合《工程建设施工企业质量管理规范》GB/T 50430—2007 10.5.1-4 条款的要求。

原因分析：施工人员不严格按施工规范执行，对少部分就不予重视。

纠正措施：对施工人员进行培训，施工必须严格按照规范及设计要求执行。

117. 靠个人听觉评估是不准确的，存在较大的误差、不确定性和随意性。该电梯的验收做法。

不符合《工程建设施工企业质量管理规范》GB/T 50430—2007 10.5 条款的要求。

原因分析：仅凭经验评估，未按规定严格执行检测，合理但不合格。

纠正措施：配备检测设备，不能靠个人听觉评估，应严格按规定执行。

118. 甲方指定的钢材实际上就是发包方财产，即发包方提供的产品。该企业（乙方）未根据质量标准要求进行验证、妥善保管，对验证达不到质量标准要求的，应不能接收，并向发包方做出报告，对发包方提供财产的控制违反要求。

不符合《工程建设施工企业质量管理规范》GB/T 50430—2007 8.5.1 条款的要求。

原因分析：项目经理认为防水材料都是甲方指定的，质量当然由甲方负责，因此对防水材料从不过问，拿来就用，主要原因是没有理解发包方财产控制的要求。

纠正措施：改变现在对发包方财产管理的要求，应增加对发包方财产按要求进行检验验证的要求，并予以实施。

119.《规范》要求组织对其用以证实产品符合规定要求的监视和测量设备,应确保其测量不确定度已知,并与要求的测量能力一致。在用所有的检测设备都应是检定合格的。该企业因为本地检测部门目前无法检定造成实际上的困难,同时仪器是公司借来的,认为借的就可以不予控制,是错误的做法。

不符合《工程建设施工企业质量管理规范》GB/T 50430—2007 11.5 条款的要求。

原因分析：本地检测部门目前无法检定造成实际上的困难,仪器是公司借来的,认为借的就可以不予控制,认识不正确。

纠正措施：本地检测部门目前无法检定不能作为理由,可到其他地方,明确制度,不管检测仪器设备是自己的,还是借用的,都应确保其使用时是检定或校准合格的。

120. 企业未对提供主要材料的产品的供方进行质量管理体系和特定要求的质量保证能力进行评价,无法选择符合要求的供方。

不符合《工程建设施工企业质量管理规范》GB/T 50430—2007 8.2 条款的要求。

原因分析：因为这种焊条是从德国进口产品,不方便,就进行调查评价,明显的是管理失控。

纠正措施：获取信息的方式方法是多样的,不应拘泥于一种方式。针对类似的情况应制定一种便于获取信息及评价的有效可行的规定,例如可以通过网络,以及有关部门了解情况,对其进行评价,企业应对提供量大面广的产品的供方进行质量管理体系和特定要求的质量保证能力进行评价,以选择符合要求的供方。评价可按《规范》质量要求进行重点评审,提供合格产品和服务的能力,设备管理、生产、检测能力、人员技术水平等合格的供方应列入组织公布的名录,这一名录要经过审批。有规定期限但又是动态的可调整的,建立合格供方的档案,应该包括首次评价记录、定期复审记录、供货记录和质量问题处置记录等。

121. 该企业对于可能的突发事件没有制订应急措施。

不符合《工程建设施工企业质量管理规范》GB/T 50430—2007 10.2.3 条款的要求。

原因分析：企业对于突发事件的认识不清,对应急的识别不充分。

纠正措施：对应急的措施重新策划,特别是对应急措施的识别机制的建立实施。

122.《焊接施工方案》和《焊接检验规程》对焊接的要求不同,文件之间没有协调一致。

不符合《工程建设施工企业质量管理规范》GB/T 50430—2007 3.5.2-2 条款的要求。

原因分析：这种情况在审核中经常发现，原因在于领导在审批文件时，只是履行形式，没有认真地把文件审查一遍，以便将不合理或矛盾的地方排除。

纠正措施：改变不好的工作习惯，对文件的审批要认真细致，以确保文件是充分与适宜的。

123. 该安装公司与供方签订的技术协议要求，实际上就是对供方提供产品的检验标准。因此在《合格供方评定记录表》上应针对技术协议的要求，逐项提供实际的检验结果，而不是泛泛地描写。该企业的做法十分不规范。

不符合《工程建设施工企业质量管理规范》GB/T 50430—2007 8.2.2 条款的要求。

原因分析：有关人员没有按规定进行。对合格供方评价活动不清楚。

纠正措施：严格执行合格供方评价的规定，不能随意变化。

124. 这是产品的检验状态标识不明的问题。即使检验员能记住产品的检验状态，但是由于现场到处都摆放着产品，难免没有混淆的时候，起不到标识的作用。该企业的做法违反了相关规定。

不符合《工程建设施工企业质量管理规范》GB/T 50430—2007 11.2.3 条款的要求。

原因分析：对检查标识要求不到位，不能有效地起到标识的目的。

纠正措施：制定可行的措施，如检验员可以在检验是否合格的产品上标识，也可以分区以区域标识，有效防止错用误用。

125. 电控图纸委托外单位设计，这是外包的过程，但是该企业没有提供对此外包方进行和管理的证据。

不符合《工程建设施工企业质量管理规范》GB/T 50430—2007 9.3 条款的要求。

原因分析：对电控图纸委托外单位设计，这是外包的过程，没有识别出来。

纠正措施：对电控图纸设计供方纳入体系，制定控制准则并实施。

126. 对人力资源的管理不单纯是指的"培训"一项工作，应该基于适当的教育、培训、技能和经验等各方面对人员全面考察和控制。办公室对标准关于"人力资源"的要求的理解不正确。

不符合《工程建设施工企业质量管理规范》GB/T 50430—2007 5.2.2 条款的要求。

原因分析：主要是由于办公室没有对标准关于"人力资源"的要求全面理解，人事科的人事档案管理应该与办公室沟通不好造成上述问题。

纠正措施：明确职责，建立机制对与体系运行有重要影响的岗位的人员的能力进行识别，考核评价，并加强部门之间的沟通。

127. 这种情况在企业的实际管理中常出现。很多企业的领导往往把罚款作为纠正措施，未进行原因分析并针对原因采取纠正措施，消除不合格的原因，避免再次发生，这种做法违反了相关要求。

不符合《工程建设施工企业质量管理规范》GB/T 50430—2007 13.3.1 条款的要求。

原因分析：未进行本质原因的分析，应科学合理的系统分析问题产生的原因，有针对性的采取纠正措施才能防止不合格的再发生。

纠正措施：改变习惯做法，找出问题的根本原因，采取对应的措施，消除不合格的原因，以避免同样的不合格再发生。

128. 设备编号的目的是为了便于进行维护保养和记录。既然有文件规定，就应该按照文件的规定执行。该企业的做法是施工活动有章不循的反映。

不符合《工程建设施工企业质量管理规范》GB/T 50430—2007 6.3.1 条款的要求。

原因分析：新的规定与习惯的做法不一致，没有及时更改过来。

纠正措施：改变习惯，严格按照新规定执行。

129. 公司没有建立内部沟通的机制。这种做法不能满足质量管理的需要。

不符合《工程建设施工企业质量管理规范》GB/T 50430—2007 7.3.2 条款的要求。

原因分析：只图省事，却没有履行部门的职责，没有对变更的信息了解。

纠正措施：应建立合同的变更评审机制，规定好接口及信息传递的渠道、方式，确保变更内容传到有关部门，并确保变更的部分有能力满足发包方的要求。

130. 相同的设备，但在设备分类登记表上所属的类别不同，这是由于历史原因造成的。既然形势发生了变化，相应的文件规定也应进行必要的更改。该企业未将《设备分类登记表》的内容根据实际情况更改违反了相关规定。

不符合《工程建设施工企业质量管理规范》GB/T 50430—2007 3.5.2 条款的要求。

原因分析：没有按照实际情况的变更更改文件规定，没有及时对文件评审。

纠正措施：应规定对文件进行定期以及在有重大变化时进行评审的机制。

131. 产品的状态标识与实际不符，人员变化应对有关信息进行沟通，库管员王女士在重新返回工作岗位未对标识进行检查，也未做好交接工作。

不符合《工程建设施工企业质量管理规范》GB/T 50430—2007 8.3.1 条款的要求。

原因分析：人员的责任心较差，刘工因为一时疏忽忘了把标识更换过来，重新返回工作岗的库管员王女士也没有对标识进行检查，工作未有效交接。

纠正措施：加强人员的责任心教育，作好内部沟通及接口工作。

132. 对项目部进行检查记录反映的情况与实际不符，检查记录无效，没有证实对项目部进行检查。

不符合《工程建设施工企业质量管理规范》GB/T 50430—2007 12.2.2 条款的要求。

原因分析：公司的人员没有认真对项目部检查，只是随意看了一眼，就按检查要求进行记录。

纠正措施：对有关人员进行批评教育，应认真对项目部检查，公司应建立对部门工作的检查的制度。

133. 制造厂提供的随机文件及图纸，也是构成产品的一部分，随机文件应在交付时一并交给，虽然发包方未明确要求，但按规定应进行移交，不符合竣工移交的规定。

不符合《工程建设施工企业质量管理规范》GB/T 50430—2007 11.3.3 的有关规定。

原因分析：有关人员对交付的项目，认为与发包方签了电梯的维修保养合同，就没有将有关的随机文件及图纸交给发包方。对交付的没有按规定进行，公司也没有明确的规定。

纠正措施：应规定明确交付准则，对交付时的内容做出明确规定，防止出现类似的问题。

134. 许多企业的最高管理者对质量管理体系评价不理解，认为可以由质量负责人及其他人员"代办"。其实公司的最高管理者的职责之一就是进行质量管理体系评价，是一件非常重要的事情，应亲自来主持，可由质量负责人协助，但是由他人代办是不正确的。

不符合《工程建设施工企业质量管理规范》GB/T 50430—2007 13.2 条款的要求。

原因分析：最高管理者对领导的作用理解不够，对自己的职责不清，对质量管理体系评价的作用和意义缺乏正确理解。

纠正措施：最高管理者应进行充分学习，有效落实自己的职责，提高对质量管理体系评价的作用和意义的认识。

135. 这是典型的走形式，对"质量管理体系评价"只认为是一个形式上的工作，而年终总结才是真正含义的质量管理体系评价，二者未能很好地结合在一起，质量管理体系评价无效。

不符合《工程建设施工企业质量管理规范》GB/T 50430—2007 13.2.4 条款的要求。

原因分析：对质量管理评价的作用、内容及要求没有深刻理解，未能与传统的管理相结合。

纠正措施：对质量管理体系评价与年终总结进行策划，合二为一，减少工作浪费，提高实效。

136. 造成这样的问题是在签订协议时未充分识别发包方的需求，对不明确的未进行充分沟通，未理解发包方的要求，合同评审不到位。

不符合《工程建设施工企业质量管理规范》GB/T 50430—2007 7.2条款的要求。

原因分析：对产品要求的识别不充分，对发包方的要求未充分理解，主要因沟通不畅引起，评审也不到位。

纠正措施：对发包方要求的应充分识别，必要时列出基本要求，并严格执行，有效地评审发包方要求。

137. 使用已淘汰四柱813型暖气片不符合设计要求。

不符合《工程建设施工企业质量管理规范》GB/T 50430—2007 3.5条款的要求。

原因分析：办公室认为是针对设计单位的，就没有将文件下发到有关部门，公司规定外来文件由办公室先识别其适用性再分发。

纠正措施：对文件管理的规定进行变更，特别是与有关施工质量有关外来文件均应由总工审批识别其适用性再确定分发。

138. 由专人代包代办，说明项目部没有认真落实质量管理制度的要求。

不符合《工程建设施工企业质量管理规范》GB/T 50430—2007 4.3条款的要求。

原因分析：未把体系要求来指导实际工作，代包代办，很难使体系有效运作，项目经理没有认证贯彻体系要求的意识。

纠正措施：对项目部负责人应加强其意识教育，提高对满足发包方和法律法规要求的重要性的意识，严格按照建立的体系要求进行施工管理。

139. 进场的与使用的以及剩下的表明数据无效，说明剩余数与入库数不符，试验批次不够，进入的数量也有问题。

不符合《工程建设施工企业质量管理规范》GB/T 50430—2007 8.3.1条款的要求。

原因分析：项目部为减少试验次数，故隐瞒了实际数量，记录也不可追溯。

纠正措施：加强守法意识，对相关人员予以教育，必要时调整岗位，严格按照检验规定进行验收。

140. 对数据的分析应有科学的机制，而依靠人的感觉是不科学的。

不符合《工程建设施工企业质量管理规范》GB/T 50430—2007 13.2条款的要求。

原因分析：传统习惯，缺乏良好的机制，对日常的有关数据不进行收集传送。

纠正措施：建立健全数据分析的机制，对数据就分析全面的，对数据收集才能进行分析，以便改进。

141. 个人住户简单装修进行口头出个方案也是设计只是简单一点，实际上就是设计活动。所以在 QMS 的建立中施工设计是必须选用的，未选择是错误的。

不符合《工程建设施工企业质量管理规范》GB/T 50430—2007 10.3 条款的要求。

原因分析：没有把个人住户简单装修进行口头出个方案当作设计活动来对待。

纠正措施：对过程重新进行识别，对 10.3 施工设计不能取消，予以补充，制定设计控制的要求。

142. 每个企业应根据自身的特点，制定质量方针，包括质量目标和对质量的承诺。质量方针应体现一个企业的目标以及发包方的期望和需求，并确保其各级人员都能理解质量方针，并坚持贯彻执行。该企业的质量方针，太原则，是标语、口号式的，缺乏个性和特色，目标不明确，且难以操作。企业领导及各部门负责人理解也不一致，很难贯彻和实施。

不符合《工程建设施工企业质量管理规范》GB/T 50430—2007 3.2.1 条款的要求。

原因分析：企业的质量方针太原则、空洞、且难以操作是对方针的策划评审不到位造成的，

纠正措施：对质量方针重新评审修订，必要时对质量管理体系进行变更。

143. 工人说"不知道"，说明对工人的岗位培训没有到位。

不符合《工程建设施工企业质量管理规范》GB/T 50430—2007 5.3.1 条款的要求。

原因分析：对作业指导书的要求没有通过培训使操作人员明白操作要求。

纠正措施：在人员上岗前应进行相关培训，使其明确工作要求，确保人员操作是正确的。

144. 在施工设计的策划时没有根据具体情况规定有关设计人员的职责。

不符合《工程建设施工企业质量管理规范》GB/T 50430—2007 10.3.1 条款的要求。

原因分析：对设计的职责和权限口头作了规定，但未在设计计划中规定，在编制设计计划时没有考虑设计人员的职责分工。

纠正措施：完善策划的有效性，在设计策划时充分考虑设计人员的职责和权限。

145. 没有使用相应的检测仪器，故导致不合格。

不符合《工程建设施工企业质量管理规范》GB/T 50430—2007 4.3 条款的要求。

原因分析：质检员可能过分相信自己的能力，图省事，不用仪器测量，从而导致不合格。

纠正措施：对有关人员进行培训，提高质量意识，认识到使用仪器检测的重要性。

146. 该企业对《工程建设施工企业质量管理规范》GB/T 50430—2007 10.5.2 的理解不正确。特殊过程与特殊工程不是一个概念，特殊过程不一定是只有特殊工程才有，特殊工程也不一定具有特殊过程，需确认的过程也不一定完全是特殊过程，对需确认的过程识别不到位，也可能有一些其他关键工序。该企业的做法违反了相关要求。

不符合《工程建设施工企业质量管理规范》GB/T 50430—2007 10.5.2 条款的要求。

原因分析：对特殊工程、特殊过程、需确认的过程没有理解，认识不到位。

纠正措施：依据《工程建设施工企业质量管理规范》GB/T 50430—2007 及相关的文件进行培训，识别需确认的过程，并进行确认。

147. 人员未经培训直接上岗，管理没有连续性。

不符合《工程建设施工企业质量管理规范》GB/T 50430—2007 5.3.1 条款的要求。

原因分析：项目部经理刚来不久，未来得及对他进行岗前培训。

纠正措施：人力资源部补充培训计划报质量负责人批准后，近期对转岗人员进行培训。

148. 文件审批不符合相关规定。

不符合《工程建设施工企业质量管理规范》GB/T 50430—2007 3.5.2 条款的要求。

原因分析：编制文件部门没有认真学习《文件控制程序》，不熟悉文件批准程序，还是按原工作程序执行。

纠正措施：(1) 办公室组织公司所有的部门领导，对《文件控制程序》进行培训，明确文件的编制批准程序。(2) 对《发包方要求的确定和评审程序》会签和批准按文件控制程序执行，经主管负责人批准后下发实施。(3) 办公室下发新批准的《发包方要求的确定和评审程序》，收回原文件。

149. 文件更改没有按照文件控制程序的要求进行。

不符合《工程建设施工企业质量管理规范》GB/T 50430—2007 3.5 条款的要求。

原因分析：项目部经理不知道业主要求更改的信息应先报公司技术部评审后再报总工审批的程序，说明项目部经理缺少技术图纸审批程序的知识。

纠正措施：（1）对所有项目部负责技术图纸的负责人由人力资源部近期内组织培训关于技术文件、图纸更改评审审批程序。（2）针对上述更改的图纸由技术部负责在1个工作日内完成评审工作，同时交总工程师审批后下发。（3）技术部收回原未评审的图纸。

150. 没有按照规定执行，如变更应予以审批。

不符合《工程建设施工企业质量管理规范》GB/T 50430—2007 11.2.3 条款的要求。

原因分析：未严格按《检验规程》执行所致，认为温度降低，保持时间稍长，同样可达到产品质量。

纠正措施：由技术部牵头，会同有关部门共同研究检验规范中对成品实验温度

151. 运货的道路不平，在卡车上相互碰撞造成的成品损坏，是防护不当造成。

不符合《工程建设施工企业质量管理规范》GB/T 50430—2007 10.5.1-8 条款的要求。

原因分析：驾驶员送货途中造成检验的合格品变成不合格，主要在卡车上未加防护材料。

纠正措施：（1）由生产部负责对《搬运过程控制程序》增加搬运过程控制中针对不同的产品，不同的道路状况，采取不同的防护材料和措施。（2）办公室组织搬运人员学习搬运过程控制程序，使其明确防护的重要性。

152. 发包方满意不等于用户无投诉，每次投诉作为发包方满意的依据不充分，对收集的信息应进行分析，未能体现调查目的是改进的要求。

不符合《工程建设施工企业质量管理规范》GB/T 50430—2007 10.6.4 条款的要求。

原因分析：尽管办公室每月汇总了发包方的投诉记录，但未进行系统的分析，找出问题的所在。尽管发包方满意，但如何持续使发包方满意未做出改进要求，就事论事解决两个投诉案例，但发包方满意程度不知道。

纠正措施：（1）人力资源部对办公室有关人员培训《发包方满意程序》和《持续改进程序》、《数据分析利用程序》，使他们提高和掌握分析技巧和统计方法，提出改进措施，使发包方不断持续满意。

153. 混凝土测温的温度计未校准，会影响混凝土的质量。

不符合《工程建设施工企业质量管理规范》GB/T 50430—2007 11.5 条款的要求。

原因分析：作为对测量是否符合产品要求的温度和压力装置未被列入测量、检测装置周检计划，主要是负责这项工作的计量人员不知道这也是测量检测装置范围内。

纠正措施：(1) 即日起由计量科人员将上述温度和压力装置检。(2) 计量负责人举一反三在3个工作日内对所有的检测装置进行检查，是否还有类似被遗漏的装置。(3) 重新制定当年的周检计划。

154. 审核的内容不全面，对其他相关条款未审核。

不符合《工程建设施工企业质量管理规范》GB/T 50430—2007 12.2条款的要求。

原因分析：内审员对标准掌握不够全面，故对产品符合情况、发包方投诉、管理体系持续改进等要求均未涉及。

纠正措施：(1) 近期由人力资源部负责对内审员开展培训，进一步学习理解和掌握标准。(2) 今年内审计划再增加一次内审计划，对上次审核中有遗漏和/或有不符合报告的部门以及体系运行比较薄弱的部门进行专题内审。

155. 施工现场焊工的证书失效。

不符合《工程建设施工企业质量管理规范》GB/T 50430—2007 5.2条款的要求.

原因分析：现场6位焊工证书失效是因为人力资源部未将需要进行复训的人员列入年度培训计划内。平时也未定期检查有关人员持证的有效性。

纠正措施：(1) 人力资源部立即作补充培训计划，并对所有持证人员的证书有效性进行检查。(2) 人力资源部负责建立员工的培训档案。

156. 该企业未考虑日常工作中可能出现的突发情况。

不符合《工程建设施工企业质量管理规范》GB/T 50430—2007 8.2条款的要求。

原因分析：采购员对8.2条款理解不深，不知道采购A类产品必须从合格供方处采购，偶尔供货有脱挡也应按采购控制程序所规定进行临时评审，审批后才可以采购。

纠正措施：(1) 由人力资源部负责对供销部全体成员进行标准8.2条款和采购控制程序文件培训，提高认识。(2) 对现已从临时采购的单位的产品除加严验收外，对提供产品的供方按采购控制程序文件的要求进行评定审批，合格的成为采购供方。

157. 用蓝色工件筐装检验合格的零件，用红色筐装不合格零件，放在白筐里的是尚未检验的零件，每个筐里还有该批零件的过程卡，红色工件筐存放合格零件，容易混淆。

不符合《工程建设施工企业质量管理规范》GB/T 50430—2007 11.4.1条

款的要求。

原因分析：车间工段长及主任没有严格按制度执行，不同状态产品分类堆放，属于意识不强，对制度理解不够。

纠正措施：（1）主管培训的部门在一星期内对全厂所有的车间有关人员进行产品状态标识培训，提高他们的按规范执行的重要性。（2）各车间主任负责对目前本车间的产品标识放置的正确性进行全面检查，发现不符合立即予以纠正。

158. 招标书是发包方提出的明确要求，应进行有效地学习和沟通，是识别发包方要求的关键内容。该企业没有作相关评审是错误的。

不符合《工程建设施工企业质量管理规范》GB/T 50430—2007 7.2条款的要求。

原因分析：销售人员未意识到不仅要对投标书的内容进行评审，而且要对招标书的内容也应评审，避免出现招投标书有些内容上的差异。

纠正措施：（1）对经营科有关人员进行培训，明确评审范围。（2）对上述招标书的内容再进行评审，若与投标书的内容有不一致的，有经营科负责人解决，必要时与发包方沟通。

159. 《建筑工程施工质量验收规范》GB 50300—2001、《建筑工程文件归档整理规范》GB 50328—2001 都是建筑施工的主要规范之一，应在使用处能够得到，没有及时收集有效版本是错误的。

不符合《工程建设施工企业质量管理规范》GB/T 50430—2007 3.5条款的要求。

原因分析：技术部收集标准的渠道不畅不全，导致上述标准未列入。

纠正措施：由技术部负责全面进行检查，多渠道收集标准规范，并将遗漏的标准规范补齐后，发放至各个项目部。

160. 《建筑法》、《安全生产法》都是建筑施工的主要法规之一，应列入清单中。《建筑电气安装工程质量检验评定标准》GBJ 303—88，《电气装置安装工程1kV及以下配线工程施工及验收规范》GB 5058—96 已作废，该企业未作好标识容易误用。

不符合《工程建设施工企业质量管理规范》GB/T 50430—2007 3.5条款的要求。

原因分析：办公室未将《建筑法》，《安全生产法》发放到各个部门，《建筑电气安装工程质量检验评定标准》GBJ 303—88，《危险废物鉴别标准-腐蚀性鉴别》GB 5058—96 已作废，办公室工作粗心未及时从现场收回。

纠正措施：首先由人力资源部对从事文件发放的人员进行培训，提高责任心。其次办公室在一周内对所有文件进行清查，发现有遗漏给补齐；对作废文件、标准和规范及时从现场撤回，并做好记录。

附录 1

中华人民共和国国家标准

建筑工程施工质量验收统一标准

Unified standard for constructional quality
acceptance of building engineering

GB 50300—2001

主编部分：中华人民共和国建设部
批准部门：中华人民共和国建设部
施行日期：2002 年 1 月 1 日

关于发布国家标准《建筑工程施工质量验收统一标准》的通知

建标〔2001〕157 号

国务院各有关部门，各省、自治区建设厅，直辖市建委，计划单列市建委，新疆生产建设兵团，各有关协会：

根据我部《关于印发一九九八年工程建设国家标准制订、修订计划（第二批）的通知》（建标〔1998〕244 号）的要求，由建设部会同有关部门共同修订的《建筑工程施工质量验收统一标准》，经有关部门会审，批准为国家标准，编号为 GB 50300—2001，自 2002 年 1 月 1 日起施行。其中，3.0.3、5.0.4、5.0.7、6.0.3、6.0.4、6.0.7 为强制性条文，必须严格执行。原《建筑安装工程质 量检验评定统一标准》GBJ 300—88 同时废止。

本标准由建设部负责管理，中国建筑科学研究院负责具体解释工作，建设部标准定额研究所组织中国建筑工业出版社出版发行。

中华人民共和国建设部

2001 年 7 月 20 日

前　言

本标准是根据我部《关于印发一九九八年工程建设国家标准制订、修订计划（第二批）的通知》（建标［1998］244号）的通知，由中国建筑科学研究院会同中国建筑业协会工程建设质量监督分会等有关单位共同编制完成的。

本标准在编制过程中，编制组进行了广泛的调查研究，总结了我国建筑工程施工质量验收的实践经验，坚持了"验评分离、强化验收、完善手段、过程控制"的指导思想，并广泛征求了有关单位的意见，由我部于2000年10月进行审查定稿。

本标准的修订是将有关建筑工程的施工及验收规范和工程质量检验评定标准合并，组成新的工程质量验收规范体系，以统一建筑工程施工质量的验收方法、质量标准和程序。本标准规定了建筑工程各专业工程施工验收规范编制的统一准则和单位工程验收质量标准、内容和程序等；增加了建筑工程施工现场质量管理和质量控制要求；提出了检验批质量检验的抽样方案要求；规定了建筑工程施工质量验收中子单位和子分部工程的划分、涉及建筑工程安全和主要使用功能的见证取样及抽样检测。建筑工程各专业工程施工质量验收规范必须与本标准配合使用。

本标准将来可能需要进行局部修订，有关局部修订的信息和条文内容将刊登在《工程建设标准化》杂志上。

本标准以黑体字标志的条文为强制性条文，必须严格执行。

为了提高标准质量，请各单位在执行本标准过程中，注意积累资料、总结经验，如发现需要修改和补充之处，请将意见和有关资料寄交中国建筑科学研究院国家建筑工程质量监督检验中心（北京市北三环东路30号，邮政编码100013），以供今后修订时参考。

主编单位：中国建筑科学研究院

参加单位：中国建筑业协会工程建设质量监督分会

　　　　　国家建筑工程质量监督检验中心

　　　　　北京市建筑工程质量监督总站

　　　　　北京市城建集团有限责任公司

　　　　　天津市建筑工程质量监督管理总站

　　　　　上海市建设工程质量监督总站

　　　　　深圳市建设工程质量监督检验总站

　　　　　四川省华西集团总公司

　　　　　陕西省建筑工程总公司

中国人民解放军工程质量监督总站
主要起草人：吴松勤　高小旺　何星华　白生翔
　　　　　　徐有邻　葛恒岳　刘国琦　王惠明
　　　　　　朱明德　杨南方　李子新　张鸿勋
　　　　　　刘　俭

建设部
2001年7月

目　次

1　总则 …………………………………………………………… 290
2　术语 …………………………………………………………… 290
3　基本规定 ……………………………………………………… 291
4　建筑工程质量验收的划分 …………………………………… 292
5　建筑工程质量验收 …………………………………………… 293
6　建筑工程质量验收程序和组织 ……………………………… 294
附录 A　施工现场质量管理检查记录 ………………………… 294
附录 B　建筑工程分部（子分部）工程、分项工程划分 …… 296
附录 C　室外工程划分 ………………………………………… 299
附录 D　检验批质量验收记录 ………………………………… 300
附录 E　分项工程质量验收记录 ……………………………… 301
附录 F　分部（子分部）工程质量验收记录 ………………… 302
附录 G　单位（子单位）工程质量竣工验收记录 …………… 303
本标准用词说明 ………………………………………………… 308
条文说明 ………………………………………………………… 309

1 总　　则

1.0.1 为了加强建筑工程质量管理，统一建筑工程施工质量的验收，保证工程质量，制订本标准。

1.0.2 本标准适用于建筑工程施工质量的验收，并作为建筑工程各专业工程施工质量验收规范编制的统一准则。

1.0.3 本标准依据现行国家有关工程质量的法律、法规、管理标准和有关技术标准编制。建筑工程各专业工程施工质量验收规范必须与本标准配合使用。

2 术　　语

2.0.1 建筑工程　building engineering

　　为新建、改建或扩建房屋建筑物和附属构筑物设施所进行的规划、勘察、设计和施工、竣工等各项技术工作和完成的工程实体。

2.0.2 建筑工程质量　quality of building engineering

　　反映建筑工程满足相关标准规定或合同约定的要求，包括其在安全、使用功能及其在耐久性能、环境保护等方面所有明显和隐含能力的特性总和。

2.0.3 验收　acceptance

　　建筑工程在施工单位自行质量检查评定的基础上，参与建设活动的有关单位共同对检验批、分项、分部、单位工程的质量进行抽样复验，根据相关标准以书面形式对工程质量达到合格与否做出确认。

2.0.4 进场验收　site acceptance

　　对进入施工现场的材料、构配件、设备等按相关标准规定要求进行检验，对产品达到合格与否做出确认。

2.0.5 检验批　inspection lot

　　按同一的生产条件或按规定的方式汇总起来供检验用的，由一定数量样本组成的检验体。

2.0.6 检验　inspection

　　对检验项目中的性能进行量测、检查、试验等，并将结果与标准规定要求进行比较，以确定每项性能是否合格所进行的活动。

2.0.7 见证取样检测　evidential testing

　　在监理单位或建设单位监督下，由施工单位有关人员现场取样，并送至具备相应资质的检测单位所进行的检测。

2.0.8 交接检验 handing over inspection

由施工的承接方与完成方经双方检查并对可否继续施工做出确认的活动。

2.0.9 主控项目 dominant item

建筑工程中的对安全、卫生、环境保护和公众利益起决定性作用的检验项目。

2.0.10 一般项目 general item

除主控项目以外的检验项目。

2.0.11 抽样检验 sampling inspection

按照规定的抽样方案，随机地从进场的材料、构配件、设备或建筑工程检验项目中，按检验批抽取一定数量的样本所进行的检验。

2.0.12 抽样方案 sampling scheme

根据检验项目的特性所确定的抽样数量和方法。

2.0.13 计数检验 counting inspection

在抽样的样本中，记录每一个体有某种属性或计算每一个体中的缺陷数目的检查方法。

2.0.14 计量检验 quantitative inspection

在抽样检验的样本中，对每一个体测量其某个定量特性的检查方法。

2.0.15 观感质量 quality of appearance

通过观察和必要的量测所反映的工程外在质量。

2.0.16 返修 repair

对工程不符合标准规定的部位采取整修等措施。

2.0.17 返工 rework

对不合格的工程部位采取的重新制作、重新施工等措施。

3 基本规定

3.0.1 施工现场质量管理应有相应的施工技术标准，健全的质量管理体系、施工质量检验制度和综合施工质量水平评定考核制度。

施工现场质量管理可按本标准附录 A 的要求进行检查记录。

3.0.2 建筑工程应按下列规定进行施工质量控制：

1. 建筑工程采用的主要材料、半成品、成品、建筑构配件、器具和设备应进行现场验收。凡涉及安全、功能的有关产品，应按各专业工程质量验收规范规定进行复验，并应经监理工程师（建设单位技术负责人）检查认可。

2. 各工序应按施工技术标准进行质量控制，每道工序完成后，应进行检查。

3. 相关各专业工种之间，应进行交接检验，并形成记录。未经监理工程师（建设单位技术负责人）检查认可，不得进行下道工序施工。

3.0.3 建筑工程施工质量应按下列要求进行验收：
1. 建筑工程施工质量应符合本标准和相关专业验收规范的规定。
2. 建筑工程施工应符合工程勘察、设计文件的要求。
3. 参加工程施工质量验收的各方人员应具备规定的资格。
4. 工程质量的验收均应在施工单位自行检查评定的基础上进行。
5. 隐蔽工程在隐蔽前应由施工单位通知有关单位进行验收，并应形成验收文件。
6. 涉及结构安全的试块、试件以及有关材料，应按规定进行见证取样检测。
7. 检验批的质量应按主控项目和一般项目验收。
8. 对涉及结构安全和使用功能的重要分部工程应进行抽样检测。
9. 承担见证取样检测及有关结构安全检测的单位应具有相应资质。
10. 工程的观感质量应由验收人员通过现场检查，并应共同确认。

3.0.4 检验批的质量检验，应根据检验项目的特点在下列抽样方案中进行选择：
1. 计量、计数或计量-计数等抽样方案。
2. 一次、二次或多次抽样方案。
3. 根据生产连续性和生产控制稳定性情况，尚可采用调整型抽样方案。
4. 对重要的检验项目当可采用简易快速的检验方法时，可选用全数检验方案。
5. 经实践检验有效的抽样方案。

3.0.5 在制定检验批的抽样方案时，对生产方风险（或错判概率 α）和使用方风险（或漏判概率 β）可按下列规定采取：
1. 主控项目：对应于合格质量水平的 α 和 β 均不宜超过 5%。
2. 一般项目：对应于合格质量水平的 α 不宜超过 5%，β 不宜超过 10%。

4 建筑工程质量验收的划分

4.0.1 建筑工程质量验收应划分为单位（子单位）工程、分部（子分部）工程、分项工程和检验批。

4.0.2 单位工程的划分应按下列原则确定：
1. 具备独立施工条件并能形成独立使用功能的建筑物及构筑物为一个单位工程。
2. 建筑规模较大的单位工程，可将其能形成独立使用功能的部分为一个子单位工程。

4.0.3 分部工程的划分应按下列原则确定：

1. 分部工程的划分应按专业性质、建筑部位确定。
2. 当分部工程较大或较复杂时，可按材料种类、施工特点、施工程序、专业系统及类别等划分为若干子分部工程。

4.0.4 分项工程应按主要工种、材料、施工工艺、设备类别等进行划分。

建筑工程的分部（子分部）、分项工程可按本标准附录 B 采用。

4.0.5 分项工程可由一个或若干检验批组成，检验批可根据施工及质量控制和专业验收需要按楼层、施工段、变形缝等进行划分。

4.0.6 室外工程可根据专业类别和工程规模划分单位（子单位）工程。

室外单位（子单位）工程、分部工程可按本标准附录 C 采用。

5 建筑工程质量验收

5.0.1 检验批合格质量应符合下列规定：
1. 主控项目和一般项目的质量经抽样检验合格。
2. 具有完整的施工操作依据、质量检查记录。

5.0.2 分项工程质量验收合格应符合下列规定：
1. 分项工程所含的检验批均应符合合格质量的规定。
2. 分项工程所含的检验批的质量验收记录应完整。

5.0.3 分部（子分部）工程质量验收合格应符合下列规定：
1. 分部（子分部）工程所含分项工程的质量均应验收合格。
2. 质量控制资料应完整。
3. 地基与基础、主体结构和设备安装等分部工程有关安全及功能的检验和抽样检测结果应符合有关规定。
4. 观感质量验收应符合要求。

5.0.4 单位（子单位）工程质量验收合格应符合下列规定：
1. 单位（子单位）工程所含分部（子分部）工程的质量均应验收合格。
2. 质量控制资料应完整。
3. 单位（子单位）工程所含分部工程有关安全和功能的检测资料应完整。
4. 主要功能项目的抽查结果应符合相关专业质量验收规范的规定。
5. 观感质量验收应符合要求。

5.0.5 建筑工程质量验收记录应符合下列规定：
1. 检验批质量验收可按本标准附录 D 进行。
2. 分项工程质量验收可按本标准附录 E 进行。
3. 分部（子分部）工程质量验收应按本标准附录 F 进行。
4. 单位（子单位）工程质量验收，质量控制资料核查，安全和功能检验资料核查及主要功能抽查记录，观感质量检查应按本标准附录G进行。

5.0.6 当建筑工程质量不符合要求时，应按下列规定进行处理：

1. 经返工重做或更换器具、设备的检验批，应重新进行验收。
2. 经有资质的检测单位检测鉴定能够达到设计要求的检验批，应予以验收。
3. 经有资质的检测单位检测鉴定达不到设计要求、但经原设计单位核算认可能够满足结构安全和使用功能的检验批，可予以验收。
4. 经返修或加固处理的分项、分部工程，虽然改变外形尺寸但仍能满足安全使用要求，可按技术处理方案和协商文件进行验收。

5.0.7 通过返修或加固处理仍不能满足安全使用要求的分部工程、单位（子单位）工程，严禁验收。

6 建筑工程质量验收程序和组织

6.0.1 检验批及分项工程应由监理工程师（建设单位项目技术负责人）组织施工单位项目专业质量（技术）负责人等进行验收。

6.0.2 分部工程应由总监理工程师（建设单位项目负责人）组织施工单位项目负责人和技术、质量负责人等进行验收；地基与基础、主体结构分部工程的勘察、设计单位工程项目负责人和施工单位技术、质量部门负责人也应参加相关分部工程验收。

6.0.3 单位工程完工后，施工单位应自行组织有关人员进行检查评定，并向建设单位提交工程验收报告。

6.0.4 建设单位收到工程验收报告后，应由建设单位（项目）负责人组织施工（含分包单位）、设计、监理等单位（项目）负责人进行单位（子单位）工程验收。

6.0.5 单位工程有分包单位施工时，分包单位对所承包的工程项目应按本标准规定的程序检查评定，总包单位应派人参加。分包工程完成后，应将工程有关资料交总包单位。

6.0.6 当参加验收各方对工程质量验收意见不一致时，可请当地建设行政主管部门或工程质量监督机构协调处理。

6.0.7 单位工程质量验收合格后，建设单位应在规定时间内将工程竣工验收报告和有关文件，报建设行政管理部门备案。

附录 A 施工现场质量管理检查记录

A.0.1 施工现场质量管理检查记录应由施工单位按表A.0.1填写，总监理工程师（建设单位项目负责人）进行检查，并做出检查结论。

附录1 建筑工程施工质量验收统一标准 GB 50300—2001

表 A.0.1　　　　　　　施工现场质量管理检查记录　　　开工日期：

工程名称			施工许可证(开工证)	
建设单位			项目负责人	
设计单位			项目负责人	
监理单位			总监理工程师	
施工单位		项目经理	项目技术负责人	

序号	项目	内容
1	现场质量管理制度	
2	质量责任制	
3	主要专业工种操作上岗证书	
4	分包方资质与对分包单位的管理制度	
5	施工图审查情况	
6	地质勘察资料	
7	施工组织设计、施工方案及审批	
8	施工技术标准	
9	工程质量检验制度	
10	搅拌站及计量设置	
11	现场材料、设备存放与管理	
12		

检查结论：

　　　　　　总监理工程师
　　　　　（建设单位项目负责人）　　　　　　　　　　　　　　　年 月 日

附录 B 建筑工程分部（子分部）工程、分项工程划分

B.0.1 建筑工程的分部（子分部）工程、分项工程可按表 B.0.1 划分。

表 B.0.1   建筑工程分部（子分部）工程、分项工程划分

序号	分部工程	子分部工程	分项工程
1	地基与基础	无支护土方	土方开挖、土方回填
		有支护土方	排桩，降水、排水，地下连续墙，锚杆，土钉墙，水泥土桩，沉井与沉箱，钢及混凝土支撑
		地基处理	灰土地基、砂和砂石地基、碎砖三合土地基，土工合成材料地基，粉煤灰地基，重锤夯实地基，强夯地基，振冲地基，砂桩地基，预压地基，高压喷射注浆地基，土和灰土挤密桩地基，注浆地基，水泥粉煤灰碎石桩地基，夯实水泥土桩地基
		桩基	锚杆静压桩及静力压桩，预应力离心管桩，钢筋混凝土预制桩，钢桩，混凝土灌注桩（成孔、钢筋笼、清孔、水下混凝土灌注）
		地下防水	防水混凝土，水泥砂浆防水层，卷材防水层，涂料防水层，金属板防水层，塑料板防水层，细部构造，喷锚支护，复合式衬砌，地下连续墙，盾构法隧道，渗排水、盲沟排水，隧道、坑道排水；预注浆、后注浆，衬砌裂缝注浆
		混凝土基础	模板，钢筋，混凝土，后浇带混凝土，混凝土结构缝处理
		砌体基础	砖砌体，混凝土砌块砌体，配筋砌体，石砌体
		劲钢（管）混凝土	劲钢（管）焊接，劲钢（管）与钢筋的连接，混凝土
		钢结构	焊接钢结构、栓接钢结构，钢结构制作，钢结构安装，钢结构涂装
2	主体结构	混凝土结构	模板，钢筋，混凝土，预应力，现浇结构，装配式结构
		劲钢（管）混凝土结构	劲钢（管）焊接，螺栓连接，劲钢（管）与钢筋的连接，劲钢（管）制作、安装，混凝土
		砌体结构	砖砌体，混凝土小型空心砌块砌体，石砌体，填充墙砌体，配筋砖砌体
		钢结构	钢结构焊接，紧固件连接，钢零部件加工，单层钢结构安装，多层及高层钢结构安装，钢结构涂装，钢构件组装，钢构件预拼装，钢网架结构安装，压型金属板
		木结构	方木和原木结构，胶合木结构，轻型木结构，木构件防护
		网架和索膜结构	网架制作，网架安装，索膜安装，网架防火、防腐涂料

续表

序号	分部工程	子分部工程	分项工程
3	建筑装饰装修	地面	整体面层:基层,水泥混凝土面层,水泥砂浆面层,水磨石面层,防油渗面层,水泥钢(铁)屑面层,不发火(防爆的)面层;板块面层:基层,砖面层(陶瓷锦砖、缸砖、陶瓷地砖和水泥花砖面层),大理石面层和花岗岩面层,预制板块面层(预制水泥混凝土、水磨石板块面层),料石面层(条石、块石面层),塑料板面层,活动地板面层,地毯面层;木竹面层:基层、实木地板面层(条材、块材面层),实木复合地板面层(条材、块材面层),中密度(强化)复合地板面层(条材面层),竹地板面层
		抹灰	一般抹灰,装饰抹灰,清水砌体勾缝
		门窗	木门窗制作与安装,金属门窗安装,塑料门窗安装,特种门安装,门窗玻璃安装
		吊顶	暗龙骨吊顶,明龙骨吊顶
		轻质隔墙	板材隔墙,骨架隔墙,活动隔墙,玻璃隔墙
		饰面板(砖)	饰面板安装,饰面砖粘贴
		幕墙	玻璃幕墙,金属幕墙,石材幕墙
		涂饰	水性涂料涂饰,溶剂型涂料涂饰,美术涂饰
		裱糊与软包	裱糊、软包
		细部	橱柜制作与安装,窗帘盒、窗台板和暖气罩制作与安装,门窗套制作与安装,护栏和扶手制作与安装,花饰制作与安装
4	建筑屋面	卷材防水屋面	保温层,找平层,卷材防水层,细部构造
		涂膜防水屋面	保温层,找平层,涂膜防水层,细部构造
		刚性防水屋面	细石混凝土防水层,密封材料嵌缝,细部构造
		瓦屋面	平瓦屋面,油毡瓦屋面,金属板屋面,细部构造
		隔热屋面	架空屋面,蓄水屋面,种植屋面
5	建筑给水、排水及采暖	室内给水系统	给水管道及配件安装,室内消火栓系统安装,给水设备安装,管道防腐,绝热
		室内排水系统	排水管道及配件安装,雨水管道及配件安装
		室内热水供应系统	管道及配件安装,辅助设备安装,防腐,绝热
		卫生器具安装	卫生器具安装,卫生器具给水配件安装,卫生器具排水管道安装
		室内采暖系统	管道及配件安装,辅助设备及散热器安装,金属辐射板安装,低温热水地板辐射采暖系统安装,系统水压试验及调试,防腐,绝热
		室外给水管网	给水管道安装,消防水泵接合器及室外消火栓安装,管沟及井室
		室外排水管网	排水管道安装,排水管沟与井池
		室外供热管网	管道及配件安装,系统水压试验及调试,防腐,绝热
		建筑中水系统及游泳池系统	建筑中水系统管道及辅助设备安装,游泳池水系统安装
		供热锅炉及辅助设备安装	锅炉安装,辅助设备及管道安装,安全附件安装,烘炉、煮炉和试运行,换热站安装,防腐,绝热

续表

序号	分部工程	子分部工程	分项工程
6	建筑电气	室外电气	架空线路及杆上电气设备安装,变压器、箱式变电所安装,成套配电柜、控制柜(屏、台)和动力、照明配电箱(盘)及控制柜安装,电线、电缆导管和线槽敷设,电线、电缆穿管和线槽敷设,电缆头制作、导线连接和线路电气试验,建筑物外部装饰灯具、航空障碍标志灯和庭院路灯安装,建筑照明通电试运行,接地装置安装
		变配电室	变压器、箱式变电所安装,成套配电柜、控制柜(屏、台)和动力、照明配电箱(盘)安装,裸母线、封闭母线、插接式母线安装,电缆沟内和电缆竖井内电缆敷设,电缆头制作、导线连接和线路电气试验,接地装置安装,避雷引下线和变配电室接地干线敷设
		供电干线	裸母线、封闭母线、插接式母线安装,桥架安装和桥架内电缆敷设,电缆沟内和电缆竖井内电缆敷设,电线、电缆导管和线槽敷线,电线、电缆穿管和线槽敷线,电缆头制作、导线连接和线路电气试验
		电气动力	成套配电柜、控制柜(屏、台)和动力、照明配电箱(盘)及控制柜安装,低压电动机、电加热器及电动执行机构检查、接线,低压电气动力设备检测、试验和空载试运行,桥架安装和桥架内电缆敷设,电线、电缆导管和线槽敷设,电线、电缆穿管和线槽敷线,电缆头制作、导线连接和线路电气试验,插座、开关、风扇安装
		电气照明安装	成套配电柜、控制柜(屏、台)和动力、照明配电箱(盘)安装,电线、电缆导管和线槽敷设,电线、电缆导管和线槽敷线,槽板配线,钢索配线,电缆头制作、导线连接和线路电气试验,普通灯具安装,专用灯具安装,插座、开关、风扇安装,建筑照明通电试运行
		备用和不间断电源安装	成套配电柜、控制柜(屏、台)和动力、照明配电箱(盘)安装,柴油发电机组安装,不间断电源的其他功能单元安装,裸母线、封闭母线、插接式母线安装,电线、电缆导管和线槽敷设,电线、电缆导管和线槽敷线,电缆头制作、导线连接和线路电气试验,接地装置安装
		防雷及接地安装	接地装置安装,避雷引下线和变配电室接地干线敷设,建筑物等电位连接,接闪器安装
7	智能建筑	通信网络系统	通信系统,卫星及有线电视系统,公共广播系统
		办公自动化系统	计算机网络系统,信息平台及办公自动化应用软件,网络安全系统
		建筑设备监控系统	空调与通风系统,变配电系统,照明系统,给排水系统,热源和热交换系统,冷冻和冷却系统,电梯和自动扶梯系统,中央管理工作站与操作分站,子系统通信接口
		火灾报警及消防联动系统	火灾和可燃气体探测系统,火灾报警控制系统,消防联动系统
		安全防范系统	电视监控系统,入侵报警系统,巡更系统,出入口控制(门禁)系统,停车管理系统

续表

序号	分部工程	子分部工程	分项工程
7	智能建筑	综合布线系统	缆线敷设和终接,机柜、机架、配线架的安装,信息插座和光缆芯线终端的安装
		智能化集成系统	集成系统网络,实时数据库,信息安全,功能接口
		电源与接地	智能建筑电源,防雷及接地
		环境	空间环境,室内空调环境,视觉照明环境,电磁环境
		住宅(小区)智能化系统	火灾自动报警及消防联动系统,安全防范系统(含电视监控系统、入侵报警系统、巡更系统、门禁系统、楼宇对讲系统、住户对讲呼救系统、停车管理系统),物业管理系统(多表现场计量及与远程传输系统、建筑设备监控系统、公共广播系统、小区网络及信息服务系统、物业办公自动化系统),智能家庭信息平台
8	通风与空调	送排风系统	风管与配件制作,部件制作,风管系统安装,空气处理设备安装,消声设备制作与安装,风管与设备防腐,风机安装,系统调试
		防排烟系统	风管与配件制作,部件制作,风管系统安装,防排烟风口、常闭正压风口与设备安装,风管与设备防腐,风机安装,系统调试
		除尘系统	风管与配件制作,部件制作,风管系统安装,除尘器与排污设备安装,风管与设备防腐,风机安装,系统调试
		空调风系统	风管与配件制作,部件制作,风管系统安装,空气处理设备安装,消声设备制作与安装,风管与设备防腐,风机安装,风管与设备绝热,系统调试
		净化空调系统	风管与配件制作,部件制作,风管系统安装,空气处理设备安装,消声设备制作与安装,风管与设备防腐,风机安装,风管与设备绝热,高效过滤器安装,系统调试
		制冷设备系统	制冷机组安装,制冷剂管道及配件安装,制冷附属设备安装,管道及设备的防腐与绝热,系统调试
		空调水系统	管道冷热(媒)水系统安装,冷却水系统安装,冷凝水系统安装,阀门及部件安装,冷却塔安装,水泵及附属设备安装,管道与设备的防腐与绝热,系统调试
9	电梯	电力驱动的曳引式或强制式电梯安装	设备进场验收,土建交接检验,驱动主机,导轨,门系统,轿厢,对重(平衡重),安全部件,悬挂装置,随行电缆,补偿装置,电气装置,整机安装验收
		液压电梯安装	设备进场验收,土建交接检验,液压系统,导轨,门系统,轿厢,对重(平衡重),安全部件,悬挂装置,随行电缆,电气装置,整机安装验收
		自动扶梯、自动人行道安装	设备进场验收,土建交接检验,整机安装验收

附录 C 室外工程划分

C.0.1 室外单位(子单位)工程和分部工程可按表 C.0.1 划分。

表 C.0.1　　　　　　　　　　　室外工程划分

单位工程	子单位工程	分部(子分部)工程
室外建筑环境	附属建筑	车棚,围墙,大门,挡土墙,垃圾收集站
	室外环境	建筑小品,道路,亭台,连廊,花坛,场坪绿化
室外安装	给排水与采暖	室外给水系统,室外排水系统,室外供热系统
	电气	室外供电系统,室外照明系统

附录 D　检验批质量验收记录

D.0.1　检验批的质量验收记录由施工项目专业质量检查员填写,监理工程师(建设单位项目专业技术负责人)组织项目专业质量检查员等进行验收,并按表 D.0.1 记录。

表 D.0.1　　　　　　　　　　检验批质量验收记录

工程名称		分项工程名称		验收部位	
施工单位			专业工长	项目经理	
施工执行标准名称及编号					
分包单位		分包项目经理		施工班组长	
	质量验收规格的规定	施工单位检查评定记录		监理(建设)单位验收记录	
主控项目	1				
	2				
	3				
	4				
	5				
	6				
	7				
	8				
	9				
一般项目	1				
	2				
	3				
	4				
施工单位检查评定结果			项目专业质量检查员:		年　月　日
监理(建设)单位验收结论			监理工程师 (建设单位项目专业技术负责人)		年　月　日

附录 E 分项工程质量验收记录

E.0.1 分项工程质量应由监理工程师（建设单位项目专业技术负责人）组织项目专业技术负责人等进行验收，并按表 E.0.1 记录。

表 E.0.1 _____ 分项工程质量验收记录

工程名称		结构类型		检验批数	
施工单位		项目经理		项目技术负责人	
分包单位		分包单位负责人		分包项目经理	

序号	检验批部位、区段	施工单位检查评定结果	监理(建设)单位验收结论
1			
2			
3			
4			
5			
6			
7			
8			
9			
10			
11			
12			
13			
14			
15			
16			
17			

检查结论	项目专业技术负责人： 年 月 日	验收结论	监理工程师 (建设单位项目专业技术负责人) 年 月 日

附录 F 分部（子分部）工程质量验收记录

F.0.1 分部（子分部）工程质量应由总监理工程师（建设单位项目专业负责人）组织施工项目经理和有关勘察、设计单位项目负责人进行验收，并按表 F.0.1 记录。

表 F.0.1 _____分部（子分部）工程验收记录

工程名称		结构类型		层数	
施工单位		技术部门负责人		质量部门负责人	
分包单位		分包单位负责人		分包技术负责人	
序号	分项工程名称	检验批数	施工单位检查评定	验 收 意 见	
1					
2					
3					
4					
5					
6					
质量控制资料					
安全和功能检验（检测）报告					
观感质量验收					
验收单位	分包单位			项目经理　年　月　日	
	施工单位			项目经理　年　月　日	
	勘察单位			项目负责人　年　月　日	
	设计单位			项目负责人　年　月　日	
	监理（建设）单位	总监理工程师（建设单位项目专业负责人）　年　月　日			

附录G 单位（子单位）工程质量竣工验收记录

G.0.1 单位（子单位）工程质量验收应按表G.0.1-1记录，表G.0.1-1为单位工程质量验收的汇总表与附录F的表F.0.1和表G.0.1-2～表G.0.1-4配合使用。表G.0.1-2为单位（子单位）工程质量控制资料核查记录，表G.0.1-3为单位（子单位）工程安全和功能检验资料核查及主要功能抽查记录，表G.0.1-4为单位（子单位）工程观感质量检查记录。

表G.0.1-1验收记录由施工单位填写，验收结论由监理（建设）单位填写。综合验收结论由参加验收各方共同商定，建设单位填写，应对工程质量是否符合设计和规范要求及总体质量水平做出评价。

表G.0.1-1　　　　单位（子单位）工程质量竣工验收记录

工程名称		结构类型		层数/建筑面积	
施工单位		技术负责人		开工日期	
项目经理		项目技术负责人		竣工日期	
序号	项　目	验　收　记　录		验　收　结　论	
1	分部工程	共　　分部,查查　　分部 符合标准及设计要求　　分部			
2	质量控制资料核查	共　　项,经审查符合要求　　项, 经核定符合规范要求　　项			
3	安全和主要使用功能核查及抽查结果	共核查　　项,符合要求　　项, 共抽查　　项,符合要求　　项, 经返工处理符合要求　　项			
4	观感质量验收	共抽查　　项,符合要求　　项, 不符合要求　　项			
5	综合验收结论				
参加验收单位	建设单位 （公章） 单位(项目)负责人 　　年　月　日	监理单位 （公章） 总监理工程师 　　年　月　日		施工单位 （公章） 单位负责人 　　年　月　日	设计单位 （公章） 单位(项目)负责人 　　年　月　日

表 G.0.1-2　　单位（子单位）工程质量控制资料核查记录

工程名称			施工单位		
序号	项目	资料名称	份数	核查意见	核查人
1	建筑与结构	图纸会审、设计变更、洽商记录			
2		工程定位测量、放线记录			
3		原材料出厂合格证书及进场检(试)验报告			
4		施工试验报告及见证检测报告			
5		隐蔽工程验收记录			
6		施工记录			
7		预制构件、预拌混凝土合格证			
8		地基基础、主体结构检验及抽样检测资料			
9		分项、分部工程质量验收记录			
10		工程质量事故及事故调查处理资料			
11		新材料、新工艺施工记录			
12					
1	给排水与采暖	图纸会审、设计变更、洽商记录			
2		材料、配件出厂合格证书及进场检(试)验报告			
3		管道、设备强度试验、严密性试验记录			
4		隐蔽工程验收记录			
5		系统清洗、灌水、通水、通球试验记录			
6		施工记录			
7		分项、分部工程质量验收记录			
8					
1	建筑电气	图纸会审、设计变更、洽商记录			
2		材料、设备出厂合格证书及进场栓(试)验报告			
3		设备调试记录			
4		接地、绝缘电阻测试记录			
5		隐蔽工程验收记录			
6		施工记录			
7		分项、分部工程质量验收记录			
8					

续表

工程名称			施工单位			
序号	项目	资料名称		份数	核查意见	核查人
1	通风与空调	图纸会审、设计变更、洽商记录				
2		材料、设备出厂合格证书及进场检(试)验报告				
3		制冷、空调、水管道强度试验、严密性试验记录				
4		隐蔽工程验收记录				
5		制冷设备运行调试记录				
6		通风、空调系统调试记录				
7		施工记录				
8		分项、分部工程质量验收记录				
9						
1	电梯	土建布置图纸会审、设计变更、洽商记录				
2		设备出厂合格证书及开箱检验记录				
3		隐蔽工程验收记录				
4		施工记录				
5		接地、绝缘电阻测试记录				
6		负荷试验、安全装置检查记录				
7		分项、分部工程质量验收记录				
8						
1	建筑智能化	图纸会审、设计变更、洽商记录、竣工图及设计说明				
2		材料、设备出厂合格证及技术文件及进场检(试)验报告				
3		隐蔽工程验收记录				
4		系统功能测定及设备调试记录				
5		系统技术、操作和维护手册				
6		系统管理、操作人员培训记录				
7		系统检测报告				
8		分项、分部工程质量验收报告				

结论：

施工单位项目经理　　年　月　日　（建设单位项目负责人）

总监理工程师

年　月　日

表 G.0.1-3　　单位（子单位）工程安全和功能检验
资料核查及主要功能抽查记录

工程名称			施工单位			
序号	项目	安全和功能检查项目	份数	核查意见	抽查结果	核查(抽查)人
1	建筑与结构	屋面淋水试验记录				
2		地下室防水效果检查记录				
3		有防水要求的地面蓄水试验记录				
4		建筑物垂直度、标高、全高测量记录				
5		抽气（风）道检查记录				
6		幕墙及外窗气密性、水密性、耐风压检测报告				
7		建筑物沉降观测测量记录				
8		节能、保温测试记录				
9		室内环境检测报告				
10						
1	给排水与采暖	给水管道通水试验记录				
2		暖气管道、散热器压力试验记录				
3		卫生器具满水试验记录				
4		消防管道、燃气管道压力试验记录				
5		排水干管通球试验记录				
6						
1	电气	照明全负荷试验记录				
2		大型灯具牢固性试验记录				
3		避雷接地电阻测试记录				
4		线路、插座、开关接地检验记录				
5						
1	通风与空调	通风、空调系统试运行记录				
2		风量、温度测试记录				
3		洁净室洁净度测试记录				
4		制冷机组试运行调试记录				
5						
1	电梯	电梯运行记录				
2		电梯安全装置检测报告				
1	智能建筑	系统试运行记录				
2		系统电源及接地检测报告				
3						

结论：

施工单位项目经理　　　年 月 日　　总监理工程师（建设单位项目负责人）　　　年 月 日

注：抽查项目由验收组协商确定。

附录1 建筑工程施工质量验收统一标准 GB 50300—2001

表 G.0.1-4　　　单位（子单位）工程观感质量检查记录

工程名称			施工单位									质量评价		
序号		项目	抽查质量状况									好	一般	差
1	建筑与结构	室外墙面												
2		变形缝												
3		水落管、屋面												
4		室内墙面												
5		室内顶棚												
6		室内地面												
7		楼梯、踏步、护栏												
8		门窗												
1	给排水与采暖	管道接口、坡度、支架												
2		卫生器具、支架、阀门												
3		检查口、扫除口、地漏												
4		散热器、支架												
1	建筑电气	配电箱、盘、板、接线盒												
2		设备器具、开关、插座												
3		防雷、接地												
1	通风与空调	风管、支架												
2		风口、风阀												
3		风机、空调设备												
4		阀门、支架												
5		水泵、冷却塔												
6		绝热												
1	电梯	运行、平层、开关门												
2		层门、信号系统												
3		机房												
1	智能建筑	机房设备安装及布局												
2		现场设备安装												
3														
观感质量综合评价														
检查结论			施工单位项目经理　　年　月　日						总监理工程师 （建设单位项目负责人）　年　月　日					

注：质量评价为差的项目，应进行返修。

本标准用词说明

一、执行本标准条文时，要求严格程度不同的用词说明如下，以便在执行中区别对待。

1. 表示很严格，非这样做不可的：

正面词采用"必须"，反面词采用"严禁"。

2. 表示严格，在正常情况下均应这样做的：

正面词采用"应"，反面词采用"不应"或"不得"。

3. 表示允许稍有选择，在条件许可时首先这样做的：

正面词采用"宜"或"可"，反面词采用"不宜"。

表示有选择，在一定条件下可以这样做的，采用"可"。

二、条文中必须按指定的标准、规范或其他有关规定执行时，写法为"应按……执行"或"应符合……要求"。

中华人民共和国国家标准

建筑工程施工质量验收统一标准

GB 50300—2001

条文说明

目　录

1 总则 ··· 311
2 术语 ··· 312
3 基本规定 ··· 312
4 建筑工程质量验收的划分 ··· 313
5 建筑工程质量验收 ·· 314
6 建筑工程质量验收程序和组织 ···································· 316

1 总 则

1.0.1 本条是编制统一标准和建筑工程质量验收规范系列标准的宗旨。仅限于施工质量的验收。设计和使用中的质量问题不属于本标准的范畴。

本次编制是将有关建筑工程的施工及验收规范和其工程质量检验评定标准合并，组成新的工程质量验收规范体系，实际上是重新建立一个技术标准体系。以统一建筑工程质量的验收方法、程序和质量指标。

修订中坚持了"验评分离、强化验收、完善手段、过程控制"的指导思想。

1.0.2 本标准的内容有两部分。第一部分规定了房屋建筑各专业工程施工质量验收规范编制的统一准则。为了统一房屋工程各专业施工质量验收规范的编制，对检验批、分项、分部（子分部）、单位（子单位）工程的划分、质量指标的设置和要求、验收程序与组织都提出了原则的要求，以指导本系列标准各验收规范的编制，掌握内容的繁简，质量指标的多少，宽严程度等，使其能够比较协调。

第二部分是直接规定了单位工程的验收，从单位工程的划分和组成，质量指标的设置，到验收程序都做了具体规定。

1.0.3 本标准的编制依据，主要是《中华人民共和国建筑法》、《建设工程质量管理条例》、《建筑结构可靠度设计统一标准》及其他有关设计规范的规定等。同时，本标准强调本系列各专业验收规范必须与本标准配套使用。

另外，本标准规范体系的落实和执行，还需要有关标准的支持，其支持体系见图 1.0.3 工程质量验收规范支持体系示意图。

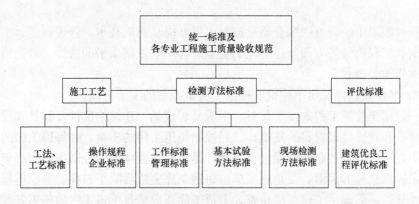

图 1.0.3 工程质量验收规范支持体系示意图

2 术　　语

　　本章中给出的 17 个术语，是本标准有关章节中所引用的。除本标准使用外，还可作为建筑工程各专业施工质量验收规范引用的依据。

　　在编写本章术语时，参考了《质量管理和质量保证术语》GB/T 6583—1994、统计方法应用国家标准汇编、《建筑结构设计术语和符号标准》GB/T 50083—97 等国家标准中的相关术语。

　　本标准的术语是从本标准的角度赋予其涵义的，但涵义不一定是术语的定义。同时还分别给出了相应的推荐性英文术语，该英文术语不一定是国际上的标准术语，仅供参考。

3　基本规定

3.0.1　本条规定了建筑工程施工单位应建立必要的质量责任制度，对建筑工程施工的质量管理体系提出了较全面的要求，建筑工程的质量控制应为全过程的控制。

　　施工单位应推行生产控制和合格控制的全过程质量控制，应有健全的生产控制和合格控制的质量管理体系。这里不仅包括原材料控制、工艺流程控制、施工操作控制、每道工序质量检查、各道相关工序间的交接检验以及专业工种之间等中间交接环节的质量管理和控制要求，还应包括满足施工图设计和功能要求的抽样检验制度等。施工单位还应通过内部的审核与管理者的评审，找出质量管理体系中存在的问题和薄弱环节，并制订改进的措施和跟踪检查落实等措施，使单位的质量管理体系不断健全和完善，是该施工单位不断提高建筑工程施工质量的保证。

　　同时施工单位应重视综合质量控制水平，应从施工技术、管理制度、工程质量控制和工程质量等方面制订对施工企业综合质量控制水平的指标，以达到提高整体素质和经济效益。

3.0.2　本条较具体规定了建筑工程施工质量控制的主要方面。

　　一是用于建筑工程的主要材料、半成品、成品、建筑构配件、器具和设备的进场验收和重要建筑材料的复检；二是控制每道工序的质量，在每道工序的质量控制中之所以强调按企业标准进行控制，是考虑企业标准的控制指标应严于行业和国家标准指标的因素；三是施工单位每道工序完成后除了自检、专职质量检查员检查外，还强调了工序交接检查，上道工序还应满足下道工序的施工条件和要求；同样相关专业工序之间也应进行中间交接检验，使各工序间和各相关专业工程之间形成一个有机的整体。

3.0.3 本条提出了建筑工程质量验收的基本要求，这主要是：参加建筑工程质量验收各方人员应具备的资格；建筑工程质量验收应在施工单位检验评定合格的基础上进行；检验批质量应按主控项目和一般项目进行验收；隐蔽工程的验收；涉及结构安全的见证取样检测；涉及结构安全和使用功能的重要分部工程的抽样检验以及承担见证试验单位资质的要求；观感质量的现场检查等。

3.0.4 本条给出了检验批质量检验评定的抽样方案，可根据检验项目的特点进行选择。对于检验项目的计量、计数检验，可分为全数检验和抽样检验两大类。

对于重要的检验项目，且可采用简易快速的非破损检验方法时，宜选用全数检验。对于构件截面尺寸或外观质量等检验项目，宜选用考虑合格质量水平的生产方风险 α 和使用方风险 β 的一次或二次抽样方案，也可选经实践经验有效的抽样方案。

3.0.5 关于合格质量水平的生产方风险 α，是指合格批被判为不合格的概率，即合格批被拒收的概率；使用方风险 β 为不合格批被判为合格批的概率，即不合格批被误收的概率。抽样检验必然存在这两类风险，要求通过抽样检验的检验批 100% 合格是不合理的也是不可能的，在抽样检验中，两类风险一般控制范围是：$\alpha=1\%\sim5\%$；$\beta=5\%\sim10\%$。对于主控项目，其 α、β 均不宜超过 5%；对于一般项目，α 不宜超过 5%，β 不宜超过 100%。

4 建筑工程质量验收的划分

4.0.1 随着经济发展和施工技术进步，自改革开放以来，已涌现了大量建筑规模较大的单体工程和具有综合使用功能的综合性建筑物，几万平方米的建筑物比比皆是，十万平方米以上的建筑物也不少。这些建筑物的施工周期一般较长，受多种因素的影响，诸如后期建设资金不足，部分停缓建，已建成可使用部分需投入使用，以发挥投资效益等；投资者为追求最大的投资效益，在建设期间，需要将其中一部分提前建成使用；规模特别大的工程，一次性验收也不方便等等。因此，原标准整体划分为一个单位工程验收已不适应当前的情况，故本标准规定，可将此类工程划分为若干个子单位工程进行验收。同时，随着生产、工作、生活条件要求的提高，建筑物的内部设施也越来越多样化；建筑物相同部位的设计也呈多样化；新型材料大量涌现；加之施工工艺和技术的发展，使分项工程越来越多，因此，按建筑物的主要部位和专业来划分分部工程已不适应要求，故本标准提出在分部工程中，按相近工作内容和系统划分若干子分部工程，这样有利于正确评价建筑工程质量，有利于进行验收。

4.0.2 具有独立施工条件和能形成独立使用功能是单位（子单位）工程划分的

基本要求。在施工前由建设、监理、施工单位自行商议确定，并据此收集整理施工技术资料和验收。

4.0.3 在建筑工程的分部工程中，将原建筑电气安装分部工中的强电和弱电部分独立出来各为一个分部工程，称其为建筑电气分部和智能建筑（弱电）分部。

　　当分部工程量较大且较复杂时，可将其中相同部分的工程或能形成独立专业体系的工程划分成若干子分部工程。

4.0.4 和 4.0.5 分项工程划分成检验批进行验收有助于及时纠正施工中出现的质量问题，确保工程质量，也符合施工实际需要。多层及高层建筑工程中主体分部的分项工程可按楼层或施工段来划分检验批，单层建筑工程中的分项工程可按变形缝等划分检验批；地基基础分部工程中的分项工程一般划分为一个检验批，有地下层的基础工程可按不同地下层划分检验批；屋面分部工程中的分项工程不同楼层屋面可划分为不同的检验批；其他分部工程中的分项工程，一般按楼层划分检验批；对于工程量较少的分项工程可统一划为一个检验批。安装工程一般按一个设计系统或设备组别划分为一个检验批。室外工程统一划分为一个检验批。散水、台阶、明沟等含在地面检验批中。

　　地基基础中的土石方、基坑支护子分部工程及混凝土工程中的模板工程，虽不构成建筑工程实体，但它是建筑工程施工不可缺少的重要环节和必要条件，其施工质量如何，不仅关系到能否施工和施工安全，也关系到建筑工程的质量，因此将其列入施工验收内容是应该的。

4.0.6 这两条具体给出了建筑工程和室外工程的分部（子分部）、分项工程的划分。

5 建筑工程质量验收

5.0.1 检验批是工程验收的最小单位，是分项工程乃至整个建筑工程质量验收的基础。检验批是施工过程中条件相同并有一定数量的材料、构配件或安装项目，由于其质量基本均匀一致，因此可以作为检验的基础单位，并按批验收。

　　本条给出了检验批质量合格的条件，共两个方面：资料检查、主控项目检验和一般项目检验。

　　质量控制资料反映了检验批从原材料到最终验收的各施工工序的操作依据、检查情况以及保证质量所必须的管理制度等。对其完整性的检查，实际是对过程控制的确认，这是检验批合格的前提。

　　为了使检验批的质量符合安全和功能的基本要求，达到保证建筑工程质量的目的，各专业工程质量验收规范应对各检验批的主控项目、一般项目的子项合格质量给予明确的规定。

检验批的合格质量主要取决于对主控项目和一般项目的检验结果。主控项目是对检验批的基本质量起决定性影响的检验项目，因此必须全部符合有关专业工程验收规范的规定。这意味着主控项目不允许有不符合要求的检验结果，即这种项目的检查具有否决权。鉴于主控项目对基本质量的决定性影响，从严要求是必须的。

5.0.2 分项工程的验收在检验批的基础上进行。一般情况下，两者具有相同或相近的性质，只是批量的大小不同而已。因此，将有关的检验批汇集构成分项工程。分项工程合格质量的条件比较简单，只要构成分项工程的各检验批的验收资料文件完整，并且均已验收合格，则分项工程验收合格。

5.0.3 分部工程的验收在其所含各分项工程验收的基础上进行。本条给出了分部工程验收合格的条件。

首先，分部工程的各分项工程必须已验收合格且相应的质量控制资料文件必须完整，这是验收的基本条件。此外，由于各分项工程的性质不尽相同，因此作为分部工程不能简单地组合而加以验收，尚须增加以下两类检查项目。

涉及安全和使用功能的地基基础、主体结构、有关安全及重要使用功能的安装分部工程应进行有关见证取样送样试验或抽样检测。关于观感质量验收，这类检查往往难以定量，只能以观察、触摸或简单量测的方式进行，并由各个人的主观印象判断，检查结果并不给出"合格"或"不合格"的结论，而是综合给出质量评价。对于"差"的检查点应通过返修处理等补救。

5.0.4 单位工程质量验收也称质量竣工验收，是建筑工程投入使用前的最后一次验收，也是最重要的一次验收。验收合格的条件有五个：除构成单位工程的各分部工程应该合格，并且有关的资料文件应完整以外，还须进行以下三个方面的检查。

涉及安全和使用功能的分部工程应进行检验资料的复查。不仅要全面检查其完整性（不得有漏检缺项），而且对分部工程验收时补充进行的见证抽样检验报告也要复核。这种强化验收的手段体现了对安全和主要使用功能的重视。

此外，对主要使用功能还须进行抽查。使用功能的检查是对建筑工程和设备安装工程最终质量的综合检验，也是用户最为关心的内容。因此，在分项、分部工程验收合格的基础上，竣工验收时再作全面检查。抽查项目是在检查资料文件的基础上由参加验收的各方人员商定，并用计量、计数的抽样方法确定检查部位。检查要求按有关专业工程施工质量验收标准的要求进行。

最后，还须由参加验收的各方人员共同进行观感质量检查。检查的方法、内容、结论等已在分部工程的相应部分中阐述，最后共同确定是否通过验收。

5.0.5 表D和表E及表F分别为检验批和分项工程及分部（子分部工程）验收记录表，主要是规范了各专业规范编制这方面表格的基本格式、内容和方式，具体内容由各专业规范规定。表G为单位工程的质量验收记录。

5.0.6 本条给出了当质量不符合要求时的处理办法。一般情况下，不合格现象在最基层的验收单位-检验批时就应发现并及时处理，否则将影响后续检验批和相关的分项工程、分部工程的验收。因此所有质量隐患必须尽快消灭在萌芽状态，这也是本标准以强化验收促进过程控制原则的体现。非正常情况的处理分以下四种情况：

  第一种情况，是指在检验批验收时，其主控项目不能满足验收规范规定或一般项目超过偏差限值的子项不符合检验规定的要求时，应及时进行处理的检验批。其中，严重的缺陷应推倒重来；一般的缺陷通过翻修或更换器具、设备予以解决，应允许施工单位在采取相应的措施后重新验收。如能够符合相应的专业工程质量验收规范，则应认为该检验批合格。

  第二种情况，是指个别检验批发现试块强度等不满足要求等问题，难以确定是否验收时，应请具有资质的法定检测单位检测。当鉴定结果能够达到设计要求时，该检验批仍应认为通过验收。

  第三种情况，如经检测鉴定达不到设计要求，但经原设计单位核算，仍能满足结构安全和使用功能的情况，该检验批可以予以验收。一般情况下，规范标准给出了满足安全和功能的最低限度要求，而设计往往在此基础上留有一些余量。不满足设计要求和符合相应规范标准的要求，两者并不矛盾。

  第四种情况，更为严重的缺陷或者超过检验批的更大范围内的缺陷，可能影响结构的安全性和使用功能。若经法定检测单位检测鉴定以后认为达不到规范标准的相应要求，即不能满足最低限度的安全储备和使用功能，则必须按一定的技术方案进行加固处理，使之能保证其满足安全使用的基本要求。这样会造成一些永久性的缺陷，如改变结构外形尺寸，影响一些次要的使用功能等。为了避免社会财富更大的损失，在不影响安全和主要使用功能条件下可按处理技术方案和协商文件进行验收，责任方应承担经济责任，但不能作为轻视质量而回避责任的一种出路，这是应该特别注意的。

5.0.7 分部工程、单位（子单位）工程存在严重的缺陷，经返修或加固处理仍不能满足安全使用要求的，严禁验收。

6 建筑工程质量验收程序和组织

6.0.1 检验批和分项工程是建筑工程质量的基础，因此，所有检验批和分项工程均应由监理工程师或建设单位项目技术负责人组织验收。验收前，施工单位先填好"检验批和分项工程的质量验收记录"（有关监理记录和结论不填），并由项目专业质量检验员和项目专业技术负责人分别在检验批和分项工程质量检验记录中相关栏目签字，然后由监理工程师组织，严格按规定程序进行验收。

6.0.2　本条规定了分部（子分部）工程验收的组织者及参加验收的相关单位和人员。工程监理实行总监理工程师负责制，因此分部工程应由总监理工程师（建设单位项目负责人）组织施工单位的项目负责人和项目技术、质量负责人及有关人员进行验收。因为地基基础、主体结构的主要技术资料和质量问题是归技术部门和质量部门掌握，所以规定施工单位的技术、质量部门负责人参加验收是符合实际的。

　　由于地基基础、主体结构技术性能要求严格，技术性强，关系到整个工程的安全，因此规定这些分部工程的勘察、设计单位工程项目负责人也应参加相关分部的工程质量验收。

6.0.3　本条规定单位工程完成后，施工单位首先要依据质量标准、设计图纸等组织有关人员进行自检，并对检查结果进行评定，符合要求后向建设单位提交工程验收报告和完整的质量资料，请建设单位组织验收。

6.0.4　本条规定单位工程质量验收应由建设单位负责人或项目负责人组织，由于设计、施工、监理单位都是责任主体，因此设计、施工单位负责人或项目负责人及施工单位的技术、质量负责人和监理单位的总监理工程师均应参加验收（勘察单位虽然亦是责任主体，但已经参加了地基验收，故单位工程验收时，可以不参加）。

　　在一个单位工程中，对满足生产要求或具备使用条件，施工单位已预验，监理工程师已初验通过的子单位工程，建设单位可组织进行验收。由几个施工单位负责施工的单位工程，当其中的施工单位所负责的子单位工程已按设计完成，并经自行检验，也可按规定的程序组织正式验收，办理交工手续。在整个单位工程进行全部验收时，已验收的子单位工程验收资料应作为单位工程验收的附件。

6.0.5　本条规定了总包单位和分包单位的质量责任和验收程序。

　　由于《建设工程承包合同》的双方主体是建设单位和总承包单位，总承包单位应按照承包合同的权利义务对建设单位负责。分包单位对总承包单位负责，亦应对建设单位负责。因此，分包单位对承建的项目进行检验时，总包单位应参加，检验合格后，分包单位应将工程的有关资料移交总包单位，待建设单位组织单位工程质量验收时，分包单位负责人应参加验收。

6.0.6　本条规定了建筑工程质量验收意见不一致时的组织协调部门。协调部门可以是当地建设行政主管部门，或其委托的部门（单位），也可是各方认可的咨询单位。

6.0.7　建设工程竣工验收备案制度是加强政府监督管理，防止不合格工程流向社会的一个重要手段。建设单位应依据《建设工程质量管理条例》和建设部有关规定，到县级以上人民政府建设行政主管部门或其他有关部门备案。否则，不允许投入使用。

附录 2

建设工程质量管理条例

中华人民共和国国务院令第 279 号

第一章 总则

第一条
  为了加强对建设工程质量的管理，保证建设工程质量，保护人民生命和财产安全，根据《中华人民共和国建筑法》，制定本条例。

第二条
  凡在中华人民共和国境内从事建设工程的新建、扩建、改建等有关活动及实施对建设工程质量监督管理的，必须遵守本条例。
  本条例所称建设工程，是指土木工程、建筑工程、线路管道和设备安装工程及装修工程。

第三条
  建设单位、勘察单位、设计单位、施工单位、工程监理单位依法对建设工程质量负责。

第四条
  县级以上人民政府建设行政主管部门和其他有关部门应当加强对建设工程质量的监督管理。

第五条
  从事建设工程活动，必须严格执行基本建设程序，坚持先勘察、后设计、再施工的原则。
  县级以上人民政府及其有关部门不得超越权限审批建设项目或者擅自简化基本建设程序。

第六条
  国家鼓励采用先进的科学技术和管理方法，提高建设工程质量。

第二章 建设单位的质量责任和义务

第七条
  建设单位应当将工程发包给具有相应资质等级的单位。
  建设单位不得将建设工程肢解发包。

第八条

建设单位应当依法对工程建设项目的勘察、设计、施工、监理以及与工程建设有关的重要设备、材料等的采购进行招标。

第九条

建设单位必须向有关的勘察、设计、施工、工程监理等单位提供与建设工程有关的原始资料。

原始资料必须真实、准确、齐全。

第十条

建设工程发包单位不得迫使承包方以低于成本的价格竞标,不得任意压缩合理工期。

建设单位不得明示或者暗示设计单位或者施工单位违反工程建设强制性标准,降低建设工程质量。

第十一条

建设单位应当将施工图设计文件报县级以上人民政府建设行政主管部门或者其他有关部门审查。施工图设计文件审查的具体办法,由国务院建设行政主管部门会同国务院其他有关部门制定。

施工图设计文件未经审查批准的,不得使用。

第十二条

实行监理的建设工程,建设单位应当委托具有相应资质等级的工程监理单位进行监理,也可以委托具有工程监理相应资质等级并与被监理工程的施工承包单位没有隶属关系或者其他利害关系的该工程的设计单位进行监理。

下列建设工程必须实行监理:

(一)国家重点建设工程;

(二)大中型公用事业工程;

(三)成片开发建设的住宅小区工程;

(四)利用外国政府或者国际组织贷款、援助资金的工程;

(五)国家规定必须实行监理的其他工程。

第十三条

建设单位在领取施工许可证或者开工报告前,应当按照国家有关规定办理工程质量监督手续。

第十四条

按照合同约定,由建设单位采购建筑材料、建筑构配件和设备的,建设单位应当保证建筑材料、建筑构配件和设备符合设计文件和合同要求。

建设单位不得明示或者暗示施工单位使用不合格的建筑材料、建筑构配件和设备。

第十五条

涉及建筑主体和承重结构变动的装修工程，建设单位应当在施工前委托原设计单位或者具有相应资质等级的设计单位提出设计方案；没有设计方案的，不得施工。

房屋建筑使用者在装修过程中，不得擅自变动房屋建筑主体和承重结构。

第十六条

建设单位收到建设工程竣工报告后，应当组织设计、施工、工程监理等有关单位进行竣工验收。

建设工程竣工验收应当具备下列条件：

（一）完成建设工程设计和合同约定的各项内容；

（二）有完整的技术档案和施工管理资料；

（三）有工程使用的主要建筑材料、建筑构配件和设备的进场试验报告；

（四）有勘察、设计、施工、工程监理等单位分别签署的质量合格文件；

（五）有施工单位签署的工程保修书。

建设工程经验收合格的，方可交付使用。

第十七条

建设单位应当严格按照国家有关档案管理的规定，及时收集、整理建设项目各环节的文件资料，建立、健全建设项目档案，并在建设工程竣工验收后，及时向建设行政主管部门或者其他有关部门移交建设项目档案。

第三章 勘察、设计单位的质量责任和义务

第十八条

从事建设工程勘察、设计的单位应当依法取得相应等级的资质证书，并在其资质等级许可的范围内承揽工程。

禁止勘察、设计单位超越其资质等级许可的范围或者以其他勘察、设计单位的名义承揽工程。禁止勘察、设计单位允许其他单位或者个人以本单位的名义承揽工程。

勘察、设计单位不得转包或者违法分包所承揽的工程。

第十九条

勘察、设计单位必须按照工程建设强制性标准进行勘察、设计，并对其勘察、设计的质量负责。

注册建筑师、注册结构工程师等注册执业人员应当在设计文件上签字，对设计文件负责。

第二十条

勘察单位提供的地质、测量、水文等勘察成果必须真实、准确。

第二十一条

设计单位应当根据勘察成果文件进行建设工程设计。

设计文件应当符合国家规定的设计深度要求,注明工程合理使用年限。

第二十二条

设计单位在设计文件中选用的建筑材料、建筑构配件和设备,应当注明规格、型号、性能等技术指标,其质量要求必须符合国家规定的标准。

除有特殊要求的建筑材料、专用设备、工艺生产线等外,设计单位不得指定生产厂、供应商。

第二十三条

设计单位应当就审查合格的施工图设计文件向施工单位作出详细说明。

第二十四条

设计单位应当参与建设工程质量事故分析,并对因设计造成的质量事故,提出相应的技术处理方案。

第四章 施工单位的质量责任和义务

第二十五条

施工单位应当依法取得相应等级的资质证书,并在其资质等级许可的范围内承揽工程。

禁止施工单位超越本单位资质等级许可的业务范围或者以其他施工单位的名义承揽工程。禁止施工单位允许其他单位或者个人以本单位的名义承揽工程。

施工单位不得转包或者违法分包工程。

第二十六条

施工单位对建设工程的施工质量负责。

施工单位应当建立质量责任制,确定工程项目的项目经理、技术负责人和施工管理负责人。

建设工程实行总承包的,总承包单位应当对全部建设工程质量负责;建设工程勘察、设计、施工、设备采购的一项或者多项实行总承包的,总承包单位应当对其承包的建设工程或者采购的设备的质量负责。

第二十七条

总承包单位依法将建设工程分包给其他单位的,分包单位应当按照分包合同的约定对其分包工程的质量向总承包单位负责,总承包单位与分包单位对分包工程的质量承担连带责任。

第二十八条

施工单位必须按照工程设计图纸和施工技术标准施工,不得擅自修改工程设计，不得偷工减料。

施工单位在施工过程中发现设计文件和图纸有差错的，应当及时提出意见和建议。

第二十九条

施工单位必须按照工程设计要求、施工技术标准和合同约定，对建筑材料、建筑构配件、设备和商品混凝土进行检验，检验应当有书面记录和专人签字；未经检验或者检验不合格的，不得使用。

第三十条

施工单位必须建立、健全施工质量的检验制度，严格工序管理，作好隐蔽工程的质量检查和记录。隐蔽工程在隐蔽前，施工单位应当通知建设单位和建设工程质量监督机构。

第三十一条

施工人员对涉及结构安全的试块、试件以及有关材料，应当在建设单位或者工程监理单位监督下现场取样，并送具有相应资质等级的质量检测单位进行检测。

第三十二条

施工单位对施工中出现质量问题的建设工程或者竣工验收不合格的建设工程，应当负责返修。

第三十三条

施工单位应当建立、健全教育培训制度，加强对职工的教育培训；未经教育培训或者考核不合格的人员，不得上岗作业。

第五章 工程监理单位的质量责任和义务

第三十四条

工程监理单位应当依法取得相应等级的资质证书，并在其资质等级许可的范围内承担工程监理业务。

禁止工程监理单位超越本单位资质等级许可的范围或者以其他工程监理单位的名义承担工程监理业务。禁止工程监理单位允许其他单位或者个人以本单位的名义承担工程监理业务。

工程监理单位不得转让工程监理业务。

第三十五条

工程监理单位与被监理工程的施工承包单位以及建筑材料、建筑构配件和设备供应单位有隶属关系或者其他利害关系的，不得承担该项建设工程的监理业务。

第三十六条

工程监理单位应当依照法律、法规以及有关技术标准、设计文件和建设工程承包合同，代表建设单位对施工质量实施监理，并对施工质量承担监理责任。

第三十七条

工程监理单位应当选派具备相应资格的总监理工程师和监理工程师进驻施工现场。

未经监理工程师签字，建筑材料、建筑构配件和设备不得在工程上使用或者安装，施工单位不得进行下一道工序的施工。未经总监理工程师签字，建设单位不拨付工程款，不进行竣工验收。

第三十八条

监理工程师应当按照工程监理规范的要求，采取旁站、巡视和平行检验等形式，对建设工程实施监理。

第六章 建设工程质量保修

第三十九条

建设工程实行质量保修制度。

建设工程承包单位在向建设单位提交工程竣工验收报告时，应当向建设单位出具质量保修书。质量保修书中应当明确建设工程的保修范围、保修期限和保修责任等。

第四十条

在正常使用条件下，建设工程的最低保修期限为：

（一）基础设施工程、房屋建筑的地基基础工程和主体结构工程，为设计文件规定的该工程的合理使用年限；

（二）屋面防水工程、有防水要求的卫生间、房间和外墙面的防渗漏，为5年；

（三）供热与供冷系统，为2个采暖期、供冷期；

（四）电气管线、给排水管道、设备安装和装修工程，为2年。

其他项目的保修期限由发包方与承包方约定。

建设工程的保修期，自竣工验收合格之日起计算。

第四十一条

建设工程在保修范围和保修期限内发生质量问题的，施工单位应当履行保修义务，并对造成的损失承担赔偿责任。

第四十二条

建设工程在超过合理使用年限后需要继续使用的，产权所有人应当委托具有相应资质等级的勘察、设计单位鉴定，并根据鉴定结果采取加固、维修等措施，重新界定使用期。

第七章 监督管理

第四十三条

国家实行建设工程质量监督管理制度。

国务院建设行政主管部门对全国的建设工程质量实施统一监督管理。国务院铁路、交通、水利等有关部门按照国务院规定的职责分工，负责对全国的有关专业建设工程质量的监督管理。

县级以上地方人民政府建设行政主管部门对本行政区域内的建设工程质量实施监督管理。县级以上地方人民政府交通、水利等有关部门在各自的职责范围内，负责对本行政区域内的专业建设工程质量的监督管理。

第四十四条

国务院建设行政主管部门和国务院铁路、交通、水利等有关部门应当加强对有关建设工程质量的法律、法规和强制性标准执行情况的监督检查。

第四十五条

国务院发展计划部门按照国务院规定的职责，组织稽查特派员，对国家出资的重大建设项目实施监督检查。

国务院经济贸易主管部门按照国务院规定的职责，对国家重大技术改造项目实施监督检查。

第四十六条

建设工程质量监督管理，可以由建设行政主管部门或者其他有关部门委托的建设工程质量监督机构具体实施。

从事房屋建筑工程和市政基础设施工程质量监督的机构，必须按照国家有关规定经国务院建设行政主管部门或者省、自治区、直辖市人民政府建设行政主管部门考核；从事专业建设工程质量监督的机构，必须按照国家有关规定经国务院有关部门或者省、自治区、直辖市人民政府有关部门考核。经考核合格后，方可实施质量监督。

第四十七条

县级以上地方人民政府建设行政主管部门和其他有关部门应当加强对有关建设工程质量的法律、法规和强制性标准执行情况的监督检查。

第四十八条

县级以上人民政府建设行政主管部门和其他有关部门履行监督检查职责时，有权采取下列措施：

（一）要求被检查的单位提供有关工程质量的文件和资料；

（二）进入被检查单位的施工现场进行检查；

（三）发现有影响工程质量的问题时，责令改正。

第四十九条

建设单位应当自建设工程竣工验收合格之日起 15 日内，将建设工程竣工验收报告和规划、公安消防、环保等部门出具的认可文件或者准许使用文件报建设行政主管部门或者其他有关部门备案。

建设行政主管部门或者其他有关部门发现建设单位在竣工验收过程中有违反国家有关建设工程质量管理规定行为的，责令停止使用，重新组织竣工验收。

第五十条

有关单位和个人对县级以上人民政府建设行政主管部门和其他有关部门进行的监督检查应当支持与配合，不得拒绝或者阻碍建设工程质量监督检查人员依法执行职务。

第五十一条

供水、供电、供气、公安消防等部门或者单位不得明示或者暗示建设单位、施工单位购买其指定的生产供应单位的建筑材料、建筑构配件和设备。

第五十二条

建设工程发生质量事故，有关单位应当在 24 小时内向当地建设行政主管部门和其他有关部门报告。对重大质量事故，事故发生地的建设行政主管部门和其他有关部门应当按照事故类别和等级向当地人民政府和上级建设行政主管部门和其他有关部门报告。

特别重大质量事故的调查程序按照国务院有关规定办理。

第五十三条

任何单位和个人对建设工程的质量事故、质量缺陷都有权检举、控告、投诉。

第八章 罚则

第五十四条

违反本条例规定，建设单位将建设工程发包给不具有相应资质等级的勘察、设计、施工单位或者委托给不具有相应资质等级的工程监理单位的，责令改正，处 50 万元以上 100 万元以下的罚款。

第五十五条

违反本条例规定，建设单位将建设工程肢解发包的，责令改正，处工程合同价款 0.5% 以上 1% 以下的罚款；对全部或者部分使用国有资金的项目，并可以暂停项目执行或者暂停资金拨付。

第五十六条

违反本条例规定，建设单位有下列行为之一的，责令改正，处 20 万元以上

50万元以下的罚款：

（一）迫使承包方以低于成本的价格竞标的；

（二）任意压缩合理工期的；

（三）明示或者暗示设计单位或者施工单位违反工程建设强制性标准，降低工程质量的；

（四）施工图设计文件未经审查或者审查不合格，擅自施工的；

（五）建设项目必须实行工程监理而未实行工程监理的；

（六）未按照国家规定办理工程质量监督手续的；

（七）明示或者暗示施工单位使用不合格的建筑材料、建筑构配件和设备的；

（八）未按照国家规定将竣工验收报告、有关认可文件或者准许使用文件报送备案的。

第五十七条

违反本条例规定，建设单位未取得施工许可证或者开工报告未经批准，擅自施工的，责令停止施工，限期改正，处工程合同价款1%以上2%以下的罚款。

第五十八条

违反本条例规定，建设单位有下列行为之一的，责令改正，处工程合同价款2%以上4%以下的罚款；造成损失的，依法承担赔偿责任；

（一）未组织竣工验收，擅自交付使用的；

（二）验收不合格，擅自交付使用的；

（三）对不合格的建设工程按照合格工程验收的。

第五十九条

违反本条例规定，建设工程竣工验收后，建设单位未向建设行政主管部门或者其他有关部门移交建设项目档案的，责令改正，处1万元以上10万元以下的罚款。

第六十条

违反本条例规定，勘察、设计、施工、工程监理单位超越本单位资质等级承揽工程的，责令停止违法行为，对勘察、设计单位或者工程监理单位处合同约定的勘察费、设计费或者监理酬金1倍以上2倍以下的罚款；对施工单位处工程合同价款2%以上4%以下的罚款，可以责令停业整顿，降低资质等级；情节严重的，吊销资质证书；有违法所得的，予以没收。

未取得资质证书承揽工程的，予以取缔，依照前款规定处以罚款；有违法所得的，予以没收。

以欺骗手段取得资质证书承揽工程的，吊销资质证书，依照本条第一款规定处以罚款；有违法所得的，予以没收。

第六十一条

违反本条例规定，勘察、设计、施工、工程监理单位允许其他单位或者个人以本单位名义承揽工程的，责令改正，没收违法所得，对勘察、设计单位和工程监理单位处合同约定的勘察费、设计费和监理酬金1倍以上2倍以下的罚款；对施工单位处工程合同价款2%以上4%以下的罚款；可以责令停业整顿，降低资质等级；情节严重的，吊销资质证书。

第六十二条

违反本条例规定，承包单位将承包的工程转包或者违法分包的，责令改正，没收违法所得，对勘察、设计单位处合同约定的勘察费、设计费25%以上50%以下的罚款；对施工单位处工程合同价款百分之零点五以上百分之一以下的罚款；可以责令停业整顿，降低资质等级；情节严重的，吊销资质证书。

工程监理单位转让工程监理业务的，责令改正，没收违法所得，处合同约定的监理酬金25%以上50%以下的罚款；可以责令停业整顿，降低资质等级；情节严重的，吊销资质证书。

第六十三条

违反本条例规定，有下列行为之一的，责令改正，处10万元以上30万元以下的罚款：

（一）勘察单位未按照工程建设强制性标准进行勘察的；

（二）设计单位未根据勘察成果文件进行工程设计的；

（三）设计单位指定建筑材料、建筑构配件的生产厂、供应商的；

（四）设计单位未按照工程建设强制性标准进行设计的。

有前款所列行为，造成工程质量事故的，责令停业整顿，降低资质等级；情节严重的，吊销资质证书；造成损失的，依法承担赔偿责任。

第六十四条

违反本条例规定，施工单位在施工中偷工减料的，使用不合格的建筑材料、建筑构配件和设备的，或者有不按照工程设计图纸或者施工技术标准施工的其他行为的，责令改正，处工程合同价款2%以上4%以下的罚款；造成建设工程质量不符合规定的质量标准的，负责返工、修理，并赔偿因此造成的损失；情节严重的，责令停业整顿，降低资质等级或者吊销资质证书。

第六十五条

违反本条例规定，施工单位未对建筑材料、建筑构配件、设备和商品混凝土进行检验，或者未对涉及结构安全的试块、试件以及有关材料取样检测的，责令改正，处10万元以上20万元以下的罚款；情节严重的，责令停业整顿，降低资质等级或者吊销资质证书；造成损失的，依法承担赔偿责任。

第六十六条

违反本条例规定，施工单位不履行保修义务或者拖延履行保修义务的，责令改正，处 10 万元以上 20 万元以下的罚款，并对在保修期内因质量缺陷造成的损失承担赔偿责任。

第六十七条

工程监理单位有下列行为之一的，责令改正，处 50 万元以上 100 万元以下的罚款，降低资质等级或者吊销资质证书；有违法所得的，予以没收；造成损失的，承担连带赔偿责任：

（一）与建设单位或者施工单位串通，弄虚作假、降低工程质量的；

（二）将不合格的建设工程、建筑材料、建筑构配件和设备按照合格签字的。

第六十八条

违反本条例规定，工程监理单位与被监理工程的施工承包单位以及建筑材料、建筑构配件和设备供应单位有隶属关系或者其他利害关系承担该项建设工程的监理业务的，责令改正，处 5 万元以上 10 万元以下的罚款，降低资质等级或者吊销资质证书；有违法所得的，予以没收。

第六十九条

违反本条例规定，涉及建筑主体或者承重结构变动的装修工程，没有设计方案擅自施工的，责令改正，处 50 万元以上 100 万元以下的罚款；房屋建筑使用者在装修过程中擅自变动房屋建筑主体和承重结构的，责令改正，处 5 万元以上 10 万元以下的罚款。

有前款所列行为，造成损失的，依法承担赔偿责任。

第七十条

发生重大工程质量事故隐瞒不报、谎报或者拖延报告期限的，对直接负责的主管人员和其他责任人员依法给予行政处分。

第七十一条

违反本条例规定，供水、供电、供气、公安消防等部门或者单位明示或者暗示建设单位或者施工单位购买其指定的生产供应单位的建筑材料、建筑构配件和设备的，责令改正。

第七十二条

违反本条例规定，注册建筑师、注册结构工程师、监理工程师等注册执业人员因过错造成质量事故的，责令停止执业 1 年；造成重大质量事故的，吊销执业资格证书，5 年以内不予注册；情节特别恶劣的，终身不予注册。

第七十三条

依照本条例规定，给予单位罚款处罚的，对单位直接负责的主管人员和其他直接责任人员处单位罚款数额 5% 以上 10% 以下的罚款。

第七十四条

建设单位、设计单位、施工单位、工程监理单位违反国家规定,降低工程质量标准,造成重大安全事故,构成犯罪的,对直接责任人员依法追究刑事责任。

第七十五条

本条例规定的责令停业整顿、降低资质等级和吊销资质证书的行政处罚,由颁发资质证书的机关决定;其他行政处罚,由建设行政主管部门或者其他有关部门依照法定职权决定。

依照本条例规定被吊销资质证书的,由工商行政管理部门吊销其营业执照。

第七十六条

国家机关工作人员在建设工程质量监督管理工作中玩忽职守、滥用职权、徇私舞弊,构成犯罪的,依法追究刑事责任;尚不构成犯罪的,依法给予行政处分。

第七十七条

建设、勘察、设计、施工、工程监理单位的工作人员因调动工作、退休等原因离开该单位后,被发现在该单位工作期间违反国家有关建设工程质量管理规定,造成重大工程质量事故的,仍应当依法追究法律责任。

第九章 附则

第七十八条

本条例所称肢解发包,是指建设单位将应当由一个承包单位完成的建设工程分解成若干部分发包给不同的承包单位的行为。

本条例所称违法分包,是指下列行为:

(一)总承包单位将建设工程分包给不具备相应资质条件的单位的;

(二)建设工程总承包合同中未有约定,又未经建设单位认可,承包单位将其承包的部分建设工程交由其他单位完成的;

(三)施工总承包单位将建设工程主体结构的施工分包给其他单位的;

(四)分包单位将其承包的建设工程再分包的。

本条例所称转包,是指承包单位承包建设工程后,不履行合同约定的责任和义务,将其承包的全部建设工程转给他人或者将其承包的全部建设工程肢解以后以分包的名义分别转给其他单位承包的行为。

第七十九条

本条例规定的罚款和没收的违法所得,必须全部上缴国库。

第八十条

抢险救灾及其他临时性房屋建筑和农民自建低层住宅的建设活动,不适用本条例。

第八十一条

军事建设工程的管理,按照中央军事委员会的有关规定执行。

第八十二条

本条例自发布之日起施行。

附：刑法有关条款

第一百三十七条　建设单位、设计单位、施工单位、工程监理单位违反国家规定,降低工程质量标准,造成重大安全事故的,对直接责任人员处5年以下有期徒刑或者拘役,并处罚金；后果特别严重的,处5年以上10年以下有期徒刑,并处罚金

附录3

施工企业质量管理相关的部分法律法规

施工正业质量管理相关的部分法律法规

序号	法律法规	文号	生效日期	备注
1	建设工程施工现场管理规定	中华人民共和国建设部令第15号	1992-01-01	
2	工程建设行业标准管理办法	中华人民共和国建设部令 第25号	1992-12-30	
3	中华人民共和国建筑法	中华人民共和国主席令第91号	1998-03-01	
4	中华人民共和国合同法	中华人民共和国主席令第15号	1999-10-01	
5	中华人民共和国招标投标法	中华人民共和国主席令第21号	2000-01-01	
6	建设工程质量管理条例	国务院279号令	2000-01-30	
7	工程建设项目招标范围和规模标准规定	国家发展计划委员会第3号令	2000-04-04	
8	房屋建筑工程和市政基础设施工程竣工验收暂行规定	建建[2000]142号	2000-06-30	
9	建设工程勘查设计管理条例	国务院293号令	2000-09-25	
10	房屋建筑工程和市政基础设施工程实行见证取样和送检的规定	建建[2000]211号	2000-12-11	
11	建设工程监理规范	GB 50319—2000	2001-05-01	
12	建筑工程施工质量验收统一标准	GB 50300—2001	2002-01-01	
13	建设工程文件归档整理规范	GB/T 50328—2001	2002-05-01	
14	中华人民共和国安全生产法	中华人民共和国主席令第70号	2002-11-1	
15	建造师执业资格制度暂行规定	人发[2002]111号	2002-12-9	
16	工程建设项目施工招标投标办法	国家计委令第3号	2003-05-01	
17	安全生产许可证条例	国务院397号令	2004-01-13	
18	建设工程安全生产管理条例	国务院393号令	2004-02-01	
19	中华人民共和国行政许可法	中华人民共和国主席令第7号	2004-07-01	
20	建筑施工企业安全生产许可证管理规定	建设部令第128号	2004-07-05	
21	房屋建筑和市政基础设施工程施工图设计文件审查管理办法	建设部令第134号	2004-08-23	
22	最高人民法院关于审理建设工程施工合同纠纷案件适用法律问题的解释	法释[2004]14号	2005-01-01	

续表

序号	法律法规	文　号	生效日期	备注
23	建设工程项目管理规范	GB/T 50326—2006	2006-12-01	
24	建筑业施工企业资质管理规定	建设部159号令	2007-09-01	
25	建筑节能工程施工质量验收规范	GB 50411—2007	2007-10-01	
26	中华人民共和国标准施工招标资格预审文件		2007年版	
27	建筑施工特种作业人员管理规定	建质[2008]75号	2008-06-01	
28	建设工程监理规范	GB 50319—2000		
29	建设工程施工合同(示范文本)	GF—1999—0201		
30	中华人民共和国行政许可法	中华人民共和国主席令第7号	2004-07-01	